suhrkamp taschenbuch 45

C. L. Duddington, Jahrgang 1906, studierte in Cambridge Biologie und Landwirtschaft und promovierte 1950. Seit 1946 ist er als Dozent am Polytechnikum Regent Street in London tätig. 17 Buchveröffentlichungen und mehr als 400 Aufsätze in wissenschaftlichen Zeitschriften seit dem Jahre 1956.

Baupläne der Pflanzen behandelt in erster Linie die höheren Pflanzen und die Erscheinungsformen ihrer Anpassung an das Dasein in einer mit Organismen schier überfüllten Welt. Duddington schildert, von den Bauplänen, der Anatomie, der Pflanzen ausgehend, ihre Adaptation an das Leben auf dem Festland, die Formen ihrer Reproduktion, ihre Anpassung an die Befruchtung durch Insekten, Vögel, Fledermäuse, durch Wind und Wasser, ihre Anpassung an so unterschiedliche Lebensräume wie Wüsten, tropische Regenwälder und Salzsümpfe. Im letzten Teil des Buches wendet sich der Autor den Parasiten und den totes organisches Material besiedelnden Saprophyten, fleischfressenden Pflanzen, wie Sonnentau und Kannengewächsen, und der Partnerschaft zwischen Pflanzen zu.

C. L. Duddington
Baupläne der Pflanzen

Suhrkamp

Aus dem Englischen von Elke Kranz.
Titel der Originalausgabe »Evolution in Plant Design«,
erschienen bei Faber and Faber, Ltd., London.
Titelbild: Dipsacus silvester, Kardendistel.

suhrkamp taschenbuch 45
Erste Auflage 1972

Suhrkamp Taschenbuch Verlag

Druck: Ebner, Ulm · Printed in Germany
Umschlag nach Entwürfen
von Willy Fleckhaus und Rolf Staudt

Inhalt

Laurence D. Hills gewidmet,
der mich zu diesem Buch inspirierte.

Vorwort

Die ältesten pflanzlichen Fossilien stammen aus dem Kambrium, der Zeit vor etwa 500 Millionen Jahren; doch gilt als sicher, daß pflanzliches Leben in irgendeiner Form schon lange vorher existierte. Die ersten uns bekannten Landpflanzen lebten im Silur; ihre Fossilien sind mehr als 300 Millionen Jahre alt. Diese frühen Formen sind verhältnismäßig weit entwickelt und bildeten bereits Leitgewebe in den Stengeln für den aufsteigenden Wassertransport aus. Aus diesen und ähnlichen Gründen ist daher anzunehmen, daß sie nicht die ersten Pflanzen waren, die das Meer verließen und das trockene Land besiedelten.
In den ungefähr 300 Millionen Jahren, die seit dem Silur vergangen sind, haben sich die höheren Pflanzen zu der heutigen Vielfalt und Komplexität entwickelt: als das Ergebnis der natürlichen Auslese, die beständig die gut Angepaßten fördert und die nicht Passenden ausmerzt. Diesem immerwährenden Ausleseprozeß ist es zu verdanken, daß die heutigen Pflanzen so ausgezeichnet für ihr Leben vorbereitet sind.
Dieses Buch behandelt hauptsächlich die höheren Pflanzen und die Erscheinungen ihrer Anpassung an das Leben in einer überfüllten Welt. Es ist nicht nur für Botaniker geschrieben, sondern in erster Linie für den Laien, ob er sich nun als Gärtner oder allgemein als Natur- und Pflanzenliebhaber für Botanik interessiert. Aus diesem Grund habe ich versucht, Fachausdrücke zu vermeiden, wo Wörter unserer Umgangssprache ausreichen. Doch es ist unmöglich, botanische Fachausdrücke gar nicht zu verwenden; mit der Erklärung der Termini technici am Ende des Buches habe ich, hoffentlich ohne dabei zu wissenschaftlich zu sein, dem Leser den Weg zu ihrem Verständnis geebnet. In Kapitel 3 über den Wasserhaushalt der

Pflanze und bei den Erläuterungen über die Photosynthese in Kapitel 4 erschienen mir Gleichungen leichter verständlich als dieselbe Information, wenn sie nur in Worte gefaßt ist.

Danken möchte ich meinen Kollegen am Polytechnikum Regent Street für ihre bereitwillige Hilfe während der Fertigstellung des Buches. Ohne ihre Unterstützung hätte ich es niemals schreiben können. Auch Laurence Hills möchte ich meinen Dank aussprechen, sowohl für seine Anregung, das Buch zu schreiben, als auch für seine unschätzbare Hilfe bei der Ausarbeitung der einleitenden Gliederung.

C. L. D.

1 Probleme der Entwicklungsgeschichte der Pflanzen

Alles Leben begann im Meer. Zwar wissen wir nicht wo und wann, doch stimmen die meisten Naturforscher darin überein, daß sich die ersten Teilchen lebender Materie in den Ozeanen, einem bis dahin völlig anorganischen Medium, gebildet haben – ein bedeutendes Ereignis, das vor mindestens zwei Milliarden Jahren, vielleicht sogar noch sehr viel früher, stattfand. Die ersten Lebewesen waren, biologisch betrachtet, sehr einfache Gebilde, doch im Vergleich zu den anorganischen Molekülen in ihrer Umgebung höchst kompliziert gebaut. Wir haben keine Vorstellung, wie sie aussahen, aber man sollte annehmen, daß sie sich, möglicherweise ähnlich einigen heute existierenden einfachen Viren, aus Eiweißmolekülen zusammensetzten. Aus diesen ersten Vorläufern entwickelten sich lebende Zellen, die wahrscheinlich den mikroskopisch kleinen Lebewesen glichen, die uns heute – halb Tier, halb Pflanze – als Flagellaten bekannt sind.

In diesem Stadium kristallisierten sich Pflanzen- und Tierreich heraus, die von nun an auf getrennten Wegen weiterevoluierten. Die Pflanzen entwickelten das grüne Pigment Chlorophyll (Blattgrün), das sie befähigt, sich ihre Nahrung mit Hilfe der Strahlungsenergie der Sonne aus einfachen Bausteinen der Natur, wie Kohlendioxid, Wasser und einigen Mineralsalzen, selbst herzustellen. Diesen bemerkenswerten Prozeß nennen wir Photosynthese. Die Tiere hingegen, die ja kein Chlorophyll besitzen, müssen sich ihre organische Nahrung suchen, d. h. Planzen fressen oder ihresgleichen erbeuten.

Sowohl im Tier- wie auch im Pflanzenreich entwickelten sich die einfachen Einzeller zu komplizierten, in Zellverbänden aufgebauten Organismen. Zunächst waren sämtliche

Pflanzen Tange. Das Festland mußte erst noch besiedelt werden. Da das Meer auf die Dauer für eine fortschreitende Evolution nicht ausreichte, galt es, das feste Land zu erobern, wenn dieses auch von dem heutigen sehr verschieden war. Es bestand aus einer öden, unfruchtbaren, steinigen Wüste ohne jeden Grashalm, ja ohne jedes Krümchen Erde, von ein wenig hier und dort verstreutem Staub abgesehen. Aber es war doch eben festes Land, und mit einiger Phantasie kann man sich vorstellen, welch abenteuerliches Unternehmen es für die Pflanzen gewesen sein muß, sich aus der heimischen Umgebung des Meeres zu lösen, um ihr Glück an Land zu versuchen.

Während des Silurs, vor mehr als 300 Millionen Jahren, empfing das Land die ersten wirklich sich ansiedelnden Pflanzen. Zwar kletterten wahrscheinlich schon vorher hier und dort Pflanzen die Ufer hinauf, doch nicht in so großer Zahl, daß man sie als Kolonisten bezeichnen könnte. Zunächst muß die Besiedlung sehr langsam vonstatten gegangen sein: Die im Bereich von Ebbe und Flut wachsenden Pflanzen zogen sich immer mehr landeinwärts zurück, bis sie schließlich oberhalb der Flutgrenze lebten, wo sie nur noch bei stürmischem Wetter oder durch außergewöhnlich hohe Springflutwellen vom Wasser bespritzt wurden. Dasselbe läßt sich heute an *Pelvetia canaliculata* beobachten, die in einer Uferhöhe wächst, daß man sie fast als Landpflanze ansehen muß. Räumlich betrachtet, war die Trennung vom Meer nur ein kleiner Schritt, doch wenn man die Anpassung an das Land besieht, hat es sich um einen mächtigen Sprung gehandelt.

Der Übergang zum Landleben

Beim Verlassen des Wassers ergab sich für die Pflanzen eine Reihe von Schwierigkeiten. Da war zunächst die Frage der Wasserversorgung; denn Lebensvorgänge in Pflanzen sind ohne Wasser undenkbar. Für einen Tang stellt sich das Wasserproblem freilich nicht, weil er zumindest einen Teil des Tages von Wasser umspült ist. Eine Landpflanze dagegen ist auf den Wassergehalt des Bodens angewiesen. Damit das Wasser für sie verfügbar wird und von ihr aufgenommen werden kann, muß sie ein Wurzelsystem entwickeln. Der Tang besitzt keine Wurzeln, höchstens eine Haftscheibe, mit deren Hilfe er sich an den Felsen festhalten kann; Nahrung wird durch sie aber nicht aufgenommen. Die ersten Landpflanzen verfügten statt über Wurzeln über haarähnliche, fädige Organe, die den Boden durchzogen. Sehr bald jedoch, nachdem die Pflanzen das Land erobert hatten, wurden auch Wurzeln ausgebildet.

Landpflanzen nehmen mit den Wurzeln nicht nur Wasser aus dem Boden auf, sondern auch Mineralsalze, von denen ihre Ernährung zum Teil abhängig ist. Wie bereits gesagt, besteht für die Tange dieses Problem nicht, da das die Tange umspülende Wasser als Kraftstoff angesehen werden kann, der die Pflanzen mit allen notwendigen Substanzen versorgt. Nachdem Pflanzen sich auf dem Lande angesiedelt hatten, mußte ihre Versorgung mit Mineralien auf andere Weise gewährleistet werden, und so entwickelten sich ihre Wurzeln zu Organen, die sowohl Wasser als auch Mineralstoffe aufnehmen konnten.

Mit dem Größerwerden der Landpflanzen wurde indes ein neues Problem akut: das des Wasser- und damit des Mineralstofftransports von den Wurzeln bis zu den obersten Zweigen. Der kalifornische Mammutbaum z. B. kann etwa 120 Meter hoch werden, und dennoch muß das von den Wurzeln aufgesaugte Wasser bis in das entfernteste Blatt gelangen. Aus dieser Notwendigkeit entwickelten sich spezielle Zellen zu Leitungsbahnen, in denen das Wasser durch die Kohäsionskraft seiner Moleküle gegen die Schwerkraft aufsteigen konnte.

Ein großer Teil der organischen Nährstoffe, die die Pflanze benötigt, wird mit Hilfe des Chlorophylls und des Sonnenlichtes in den Blättern aufgebaut. Diese Nährstoffe müssen nun in jeden Teil der Pflanze bis hinab in die Wurzelspitzen befördert werden, wozu ein wirkungsvolles, organisiertes Transportsystem notwendig ist, dessen Zellen für die Leitung von Aminosäuren, Zuckern und anderen organischen Verbindungen geeignet sind. Ein solches System haben wir in unvollständiger Form bei einigen großen Tangen vor uns. Spezielle Zellen bilden eine Pipeline, durch die verschiedenartige Nährstoffe in Lösung wandern. Eine aus Stengel, Wurzelsystem und Blättern aufgebaute Landpflanze hat jedoch einen noch größeren Bedarf an Stofftransportmöglichkeiten, und so entwickelte sich ein hierfür geeignetes Gewebe: das Phloëm.

Eine Landpflanze ist gegenüber einem Tang auch mit vielen mechanischen Problemen konfrontiert. Der notwendige aufrechte Wuchs ist eines davon. Ein Tang wird vom Wasser getragen, wodurch seiner Größe theoretisch keine Grenze gesetzt ist. Ein Riesentang *(Macrocystis)* kann die Länge von 200 Metern erreichen. Anders bei einer Landpflanze. Will sie ihr Leben nicht kriechend auf dem Boden verbringen, muß sie einen Stengel haben, der nicht nur stabil genug ist, um die Zweige zu tragen, sondern der auch dem Wind standhält. Das wird durch die Entwicklung des Xylems, des Holzes, erreicht. Durch sein Vorhandensein im Sproß und in den Wurzeln widersteht der Stengel der Krümmungsbeanspruchung; zugleich überwindet die Wurzel, die die Pflanze im Boden verankert, die Zugbeanspruchung, solange sie ihre maximale Dehnungsfähigkeit beibehält.

Die ersten Landpflanzen besaßen einfache Röhren im Holzteil, die im Mittelteil des Stammes aufstiegen und dazu dienten, das Wasser zu leiten und der Pflanze Festigkeit zu verleihen. Als sie größer und differenzierter wurden, teilten sich diese Zentralzylinder in kleinere Einheiten, die sogenannten Gefäßbündel, die je nach den Beanspruchungen der einzelnen Pflanzen verschiedenartig angeordnet wurden. Die Art der Zellen des Holzteiles veränderte sich ebenfalls mit dem sich ändernden Bedarf. Stränge aus röhrenförmigen Zellen, die »Gefäße«, entwickelten sich, die allein die Aufgabe hatten, das Wasser zu transportieren. Andere Zellen, wie die Fasern, deren Wände durch die Anlagerung von Lignin verstärkt und verfestigt waren, gaben dem Stamm Halt und Stabilität. Heute nutzen wir solche Fasern zur Herstellung von Seilen und Geweben. Leinen z. B. wird aus den Fasern von *Linum usitatissimum* hergestellt, nachdem das äußere, weichere Pflanzenmaterial in Wasser aufgelöst worden ist.

Mit der Zunahme der Pflanzen an Größe und Kompliziertheit entwickelten sich die Blätter als die primären Organe, in denen sich der Prozeß der Photosynthese abspielt. Ein Farn ist nicht in Stamm und Blätter gegliedert, und in den größeren Tangen läuft die Photosynthese in allen Zellen des äußeren Teiles seines flächigen Thallus ab. Bei den ersten Landpflanzen war das ebenso: Der gesamte oberirdische Sproß war mit der Photosynthese beschäftigt. Mit der Entwicklung des Blattes war ein neues Organ ins Leben gerufen worden: mit der Funktion, Stärke zu bilden. Das Blatt war platt und dünn, so daß die Zellen, in denen Stärke produziert wurde, für diesen Prozeß genügend Licht erhielten. Ein Mosaik aus Blättern entwickelte sich, in dem jedes Blatt so angeordnet war, daß es möglichst von keinem darüber befindlichen mehr als unbedingt notwendig beschattet wurde. Gleichzeitig bildeten die Blätter ein wirksames System zur inneren Durchlüftung aus, so daß das lebensnotwendige Kohlendioxid schnell durch die Spaltöffnungen zu den photosynthetisierenden Zellen gelangen kann.

Der Gasaustausch hat jedoch für die Pflanze seine besonderen Gefahren; denn so wie Kohlendioxid durch die Spaltöffnungen eintritt, kann Wasserdampf austreten. Da die Wasserversorgung für eine Landpflanze gewöhnlich begrenzt ist, besteht die Gefahr, daß die Pflanze durch Vertrocknen abstirbt. Dieses Problem wurde mit der Entwicklung spezieller Zellen, der sogenannten Schließzellen der

Spaltöffnungen, dadurch teilweise gelöst, daß diese die Poren nachts, wenn die Photosynthese wegen des fehlenden Lichtes nicht ablaufen kann, schließen.
Die vielleicht größte Veränderung beim Übergang zum Landleben betraf die Bedingungen, unter denen sich die Pflanzen vermehren. Die geschlechtliche Reproduktion besteht darin, daß eine weibliche (Ei) mit einer männlichen Geschlechtszelle (Spermium) verschmilzt. Bei den Tangen ist Wasser ständig vorhanden, um Sperma zum Ei zu transportieren. Dazu ist die männliche Zelle gewöhnlich, jedoch nicht immer mit einem kleinen protoplasmatischen Schwanz ausgestattet. Diese sogenannte Geißel bewegt sich wellenförmig und verleiht dadurch der Zelle ihre Schwimmfähigkeit. Ein Tang braucht nur seine männlichen Geschlechtszellen in das Wasser zu entlassen, und schon werden diese mit Hilfe der Wasserströmung ihren Weg zu den Eizellen finden. Eine Eizelle gibt gewöhnlich in das Wasser eine chemische Substanz ab, die als Lockstoff wirkt und damit sicherstellt, daß eine Spermazelle sie auch findet.
Als die Pflanzen das Land besiedelten, existierte für sie und ihr Sperma kein allgegenwärtiges Wasser mehr; sie fanden sich deshalb unmittelbar dem Problem ihrer Vermehrung gegenübergestellt, einem Problem, das nicht sofort gelöst werden konnte, denn für mehr als 100 Millionen Jahre zwang die schwimmende Spermazelle die Pflanzen, sich ausschließlich in feuchtem Milieu geschlechtlich zu vermehren. Hierbei bedeckte ein Wasserfilm die Pflanze und stellte dem winzigen männlichen Gameten genügend Flüssigkeit zur Verfügung, um sich darin schwimmend fortzubewegen.

Der Lebenszyklus der Farne

Einige Landpflanzen sind nicht über dieses Entwicklungsstadium hinausgekommen. Die Farne und mit ihnen verwandte Pflanzen, wie die Schachtelhalme und Bärlappgewächse, auch die echten Moose und die Lebermoose sind durch ihre schwimmenden Spermien benachteiligt. Sie haben sich dieser Benachteiligung indes auf eigentümliche Weise angepaßt und damit einen Entwicklungsprozeß eingeleitet, der auf die höheren Pflanzen hinzielte. Diese wurden für alle Zeiten, was die Vermehrung anbetrifft, vom Wasser unabhängig.

Die Farnpflanze selbst vermehrt sich überhaupt nicht geschlechthin (*Abb. 1.1*). Statt dessen besitzt sie auf der Unterseite der Wedelblätter oder an ihren Rändern Tausende kleiner Behälter, die sogenannten Sporangien, in denen Sporen gebildet werden. Eine Spore ist ein sehr kleines, der Vermehrung dienendes Gebilde, einem Samenkorn ähnlich, jedoch viel winziger und einfacher. Die Sporenbildung verläuft ohne vorangehenden Befruchtungsprozeß. Eine Farnspore kann bei den richtigen Feuchtigkeits- und Temperaturbedingungen keimen und wachsen, wobei sich allerdings keine junge Farnpflanze, sondern ein sogenanntes Prothallium entwickelt – ein plattes, etwa herzförmiges Zellager, das voll ausgewachsen einen Durchmesser von nur ein bis zwei Zentimetern hat.

Nur wenige Menschen erkennen Farnprothallien; diese lagern meist schlecht sichtbar auf dem Erdboden zwischen welkem Laub. Außerdem sind sie durch ihre Kleinheit nicht gerade auffällig. Auf den Prothallien nun spielt sich die geschlechtliche Phase im Lebenszyklus des Farns ab; denn die kleinen Gebilde tragen männliche und weibliche Geschlechtsorgane. Auf dem Erdboden unter einer Schicht von welkem Laub und Reisig finden sie die zur Vermehrung notwendigen feuchten Bedingungen. Dort können die Spermien vom männlichen zum weiblichen Geschlechtsorgan schwimmen und die Eizelle befruchten. Aus dem befruchteten Ei wächst eine kleine Pflanze heran, die wir Sporophyt nennen. Sie ist wieder eine junge Farnpflanze, womit der Kreis geschlossen ist.

So haben wir im Entwicklungszyklus des Farns zwei deutlich sich unterscheidende Generationen vor uns: die eigentliche, sporentragende Farnpflanze und das Prothallium mit den Geschlechtsorganen. Diese zwei Generationen wechseln regelmäßig miteinander ab: Aus der Farnpflanze entwickelt sich das Prothallium, das Prothallium bildet wieder

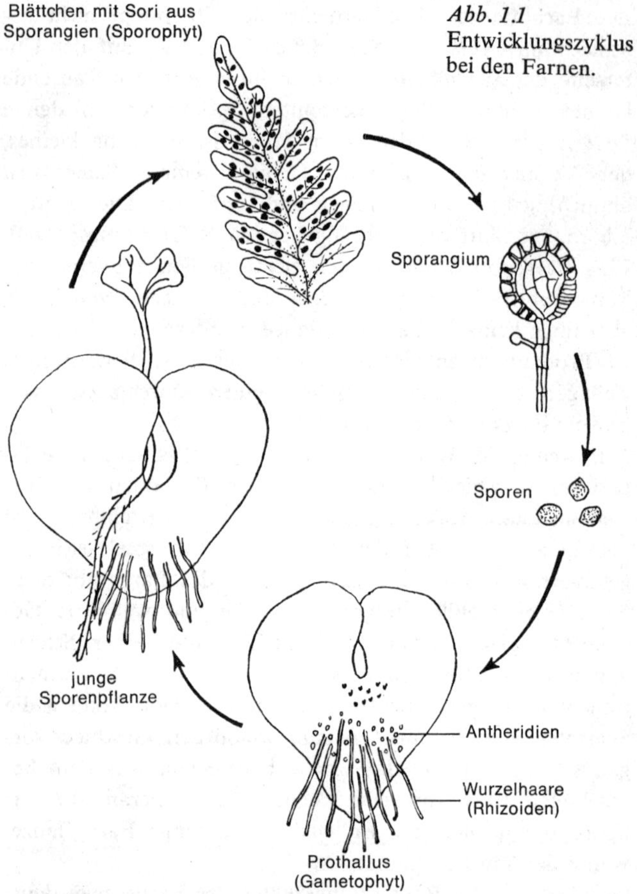

Abb. 1.1
Entwicklungszyklus bei den Farnen.

eine Farnpflanze. Dieser Wechsel der Generationen ist im übrigen fest in den Lebenszyklus nicht nur der Farne, sondern aller grünen Pflanzen eingeprägt, die auf einer höheren Evolutionsstufe stehen als die Tange.

Laub- und Lebermoose

Der Generationswechsel läuft innerhalb der einzelnen Pflanzengruppen sehr unterschiedlich ab. Bei den Farnen und ähnlichen Pflanzen wechselt das Prothallium mit einer größeren sporentragenden Generation ab. Dagegen befinden sich bei den Laub- und Lebermoosen die sexuellen Organe auf der eigentlichen Pflanze (*Abb. 1.2*). Der aus der geschlechtlichen Vermehrung hervorgegangene Sporophyt besteht aus einer Kapsel, die, von einem Stiel getragen, der Pflanze aufsitzt. Solche Kapseln sind im Frühjahr gut zu sehen, da sie auf ihren schlanken, haarähnlichen Stielen das Moospolster überragen. Die innen hohle Kapsel enthält die Sporen. Werden sie ausgeschleudert, dann keimen sie, und es kann sich eine neue Moospflanze entwickeln. Die Kapseln kann man tatsächlich als ihren Elternpflanzen gegenüber parasitisch bezeichnen, und zwar vollparasitisch bei den Lebermoosen, teilparasitisch bei den Laubmoosen.
Man mag sich fragen, weshalb die »Haupt«-Generation der Moospflanzen Geschlechtsorgane besitzt, während die Sporen in die Kapseln verbannt sind. Bei den Farnen ist es genau umgekehrt; die eigentliche Pflanze produziert die Sporen, und die Geschlechtsorgane sitzen auf dem Prothallium. In dieser Verteilung liegt ein bedeutender Unterschied. Moose sind ja kleine Pflanzen; sogar das Frauenhaarmoos *Polytrichum*, eines der größten europäischen Moose, erreicht nur eine Höhe von wenigen Zentimetern. Da die Pflänzchen so niedrig sind, wachsen sie dicht am Boden, wo sich die Feuchtigkeit halten kann. Die schwimmenden Spermien treffen also genügend Wasser an, um sich fortzubewegen. Gewöhnlich ist die Moospflanze, zu-

mindest zu bestimmten Jahreszeiten, von einem Wasserfilm überzogen; es ist kein Zufall, daß sich die meisten Laubmoose im Frühjahr vermehren, ehe die Sommersonne sie austrocknen kann. Lebermoose sind ebenfalls niedrig im Wuchs. Viele von ihnen sind blatt- oder bandförmig und wachsen an Bachläufen und alten Abwasserkanälen. Die blättrigen Lebermoose sind sogar noch kleiner als die Laubmoose.

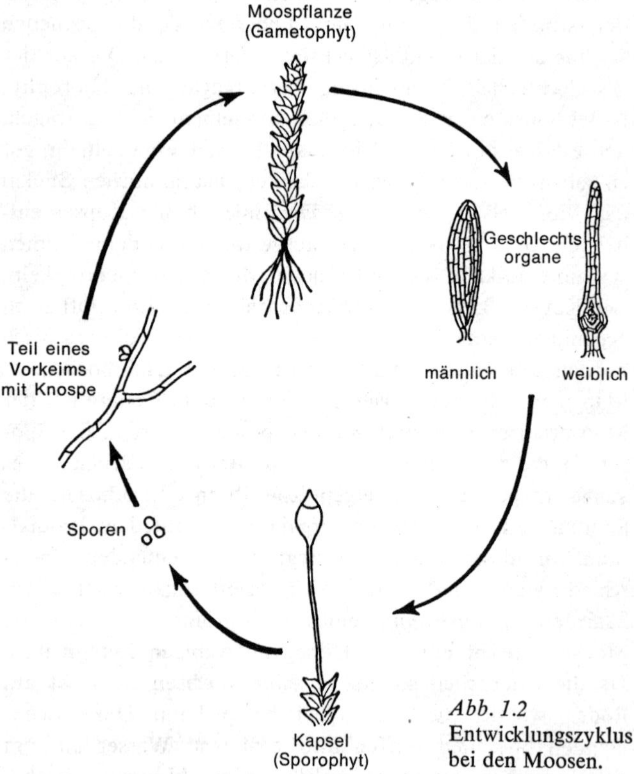

Abb. 1.2
Entwicklungszyklus bei den Moosen.

Wenn sich also das Wasserproblem für die Laub- und Lebermoose nicht so ernst stellt, weshalb haben sie dann überhaupt eine sporenbildende Generation? Es wäre doch einfacher, den Generationswechsel überhaupt wegzulassen, indem die geschlechtliche Generation sich direkt vermehrte. Aus zwei Gründen machen aber die Laub- und Lebermoose einen Generationswechsel durch. Allem voran haben sie sich wahrscheinlich aus Pflanzen entwickelt, bei denen der Generationswechsel voll ausgebildet war, wenngleich wir, da Fossilien fehlen, nichts Genaues über ihre Abstammung wissen. Was aber einmal während des harten Kampfes im Verlauf der Evolution errungen wurde, bleibt auch dann bestehen, wenn es nicht mehr notwendig ist.

Es gibt jedoch noch einen wichtigeren Grund als diesen: Die Pflanze besitzt durch ihre Sporen die Möglichkeit, sich zu verbreiten: eine Chance, die die geschlechtliche Generation nicht bietet.

Für einen Tang ist es im allgemeinen ein Leichtes, sich zu verbreiten; denn die befruchteten Eizellen werden durch die unruhige See von der Elternpflanze weggetragen. Das kann es bei einer Landpflanze nicht geben. Die befruchtete Eizelle muß dort keimen, wo sie nach dem Tod der Elternpflanze liegen bleibt; es sei denn, daß sie einen Verbreitungsmechanismus aufweist, wie wir ihn in den Früchten und Samen der Blütenpflanzen finden.

Für eine Spore ist die Verbreitung überhaupt kein Problem. Sporen sind klein und leicht und können ohne weiteres durch den Wind fortgetragen werden, manchmal über Hunderte von Kilometer weit wie bei den Sporen von *Puccinia graminis,* einem Pilz, der den Schwarzrost des Weizens verursacht. Für die Landpflanze bietet die Spore eine gute Garantie für die Verbreitung, während das befruchtete Ei ein schlechter Bürge ist. Man schaue nur, wie bei den Moospflanzen die Sporen in den Kapseln lose aufbewahrt werden, damit sie dem Wind so ideal wie möglich ausgesetzt werden können. Die Kapsel hat darüber hinaus eine Vorrichtung, durch die die Sporen bei trockener Luft hinausgeworfen werden. Die Kammer, welche die Sporen enthält, wird durch eine Reihe von »Zähnen« verschlossen, durch das sogenannte Peristom, das an den Kanten der Kapsel nach innen ragt. Alle Zellen, aus denen diese Zähne aufgebaut sind, sind ohne lebenden Inhalt und haben verstärkte Wände, die bei trockener Luft bewirken, daß die Zähne hinausgestreckt werden, wobei die eingeschlossenen Sporen hinausfallen. Wenn es feucht ist, kehrt das Peristom in seine Ausgangsstellung zurück und verschließt die Sporenkammer wieder. Die Sporen werden also nur dann entlassen, wenn die Bedingungen für die Verbreitung durch den Wind am günstigsten sind. Auch die Farnpflanze trägt ihre Sporangien mit den darin enthaltenen Sporen frei auf ihren Fiederblättchen. Die Prothallien hingegen tragen ihre Geschlechtsorgane dicht über dem feuchten Boden. Und auch der Farn hat eine Vorrichtung, die sicherstellt, daß die Sporen eher bei trockenem denn bei nassem Wetter ausgeschüttet werden.

Die weitaus größte Perfektion hinsichtlich der Anpassung an das Landleben zeigen die Blütenpflanzen. Das ist kaum überraschend, sind sie doch das am weitesten entwickelte Produkt, das die Pflanzenevolution hervorgebracht hat. Seit die Pflanzen den gefährlichen Weg aus dem Meer auf das Land begannen, vergingen 200 Millionen Jahre, bis die Blütenpflanzen erschienen. Kaum hatten sie die Wiege ihrer Evolution im Meer verlassen – schon nahmen sie rasch vom Land Besitz.

Generationswechsel bei Blütenpflanzen

Bei den Blütenpflanzen finden wir ähnlich wie bei ihrem Vorgänger, dem Farn, einen Wechsel zwischen einer geschlechtlichen und einer sporenbildenden Generation, doch ist die Anpassung so weit fortgeschritten, daß die beiden Generationen nicht mehr leicht zu unterscheiden sind. Die

Blütenpflanze selbst ist die sporentragende Generation, wobei zwei Arten von Sporen vorkommen. Aus den Mikrosporen geht die Generation mit den männlichen Geschlechtsorganen hervor, während sich aus den Megasporen die Generation mit den weiblichen Geschlechtsorganen bildet. Die Mikrosporen – wir kennen sie besser unter dem Namen »Pollen« – sind allgemein bekannt. Die Megasporen lassen sich unter dem Mikroskop erkennen.

Im Fruchtknoten, dem inneren Teil der weiblichen Blüte, befinden sich die Samenanlagen. Stellt man einen dünnen Schnitt durch eine Samenanlage her und untersucht ihn mikroskopisch, so sieht man eine einzige große Zelle, den sogenannten Embryosack. Sie stellt die weibliche Geschlechtsgeneration dar, die sich aus der Megaspore innerhalb der Samenanlage entwickelt hat.

Bei den Blütenpflanzen tritt die geschlechtliche Generation stark reduziert auf. Ein Prothallium existiert bei ihnen nicht mehr. Wenn das Pollenkorn, die Mikrospore, keimt, wächst ein Pollenschlauch durch das Gewebe des Fruchtknotens bis in die Samenanlage hinein. Im Pollenschlauch befinden sich zwei männliche Kerne oder Gameten. Einer von ihnen verschmilzt mit dem weiblichen Kern im Embryosack, wodurch die Samenanlage befruchtet ist. Nun kann sich aus ihr das Samenkorn entwickeln.

Durch das Zurückdrängen der geschlechtlichen Generation ist die Blütenpflanze hinsichtlich ihres Befruchtungsvorgangs vom Wasser völlig unabhängig geworden. Die schwimmende Spermazelle ist durch den männlichen Kern ersetzt, der durch den Pollenschlauch zum Kern des Eis gelangt. So kann sich eine Blütenpflanze, vorausgesetzt, daß sie durch die Wurzeln genügend lebensnotwendiges Wasser aufnehmen kann, selbst mitten in der Sahara vermehren.

Wir haben also mit den heutigen Blütenpflanzen Organismen vor uns, die sehr gut an ihre spezielle Umgebung und Lebensweise angepaßt sind. Das muß so sein. Im Existenzkampf zwischen Pflanze und Tier und unter den

Pflanzen gibt und gab es keinen Platz für schlecht Angepaßte. Wenn sie überleben wollten, mußten sie sich anpassen. Jene, denen dies nicht gelang, konnten nicht weiterexistieren und machten Platz für alle besser geeigneten Individuen – ein Vorgang, den Darwin das »Überleben der Tauglichsten« nannte.

Die leitende Kraft, die in diesem abgestuften Prozeß der Evolution seit dem ersten Erscheinen des Lebens auf der Erde wirkt, nennen wir *natürliche Auslese.* Jene Organismen, die, aus welchem Grund auch immer, den Existenzkampf am besten überstanden, haben ihre günstigen Eigenschaften auf die Nachkommen übertragen, und so konnten auch diese überleben. Auf solche Weise wurden im Laufe der Jahre bevorzugte Anpassungsmerkmale jenen Pflanzenarten aufgeprägt, deren Vorfahren diese Merkmale zuerst hervorbrachten. Umgekehrt wurde jedes Individuum ausgemerzt, das gegenüber seinen Artgenossen schlechter konkurrieren konnte. Dadurch wurden nachteilige Eigenschaften immer wieder ausgemerzt.

Die natürliche wirkt in sehr ähnlicher Weise wie die künstliche Auslese, die der Mensch bei der Züchtung seiner Haustiere und seiner Kulturpflanzensorten anwendet. Wenn ein Züchter auf eine Erbsenvarietät mit größeren Hülsen oder dickeren Samen als gewöhnlich stößt, dann benutzt er sie, um aus ihr weitere Pflanzen heranzuziehen, und hofft, daß diese Merkmale in ihnen erhalten bleiben. Pflanzen mit unterdurchschnittlicher Qualität sondert er aus der Züchtung aus. Manchmal entstehen neue Varietäten auch spontan, doch Pflanzen- und Tierzüchter gehen bewußt daran, neue Rassen zu züchten, indem sie zwei Elternindividuen miteinander kreuzen, von denen jedes eine wünschenswerte Eigenschaft besitzt. Als erstmals Weizenpflanzen mit Resistenz gegenüber dem Schwarzrost entdeckt wurden, fand man, daß sie einen geringeren Ernteertrag aufwiesen. Der Cambridger Wissenschaftler Biffen kreuzte sie mit ertragreichen, wenngleich für Schwarzrost anfälligen Pflanzen, wodurch er die erste Weizensorte erzeugte, bei der Rostresistenz mit hohem Ertrag kombiniert war.

Ob nun ein wünschenswertes Merkmal spontan entsteht oder durch die Kunstgriffe des Züchters – das Ergebnis ist allemal dasselbe: Verbesserung der betreffenden Varietät. Der Mensch kann kraft seiner Intelligenz manchmal, wenn auch nicht immer, recht schnelle Erfolge erzielen. Die natürliche Selektion, die, soweit uns bekannt ist, blindlings arbeitet, spielt sich hingegen viel langsamer ab. Schnelligkeit ist für die Natur unwichtig, sie hat ja genügend Zeit für ihr Wirken.

Man sollte sich merken, daß die natürliche Auslese selbst keine neuen Arten *schaffen* kann, sie kann nur Varianten fördern, die schon eine Prädisposition dafür besitzen. Hierin besteht die überragende Bedeutung der sexuellen Reproduktion. Wenn sich zwei Organismen geschlechtlich vermehren, geben sie ihre Eigenschaften an die Nachkommen weiter: In einer Hinsicht ähneln sie dem Vater, in anderer der Mutter. Einige Merkmale besitzt aber nur die Nachkommenschaft; denn die Gene, die Träger der Vererbung, beider Eltern können sich so miteinander verbinden, daß sie eine Eigenschaft hervorbringen, über die beide Eltern nicht verfügen.

Wer z. B. voller Hoffnung den Samen der Viktoria-Pflaume auslegt, wird mit ziemlicher Sicherheit von dem Ergebnis enttäuscht sein. Er wird zwar irgendeine der etwa fünfzig verschiedenen Pflaumensorten bekommen, doch sicherlich nicht die Viktoria-Pflaume. Schuld daran ist die Fremdbestäubung durch Insekten. Will man die Viktoria-Pflaume oder andere wirtschaftlich interessante Obstarten vermehren, muß man ein Stück des ursprünglichen Baumes auf einen anderen passenden Baum aufpfropfen. Nur so kann man mit Sicherheit die Pflaume heranziehen, die man wirklich haben will.

Diese mit der Vermehrung verbundenen Unsicherheiten bestimmen das Ausgangsmaterial, auf das die natürliche Auslese einwirkt. Sie sind der Leitfaden der Evolution, denn ohne sie würde der Evolutionsprozeß in eine Sackgasse geraten. Die geschlechtliche Vermehrung ermöglicht nicht allein die Entstehung von Bastardformen; viel wichtiger ist, daß die Natur gelegentlich auch eine Mutante, eine Abweichung, abwirft. Die natürliche Auslese nutzt dann die Mutanten in der bereits beschriebenen Weise.

Zunächst mag es seltsam erscheinen, daß die natürlichen Mutanten fast immer schädliche Eigenschaften aufweisen; doch hierfür gibt es einen guten Grund. Wenn eine bestimmte Pflanze oder auch ein Tier, das ebenfalls Mutanten hervorbringt, bereits einige Zehnmillionen Jahre existieren konnte, dann wird dieser Organismus gut angepaßt sein; andernfalls hätte er wohl nicht überleben können. Anders ausgedrückt: Die die Vererbung kontrollierenden Gene stehen mit der Umwelt in Wechselwirkung. Mutation ist die Veränderung eines Gens, wodurch der gut im Gleichgewicht befindliche Genbestand gestört wird. Nur gelegentlich ergibt sich eine Verbesserung. In diesen seltenen Fällen kann dann die natürliche Auslese auf eine günstige Mutation einwirken.

Wir können den Evolutionsprozeß demnach als eine schrittweise Veränderung durch Mutation ansehen, wobei die Mutanten ausselektiert werden: die »Guten« ins Töpfchen, die »Schlechten« – das ist die Mehrzahl – ins Kröpfchen. Bei diesem Ausleseverfahren ist der Kampf um die Existenz die treibende Kraft. Alles, was den Organismen beim Bestehen dieses Kampfes hilft, wird durch die natürliche Selektion erhalten, alles Nachteilige wird zerstört. Auf diese Weise entstanden die zahllosen Blütenpflanzen, Koniferen (Nadelgewächse), Farne, Moose und sonstigen Arten des Pflanzenreiches während der vielen Jahrhunderte, die seit dem ersten zaghaften Erscheinen des Lebens auf unserem Planeten vergangen sind. So haben sich die heutigen Pflanzen in ihrer fast unendlichen Vielfalt und Kompliziertheit aus den primitiven, mikroskopisch kleinen Algen entwickelt, die vor 500 Millionen Jahren im Präkambrium-Meer schwammen. Die Pflanzen mußten also im Verlauf des Evolutionsgeschehens ihre Lebensweise an die sie beherbergende Umwelt anpassen, wobei die natürliche Auslese richtungweisend auf sie einwirkte. Daß die Selektion, soweit wir wissen, ohne Plan vorgeht, ändert an dem Ergebnis nichts. Pflanzen sind manchmal mit erstaunlicher Präzision so konstruiert, daß sie genau in ihren Lebensraum hineinpassen.

2 Pflanzen als Architekten

Als die Pflanzen aus dem Meer auf das Festland übersiedelten, mußten sie als erstes das Problem lösen, ihre Stengel zum Licht hin aufzurichten, ohne daß das Meerwasser sie dabei noch unterstützte. Ein allseits von Wasser umspülter und von ihm getragener Tang hat es da leichter: ihm genügen zum Auftrieb einige Luftblasen hier und dort in seinen Wedeln. Die Blasen sorgen für die Schwimmfähigkeit und halten die Triebe aufrecht, so daß diese für den lebensnotwendigen Vorgang der Photosynthese genügend Licht bekommen. Sogar der Riesentang *Macrocystis* kann auf diese Weise mit seinen bis zu 200 Meter langen Trieben in den Strömungen des Ozeans elegant schwimmen. Anders bei den Landpflanzen. Bis heute hat noch keine Pflanze Blasen entwickelt, die, vielleicht mit Wasserstoff gefüllt, in der Luft wie Fesselballons schweben können und die Pflanzen hinter sich herschleppen. Ob das eine Pflanze jemals fertigbringt, ist unwahrscheinlich, wenngleich ich zögere zu behaupten, daß für eine Pflanze irgend etwas nicht möglich sein könne. Kurz: Die Landpflanze mußte Festigungsgewebe aufbauen, damit ihre Stengel einerseits durch die festigende Struktur aufrecht stehen konnten und andererseits nicht vom Wind umgeweht wurden. Eine kleine krautige Pflanze vermag sich durch den hydrostatischen Druck aufrecht zu halten, indem sie etwa analog einem aufgeblasenen Fahrradschlauch, der ja auch eine beachtliche Steife erreicht, ihre Zellen mit Wasser »aufbläst«.

Turgor, Festigkeit und Wasserleitung

Sind die Zellen mit Wasser prall gefüllt – *Turgor* ist die botanische Bezeichnung für diesen Zustand –, so wird die Pflanze fest, und jeder Versuch, den Stengel zu biegen,

würde das Gewebe zerstören. Ein solcher Turgor-Mechanismus ist jedoch nur für sehr kleine Pflanzen oder für bestimmte Pflanzenteile, z. B. die Blattstiele, ausreichend. Wie dieses System funktioniert bzw. nicht funktioniert, kann man an einem kalten Wintermorgen im Garten beobachten. Man sieht dort, wie die Blätter z. B. des Rosenkohls, anstatt straff aufrecht zu stehen, schlapp herabhängen. Bei kalter Witterung ist die Wasseraufnahme der Wurzeln aus dem Boden erschwert, so daß der Turgor der Blattstiele nicht aufrechterhalten werden kann.
Hat die Pflanze eine gewisse Größe erreicht, kann der Turgor die Festigkeit des Haupttriebes nicht mehr ausreichend gewährleisten. In erster Linie würden dann das Wurzelsystem und die Wasserversorgung unerträglich beansprucht, um den Turgordruck in allen Zellen des Stengels sicherzustellen. Außerdem wird das Gewicht einer Pflanze während des Wachstums relativ stärker zunehmen als die Länge und Festigkeit ihres Sprosses; die Festigkeit des Pflanzenstengels ist, grob gesagt, abhängig von der Fläche seines Querschnitts. Nimmt diese um das Doppelte zu, ist der Sproß viermal so fest. Doch das Volumen einer Pflanze – von ihm hängt das Gewicht ab – nimmt mit der dritten Potenz ihrer linearen Ausmaße zu. Verdoppelt der Sproß seinen Durchmesser, wird sein Gewicht nicht vervierfacht, sondern verachtfacht. Wird also eine heranwachsende Pflanze dicker, dann ist bald der Punkt erreicht, an dem der Turgor-Mechanismus allein nicht für Festigkeit sorgen kann.
Die Lösung des Festigungsproblems ging Hand in Hand mit einer anderen dringenden Frage: ein System für die Leitung des Wassers zu finden, in dem die gelösten Mineralstoffe von der Wurzel den Stengel hinaufbefördert werden. Die frühen Landpflanzen hatten ein System entwickelt, das beiden Zwecken diente. In ihren Sprossen lief eine Zellreihe aus sogenannten Tracheiden hinauf. Diese Zellen waren spindelförmig und viel länger als breit

(Abb. 2.1). Ihre ursprünglichen Zellwände bestanden wie die der meisten Pflanzenzellen aus Cellulose, doch wurde auf ihr sekundär eine Schicht aus einer festen Substanz aufgelagert, die vorwiegend das schon erwähnte Lignin enthielt. Mit zunehmendem Alter verloren diese Zellen ihren protoplasmatischen Inhalt, doch die verdickten Zellwände blieben zurück. Ihre Zellspitzen verbanden sich zu einer festen Struktur, die dem Verformen widerstand. Die Tracheiden bewirkten, daß feste Strukturen in die Pflanzensprosse eingebaut wurden, die das Gewicht der Blätter tragen konnten, ohne einen Turgor-Mechanismus zu benötigen.

Das war jedoch nicht alles. Die im Stamm aufwärts verlaufenden Tracheiden ohne Zellinhalt eigneten sich groß-

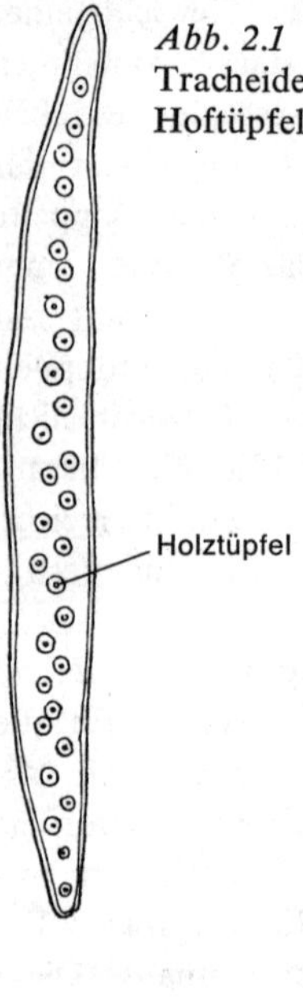

Abb. 2.1
Tracheide mit Hoftüpfeln.

Abb. 2.2
Eine Faser. Die Zeichnung wurde unterbrochen, da die Zelle um ein Vielfaches länger ist. Auffallend sind die strichförmigen degenerierten Hoftüpfel.

artig für den Transport des Wassers, indem sie von der Basis bis zur Stammspitze eine Leitung bildeten. Die im Wasser gelösten Mineralstoffe konnten auf diese Weise von den Wurzeln bis hinauf zu den obersten Blättern befördert werden.

Die Tracheiden dieser frühen Pflanzen waren die erste Stufe in der Entwicklung eines spezialisierten Gewebes, des sogenannten Xylems oder Holzes. Je weiter die Evolution der Pflanzen voranschritt, desto komplizierter wurde der Holzteil.

Als Leistungssystem fehlte den Tracheiden scheinbar noch etwas: sie waren durch die mit Lignin imprägnierten Zellwände voneinander abgeschlossen, und eigentlich hätte so eine wasserundurchlässige Trennwand entstehen müssen. Doch das war nicht der Fall: Nicht überall waren die Zellwände der Tracheiden mit Lignin verstärkt. Es gab dünne Stellen, sogenannte Tüpfel, in der Zellwand, und durch diese Tüpfel konnte das Wasser hindurchtreten.

Man wird kaum bezweifeln können, daß die Tracheiden als Bauelement mit zwei Funktionen entstanden waren. Ihre lignifizierten Wände und gegenseitige Kopplung, ihre zugespitzten Enden und die Tatsache, daß viele Tracheiden zu Gruppen vereint waren und aneinander, Spitze an Spitze, aufgereiht im Sproß aufwärtsliefen, sorgten für die Festigkeit. Gleichzeitig wurden sie durch ihren Röhrencharakter zum idealen Wassertransporteur. Diese Einrichtung funktionierte ausgezeichnet, ja funktioniert auch heute noch; denn selbst der Mammutbaum, der größte aller Bäume, ist hinsichtlich der Wasserversorgung seines bis zu 120 Meter hohen Stammes auf Tracheiden angewiesen.

So funktionsfähig diese Tracheiden auch waren – sie konnten doch noch verbessert werden. Da sie die Funktion haben, Wasser zu transportieren, müssen sie einen bestimmten Durchmesser aufweisen. Geht der Prozeß des Dickenwachstums über eine bestimmte Grenze hinaus, wird der innere Durchmesser jedoch zu klein, als daß die Tracheiden das

Wasser noch ausreichend transportieren könnten. Man erinnere sich daran, daß sich die Zellwandverstärkung auf der Innenseite der primären Zellwand aus dem lebenden Zellinhalt bildet. Außerdem würden bei zu dicken Zellwänden die Tüpfel nicht mehr ausreichen, um das Wasser von einer Tracheide in die andere zu leiten. Der Stärke der Tracheidenwand und damit der Festigkeit der einzelnen Tracheide ist also eine Grenze gesetzt.

Fasern und Gefäßelemente

Angenommen, eine Tracheide würde den Wassertransport vergessen und sich allein auf die Festigkeit konzentrieren, dann könnte sie beliebig viel sekundäre Verstärkung innerhalb der primären Zellwand ablagern, vorausgesetzt, daß noch genügend Volumen für den lebenden, für die Lignifizierung verantwortlichen Inhalt vorhanden ist. Wir müßten dann ein viel festeres Gebilde als die gewöhnliche Tracheide bekommen, das indes für den Wassertransport praktisch nutzlos sein würde.

Dieser Fall ist bei einem bestimmten pflanzlichen Zelltyp, der Faser, eingetreten. Fasern sind lang und schmal, in einigen Fällen fast nadelförmig *(Abb. 2.2)*. Ihre Wände sind sehr stark lignifiziert und lassen nur einen schmalen zentralen Raum, das Lumen, frei, wo bis zur Vollendung der Zellwandverstärkung das lebende Protoplasma existiert. Eine derartige Zelle ist ausnahmslos auf Festigkeit spezialisiert.

Um Fasern auf dem Höhepunkt ihrer Entwicklung sehen zu können, müssen wir uns, obwohl die Evolution der Fasern schon bei den Koniferen begonnen hatte, zu den Blütenpflanzen begeben. Die wirtschaftlich genutzten Fasern, z. B. für Textilien und Seile, können eine unvorstellbare Länge erreichen. Eine einzige Faserzelle des Flachses kann 7 Zentimeter lang werden. Die Faserzelle der Ramie *(Boehmeria nivia)*, einer Pflanze, die zu den Nesselgewäch-

sen *(Urticaceae)* gehört und in der Textilindustrie Verwendung findet, kann sogar die unglaubliche Länge von 25 Zentimeter erreichen.
Als Wassertransporteure sind die Fasern freilich wertlos, was jedoch nicht weiter schadet, weil andere Tracheiden, die sich nicht diesem Spezialisierungsprozeß unterzogen haben, den Wassertransport übernehmen. Noch wichtiger sind im Holzteil der Blütenpflanzen bestimmte Zellen, die sogenannten Gefäßelemente, die ausschließlich für den Wassertransport vorgesehen sind.
Gefäßelemente sind aus Tracheiden entstanden, wobei sich diese entgegengesetzt zu den Fasern spezialisiert haben. Bei der Faser kommt es allein auf Festigkeit an; bei einem Gefäßelement hingegen ist die Festigkeit zugunsten der Fähigkeit des Wassertransportes geopfert worden. Gefäßelemente sind die am höchsten entwickelten Leitungszellen und kommen fast nur in den Blütenpflanzen vor.
Das Haupthindernis für die Tracheide als wasserleitende Zelle besteht darin, daß das Wasser durch die Tüpfel in der Zellwand von einer Tracheide zur anderen gelangen muß. Das ist zwar möglich, aber der Transport wird durch die vielen engen Öffnungen, die zu passieren sind, stark verlangsamt. Jeder Kanal ist von einer Tüpfelmembran, der primären Tracheidenwand, überspannt. Wenn nur die Zellwände an den Enden nicht wären! Dann könnte nämlich das Wasser von einer Tracheide nahezu ungehindert zur anderen transportiert werden, und die Behinderung wäre nicht größer als in einem Flußbett.
Tatsächlich hat das Gefäßelement das fertiggebracht. Man stelle sich zwei übereinanderliegende Tracheiden vor, deren Enden zusammenstoßen und dort durch Tüpfel miteinander verbunden sind. Die Tüpfel sind nun größer, ihre Membranen verschwinden, und durch die allgemeine Vergrößerung vereinigen sich mehrere Tüpfel zu einer größeren Öffnung. Schließlich sind auch die Wände an den Enden der Tracheiden nicht mehr vorhanden, wodurch der Transport

zwischen ihnen gewährleistet ist. Aus Tracheiden sind Gefäßelemente *(Abb. 2.3)* geworden.
Bei den Blütenpflanzen finden wir Gefäßelemente, deren Enden wie einzelne Wasserrohre aneinanderstoßen. Auf diese Weise wird ein Rohrsystem gebildet, das bis in die höchsten Stämme hinaufreicht. Nichts behindert den Wasserstrom in einem solchen Gefäßsystem außer der natürlichen Schwerkraft. Je dicker die Gefäßelemente, desto leichter vermag das Wasser hindurchzufließen. Daher ist es nicht überraschend, daß in der Evolution der Gefäße die einzelnen Elemente immer breiter und gleichzeitig immer kürzer wurden. Wir können eine solche Entwicklungslinie durch die Familien der Blütenpflanzen hindurch verfolgen, von den primitiveren Holzarten ausgehend bis zu den höherentwickelten Arten. Zum Beispiel haben die Weiden primitive Gefäßelemente, die lang und, im Vergleich zu anderen, verhältnismäßig eng sind und sich an den Enden verjüngen. Die Eiche mit ihrem höherentwickelten

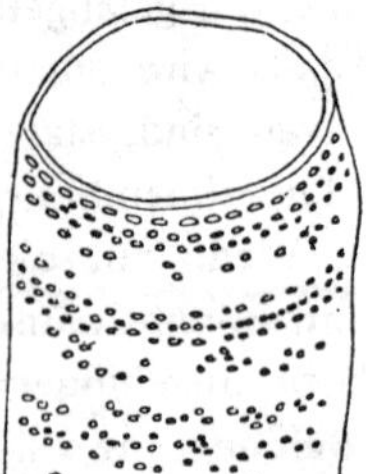

Abb. 2.3
Gefäßelement.

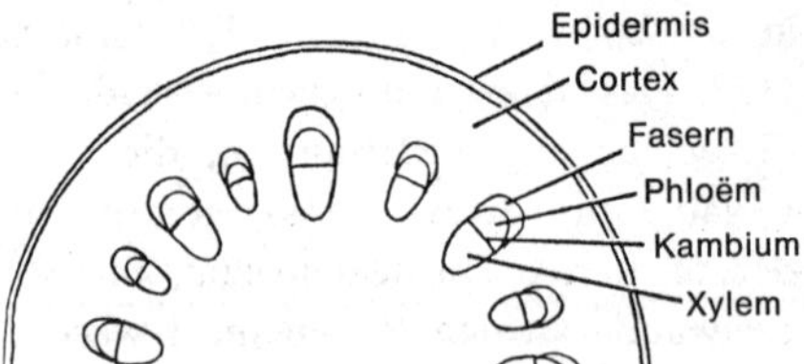

Abb. 2.4
Schnitt quer durch einen jungen Sonnenblumensproß.

Holz besitzt kurze und breite Gefäßelemente, deren Enden abgeflacht sind.
Die Gefäßelemente haben ihre primäre Funktion, den Sproß zu festigen, weitgehend verloren; sie dienen dem Wassertransport. Das schadet jedoch nichts, denn die Festigung wird durch die zahlreichen Fasern übernommen. Neben den Gefäßelementen und den Fasern werden gleichzeitig in vielen Blütenpflanzen noch die einfachen Tracheiden gebildet. Die Gefäßelemente behalten aber auch ihre verstärkten Wände noch. Das ist notwendig, damit die Ablagerung von festigendem Lignin ein Kollabieren der Wände und eine dadurch verursachte Unterbrechung der Wasserversorgung verhindert. Eine weitere wichtige Ursache für die Verfestigung der Gefäßwände wollen wir erst im folgenden Kapitel besprechen.

Das Gewebe des Pflanzensprosses

Ein Pflanzensproß besteht aus vielen unterschiedlichen Zellarten, die nach einem bestimmten Plan angeordnet sind. Dieser variiert zwar bei den verschiedenen Spezies, hält sich aber im großen und ganzen an ein gemeinsames Schema. Wir wollen diese Anordnung der Gewebe am jungen Trieb der Sonnenblume betrachten.
Die Sonnenblume ist eine einjährige Pflanze, deren Sproß trotz seiner Größe nicht dazu bestimmt ist, Jahre zu leben. Deshalb hat er nur wenig Holzgewebe. Untersucht man einen dünnen Schnitt oder den Querschnitt des Sonnenblumensprosses, dann erkennt man sofort, daß der Hauptbestandteil des Gewebes dünnwandige Zellen sind und unregelmäßiger als eine Honigwabe aussieht. Diese Zellen haben aus Cellulose aufgebaute Wände und werden gewöhnlich als Parenchymzellen bezeichnet. Sie bilden sozusagen das Grundgewebe des Sprosses. Nach außen wird er durch eine Haut, die Epidermis (Oberhaut), abgegrenzt, die meist aus einer einzelligen Schicht besteht.

Das Grundgewebe läßt sich in zwei Bestandteile zerlegen: einen äußeren Teil, die Rinde, und einen inneren Teil, das Mark. Die beiden Teile werden von einem Ring nicht miteinander verwachsener, spezialisierter Zellgruppen getrennt. Eine solche Zellgruppe wird als Gefäßbündel bezeichnet – »Gefäß«, weil diese Bündel die Zellen enthalten, die Wasser und Nährstoffe transportieren. Hier haben wir das Xylem, das holzbildende Gewebe, vor uns. Zwischen den Gefäßbündeln sind Rinde und Mark miteinander verbunden *(Abb. 2.4)*.

Die Gefäßbündel bestehen aus mehreren verschiedenen Zellarten und sind alle nach ein und demselben festen Plan aufgebaut. An der Innenseite haben wir das Xylem oder Holz, das vorwiegend aus Zellen mit verdickten Wänden besteht. Taucht man ein Stück davon einige Minuten in angesäuertes Phloroglucin und betrachtet es unter dem Mikroskop, dann entdeckt man hellrosa gefärbte Zellwände, was auf ihren Ligningehalt hinweist. Die auffallendsten Zellen im Holz sind die Gefäßelemente, Zellen mit großem Durchmesser und mit Wänden, die ein unregelmäßiges Vieleck bilden. Die Gefäßelemente sind in strahlenförmigen Reihen angeordnet. Zwischen ihnen befinden sich kleinere Zellen mit dünnen Wänden, die sich nicht mit Phloroglucin anfärben: die Zellen des Holzparenchyms.

Außerhalb des Xylems enthalten die Gefäßbündel zwei bis drei Schichten dünnwandiger, abgeplatteter Zellen, so als habe man viele Quader aneinandergereiht. Sie sind das »Kambium«, das für das Dickenwachstum eines jungen Sprosses sehr wichtig ist. Weiter nach außen schließt sich das Phloëm an, jenes Gewebe, das sich vor allem mit dem Transport der Nährstoffe in der Pflanze befaßt. Seine Arbeitsweise wird in Kapitel 5 geschildert. Es besteht aus großen, dünnwandigen Zellen, die weitgehend leer erscheinen und als Siebröhren bezeichnet werden. Darin sind kleinere Zellen mit dichtem Inhalt, die »Geleitzellen«, eingestreut. Eine bestimmte Menge an Phloëmparenchym befindet sich zwischen den Siebröhren und Geleitzellen. Weder die Kambium- noch die Phloëmzellen färben sich bei Behandlung mit Phloroglucin rosa an. Das liegt daran, daß ihre Zellwände nicht lignifiziert sind.

Jedes Gefäßbündel der Sonnenblume hat außenherum eine Gruppe sehr dickwandiger Zellen, die wie eine Kappe dem Gefäßbündel aufgesetzt sind. Die Wände dieser Zellen färben sich mit Phloroglucin hellrosa, ein Zeichen für starke Lignifizierung. Es sind Fasern, die das Hauptfestigungselement in den jungen Sprossen bilden.

Die Anordnung der Fasern zu Bündeln entlang der Peripherie des Triebes geschah nicht zufällig; denn gerade hier sind sie am nützlichsten. Will man z. B. aus einer gegebenen Menge Metall einen festen Gegenstand fertigen, dann gießt man es auch nicht zu einem massiven Stab, sondern lieber zu einer Röhre mit größtmöglichem Durchmesser. Je größer nämlich der Durchmesser, desto größer ist die Festigkeit, eine Mindeststärke der Röhrenwand vorausgesetzt.

Die Anordnung der Fasern an der Peripherie eines Pflanzensprosses und nicht anderswo zeugt von beachtlichem Konstruktionsgeschick. Die Fasern sind dort eingelagert, wo sie dem Trieb die größte Festigkeit verleihen, ohne unnötiges Material zu verschwenden – ein Bauplan, der uns immer wieder bei krautigen Pflanzen auffällt. Die weiße Taubnessel mit ihrem vierkantigen Stengel ist ein ausgezeichnetes Beispiel dafür. Wenn wir einen Querschnitt davon unter das Mikroskop legen, erkennen wir, daß die Gefäßbündel dicht an der Peripherie zu einem Quadrat angeordnet sind. Außer den Gefäßbündeln hat die Taubnessel noch andere Festigungsgewebe. In den Ecken des vierkantigen Sprosses unmittelbar unter der Epidermis befinden sich Zellgruppen mit sehr ungleichmäßig verdickten Zellwänden. Das meiste Festigungsmaterial ist in den Zellecken konzentriert. Diese Zellen sind nicht lignifiziert, sondern hauptsächlich mit Cellulose verstärkt. In dieser Hinsicht unterscheiden sie sich deutlich von den Fasern, die fast immer lignifiziert sind. Sie unterscheiden sich von den Fasern und Tracheiden auch noch darin, daß ihr lebender Inhalt erhalten bleibt und nicht beim Altern der Zellen verschwindet.

Dieser Typ von Festigungsgewebe ist bei den Pflanzen sehr verbreitet und wird Kollenchym genannt. Besonders ausgeprägt ist er in kleinen Pflanzen und in kleinen Teilen größerer Pflanzen, wie den Blattstielen und den Blattadern, wo eine gewisse Festigkeit erwünscht ist. Das Kollenchym kann in Sämlingen vorkommen, wobei seine Festigungsfunktion später vom Holz übernommen wird.

Der Sproß der Taubnessel veranschaulicht ein weiteres häufiges Charakteristikum im Bauplan der krautigen Pflanzen: Der Stengel ist hohl. Sein innerer Teil wird vom Mark ausgefüllt, das wenig zum Leben der Pflanze beisteuert. In der Mitte des Sprosses fehlt es oft sogar ganz. Die Röhrenstruktur erkennt man besonders gut an den Stengeln vieler Gräser. Denken wir nur an den Bambus. In seiner Struktur ist der Bambussproß der härteste aller Pflanzen, so daß aus ihm sogar Messerklingen hergestellt werden können.

Der Bambus, ja, die Gräser allgemein gehören in eine Gruppe der Blütenpflanzen, die der Botaniker Monokotylen (Einkeimblättrige) nennt. Dazu zählen auch die Orchideen, Lilien, Narzissen und weitere Pflanzen mit linealischen Blättern. In ihren Sprossen sind die Leitbündel anders angeordnet als bei den Dikotylen (Zweikeimblättrigen), die die andere große Gruppe der Blütenpflanzen bilden. Zu ihnen gehören die Sonnenblume, die Taubnessel und die meisten unserer Kräuter, Sträucher und Bäume. Bei den Monokotylen liegen die Gefäßbündel im Stengel verstreut und sind nicht zu einem Ring angeordnet. So beim Bambus. Sein Stengel ist, abgesehen von den »Knoten« (Nodien), hohl; die Gefäßbündel sind auf die Außenseite zu konzentriert. In der Rinde unmittelbar unter der Epidermis finden wir eine Anhäufung von Fasern, in die die äußeren Gefäßbündel eingebettet sind, wodurch dem Sproß große Festigkeit verliehen wird. Diese wird noch verstärkt durch die Wände der äußeren Zellen, die mit hartem Siliciumdioxid imprägniert sind. Dieses wird mit der für die Pflanze typischen Alchemie aus den mineralischen Lösungen des Bodens extrahiert, von den Wurzeln aufgenommen und dort abgelagert, wo es am nützlichsten ist.

Der Bambus findet eine sehr vielseitige Verwendung, besonders in den Ländern Asiens. Bambusstämme vereinigen geringes Gewicht mit Festigkeit, außerdem sind sie leicht zu spalten. Die ganzen Stämme werden als Eckpfeiler für Häuser verwendet. Die Spaltstücke ergeben fertige Ziegel für das Dach. Aus in dünne Streifen zerschnittenen und danach zu Matten geflochtenen Bambusstämmen werden Wände hergestellt. Da die Stämme hohl sind, können sie als Rohre dienen, in denen Wasser zu den Wohnungen geleitet wird. Halbiert, ergeben sie ideale Dachrinnen. Große Bambusstämme kann man als Brückenpfeiler verwenden, während aus kleinen Stämmen Allerweltsartikel, wie Spazierstöcke, Flöten, Möbel, Haushaltsgeräte, Bienenkörbe, landwirtschaftliche Geräte und vieles andere mehr, gearbeitet werden können. Messerscharfe Bambusspäne lassen sich sogar in Grasmähern benutzen. Die jungen Bambustriebe werden ebenso gegessen wie Spargel. Der Sproß von *Bambusa arundinacea* enthält Silikatknötchen, die in Ländern des Orients als Allheilmittel Verwendung finden. Die Natur übertraf sich selbst, als sie den Bauplan der Bambuspflanze entwickelte.

Die Aufgabe der Kambiumschicht

Bis jetzt haben wir nur krautige Pflanzen berücksichtigt, deren Sproß jedes Jahr vor Einbruch des Winters abstirbt. Sträucher und Bäume benötigen eine Darstellung auf breiterer Grundlage.

Mit zunehmender Größe wird die Festigkeit des Haupttriebes oder Stammes mehr beansprucht, und das erfordert eine starke Ausbildung des Holzes. Außerdem wird durch die zahlreichen Blätter, die ein Baum ausbildet, der Wasserverbrauch immens gesteigert, so daß das Holz auch hier, als Wassertransporteur, beteiligt wird. So überrascht nicht, daß die auffälligste Veränderung in der Entwicklung eines schlanken Sämlingstengels zu einem Baumstamm in der gesteigerten Bildung des Holzes besteht, damit dieses die vermehrte Arbeit leisten kann. Es finden noch weitere Veränderungen statt, doch die erhöhte Holzproduktion liegt an erster Stelle.

Wir wollen zu unserem eingangs behandelten Beispiel des Sonnenblumentriebes zurückkommen, um zu beobachten, was geschieht, wenn er älter wird. Sobald der Sproß eine gewisse Größe erreicht hat, beginnt der Prozeß des »sekundären Dickenwachstums«, und zwar ausgehend vom Kambium, einer Schicht aus abgeplatteten Zellen, die – wie wir sahen – zwischen Xylem und Phloëm im Gefäßbündel liegt.

Als erstes bemerken wir, daß sich die Zellen des Kambiums zu teilen beginnen. Eine Zelle teilt sich, und die zwei Tochterzellen wachsen dann bis zur Größe der ursprünglichen Mutterzelle, ehe sie sich wiederum teilen. Im Kambium der Gefäßbündel entstehen also die ersten neuen Zellen.

Gleichzeitig stellen wir auch in den Räumen zwischen den Gefäßbündeln Teilungsaktivität fest. In Höhe des Kambiums beginnen die Zellen sich zu teilen. Aus dem Parenchym, dem Gewebe zwischen den Bündeln, entsteht ein Bildungsgewebe, das sich an das Kambium der Leitbündel anschließt. Als Ergebnis erhalten wir bald einen vollständigen Kambiumring, der den Innenraum des Sprosses umschließt und dabei dauernd Zellteilungen ausführt. Man nennt ihn daher häufig den »Kambiumring«.

Bei der Teilungsaktivität des Kambiums bemerkt man zwei Dinge. Erstens sind die bei der Teilung entstandenen neuen Zellen gewöhnlich radiär im Sproß angeordnet, d. h. daß sie entweder nach innen oder nach außen gerichtet sind und in der Regel nicht zwischen zwei Kambiumzellen liegen. Sobald der Kambiumring an Durchmesser zunimmt, was mit wachsender Sproßgröße geschieht, muß er eine gewisse Anzahl an Tangentialteilungen durchmachen, um den Durchmesser dem übrigen Wachstum anzupassen. Doch erfolgen nur die hierfür unbedingt notwendigen Teilungen.

Als zweites beobachten wir bei der Teilung der Kambiumzellen, daß das Schicksal der zwei Tochterzellen nicht gleich ist. Gewöhnlich bildet die äußere der beiden eine neue Kambiumzelle, die sich zu gegebener Zeit wieder teilt. Die innere Zelle andererseits hört auf, ein Teil des Kambiums zu sein. Sie differenziert sich nicht zu einer neuen Xylemzelle, sondern zu einer Tracheide, einem Gefäßelement oder vielleicht auch zu einer Faser oder zu einer Zelle des Holzparenchyms.

So bildet das Kambium also stetig Holz, das sich dann auf der Innenseite des Kambiumringes befindet.

Manchmal jedoch verläuft der Prozeß genau umgekehrt. Anstelle der äußeren Zelle wird die innere eine neue Kambiumzelle. Dann reift die äußere Zelle nicht zur Xylemzelle, sondern zur Phloëmzelle. Während sich so eine Röhre von neuem Holz an der Innenseite des Kambiumringes bildet, wächst in gleicher Weise eine Röhre des neuen Phloëms nach außen. Das Kambium bleibt in der Mitte und teilt sich weiterhin, solange die Pflanze lebt.

Das neue, vom Kambium gebildete Xylem ist dem ursprünglichen Xylem, dem Primärxylem, im allgemeinen ähnlich (es bestehen gewisse Unterschiede, mit denen wir uns hier nicht befassen). Man nennt es »sekundäres Xylem«. Dementsprechend wird das vom Kambium gebildete Phloëm als »sekundäres Phloëm« bezeichnet.

Wir können also jetzt verfolgen, wie der massive Stamm eines Baumes aufgebaut wird. Er beginnt als Sämling, der sich anatomisch kaum von dem der Sonnenblume unterscheidet. Dann setzt der Prozeß des sekundären Dickenwachstums ein, durch die Teilungsaktivität des Kambiums wird ein dicker Zylinder aus Holz gebildet. Diese dauernd aktive Schicht besteht so lange, wie der Baum lebt, wobei mit zunehmendem Alter laufend Holz hinzugefügt wird. Es gibt demnach kein Alter eines Baumes, bei dem man sagen könnte, daß der Baum voll ausgewachsen sei.

In diesem Merkmal unterscheiden sich perennierende, d. h. mehrjährige Pflanzen von den meisten Tieren. Ein Tier wächst zu seiner vollen Größe heran und nicht weiter; eine Pflanze wächst ihr ganzes Leben lang. Mit dem Dickerwerden des inneren Holzzylinders nimmt auch der Umfang des Baumes zu. Der Kambiumring würde bald gedehnt und schließlich zerbrechen, sofern sich nicht gelegentlich seine Zellen tangential teilten und gleichzeitig ihr Umfang mit dem sich ausdehnenden Holz zunehmen würde. Das sekundäre Phloëm, außerhalb des Kambiums, kann indes nicht in gleicher Weise an Umfang zunehmen. Haben sich seine Zellen einmal zu Siebröhren oder etwas ähnlichem differenziert, sind sie am Ende ihrer Entwicklung angelangt. Eine Zelle kann normalerweise nur dann ihre Teilungsfähigkeit beibehalten, wenn sie einfach gebaut und nicht spezialisiert ist, so wie dies für die Kambiumzellen zutrifft. Ist aus ihr erst einmal etwas so Kompliziertes wie eine Siebröhre geworden, dann geht gewöhnlich – jedoch nicht immer – die Teilungsfähigkeit verloren. Während sich das Holz ausdehnt, übt es einen Druck auf das sekundäre Phloëm aus, dessen Zellen hierbei zerreißen und zerdrückt werden. Sie werden durch neue Phloëmzellen ersetzt, die aus dem Kambium entstehen. Dadurch stellt das sekundäre Phloëm immer eine dünne Gewebeschicht außerhalb des Kambiums dar. Das sekundäre Holz bildet somit die Hauptmasse eines Baumstammes bis zu einer Dicke von einigen Metern, das sekundäre Phloëm aber bleibt so dünn wie Papier.

Was für das sekundäre Phloëm gilt, trifft auch für die Gewebe außerhalb zu, die Rinde und die Epidermis als schützende Hülle der jungen Pflanze. Der Ausdehnungsdruck des ständig wachsenden Holzes zerreißt und desorganisiert diese Gewebe. Da die Rinde älterer Pflanzen kaum noch Aufgaben hat, würde dies nicht weiter schaden, wären nicht zwei Dinge wichtig: Wenn der Stamm nicht von irgend etwas halbwegs Wasserundurchlässigem abgedeckt wäre, würde ungehindert Wasserdampf verdunsten, und zwar schneller, als die Wurzeln den Verlust ersetzen könnten. Kein Baum könnte sich eine solche Einbuße leisten, denn Wasser ist das wertvollste Gut für große und kleine Pflanzen. Außerdem würde ein völlig ungeschützter Stamm eine leichte Beute für alle möglichen Pilze sein, deren Sporen nur darauf warten, sich in den kleinsten Spalten oder Ritzen der äußeren Schutzhülle festzusetzen, etwa in einer Wunde oder in einem Insektenloch. Jeder erfahrene Gärtner weiß, daß Pflaumenbäume nur im Sommer gepfropft werden sollten, wenn die Sporen des den Milchglanz verursachenden Pilzes (*Stereum purpureum*) am wenigsten auftreten. Auch deshalb deckt man die Schnittwunden an Baumästen nach dem Pfropfen mit Wachs oder Farbe ab.

Glücklicherweise stellt die Bildung eines neuen Abschlußgewebes als Ersatz für die während des sekundären Dikkenwachstums zerstörten Teile keine besonderen Anforderungen an die Pflanze. Der Vorgang ist fast derselbe, wenn auch nicht so komplex, wie die Teilungstätigkeit des Kambiums. Im Prinzip besteht er in der Entwicklung einer neuen Kambiumschicht irgendwo in den äußeren Geweben des Stammes. Das Wachstum dieser Schicht kann Schritt halten mit der Zunahme des Umfanges und dabei einen neuen Abschluß als Ersatz für den alten bilden. Das neue Kambium oder Phellogen und das von ihm gebildete Gewebe nennt man *Periderm*.

Die Anordnung des Korkkambiums ist bei den einzelnen Pflanzen verschieden. Gewöhnlich liegt es in der Rinde, und manchmal reicht es gerade bis unter die alte Epidermis. Die Zellen des Korkkambiums teilen sich auf die gleiche Weise wie die Zellen des Gefäßkambiums, und die Teilungen ergeben im Stamm radial verlaufende Zellreihen. Eine der hierbei entstehenden Tochterzellen bleibt Teil des Korkkambiums, indem sie weitere Teilungen ausführt, während die andere zu einer Peridermzelle wird. Ihr Schicksal hängt davon ab, ob sie auf der Außenseite oder auf der Innenseite des Korkkambiums liegt. Befindet sie sich außen, dann differenziert sie sich zu einer Phellogen- oder Korkzelle. Ihre Wand wird mit einem äußerst wasserabstoßenden Material imprägniert, dem Suberin. Danach verliert sie beim Altern den Zellinhalt und bildet so die rauhe Oberfläche des Stammes. Liegt sie jedoch auf der Innenseite des Korkkambiums, dann bildet sie einen Teil des Gewebes, das sogenannte *Phelloderm*. Es besteht aus ziemlich regelmäßigen Zellen, deren Wände nicht suberinisiert, d. h. verkorkt, sind und die ihren lebenden Inhalt behalten haben.

Das stetige Dickenwachstum des Stammes bewirkt, daß im Laufe der Zeit das Korkkambium und das von ihm gebildete Periderm zerbrechen. Hierbei wird gewöhnlich das Korkkambium durch neues ersetzt, das sich dann bis in die Rinde erstreckt – ein Vorgang, der sich mehrmals abspielen kann, bis sich das Korkkambium schließlich bis in die äußere Schicht des sekundären Phloëms ausbildet, wobei die primäre Rinde dann völlig verschwindet.

Das Periderm eines Baumes bildet einen Teil der Borke. Die mehr oder weniger rauhe äußere Schicht eines Stammes besteht zum größten Teil aus Kork. Die Borke umfaßt jedoch mehr als das Periderm. Schält man sie nämlich von einem Baum ab, hat man darunter das blanke Holz vor sich. Die Borke besteht also aus sämtlichen Gewebeschichten außerhalb des sekundären Holzes und schließt die primäre Rinde (falls überhaupt eine übriggeblieben ist), das

Periderm und das Phloëm ein. Wir sehen nun, warum das Abschälen der Borke für einen Baum eine ernste Verwundung bedeutet; in ihr befindet sich ja das lebende Phloëm, jenes Gewebe, das für den Transport der in den Blättern aufgebauten Nährstoffe hinab zu den Wurzeln verantwortlich ist.

Da die Borke nicht nur als Schutz gegen Pilzinfektionen, sondern auch als lebenswichtige Bastschicht so wichtig ist, überrascht uns nicht mehr, daß die Pflanze auf eine recht typische Art mit Verwundungen fertig wird. Entfernt man einen schmalen Streifen Borke von einem Baumstamm, dann bemerkt man bald, daß die angeschnittenen Wundränder aufeinanderzuwachsen und sich schließlich in der Mitte der Wunde treffen – falls sie nicht zu weit voneinander entfernt waren. Das sich in einem solchen Einschnitt entwickelnde Gewebe nennt man *Kallusgewebe*. Zunächst sind seine Zellen undifferenziert, doch können sie sich zu einem neuen Korkkambium oder gar zu neuen Phloëmzellen entwickeln und so das Fehlende ersetzen. Die Größe eines Schadens, der auf diese Weise durch Kallusbildung repariert werden kann, ist allerdings begrenzt. Wird ein zu großes Stück Borke entfernt, ist sein Ersatz nicht mehr möglich.

Wenn man gar ringsherum einen kompletten Ring aus der Borke eines Baumstammes schneidet, kann man den Baum zum Absterben bringen.

Da der Sproß lebende Zellen enthält, die ständig atmen, muß es eine Einrichtung geben, die für die Versorgung mit Luft zuständig ist. Wäre nämlich der Stamm ganz und gar mit einer undurchlässigen Korkschicht bedeckt, könnte die Pflanze ersticken. Dieser Gefahr begegnet ein System von gasaustauschenden Poren, den *Lentizellen*. Eine Lentizelle ist ein kleiner Bereich, in dem die Korkzellen fehlen und statt dessen ein lockeres Gewebe vorhanden ist, durch das die Luft eintreten kann. Auf diese Weise wird der Bedarf der lebenden Zellen an Sauerstoff und

Kohlendioxid gedeckt, gerade so, wie die Belüftung im Innern eines Schiffes mit Hilfe von Ventilatoren funktioniert. Es wird eben nichts vergessen oder übersehen im technischen Bauplan einer Pflanze.

Einige Bäume haben ein extrem dickes Periderm. Das trifft in besonderem Maße für die in Spanien wachsende Korkeiche *(Quercus suber)* zu, deren Korkschicht mehr als 20 Zentimeter dick sein kann. Unser Flaschenkork wird aus der Borke dieser Korkeichen gewonnen, wobei der Stamm geschält wird, freilich in genügend großen zeitlichen Abständen, damit der Baum sich erholen kann. Es wird auch nur gerade bis zur Verbindung zwischen Periderm und Phloëm geschält, so daß möglichst wenig verletzt wird – eine Arbeit, die große Geschicklichkeit erfordert. Die dunklen Striche im Flaschenkork sind die Lentizellen des Korkgewebes.

Das Altern der Baumstämme

Der massive Stamm eines Waldbaumes besteht vorwiegend aus Holz, in dem sich hauptsächlich wasserleitende Zellen befinden; doch führen nicht alle ständig Wasser. Mit zunehmendem Alter geht die Aufgabe der Wasserleitung auf die jungen Zellen der äußeren Holzschichten über, während die inneren Zellen ihre Fähigkeit, Wasser zu transportieren, verlieren. Während des Alterungsprozesses gehen verschiedene Veränderungen vor sich. Dazu gehört die Verstopfung der Gefäße durch Einwüchse, sogenannte *Thyllen (Abb. 2.5)*, die von den benachbarten Parenchymzellen gebildet werden. In manchen Fällen nimmt das Holz infolge der Einlagerung verschiedener organischer Verbindungen, z. B. Gummistoffe, Harze, Öle, Gerbstoffe und Pigmente, eine dunklere Farbe an. Schließlich sterben die Holzparenchymzellen ab.

Solche Veränderungen beeinträchtigen zwar nicht die Festigkeit des Holzes, aber sie beeinflussen andere Eigenschaften. So ist altes Holz nach dem Schneiden haltbarer als junges und resistenter gegen Pilz- und Bakterienbefall, durch den Holzfäulnis entstehen kann. Zudem ist es viel weniger durchlässig für Flüssigkeiten und daher nicht so gut mit Holzschutzmitteln zu behandeln. Das alte Holz wird im Handel auch Kernholz genannt, im Gegensatz zu dem noch funktionsfähigen Splintholz.

Während des Baumwachstums kann das Kernholz allerdings weniger widerstandsfähig sein als das Splintholz, was man an den überall zu entdeckenden ausgehöhlten Baumstämmen beobachten kann. Oft ist das Kernholz weggefault, während das äußere Splintholz noch lebt und funktionsfähig ist: Der Baum kann weiterleben. Dieser Vorgang ist möglich, weil das Splintholz im Gegensatz zu einem abgestorbenen Baum in einem lebenden mit Wasser durchtränkt ist, die Belüftung dadurch schlecht funktioniert und so das Splintholz weniger den Fäulnis verursachenden Pilzen ausgesetzt wird.

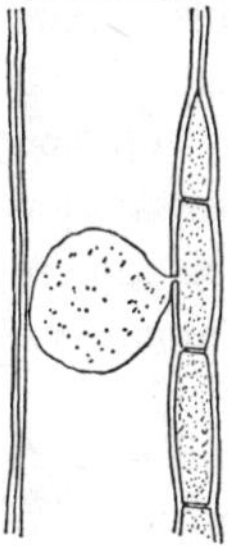

Abb. 2.5
Teil eines Längsschnittes durch ein von einer Thylle verschlossenes Gefäßelement. Die Thylle ist aus dem benachbarten Markstrahl in das Gefäß gewachsen.

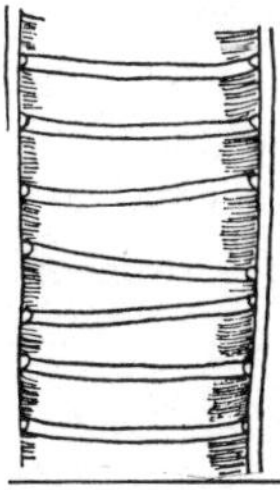

Abb. 2.6
Teil einer Tracheide der Eibe im Längsschnitt. Er zeigt die tertiären dicken Wandstreifen, die dem Eibenholz große Festigkeit und Elastizität verleihen.

Sowohl das Ausmaß der Kernholzbildung als auch die sichtbaren Unterschiede zwischen ihm und dem Splintholz variieren bei den einzelnen Nutzhölzern. Pappel, Weide, Tanne und Fichte bilden kein richtiges Kernholz. Andere Bäume, wie Eibe und Maulbeerbaum, entwickeln eine dünne Schicht, Rotbuche, Esche und Ahorn dagegen eine dicke Schicht Splintholz. Auch der Zeitpunkt, zu dem sich das Splintholz zu Kernholz umbildet, ist unterschiedlich. In einigen Fällen wird das Splintholz leicht zu Kernholz verwandelt; in anderen Fällen hat es vor seiner Umbildung lange Zeit bestimmte Aufgaben zu erfüllen.

Bei wirtschaftlich genutzten Hölzern unterscheidet man zwischen Weich- und Harthölzern, je nachdem, ob es sich um Holz von Nadelbäumen oder von Laubbäumen (Blütenpflanzen) handelt. Diese Bezeichnung ist etwas irreführend, denn weder ist Weichholz unbedingt weich, noch ist Hartholz immer hart. Das Holz der Pechkiefer *(Pinus palustris)*, im Handel ein Weichholz, ist eines der härtesten Hölzer, das man kennt. Dagegen kann jeder Modellflugzeugbauer bestätigen, wie weich das Hartholz des Balsabaumes *(Ochroma lagopus)* ist. Im allgemeinen bilden jedoch Nadelbäume weicheres Holz als Laubbäume. Das Holz der Koniferen ist einfacher aufgebaut und homogener als das der Blütenpflanzen. Die Unterschiede zwischen den zapfenbildenden Koniferen und den blütenbildenden Angiospermen werden wir noch genauer erläutern.

Recht interessant ist das Holz der Eibe (*Taxus baccata*). Die Tracheiden enthalten nämlich Bänder aus Verstärkungsmaterial, die sogenannten tertiären Verdickungsstreifen, die in Spiralen an der Innenseite der sekundär verstärkten Zellwand verlaufen *(Abb. 2.6)*, wodurch das Eibenholz besonders fest und elastisch wird. Kein Wunder, daß die Sportschützen es gern für ihre Bogen verwenden.

Pflanzen sind unterschiedlichen Gewichtsbelastungen ausgesetzt. Einige Gewichtsbelastungen wurden erst durch die Pflanzenzüchter geschaffen, z. B. die überschweren Ähren des Weizens und die überlasteten Zweige der Viktoriapflaume, die durch das Gewicht ihrer eigenen Früchte abbrechen können. Außer diesen vom Menschen verursachten Belastungen gibt es noch weitere schwierige Gewichtsprobleme, die von der Pflanze gelöst werden müssen.

Weshalb trauert die Trauerweide? Oder anders gefragt: Aus welchem Grund lassen nicht alle Bäume ihre Zweige hängen? Ein Baum wächst aus einem Schößling, ohne dabei seine Gestalt viel zu verändern. Die jungen Zweige treiben am Schößling in einem bestimmten Winkel aus und behalten diese Richtung mehr oder weniger bei, bis der Baum, vielleicht zu einem Riesen, ausgewachsen ist. Je mehr Holz in den Zweigen entsteht, desto schwerer werden natürlich die Äste. Ein Ingenieur würde den Zweig eines Baumes mit einem Ausleger vergleichen, der mit seinem eigenen Gewicht belastet ist. Sobald er schwerer wird, müßte er sich zunehmend neigen, bis er schließlich unter der Last in seiner ganzen Länge herunterhängt. Nur in Ausnahmefällen trifft dies jedoch zu.

Man darf annehmen, daß die mechanische Beanspruchung im Ast eines Baumes dieselbe ist wie in einem Ausleger. Das Material in Richtung der Zweigspitzen steht unter Spannung, während das Material an der Basis des Zweiges unter Druck steht. Wenn der Ast gerade wachsen soll, muß das Holz beiden Beanspruchungen standhalten können. Wie er seine offensichtlich vorgegebene Wachstumsrichtung einhält, wissen wir nicht.

Wenn wir das Holz auf der Unterseite von Nadelholzzweigen oder auf der Oberseite der Zweige von Laubbäumen untersuchen, dann finden wir, daß dieses Holz einen deutlichen Strukturunterschied gegenüber dem übrigen Holzgewebe besitzt. Dieses Holz wird *Reaktionsholz* genannt und unterscheidet sich vom normalen Holz sowohl anatomisch als auch chemisch. Bei Koniferen, wo es *Druckholz* genannt wird, ist es dunkler als das normale Holz, und die Zellwände sind stärker mit Lignin imprägniert. Die Tracheiden sind kürzer als gewöhnlich, und das Gewebe ist dichter. Die sekundär lignifizierten Zellwände, die der Primärwand aufgelagert sind, bestehen aus drei Zellschichten beim normalen Holz, doch im verdichteten Druckholz sind es nur zwei Schichten, weil die innerste Schicht fehlt. In den Zweigen der Laubbäume gibt es kein Druckholz. Das Holz, das sich auf der Oberseite der Äste befindet und als Dehnungsholz bekannt ist, zeigt Strukturveränderungen: Die Gefäße sind enger, die Fasern haben eine dicke, gelatineartige Innenschicht, die stark lichtbrechend ist und hauptsächlich aus Cellulose statt aus Lignin besteht.

Neuere Arbeiten haben gezeigt, daß die Bildung von Reaktionsgewebe nicht nur auf das Holz beschränkt ist. Auch das sekundäre Phloëm, die Rinde und das Korkkambium können verändertes Wachstum zeigen.

Untersuchungen am Reaktionsholz bilden einen relativ neuen Forschungsbereich der Botanik, und vieles muß noch geklärt werden, ehe wir die Bildung vollständig durchschauen. Seine möglichen Funktionen sind gegenwärtig unsicher, doch vertreten führende Forscher auf diesem Gebiet die Meinung, daß das Reaktionsholz auf irgendeine Weise dafür verantwortlich ist, daß die Äste in der einmal begonnenen Richtung weiterwachsen und ihre Wachstumsrichtung nicht unter der Last ihres eigenen Gewichts ändern. Diese Ansicht würde auch eine Erklärung für die Lage des Reaktionsholzes in der Pflanze geben. Wenn Wachstumsregulation tatsächlich eine Funktion des Reaktionsholzes ist, wird es sehr schwer sein, das nachzuweisen.

Der Stamm einer Konifere, wie der der Fichte, Tanne oder Lärche, ist dem eines Laubbaumes in allen wesentlichen

Einzelheiten ähnlich. Nadelholz ist im allgemeinen einfacher aufgebaut als das der Laubbäume; vor allem enthält es keine Gefäße, und die Fasern gehören zu einem primitiven Typ. Das sekundäre Dickenwachstum wickelt sich so ab, wie es auch für die Laubbäume schon beschrieben wurde: Die Teilungsaktivität der Kambiumschicht trägt zum wachsenden Umfang eines Baumes bei.

Jahresringe

Jedermann kennt wahrscheinlich die Möglichkeit, anhand der Anzahl der Jahresringe zumindest ungefähr das Alter eines Baumes festzustellen. An der Schnittfläche eines Baumstumpfes erkennt man pro Jahr einen Ring. Doch man sollte die »Jahresringe« vielleicht besser Wachstumsringe nennen, denn obwohl sie vorwiegend im Laufe eines Jahres gebildet werden, *muß* dies nicht der Fall sein. In unserem Klima bilden sich Wachstumsringe durch die unterschiedliche Größe der Zellen im Frühjahrsholz und denen im Holz des vergangenen Sommers. Nach der Winterruhe beginnt das Wachstum im Frühjahr mit einem energisch-schnellen Austrieb, wobei die gebildeten Zellen groß sind. Mit Beginn der Sommerzeit verlangsamt sich das Wachstum allgemein, und die nun entstehenden Zellen sind kleiner. Zu Anfang des Winters setzt wieder eine Ruheperiode ein, nach der im darauffolgenden Frühjahr eine erneute plötzliche Zunahme des Wachstums einsetzt. So ergibt sich zwischen dem Frühjahrsholz und dem des vergangenen Jahres eine scharfe Trennschicht, die sich als Ring auf der Schnittfläche eines gefällten Baumes erkennen läßt.
Der Unterschied zwischen dem im Frühjahr und dem im Sommer gebildeten Holz rührt weitgehend vom unterschiedlichen Wasserbedarf des Baumes her. Im Frühjahr, in der Hauptzeit des Wachstums, ist die Transpiration groß; deshalb sind weite Gefäße oder Tracheiden notwendig, um die Pflanze genügend mit Wasser zu versorgen.

Das später im Jahr gebildete Holz übernimmt hauptsächlich mechanische Funktionen, indem es mehr zur Festigkeit des Stammes beiträgt als zur Fähigkeit, Wasser zu leiten. Aus diesem Grunde haben die im Sommer ausgebildeten Gefäßelemente einen geringeren Durchmesser.

Wachstumsringe lassen sich am besten an schnell wachsenden Hölzern beobachten, z. B. sehr gut an der Fichte. Andererseits gibt es Pflanzen, z. B. die Zykadeen, die so langsam wachsen, daß man bei ihnen keine Wachstumsringe feststellen kann. Diese Zykadeen sind eigenartige Pflanzen, die mit den Koniferen verwandt sind und wegen ihrer primitiven Eigenschaften und ihrer direkten Abstammung von charakteristischen Pflanzen früherer Erdepochen oft als »lebende Fossilien« bezeichnet werden.

Die Bildung von Wachstumsringen aufgrund der Unterschiede zwischen Frühjahrs- und Sommerholz wie bei uns in den nördlichen Breiten findet jedoch nicht überall auf der Erde statt. Im indischen Monsunregenwald wird das Wachstum nicht durch die winterliche Kälte, sondern durch die Hitze und Dürre des Sommers gebremst. Auch dadurch entstehen Wachstumsringe. Im tropischen Regenwald, wie wir ihn z. B. in Brasilien, Westafrika und auf Sumatra antreffen, ist es während des ganzen Jahres warm und feucht, so daß es dort keine für das Wachstum ungünstige Jahreszeit gibt. Also weisen die Bäume gewöhnlich auch keine Wachstumsringe auf.

In einem Querschnitt durch das Holz erkennt man die weitlumigen Gefäße als Poren, und je nach ihrer Anordnung um den Wachstumsring kann man zwei Holzarten unterscheiden. Sind die Poren in ihrer Größe ziemlich einheitlich und recht gleichmäßig um den Jahresring verteilt, spricht man von zerstreutporigem Holz; als Beispiele gelten Ahorn, Birke, Rotbuche, Hainbuche, Walnuß und Pappel. Sind dagegen die Poren im Frühjahrsholz sehr deutlich größer als jene im Sommerholz, dann verwendet man die Bezeichnung *ringporiges* Holz. In diese Gruppe gehören Edelkastanie, Eiche, Esche und Ulme. Im ganzen scheint ringporiges Holz ein Zeichen für eine spezialisierte Entwicklung zu sein, die nur verhältnismäßig wenige Arten umfaßt und von denen die meisten typisch für die gemäßigte, nördliche Zone sind.

Aufbau und Funktion der Wurzel

Die Anatomie der Wurzel unterscheidet sich auffallend von der des Sprosses. Die Beanspruchungen, denen eine Wurzel ausgesetzt ist, sind ja völlig anderer Art als die, mit denen der Sproß fertig werden muß. Eine Wurzel braucht alles andere als steif zu sein, muß sie sich doch oft in Schlangenlinien ihren Weg im Boden suchen und dabei Fels und große Steine umgehen. Andererseits muß eine Wurzel oft beachtlichen Zugbeanspruchungen standhalten können, so z. B. bei starkem Wind, wenn die Gefahr besteht, daß die Pflanze aus dem Boden gehoben wird. Deshalb muß die Wurzel für eine feste Verankerung sorgen. Der Sproß endet in einer Knospe; doch in einer Wurzelspitze würde eine so empfindliche Struktur völlig unsinnig sein, weil sie bald irreparabel beschädigt werden würde, wenn sie sich durch den harten Boden zwängen muß. So benötigt die Wurzelspitze einen Schutz für ihr Bildungsgewebe (apikales Meristem), um die Reibung des Bodens ohne Schaden zu überwinden.

Hält man sich dies vor Augen, so überrascht nicht, daß sich das verholzte Gewebe im Innern einer Wurzel befindet, also dort, wo es am nützlichsten ist. Betrachtet man den Querschnitt einer jungen Wurzel, dann sieht man im Innern das feste Xylem, das strahlenförmig bis an die Peripherie reicht. Einige Wurzeln besitzen kein Mark, während andere ein zentrales Markgewebe haben. Das Phloëm ist in Gruppen angeordnet und wechselt mit Xylemstrahlen ab. Im Sproß liegt zwischen jedem Phloëmteil und dem Xylem ein Kambiumgewebe. Nicht so in der Wurzel: Außerhalb des Phloëms umgibt ein Ring aus einer einzigen Zellschicht den zentralen Gefäßteil. Diese Zellen bilden die *Endodermis* und können leicht an ihren besonderen Streifen in den Zellwänden erkannt werden (*Abb. 2.7*). Diese Streifen enthalten Suberin und umgeben die Zelle etwa wie eine Schnur ein Kästchen. Nach ihrem Entdecker werden diese Streifen *Caspary-Streifen* genannt. Ihre Funktion ist nicht ganz klar, doch sollen sie mit dem Wassertransport in der Wurzel etwas zu tun haben (*s. Kapitel 3*).

Außerhalb der Endodermis liegt die Rinde, die gewöhnlich wie im Sproß aus dünnwandigen Zellen besteht. In einer jungen Wurzel bildet die äußere Zellschicht eine Epidermis, die jedoch beim Älterwerden verschwindet. Die dann außen liegenden Zellen werden als *Exodermis* bezeichnet. Ihre Zellwände enthalten Suberin und sind ziemlich, jedoch nicht völlig wasserundurchlässig.

Es ist schon bewundernswert, wie eine Wurzel der Zugbelastung zu widerstehen vermag: Das im Innern der Wurzel konzentrierte Xylem gibt ihr maximale Festigkeit, verbunden mit größtmöglicher Flexibilität. Der Aufbau der Wurzel ähnelt einem Tau oder einem Drahtseil, an des-

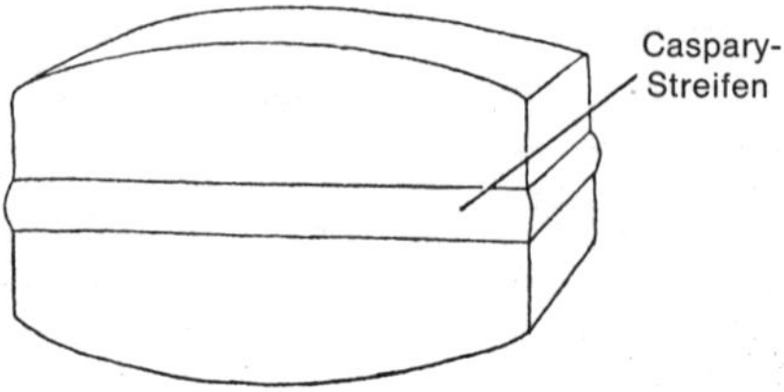

Abb. 2.7
Schema einer Endodermiszelle mit umlaufendem Caspary-Streifen.

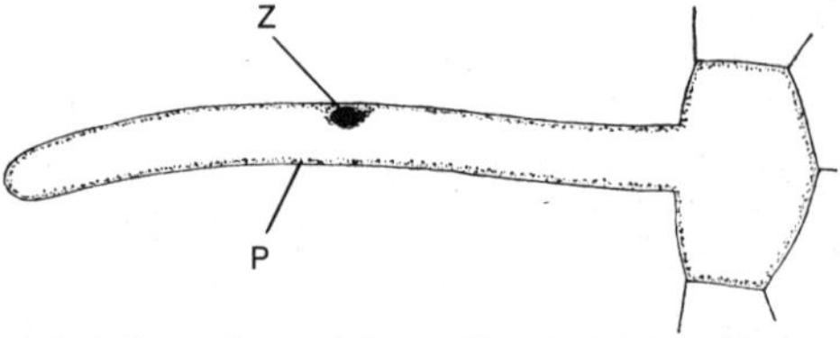

Abb. 2.8
Wurzelhaar mit wandständigem Protoplasma P und Zellkern Z.

sen einem Ende man eine Last befestigen kann und das sich trotzdem noch um Ecken herum biegen läßt. Die starre Struktur des Stammes wäre für eine Wurzel niemals geeignet. Wieder einmal hat die Bauplanung die richtige Konstruktion für die Pflanze entworfen, damit sie ihren Aufgaben gerecht werden kann.
Ich erwähnte bereits, daß für den empfindlichen Vegetationspunkt einer Wurzel die Gefahr besteht, zerstört zu werden, wenn sich die Wurzelspitze ihren Weg durch den Boden erkämpft. Davor schützt die sogenannte *Wurzelhaube*. Betrachten wir einen Wurzellängsschnitt, dann ist zu erkennen, daß diese Haube aus ziemlich locker zusammenhängenden, dünnwandigen Zellen besteht, die den Vegetationspunkt umhüllen und so einen vollständigen Schutz gegen Beschädigungen bilden. Werden diese Zellen beim Durchdringen des Bodens zerstört, dann werden sie durch andere, darunter entstehende ersetzt. Auf diese Weise wird die Wurzelspitze immer von einer schützenden Haube umgeben.
Obgleich die Wurzel keine Epidermis hat, vermag sie auf die gleiche Weise wie der Sproß ein Periderm zu bilden, besonders wenn sie der Luft ausgesetzt ist. Das kann man beobachten, wenn im Laufe der Zeit der Boden über den Wurzeln eines Baumes weggespült worden ist. Die Wurzeln werden dort mit einer genügend starken Borke bedeckt.
In einer Wurzel kann sich das sekundäre Dickenwachstum so wie in einem Sproß abwickeln, obgleich einige Wurzeln ihr Leben lang im ursprünglichen Entwicklungszustand verbleiben. Der Wachstumsbeginn geht vom Kambium aus, das sich in der Wurzel außerhalb des Xylems zu einem Ring ausbildet. Zunächst hat dieser Ring einen wellenförmigen Umfang, und zwar dadurch, daß er um die vom Xylem ausgehenden »Strahlen« herumwächst. Doch wenn das sekundäre Dickenwachstum fortschreitet, gelangt der Ring schnell in die Bereiche, in denen sich das Kam-

bium verzahnt, so daß es schließlich einen Kreis bildet. Das Kambium produziert genau wie im Sproß innen sekundäres Xylem und nach außen sekundäres Phloëm.

Die Wurzel muß der Pflanze nicht nur festen Halt im Erdreich geben, sie muß außerdem Wasser und Mineralstoffe aus dem Boden aufnehmen. Auf diese Aufgaben ist die Wurzel gut vorbereitet. Zieht man einen Sämling aus dem Boden, bleibt ein Erdballen an den Wurzeln hängen, den man nicht mehr von ihnen abtrennen kann. Der Grund dafür sind die feinen Wurzelhaare, die gleich hinter der Spitze aus der Wurzeloberfläche hervorwachsen. Durch sie erfolgt hauptsächlich die Absorption der Nährsalze. Unter dem Mikroskop erkennt man, daß ein Wurzelhaar die Ausstülpung einer Oberflächenzelle ist, deren Innenraum mit dem des Haares verbunden ist. Der Kern liegt an der Spitze oder etwa in der Mitte des Haares *(Abb. 2.8)*.

Die Wurzelhaare vergrößern die Oberfläche enorm und erhöhen so die Aufnahmefähigkeit. Ungefähr 200 bis 400 Haare kommen auf einen Quadratmillimeter Wurzeloberfläche, und man hat errechnet, daß sich dadurch die wasseraufnehmende Oberfläche auf etwa das Achtzehnfache vergrößert.

Wurzelhaare entstehen nur in der Nähe des Wurzelvegetationspunktes auf einer Länge von zwei bis drei Zentimetern. Ältere Wurzelhaare verlieren gewöhnlich ihre Funktion, sterben ab und werden durch neue ersetzt, die beim Wurzelwachstum näher an der Spitze liegen. Sind die Haare abgestorben, werden die Zellen, aus denen sie hervorgegangen sind, suberinisiert und bilden einen Teil der Wurzelexodermis. Ihre Wasseraufnahmefähigkeit geht dabei fast ganz verloren. Manchmal haben Wurzelhaare auch eine längere Lebensdauer. Viele krautige Pflanzen der Korbblütler besitzen Haare auf der ganzen Länge ihrer Wurzeln verteilt, und diese können bis zu drei Jahre lang funktionieren.

Wenn ein Keimling verpflanzt wird, brechen viele Wurzelhaare ab, und alle dabei verletzten verwelken an der Luft. Deshalb ist es beim Verpflanzen so wichtig, gute Wurzelballen an den Jungpflanzen zu lassen; die Wurzelhaare bleiben dabei weitgehend geschützt und intakt. Nach dem erneuten Einpflanzen bilden die jungen Pflanzen dann neue Wurzelhaare. Diese Zeit der »Erholung« ist eine kritische Periode, während der die Wasseraufnahme der Wurzel ernstlich erschwert ist, so daß die junge Pflanze, wenn sie nicht bewässert wird, leicht absterben kann.

Ein Wurzelhaar ist indes mehr als ein Mittel zur Vergrößerung der wasseraufnehmenden Oberfläche. Es hat eine sehr empfindliche Zellwand, die dadurch in dichter Berührung mit den Bodenpartikeln steht, daß das Haar so eng wie möglich um diese herumwächst. Die äußeren Schichten der Zellwand sind darüber hinaus verschleimt und verkleben mit den Bodenkolloiden, so daß das Wurzelhaar und die Bodenpartikel eine Struktur ergeben. Dies hilft der Wurzel bei ihrer Absorptionsleistung.

Wurzeln haben in einigen Pflanzen neben der primären Funktion der Verankerung im Boden und Absorption des Wassers noch viele andere Aufgaben. Oft dienen sie als Speicher für Nährstoffe, wofür Möhre und Pastinak auffällige Beispiele sind. Oder sie dienen als Wasserspeicher. Das läßt sich besonders gut an den Luftwurzeln einiger tropischer Orchideen beobachten, die auf Baumstämmen wachsen, manchmal mehr als 30 Meter vom Erdboden entfernt, der von ihren Wurzeln nicht erreicht werden kann. Bei einigen Orchideen besitzen diese in langen Strähnen herabhängenden Luftwurzeln ein spezielles Gewebe (Velamen) in der äußeren Rinde. Die Zellen sind dort groß und leer und können wie ein Schwamm Wasser aufsaugen. Bei diesen Epiphyten – Pflanzen, die auf anderen wachsen – wird das Regenwasser gesammelt und für Notzeiten gespeichert.

Einige Kletterpflanzen, z. B. der Efeu, klettern mit Hilfe von Adventivwurzeln an ihren Sprossen empor (jede Wurzel, die nicht an der normalen Stelle, an der Basis des Sprosses, entsteht, wird Adventivwurzel genannt). Beim Efeu bilden sich Adventivwurzeln auf jener Seite des Triebes, der einer Mauer oder einer Gebäudewand aufliegt. So finden sie ihren Weg in jeden Spalt und Mauerriß, halten die Pflanze am Leben und stützen sie *(Abb. 2.9)*. Kletterwurzeln wie diese haben die natürliche Tendenz, das Licht zu meiden, und wachsen daher in jede dunkle Nische, z. B. in eine Mauerspalte, hinein – ein Verhalten, das für Wurzeln, die normalerweise auf Licht und Dunkelheit nicht reagieren, höchst ungewöhnlich ist.

Adventivwurzeln können natürlich auch der Vermehrung einer Pflanze dienen, dann nämlich, wenn sie sich an der Schnittfläche eines Stecklings bilden. Ein noch eindruckvolleres Beispiel ist ein Schnitt in die Oberfläche eines Begonienblattes, das man dann auf feuchten Sand legt und abdeckt. Nach einiger Zeit entstehen um die Schnittfläche herum Adventivwurzeln, und aus dem Blatt wächst eine neue Pflanze hervor.

Manchmal besitzen Pflanzen besondere Wurzeln, die sie in das Erdreich hinabziehen. Ein Krokus wächst aus einer Sproßknolle, und jedes Jahr bildet sich über der alten eine neue. Die Folge davon würde sein, daß der Krokus jedes Jahr weiter aus dem Boden herauswachsen würde. Schließlich wäre er auf der Oberfläche angelangt, wenn nicht die Wurzeln ihn im Boden festhalten würden. Neben den normalen Versorgungswurzeln besitzt der Krokus noch spezielle größere Wurzeln, die sich kontrahieren können *(Abb.*

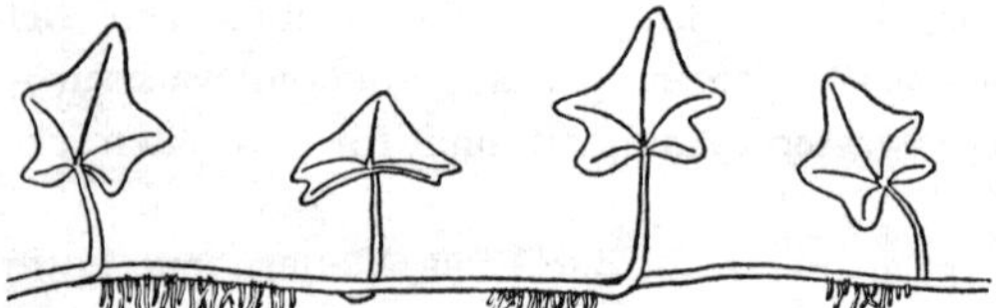

Abb. 2.9
Haftwurzeln an einem Efeutrieb.

2.10). Durch diese Kontraktion wird die neue Knolle tiefer in den Boden hineingezogen, so daß die Sproßknollen des Krokus Jahr für Jahr in derselben Tiefe verbleiben.
Um noch weitere Erscheinungsformen der Wurzeln beobachten zu können, müssen wir in die Tropen reisen. In den warmen und feuchten tropischen Regenwäldern oder in den Mangrovensümpfen scheinen sich ganz außergewöhnliche Wuchsformen der Wurzeln zu entwickeln, wie wir sie sonst nirgends finden. Im Regenwald sind an kleineren Bäumen »Stelzwurzeln« eine vertraute Erscheinung. Das sind Adventivwurzeln, die aus dem Hauptstamm austreiben und in einem Bogen in den Boden wachsen. Besonders typisch sind sie für Mangroven, doch beobachtet man sie auch an vielen Bäumen des Regenwaldes. Ihr Querschnitt kann rund oder abgeflacht sein. Viele Bäume ganz verschiedener Pflanzenfamilien bilden Stelzwurzeln aus. Sie kommen vor allem in nicht festen, schlammigen Böden vor, und man nimmt allzugern an, daß die Stelzwurzeln für zusätzlichen Halt sorgen. In der Biologie ist es aber gefährlich, eine offenbar auf der Hand liegende Erklärung zu akzeptieren, ohne sie weiter zu überprüfen. Besehen wir uns die Sachlage etwas genauer, dann stellen wir nämlich fest, daß nur kleine Bäume Stelzwurzeln bilden, wo doch gerade die großen Bäume wirklich in Gefahr sind, vom Wind umgestürzt zu werden. Naheliegen-

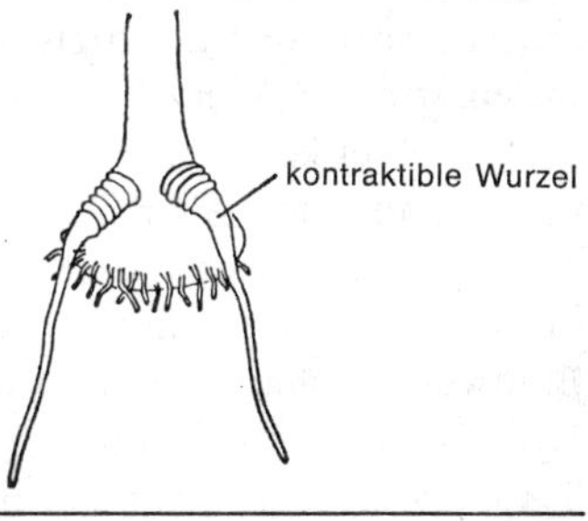

Abb. 2.10
Sproßknolle des Krokus mit Wurzeln, die sich zusammenziehen können.

der ist schon, den Grund für die Ausbildung von Stelzwurzeln in der warmfeuchten Atmosphäre in den niederen Bereichen des tropischen Regenwaldes zu suchen; solche Bedingungen begünstigen im allgemeinen die Bildung von Adventivwurzeln. Das soll nicht heißen, daß die Pflanze einmal entwickelte Adventivwurzeln nicht nutzen könnte; werden solche gebildet, dann nehmen die Pflanzen die ihnen gebotene Unterstützung auch an. Daß Pflanzen sich sehr gut auf solche zufälligen Besonderheiten einrichten können und sie vorteilhaft ausnutzen, das zeigt der Evolutionsverlauf in unzähligen Beispielen.

Noch eindrucksvoller als Stelzwurzeln sind die ebenfalls im Regenwald zu beobachtenden, noch häufiger vorkommenden Brettwurzeln. Wollte man alle Pflanzenfamilien aufzählen, die Brettwurzeln ausbilden, so ergäben sie eine lange Liste. Brettwurzeln ähneln Brettern, die, mit ihren Kanten nach oben zeigend, gegen die Baumstämme gelehnt sind. Während Stelzwurzeln Adventivwurzeln sind, die am Stamm austreiben und hinunter in den Boden wachsen, entwickeln sich Brettwurzeln in Verbindung mit Seitenwurzeln direkt unter der Erdoberfläche. Diese bilden dann durch vertikale Auswüchse ein dreikantiges Profil, das sich gegen den Baumstamm lehnt.

Das Holz der Brettwurzeln ist oft härter als das übrige Holz des Baumes und kann mit einer dünnen Borke bedeckt sein. Untersucht man davon einen dünnen Schnitt unter dem Mikroskop, kann man an den Wachstumsringen erkennen, daß die Brettwurzeln sich zunächst aus normalen, runden Wurzeln bilden, die aber später auf der Oberseite starke Verdickungen bilden. Die Zahl der Brettwurzeln an einem Stamm kann zwischen 1 und 10 schwanken. Meistens haben die auf diese Weise gestützten Bäume drei und mehr Brettwurzeln ausgebildet.

Brettwurzeln sind charakteristisch für Bäume des tropischen Regenwaldes, jedoch nicht ausschließlich für diese. In der Tat entwickeln sie sich meist im feuchtwarmen Klima, doch gelegentlich findet man sie auch in den Wäldern der gemäßigten Zonen. Beispiele dafür sind die Lombardische Pappel (*Populus italica*) und die Ulme. In den Tropen tritt die Brettwurzelbildung vor allem an Bäumen auf, die in sumpfigen Wäldern und auf flachen Böden mit schlechter Entwässerung wachsen. In niedriggelegenen Wäldern leidet der Boden wegen der hohen Temperatur und Luftfeuchtigkeit leicht an mangelhafter Durchlüftung. Die Wurzeln treten dann, was die Sauerstoff- wie auch die Mineralstoff- und Wasseraufnahme anbetrifft, miteinander in Konkurrenz. Die Ausbildung von Brettwurzeln könnte dazu in gewisser Beziehung stehen. Die Ursache, die zur Bildung der Brettwurzeln führt, ist ebensowenig geklärt wie die der Stelzwurzelbildung. Früher nahm man an, daß sie zur Stützung eines Baumes umgebildet wurden, um ihn insbesondere auf lockerem Boden vor der Entwurzelung zu schützen. Diese Annahme wird von der Tatsache gestützt, daß ein Baum nur relativ selten ein oder zwei Brettwurzeln bildet; die meisten Bäume haben, wie wir gerade feststellten, mindestens drei, jenes Minimum, das einen angemessenen Halt gewährleistet. Dieser Vorteil der Brettwurzeln ist also nicht zu leugnen, was jedoch nicht bedeuten muß, daß sie zu diesem Zweck gebildet wurden.

Zur Erklärung der Brettwurzelbildung wurden verschiedene Theorien aufgestellt, von denen jedoch keine befriedigt. Eine der glaubwürdigsten ist die sogenannte Belastungstheorie, die annimmt, daß die Entwicklung der Brettwurzeln eine direkte Reaktion des Baumes auf seine Beanspruchung durch den Wind ist. Diese Theorie wird gestützt durch Untersuchungen über die Brettwurzelbildung der Lombardischen Pappel in der Schweiz, die gern solche Wurzeln an der dem Wind ausgesetzten Seite bildet, dort also, wo den Zugbeanspruchungen widerstanden werden muß.

Welche Gründe die Bildung der Brettwurzeln auch haben mag – ihr Vorhandensein ist ein konstanter Faktor für die Bäume des Regenwaldes. Brettwurzeln werden oft wirtschaftlich genutzt; diejenigen von *Koompassia excelsa,* einem in Malaya wachsenden Baum, werden zur Herstellung von Tischen verwendet.

Eine andere erstaunliche Wurzelbildung sind die Pneumatophoren oder Atemwurzeln, die man in vielen Mangrovenwäldern findet. »Mangrove« ist übrigens kein Pflanzenname, sondern ein Vegetationstyp, der in sumpfigen Gebieten, z. B. den Sümpfen Floridas, vorkommt. Zu ihm gehören verschiedene Pflanzengattungen. Die häufigste ist *Rhizophora.* Mangroven besitzen einige bemerkenswerte Eigenschaften, unter denen die Viviparie besonders hervorzuheben ist. »Viviparie« bedeutet, daß junge Pflanzen »lebend geboren« werden (*s. Kapitel 11*). Auch die Pneumatophoren gehören zu diesen Besonderheiten.

Für eine Mangrove ist das Leben in den Sümpfen tropischer Gebiete mit vielen Schwierigkeiten verbunden. Vor allem muß sie genügend Sauerstoff für die Wurzelatmung erhalten. Dazu benötigt sie Atemwurzeln, die den Sauerstoffmangel beheben. Von diesen Atemwurzeln gibt es verschiedene Arten. Einige sind einfach knieförmige Wurzelschlingen über dem sumpfigen Erdreich, andere sind nach oben gerichtete Wurzelverzweigungen, die, anders als die meisten Wurzeln, gegen die Schwerkraft der Erde wachsen. Dort, wo die Atemwurzeln aus dem Schlamm in die Luft ragen, haben sie Lentizellen, und ihre inneren Gewebe verfügen über ausreichende Zwischenräume, durch die Luft hinab zu dem versenkten Wurzelsystem diffundieren kann. Das macht die Ansicht glaubwürdig, daß sie tatsächlich Atemwurzeln sind; doch scheinen sie noch eine weitere Funktion zu haben. Im Mangrovensumpf hebt sich das Niveau des Bodens ständig dadurch, daß, zusammen mit dem Schlick, der zwischen den Gezeiten zwischen den Wurzeln hängenbleibt, Abfälle von oben abgelagert werden. Jener Teil der Mangrovenwurzeln, der am stärksten absorbiert, wird von feinen Würzelchen gebildet, die direkt an der Bodenoberfläche liegen. Diese entstehen auf den Atemwurzeln und werden laufend mit dem sich anhebenden Boden erneuert. Manchmal mag dies eine wichtigere Funktion der Atemwurzeln sein als die Durchlüftung.

Atemwurzeln finden wir allerdings nicht nur bei den Mangroven. Die Sumpfzypresse *(Taxodium distichum),* eine Konifere der gemäßigten und subtropischen Sümpfe, hat recht gut entwickelte »Kniewurzeln«.

Die eigenartigste Entwicklung von Adventivwurzeln kann man beim Banyan *(Ficus benghalensis)* sehen, einem Baum, der zur Familie der Feigen *(Moraceae)* gehört. Seine breiigen, feigenähnlichen Früchte werden von Fledermäusen gefressen, wodurch für die Verbreitung der Samen gesorgt ist. Der aus dem Samen heranwachsende Baum sendet von seinen Zweigen Adventivwurzeln hinab, die den Kontakt mit dem Boden herstellen und ihr eigenes Wurzelsystem ausbilden. Im Laufe der Zeit kann ein einzelner Baum einen kleinen »Wald« aus vielen »Stämmen« bilden, die in Wirklichkeit Adventivwurzeln sind. Ein einziger Banyan-Baum erlaubt einem kleinen Dorf, sich in seinem Schatten anzusiedeln. Ein im Botanischen Garten von Kalkutta wachsendes Exemplar hat einen Durchmesser von fast 100 Metern und besitzt neben dem ursprünglichen Stamm von über 3,5 Meter Dicke mehr als 200 Wurzelstämme. E. J. H. Corner berichtet in seinem Buch *The Living Plant* von einem Banyan im Andhra-Tal mit einem Umfang von bald 700 Metern, dessen schwere Krone von etwa 320 »Stämmen« getragen wird. In Indien ist der Banyan heilig. Gemeindeversammlungen werden in seinem Schatten abgehalten. Der Boden wird besonders vorbereitet und zum Schutz der jungen Wurzeln mit Bambusstäben versehen.

Pflanzen geben, besonders zur Tageszeit, ständig durch ihre Blätter Wasser ab. Auf dem Blatt verstreut – bei den meisten Pflanzen auf der Unterseite des Blattes – sind unzählige kleine Öffnungen, die sogenannten *Stomata* oder Spaltöffnungen angeordnet (»Stomata« leitet sich vom griechischen Wort stoma = Mund ab), und solange diese geöffnet sind, entweicht aus ihnen Wasserdampf. Doch wenn es nachts dunkel ist, schließen sich die meisten Stomata, wodurch die weitere Wasserverdunstung behindert wird. Trotzdem verliert das Blatt weiterhin Wasser, wenn auch viel weniger. Eine gewisse Menge Wasserdampf kann nämlich durch die Blattepidermis statt durch die Spaltöffnungen diffundieren.

Der Wasserverlust der Blätter einer Pflanze wird als »Transpiration« bezeichnet, und es ist überraschend, wieviel Wasser auf diese Weise verlorengeht. Man hat ausgerechnet, daß eine Sonnenblume während der achtzehnwöchigen Vegetationsperiode ungefähr 3,5 Liter Wasser verdunstet. Dagegen kann eine mittelgroße Birke an einem heißen Tag ungefähr 350 Liter transpirieren.

Das verdunstete Wasser muß über die Wurzeln wieder ersetzt werden, sonst würde die Pflanze welken und schließlich absterben. Keine Pflanze kann längere Zeit ohne Wasser auskommen, wenngleich einige sehr wenig benötigen, wie wir später sehen werden.

Osmose

Ehe ich die Wasseraufnahme durch die Wurzel einer Pflanze erkläre, ist es zweckmäßig, an ein einfaches Experiment aus der Schule zu erinnern. Ein Tropftrichter mit Steigrohr wird unten mit einer Membran, z. B. einer Schweinsblase, verschlossen. Dann wird die membranverschlossene

Trichterglocke, bis zum Ansatz des Steigrohres mit einer ziemlich konzentrierten Zuckerlösung gefüllt, in ein Becherglas mit Wasser getaucht, in dieser Stellung befestigt und 24 Stunden lang stehengelassen. Betrachten wir die Versuchsanordnung am folgenden Tag, dann bemerken wir, daß sich der Flüssigkeitsstand im Steigrohr erhöht hat. Es ist also Wasser aus dem Becherglas durch die Schweinsblase diffundiert.

Die Ursache dieser Wasserdurchlässigkeit liegt in der Eigenschaft der Schweinsblasenmembran, Wassermoleküle ungehindert, Zuckermoleküle jedoch gar nicht passieren zu lassen. Man spricht in solchen Fällen von einer semipermeablen (halbdurchlässigen) Membran. Auf der einen Seite der Membran befindet sich das reine Wasser, dessen Moleküle durch die Membran wandern können, auf der anderen haben wir Zucker- und Wassermoleküle, von denen nur die Wassermoleküle durch die Membran diffundieren können.

Nun sind die Moleküle einer Flüssigkeit und die eines gelösten Stoffes in ständiger Bewegung, wodurch von beiden Seiten Wassermoleküle auf die Membran treffen und einige hindurchgelangen. Von der einen Seite her treffen natürlich auch Zuckermoleküle auf die Membran, doch diese können, wie wir sahen, nicht diffundieren. Pro Sekunde durchwandern von dem reinen Wasser mehr Moleküle die Membran als von dem Wasser aus der Zuckerlösung, weil hier das Wasser durch den Zucker sozusagen verdünnt worden ist. Folglich diffundiert im Laufe der Zeit mehr Wasser in die Zuckerlösung als aus ihr heraus, wodurch die Zuckerlösung immer mehr verdünnt wird und das Volumen, wie die Wassersäule im Steigrohr beweist, anwächst. Unsere Erklärung ist zwar stark vereinfacht, weil verschiedene thermodynamische Probleme zu berücksichtigen wären, doch im wesentlichen ist das der Vorgang der Osmose, den wir verstehen müssen, wenn wir den Eintritt des Wassers in eine Pflanze durchschauen wollen.

Nehmen wir an, daß wir den Osmose-Versuch einige Tage sich selbst überlassen, was würde passieren? Wir könnten feststellen, daß das Wasser zuerst sehr schnell in die Glasglocke mit dem Steigrohr eintritt, wodurch der obere Spiegel der Lösung in dem Rohr rasch ansteigt. Im Laufe der Zeit würde sich jedoch die Eintrittsrate verringern, bis die Lösung in dem Rohr schließlich nicht mehr ansteigt.

Die Höhe der Wassersäule, die auf diese Weise durch Osmose errichtet werden kann, hängt von der Konzentration der verwendeten Lösung ab; sie kann erstaunlich hoch sein. Wenn unsere Lösung 342 Gramm Zucker pro Liter Wasser enthielt – eine Konzentration, die sich sehr leicht erreichen läßt – und der Länge des Steigrohres keine Grenze gesetzt wäre, würde die Säule theoretisch mehr als 150 Meter hoch sein. Ich sage »theoretisch«, weil es verschiedene Faktoren gibt, die verhindern, daß diese volle Höhe jemals erreicht wird. Irgendwann würde die Schweinsblasenmenbran unter dem enormen Druck der Wassersäule platzen.

Das Problem des Drucks ist allgemein bedeutsam. Sobald die Flüssigkeit in dem Steigrohr aufsteigt, übt sie einen Druck auf die Membran aus, wobei seine Stärke durch die Höhendifferenz des Wassers innerhalb und außerhalb der Glasglocke bestimmt wird. Ein Höhenunterschied von ca. 10 Meter entspricht einem Druck von einer Atmosphäre. Nun versteht man, weshalb die Membran platzt, wenn man den Versuch genügend lange fortführt.

Der von der im Steigrohr entstandenen Flüssigkeitssäule ausgeübte Druck ist ein Maß für den sogenannten »osmotischen Wert« einer Lösung. Dieser ist proportional der molekularen Konzentration, d. h. der Anzahl der Moleküle der gelösten Substanz in einem vorhandenen Volumen. Ein Gramm-Molekül einer Substanz – das ist ihr Molekulargewicht in Gramm – besitzt, aufgelöst in 1 Liter Wasser, den osmotischen Wert von 22,4 Atmosphären.

Noch etwas: Ich sagte eingangs, daß die Glasglocke mit

der Zuckerlösung in *reines* Wasser eintaucht. Das Wasser brauchte nicht rein zu sein, und doch wäre kein wesentlich anderes Ergebnis herausgekommen, vorausgesetzt, daß die Lösung in dem Becherglas eine niedrigere molekulare Konzentration hat als die Lösung in der Glasglocke. Wasser würde in jedem Fall in die Glocke eindringen, wenn auch weniger schnell und nicht bis zu solch großer Höhe. Wenn andererseits die Lösung im Becherglas eine höhere molekulare Konzentration besitzt als die im Steigrohr, würde Wasser aus der Glocke treten statt in sie einzudringen, und der Flüssigkeitsspiegel würde absinken.
Nun wollen wir sehen, ob wir diese Erkenntnisse auf die Wurzeln einer Pflanze übertragen können. Eine Wurzel besteht hauptsächlich aus lebenden Zellen mit einer dünnen Wand aus Cellulose, einer porösen Substanz, die Flüssigkeiten frei passieren läßt. Innerhalb der Zellwand befindet sich das lebende Protoplasma und in diesem ein Raum, der den größten Teil der Zelle ausmacht und »Vakuole« genannt wird. Er ist mit Zellsaft gefüllt, einer komplex zusammengesetzten Lösung aus Zuckern, organischen Säuren, Mineralsalzen und anderem. Irgendwo in der Zelle liegt der Kern, der als spezialisierter Teil des Protoplasmas angesehen werden kann. Er ist dichter als das übrige Protoplasma und übt eine Kontrollfunktion auf die Leistungen der Zelle aus.

*Protoplasma-Membranen und Arbeitsleistung der Zelle**

Eine wichtige Rolle beim Wassereintritt in die Zelle spielt die Protoplasmaschicht, die der Zellwand anliegt. Hier finden nämlich all jene Reaktionen statt, die der Zelle ihre Lebensfähigkeit geben – ja, diese ist der eigentliche, lebende Teil der Zelle. Das lebende Protoplasma setzt sich

* Vgl. dazu Peter Sitte, »Biomembranen«. In: Horst Sund (Hrsg.), *Große Moleküle*. Frankfurt 1970 (suhrkamp wissen 14).

aus vielen Bausteinen zusammen. Die wichtigsten sind höchst komplexe organische Verbindungen, die Proteine (Eiweiße). Die Struktur des Protoplasmas ist nicht homogen. Elektronenmikroskopische Untersuchungen haben insbesondere ergeben, daß die Substanz in viele sehr feine Membranen aufgegliedert ist, die eine wesentliche Rolle bei der Arbeit der Zelle spielen.

Diese Membranen sind aus Phospholipiden, fettähnlichen Substanzen, zusammengesetzt. Zwei Membranen sind von besonderer Bedeutung bei der Wasseraufnahme der Zelle. Die eine, das Plasmalemma, kleidet die Innenseite der Zellwand vollständig aus; die andere, der Tonoplast, befindet sich auf der inneren Seite des Protoplasmas und trennt es von der Vakuole ab. Durch diese Membranen, besonders den Tonoplasten, wird dem Protoplasma eine Semipermeabilität verliehen, wie sie die Schweinsblase in unserem Osmose-Versuch besaß. Eine lebende Zelle ist zur Osmose befähigt und allem, was sich aus ihr ergibt.

Lassen Sie mich schnell noch ergänzen, daß das Protoplasma eigentlich, im strengen Sinne, gar nicht semipermeabel ist; denn wenn es das wäre, würde es für alles außer Wasser undurchlässig sein. Wir wissen aber, daß das nicht zutrifft. Man kann das Protoplasma insofern als semipermeabel bezeichnen, als Wasser sehr viel *leichter* in die Zelle eindringen kann als die meisten gelösten Substanzen. Von den gelösten Stoffen können einige wiederum schneller in die Zelle gelangen als andere. Wichtig ist also, daß das Protoplasma als semipermeable Membran funktioniert und dabei Osmose-Erscheinungen zeigt. Der Zellsaft ist eine Lösung mittlerer Konzentration, die gewöhnlich einen osmotischen Wert von 5 bis 30 Atmosphären hat. Der Zellsaft wird vom semipermeablen Protoplasma umgeben. Taucht man eine Zelle in Wasser oder in eine verdünnte Lösung, die einen geringeren osmotischen Wert als der Zellsaft besitzt, tritt nach den Gesetzen der Osmose Wasser in die Zelle ein. Das ist, stark simplifiziert, der

Vorgang, wie er beim Wassereintritt in die Wurzel abläuft.
Das Wasser, wie es die Wurzeln aus dem Boden aufnehmen, besteht aus einer stark verdünnten Lösung mineralischer Salze verschiedener Art – Chloriden, Sulfaten, Nitraten usw. –, verschiedenen Metallen, wie Natrium, Kalium, Calcium, u. a. Diese Lösung hat natürlich einen osmotischen Wert, doch kann dieser hier, da die Konzentration so niedrig ist, vernachlässigt werden. Der osmotische Wert in einer Wurzelhaarzelle ist viel größer als der der Bodenlösung, so daß Wasser in die Zelle eindringt. Ist es erst einmal im Wurzelhaar angelangt, kann es die Rinde der Wurzel passieren und entweder in die Tracheiden oder in die Gefäße gelangen. Die Bauelemente des Xylems enthalten eine Lösung von Mineralsalzen und anderen Stoffen, die einen höheren osmotischen Wert als die Bodenlösung ergeben, so daß Wasser aus dem Boden ohne Schwierigkeiten eindringen kann. Es müßte noch eine ungeheure Fülle von Einzelheiten geklärt und die einfache Theorie der Wasseraufnahme bei Pflanzen müßte noch beträchtlich erhärtet werden, ehe man sie akzeptieren kann. Zunächst müßte beim Durchtritt des Wassers von Zelle zu Zelle in der Rinde der osmotische Wert stufenweise ansteigen. Denn jede Zelle, in die das Wasser eingedrungen ist, müßte einen höheren Wert als die vorangegangene besitzen. Wir haben aber keinen Grund anzunehmen, daß das der Fall ist. Doch wie kann man sonst das Wandern des Wassers durch die Rinde erklären?

Osmotischer Wert und Turgordruck

Bei der Betrachtung des Wassereintritts in die Zelle durch den Vorgang der Osmose habe ich bislang die Zellwand unbeachtet gelassen, da sie aus Cellulose besteht, durch die ja das Wasser ungehindert gelangen kann. Tatsächlich spielt aber gerade die Zellwand im Prozeß der Wasseraufnahme eine wichtige Rolle. Gelangt Wasser in die Zelle, dehnt sich diese natürlich aus. Die Zellwand ist nicht ganz so fest, wie sie erscheint, sondern ein wenig elastisch und dehnt sich zusammen mit der Zelle etwas aus. Doch dem Dehnungsdruck sind genaue Grenzen gesetzt. Wird die Zelle gezwungen, sich auszudehnen, übt sie auf ihren Inhalt Druck aus. Je mehr sich die Zelle ausdehnt, desto stärker wird dieser Druck. Dieser vom Zellinnern verursachte Druck wird als *Turgordruck* bezeichnet.

So haben wir also zwei entgegengesetzt wirkende Kräfte, die den Wassereintritt in die Zelle bedingen: Durch den osmotischen Druck wird das Wasser in die Zelle hineingepreßt, durch den Turgordruck herausgehalten. Die Beziehung zwischen osmotischem Druck, Turgordruck und Wassereintritt kann durch folgende Gleichung ausgedrückt werden:

$$P - T = DPD$$

Hierin bedeuten P der osmotische Druck des Zellsaftes, T der Turgordruck und DPD der Betrag, der als »Diffusionsdruck-Defizit« bezeichnet wird: er ist das Maß für die Tendenz des Wassers, in die Zelle einzutreten, die Saugspannung der Zelle.

Der Terminus »Diffusionsdruck-Defizit« verlangt eine gewisse Erklärung. Bis vor kurzem sprach man gewöhnlich von einer Lösung, die die Wassermoleküle mittels ihres osmotischen Druckes durch die semipermeable Membran »zog«. Hier ist aber das Pferd vom Schwanz her aufgezäumt. Eine Lösung »zieht« kein Wasser. Exakter muß man sagen, daß der Diffusionsdruck des Wassers in einer Lösung niedriger als der von reinem Wasser ist. In unserem Fall ist der Diffusionsdruck des Wassers in einer konzentrierten Lösung geringer als in einer verdünnten Lösung. Also besitzt die konzentrierte Lösung gegenüber der verdünnten ein Diffusionsdruck-Defizit. Trennt man zwei Lösungen durch eine semipermeable Membran voneinander, so diffundiert das Wasser aus der verdünnten in die konzentrierte Lösung, und zwar so lange, bis der Diffusionsdruck des Wassers auf beiden Seiten der Membran gleich ist. Es ist demnach nicht der absolute osmotische Wert des Zellsaftes für den Wassereintritt in die Zelle ausschlaggebend, sondern ihr DPD. In manchen Fällen mögen DPD und osmotischer Druck übereinstimmen. Bei einer durch Wasserverlust welkenden Zelle ist der Turgordruck eindeutig gleich Null; denn die Zelle ist völlig schlaff, und die Zellwand schrumpft auf ein Minimum zusammen, so daß keinerlei Druck von innen auf den Zellinhalt ausgeübt wird.

Andererseits ist es möglich, daß DPD gleich Null wird, auch wenn der osmotische Druck recht hoch ist. Nimmt die Zelle laufend Wasser auf, erhöht sich der Turgordruck, bis er gleich dem osmotischen Wert des Zellsaftes ist. An diesem Punkt tritt kein Wasser mehr in die Zelle ein, die dann als völlig »turgeszent« bezeichnet wird. DPD wird also den Wert 0 annehmen.

Der Vollständigkeit halber wollen wir hier noch einen weiteren Fall erwähnen, der manchmal vor allem beim experimentellen Arbeiten zu beobachten ist. Nehmen wir an, daß die Lösung außerhalb der Zelle konzentrierter ist als der Zellsaft. Dann würde Wasser aus der Zelle austreten statt in sie einzudringen. Die Zellwand würde bis zu einer minimalen Größe schrumpfen und so stehenbleiben. Da das Protoplasma aber nicht fest ist, würde es immer mehr zusammenschrumpfen, den Kontakt mit der Zellwand verlieren und eine runde oder ovale Form annehmen. Eine Zelle in einem derartigen Zustand wird als »plasmolysiert« bezeichnet.

Faktoren wie diese lassen erkennen, daß für die Entscheidung, ob Wasser in die Zelle eintritt, nicht der absolute osmotische Wert, sondern ihre Saugspannung – die Differenz zwischen osmotischem und Wanddruck – wichtig ist. Eine Zelle kann einen ziemlich hohen osmotischen Druck ausüben. Doch wenn der Wanddruck (Turgor) entsprechend hoch wäre, würde der DPD-Wert recht klein sein; andererseits hätte eine Zelle mit einem niedrigen osmotischen Wert eine höhere Saugspannung, wenn ihr Turgor niedrig wäre.

Wir sehen nun, daß ein Gradient zunehmender osmotischer Werte von Zelle zu Zelle nicht notwendig ist, um Wasser durch die Rinde gelangen zu lassen. Statt dessen wird ein Gradient von zunehmenden DPD-Werten benötigt. Existiert er, gelangt Wasser ohne irgendwelche Schwierigkeiten durch die Rinde.

Leider mißlangen bisher Versuche, diesen DPD-Gradienten nachzuweisen. Aber das bedeutet nicht, daß er nicht existiert. Außerdem werden Zellen, die von anderen umgeben sind, wie z. B. in einer Wurzel, wechselseitig aufeinander einwirken. Wenn eine Zelle in einem Gewebe anschwillt, übt sie einen Druck auf ihre Nachbarzellen aus, und diese werden ebenfalls versuchen, sich auszudehnen. Auf diese Weise entsteht eine Gewebespannung, die die Wirkung des einfachen Turgordrucks noch erhöht.

Daß Gewebe unter Spannungen stehen, kann jeder sehen, der einen Längsschnitt in den Stengel des Löwenzahns macht. Die beiden Stengelhälften trennen sich sofort am Einschnitt und rollen sich nach außen auf. Das rührt daher, daß die äußeren Gewebe des Stengels sich relativ wenig ausdehnen können, so daß die inneren Zellen unter einem gewissen Druck stehen. Wird dieser durch den Einschnitt freigesetzt, dehnen sich die Zellen im Stengelinnern aus, und die beiden Hälften krümmen sich nach außen.

Die genauen Einzelheiten, wie das Wasser durch die Rinde gelangt, sind also noch etwas unsicher, obgleich nicht zuviel riskiert wird, wenn man annimmt, daß der osmotische Wert eine große Rolle dabei spielt. Doch haben wir Grund zu der Annahme, daß der osmotische Druck nicht die einzige wirksame Kraft ist; und wir besitzen den Beweis, daß noch etwas anderes dabei wirksam wird, wenngleich wir bislang nicht genau wissen, welcher Art diese zusätzliche Kraft ist. Es handelt sich um irgend etwas, das mit dem Lebendigsein der Zelle zu tun hat. »Aktive Wasseraufnahme« nennt der Botaniker dieses Phänomen, wodurch gesagt werden soll, daß es mit der lebendigen Aktivität der Zelle verknüpft ist. Möglicherweise spielen Veränderungen der elektrischen Ladungen auf den beiden Seiten der Zellmembran eine Rolle.

Wenn diese »aktive Wasseraufnahme« tatsächlich existiert, wird Energie benötigt, um sie aufrechtzuerhalten (im Gegensatz zu einfachen osmotischen Kräften, bei denen die Energie die kinetische, also nicht von außen zu ergänzende Energie der Moleküle selbst ist). Diese Energie würde durch die Atmung geliefert, und es ist interessant festzustellen, daß in einigen Fällen das Maß der Wasserbewegungen im Pflanzengewebe tatsächlich von der Atmung abhängt.

Ich hoffe, daß der Leser nicht verwirrt wurde durch meine langen Ausführungen über die Osmose und die Feststellung, daß wir nicht genau wissen, wie das Wasser es fertigbringt, durch die Wurzelrinde zu gelangen. Osmose spielt auf alle Fälle eine große – wenn nicht die ausschließliche – Rolle dabei. Nur die Einzelheiten dieses Vorgangs sind noch unsicher.

Hat das Wasser endlich die Wurzelrinde passiert, muß es in das Hauptleitungssystem der Pflanze gelangen: in die Tracheiden und Gefäße des Xylems – ein Vorgang, der theoretisch offenbar keine Schwierigkeiten macht. Die Blätter einer Pflanze geben während der Transpiration ständig Wasser ab, und das fehlende Wasser wird vom Xylem geliefert. Wird der Pflanze Wasser entzogen, entsteht im Xylem, das die Blätter versorgt, eine Saugspannung, die sich bis auf die Wurzeln auswirkt, wodurch das durch die Blätter verdunstete Wasser ins Xylem befördert wird.

Das Vorhandensein dieser Saugspannung im Xylem kann man sehr gut zeigen, wenn man eine Pflanze welken läßt und ihren Stengel unter Wasser, dem etwas des roten Farb-

stoffes Eosin zugesetzt wird, durchschneidet. Das Eosin diffundiert schnell in das Xylem, das sich ein beträchtliches Stück ober- und unterhalb der Schnittfläche rot anfärbt.
Die Flüssigkeit in den Gefäßen und Tracheiden besteht gewöhnlich nicht aus reinem Wasser, sondern aus Wasser, in dem verschiedene Stoffe gelöst sind. Sein osmotischer Wert ist meistens höher als der der Bodenlösung, so daß die Tendenz besteht, Wasser aus dem Boden durch den Osmose-Vorgang aufzunehmen. Die äußeren Wurzelgewebe verhalten sich dabei wie eine semipermeable Membran. Man muß sich auch daran erinnern, daß die lignifizierten Wände der Xylem-Bestandteile ziemlich starr sind, so daß ihr Wanddruck niedrig ist oder gänzlich fehlt. Obgleich der osmotische Wert der Lösung, absolut gesehen, nicht sehr hoch sein mag, wird ihr DPD-Wert höher liegen als der der Rindenzellen, die mit dem gesamten Turgordruck und der Gewebespannung fertig werden müssen. Daher scheint es wahrscheinlich zu sein, daß der Eintritt des Wassers in das Xylem durch die Osmose unterstützt wird.

Die Rolle der Epidermis

Beim Wassertransport innerhalb der Wurzel haben wir ein Gewebe bis jetzt noch gar nicht berücksichtigt: die Endodermis. Der Leser wird sich erinnern, daß sie ein Abschlußgewebe um den Holzteil darstellt und es so von der Rinde abtrennt und daß die Wände der Endodermis-Zellen rundherum die schon geschilderten Caspary-Streifen besitzen. Man trifft die Endodermis in allen Wurzeln gut ausgebildet an, dagegen selten in Stengeln der Landpflanzen. Die Sonnenblume, die Ansätze einer verkümmerten Endodermis zeigt, bildet hier eine der wenigen Ausnahmen. Andererseits lassen die im Wasser befindlichen Stengel von Wasserpflanzen eine deutlich ausgebildete Endodermis erkennen. Lange Zeit war die Funktion der Wurzelendodermis völlig unbekannt, ja, bis zum heutigen Tage sind wir über Theorien zu ihrer Aufklärung nicht hinausgekommen. Das konstante Vorkommen der Endodermis in den Wurzeln und ihr Fehlen in den Stengeln läßt uns jedoch vermuten, daß sie irgend etwas mit dem Wassertransport zu tun hat. Die Caspary-Streifen der Endodermiszellen sind reichlich mit fettähnlichen Substanzen versehen, die sie sehr wasserfest machen, wobei wenige Zellen hier und dort, die sogenannten Durchlaßzellen, eine Ausnahme machen: sie sind fettfrei. Vielleicht sind sie des Rätsels Lösung bei der Frage nach der Funktion der Endodermis.

Wir wissen nicht mit Gewißheit, ob das die Rinde passierende Wasser lebende Zellen durchwandert oder nicht; denn es könnte auch zwischen ihnen, in den Zellwänden, wandern. Denken wir daran, daß die Zellwände aus Cellulose bestehen, die für Wasser völlig durchlässig ist. Wenn das Wasser die Endodermis erreicht, findet es jedoch Zellwände vor, die fettartige Substanzen enthalten, und es ist daher gezwungen, durch den lebenden Zellinhalt zu wandern, wodurch es unmittelbar unter osmotische Kontrolle gerät.

Wir wissen weder, ob dies die wahre Erklärung dafür ist, weshalb die Wurzeln eine Endodermis haben, noch verstehen wir genau, welchen Vorteil eine derartige Kontrolle der Wasseraufnahme für die Pflanze hat. Doch scheint dies die einfachste Theorie für die Funktion der Endodermis zu sein. Daher sollte man sie so lange benutzen, bis jemand eine bessere gefunden hat.

Nachdem das Wasser das Xylem erreicht hat, wandert es den Stengel hinauf zu den Blättern. Vom Hauptteil des Holzes eines Stengels laufen Xylem- und Phloëmstränge, die sogenannten Blattspurstränge, durch die Rinde und die Blattstiele in die Blätter hinein, wo sie die Adern bilden, ein typisches Merkmal fast jeden Blattes. Im Blatt verzweigen sich die Adern und werden immer kleiner. Das in ihnen enthaltene Xylem nimmt so weit ab, bis nur noch ein Gefäß oder eine Tracheide vorhanden ist, die im Gewebe des Blattes endet. Diese sogenannten »Bündelenden« sind so zahlreich, daß keine Zelle in einem Blatt sehr weit von ihnen entfernt ist. Auf diese Weise wird das wertvolle Wasser zu jeder einzelnen Zelle befördert.

Bau und Aufgaben des Blattes

Die Blätter unterscheiden sich in ihren strukturellen Besonderheiten sehr deutlich voneinander, doch lassen sich die meisten in einen gemeinsamen Bauplan einfügen. Die Blattoberfläche ist wie üblich von einer Haut, der Epidermis, bedeckt, die aus einer dicht geschlossenen Zellschicht besteht. Von oben betrachtet, sieht sie wie ein Mosaik aus. Die Außenfläche der Epidermis ist von einer wachsartigen Substanz, der Kutikula, überzogen, die wenig wasserdurchlässig ist. Die Anwesenheit der Kutikula verhindert die unnötige Wasserverdunstung durch das Blatt.

Unter der oberen Epidermis finden wir eine Schicht großer rechteckiger, regelmäßig angeordneter Zellen, die mit ihrer Längsseite im rechten Winkel zur Epidermis stehen. Diese Zellen bilden das *Palisadenparenchym*, das wegen der Ähnlichkeit mit einem Staketenzaun so bezeichnet wird. Die Palisadenzellen enthalten zahlreiche winzige grüne, scheibenförmige Gebilde, die sogenannten *Chloroplasten.* Sie sind die Bauelemente, die das Chlorophyll enthalten und auf die die Pflanze beim Aufbau ihrer Nährstoffe angewiesen ist.

Die Pflanze verdankt dem Besitz dieser Chloroplasten ihre grüne Farbe. Unter dem Palisadenparenchym haben wir einige Schichten von unregelmäßig ausgebildeten Zellen, die in einem losen Verband mit reichlichem Luftzwischenraum angeordnet sind. Diese Zellen enthalten ebenfalls Chloroplasten, wenn auch längst nicht so viele wie die Palisadenzellen. Der Botaniker bezeichnet sie wegen ihrer lockeren Struktur und ihrer Lage in der Mitte des Blattes als das *Schwamm-Mesophyll.*

Schließlich befindet sich unter dem schwammartigen Mesophyll die untere Epidermis, die im großen und ganzen der oberen Epidermis gleicht. Sie trägt auf der Außenseite eine Kutikula, besitzt aber ein Merkmal, das der oberen Epidermis oft fehlt: Die untere Epidermis ist mit zahlreichen kleinen Öffnungen, den Stomata, versehen. Die Stomata-Öffnungen liegen zwischen zwei spezialisierten Zellen, den sogenannten »Schließzellen«, die, von oben betrachtet, nierenförmig aussehen. Schneidet man die Schließzellen quer durch, so bemerkt man, daß ihre Zellwände auf besondere Weise verstärkt sind. Die äußeren Wände bleiben dünn, während die inneren ungleichmäßig verdickt sind. Als Folge der Festigkeit dieser verstärkten Wandabschnitte und der Elastizität der dünnen Teile der Schließzellenwände schwellen sie bei Turgeszenz (maximalem Wassergehalt) so an, daß sie auseinandergehen und der Spalt des Stomas sich öffnet. Verlieren die Schließzellen Wasser, fallen sie in sich zusammen, und die Öffnung schließt sich. Das bedeutet also, daß bei genügendem Wasservorrat im Blatt, die Stomata sich gerne öffnen, damit Wasser aus dem Blattinnern verdunstet. Andererseits schließen sie sich, wenn das Wasser im Blatt knapp wird, so daß die Verdunstung eingeschränkt wird.

Nach meinen wenigen Ausführungen könnte man denken, daß die Spaltöffnungen mit ihren Schließzellen einen nahezu perfekten Mechanismus darstellen, der die Wassermenge der Transpiration bzw. des Bedarfs reguliert. Das ist aber in Wirklichkeit nicht der Fall: Die Stomata sind, wie wir gleich sehen werden, alles andere als perfekte Wasseregulierer.

Betrachtet man die Wasserverhältnisse im Blatt, so ist es wichtig, daran zu denken, daß die Aufgabe des Blattes darin besteht, aus dem Kohlendioxid der Luft und Wasser mittels der Photosynthese organische Nährstoffe aufzubauen. Die Blätter ernähren gewissermaßen die Pflanze, und auf welche Art und Weise sie das tun, soll Gegenstand des nächsten Kapitels sein. Diese Aufgabe ist mehr als wichtig; denn würden die Blätter sie nicht übernehmen, würde die Pflanze verhungern. Behält man diesen einfachen Sachverhalt im Gedächtnis, so kann man die besonderen Verhältnisse des Wasserhaushaltes eines Blattes erklären.

Die Mesophyllzellen des Blattes enthalten in ihrem Zellsaft verschiedene gelöste Stoffe, und durch Osmose tritt in sie, von den Bündelenden herkommend, Wasser ein. Die Blattzellen sind turgeszent, und ihre Wände werden feucht gehalten. Durch diese verdampft das Wasser in die mit Luft angefüllten Zwischenräume der Mesophyllzellen. Diese Hohlräume stehen untereinander und mit der Atemhöhle in Verbindung, die innerhalb des Blattes über den einzelnen Spaltöffnungen liegen. Der Wasserdampf diffundiert in die Interzellularräume, bis er schließlich durch die Spaltöffnungen in die Luft entweicht. Etwas Wasser entweicht auch durch die Kutikula der Epidermis, doch ist die Menge dieser sogenannten »kutikulären Transpiration« gering im Vergleich zu der Wassermenge, die durch die Stomata verloren wird.

Die Gesamtfläche aller Spaltöffnungen ist, verglichen mit der Gesamtoberfläche des Blattes, klein. Gewöhnlich beträgt sie hiervon etwa 2 bis 3 Prozent. Man sollte daher erwarten, daß die Wassermenge, die durch die Stomata entweicht, ebenfalls relativ klein sein würde. Tatsächlich ist das aber nicht so. Messungen haben ergeben, daß die relative Transpiration eines Blattes, d. h. die Wassermenge, die im Verhältnis zu einer freien, gleichgroßen Wasserfläche von einem Blatt verdunstet wird, annähernd 95 Prozent beträgt. Mit anderen Worten: Wasser kann fast ebenso leicht durch die Stomata entweichen, als wenn die Spaltöffnungen und die Epidermis überhaupt nicht vorhanden wären und Wasser von feuchten Mesophyllzellen direkt in die Luft der Umgebung verdunsten würde.

Diese etwas überraschende Feststellung läßt sich erklären, wenn wir den Durchtritt von Wasserdampf an einer Scheidewand mit zahlreichen Löchern untersuchen, wie die Botaniker Brown und Escombe es taten. Wir finden dann,

daß die Moleküle sich in der Nähe der Wand nicht geradeaus bewegen, sondern sich in der Höhe der Löcher zusammendrängen und auseinanderstreben, nachdem sie diese passiert haben (*Abb. 3.1*). Sie treten dadurch schneller hindurch, als man erwarten sollte. Wissenschaftlich richtig sagen wir, daß die Moleküle in der Dampfphase an den Poren ein »Diffusionsfeld« bilden.
Einen anschaulichen Vergleich stellt die Menschenmenge dar, die sich eine halbe Stunde vor Beginn eines Fußballspiels am Eingang eines Stadions ansammelt. Auf der einen Seite des Spielfeldes befindet sich eine breite Promenade, die der Tribüne entlang verläuft. Gegenüber befindet sich eine Reihe von Eingängen mit Drehkreuzen. Es treten dauernd Leute in das Stadion ein und bilden dabei ein Stück vor den Drehkreuzen eine dichte Ansammlung, ohne sich dabei gegenseitig anrempeln zu müssen; denn es ist ja genügend Platz für alle da. Ganz kurz vor den Drehkreuzen bleibt den Leuten Drängelei jedoch nicht erspart. Diejenigen, die direkt vor einem Drehkreuz stehen, können noch relativ unbehindert passieren, aber die danebenstehenden Menschen müssen sich nach rechts und links orientieren. Je weiter sie von einem Eingang entfernt sind, um so mehr müssen sie nach innen drängen. Einmal hindurchgetreten, können sie wieder »ausschwärmen« und schnell vorankommen. Aus der Vogelperspektive bekommt man einen etwas anderen Eindruck von dem Vorgang. Der Betrachter nimmt dann keine Einzelheiten von dem Ge-

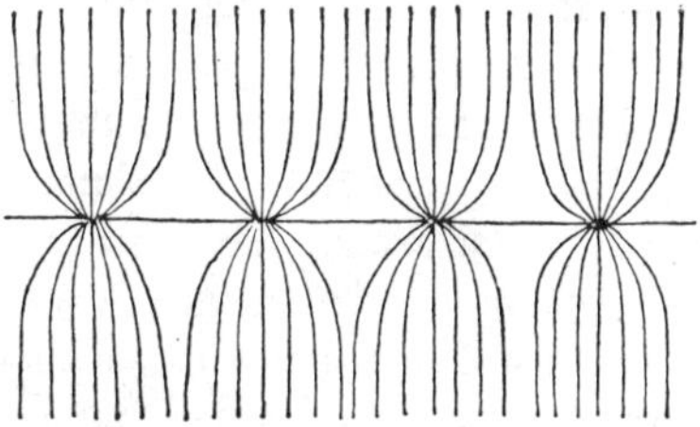

Abb. 3.1
Der trichterförmig begrenzte Weg des Wasserdampfes durch eine Membran mit kleinen Poren.

drängel an den Drehkreuzen wahr. Für ihn fließt die Menge in einem gleichmäßigen Strom durch die Eingänge in das Stadion, scheinbar unbehindert durch die Barrieren, obgleich er natürlich bemerkt, daß in der Nähe der Drehkreuze sich die Menschen zusammendrängen. Der Beobachter erkennt also, daß eine Reihe von Eingangssperren praktisch kein Hindernis für den Durchlaß einer Menschenmenge ist.

Der Saftstrom in Stengeln und Stämmen

Wir haben gesehen, wie das Wasser in die Pflanze gelangt und wie es sie wieder verläßt, doch haben wir bislang außer acht gelassen, auf welche Weise das Wasser in den Stämmen bis zu den Blättern emporsteigt. Das ist bisher für die Pflanzenphysiologen immer ein schwieriges Problem gewesen. Obgleich wir heute eine den Vorgang ausreichend erklärende Theorie gefunden haben, können wir sie nicht als völlig gesichert betrachten.

Die Schwierigkeit liegt darin, daß das Wasser in einem hohen Baum eine beträchtliche Höhe überwinden muß. Höhen bis zu 30 Meter sind sogar in Europa das Übliche, und wenn man den schon erwähnten kalifornischen Mammutbaum mit seiner stattlichen Größe oder den fast ebensogroßen australischen Eukalyptus betrachtet, kommt einem die Lösung des Problems wahrlich entmutigend vor.

Unter drei Möglichkeiten müssen wir wählen: 1. Das Wasser kann von den Wurzeln aus entweder durch den osmotischen Druck, die Kapillarkräfte oder irgendeinen anderen Vorgang hinaufgedrückt werden. 2. Das Wasser könnte von den Blättern angesaugt werden, wobei wieder die Osmose die treibende Kraft wäre. 3. Das Wasser könnte den Stamm stufenweise hinaufgepumpt werden, wobei die lebenden Zellen des Xylems dann ähnlich wie Pumpstationen arbeiteten. Jede dieser Möglichkeiten wollen wir uns näher ansehen.

Die Vorstellung, daß das Wasser von oben angesaugt wird, scheint von vornherein ausgeschlossen zu sein, jedenfalls für Bäume über 10 Meter Höhe. Die Saugleistung hängt von dem atmosphärischen Druck ab, der die Flüssigkeitssäule hinaufgedrückt. Saugen wir am Ende eines Rohres, dann stellen wir am anderen Ende einen partiellen Unterdruck her, der schnell von der Luft wieder ausgeglichen wird. Wenn das untere Rohrende im Wasser steht, ruft der Luftdruck, der auf der Wasseroberfläche lastet, ein Ansteigen des Wasserspiegels in dem leeren Rohr hervor. Auch wenn am oberen Rohrende ein vollständiges Vakuum wäre, würde der Luftdruck trotzdem nur eine Wassersäule von bestimmter Höhe tragen. Das Gewicht einer 11 Meter hohen Wassersäule entspricht dem Druck der Atmosphäre, bei dem ein Gleichgewicht hergestellt würde, so daß das Wasser nicht mehr stiege. Demnach wäre es unmöglich, das Wasser bis zur Spitze einer mittelgroßen Eiche zu saugen, geschweige denn in den Wipfel eines Mammutbaumes.
Behandeln wir jetzt die Vorstellung, daß das Wasser von den Wurzeln aus in den Stamm gedrückt würde, so sind zwei mögliche Mechanismen zu erkennen. Einer ist die Kapillarkraft. Taucht man das Ende eines dünnen Röhrchens in Wasser, dann steigt die Flüssigkeit in ihm empor – ein Vorgang, der als Kapillarität bezeichnet wird. Je enger das Röhrchen, desto höher ist der kapillare Anstieg. Die Tracheiden und Gefäße des Xylems bilden sehr feine Röhren, und so ist das Phänomen der Kapillarität auf sie wie auf alle Röhrchen anzuwenden.
Leider muß diese Vorstellung jedoch abgelehnt werden. Obgleich die Gefäßelemente des Xylems sehr klein und die bereits erwähnten winzigen Poren in den Wänden sogar noch kleiner sind, kommt die Kapillarität für einen ausreichenden Anstieg des Wassers in Baumstämmen nicht in Frage. Die Kapillarität ist nicht stark genug, um das Wasser in solche Höhe zu befördern.
Die andere Möglichkeit, mit der man den Wasseranstieg

in einem Stamm erklären könnte, bietet sich mit dem Phänomen des Wurzeldruckes an. Wird ein schnellwachsender Baumstamm dicht über dem Boden abgesägt, dann sieht man, wie das Wasser aus dem Stumpf austritt. Würde man ein Röhrchen mit Quecksilber in den Stumpf einführen, stiege das Quecksilber an, was beweist, daß das Wasser unter Druck hervortritt. Die Höhe, bis zu der das Quecksilber in diesem Manometer ansteigt, ist ein Maß für den erzeugten Druck.

Der Wurzeldruck ist seit langem bekannt. Er wurde schon im Jahre 1727 von Stephen Hales entdeckt, als er ein Manometer am abgeschnittenen Trieb eines Weinstockes *(Vitis vinifera)* befestigte und feststellte, daß die Pflanze einen Wurzeldruck von 1 atü entwickelte. Andere Messungen haben in verschiedenen Pflanzen noch größere Druckwerte ergeben. Die Tomate (*Lycopersicon esculentum*) hat, wie kürzlich festgestellt wurde, Wurzeldrucke von 8 bis 10 atü.

Die vorliegenden Beweise sprechen dafür, daß der Wurzeldruck ein osmotisches Phänomen ist. Werden die Wurzeln von Versuchspflanzen in eine Lösung mit einem osmotischen Druck getaucht, der ebenso hoch ist wie in den Gefäßen des Xylems, dann verschwindet der Wurzeldruck. Genau das würden wir erwarten, wenn die Osmose die treibende Kraft wäre. Doch scheinbar ist noch mehr als einfache Osmose im Spiel. Man kann sich vorstellen, daß eindringendes Wasser bald gelöste Substanzen aus den Gefäßen herausgewaschen hätte, so daß der Wurzeldruck recht schnell verschwände. Aber das geschieht nicht. Es sieht so aus, als ob die lebenden Nachbarzellen der Gefäße Lösungen in diese ebenso schnell abgeben, wie die Gefäße ausgewaschen werden.

Einige Forscher haben angenommen, daß der Wurzeldruck mehr von der Vitalität der Wurzelzellen als von einfacher Osmose abhängt. Hierbei betonten sie, daß er sowohl durch Sauerstoffmangel als auch durch eingefügte Giftstoffe beeinträchtigt wird. Dieses Argument ist jedoch ein Trugschluß. Wenn die Aufrechterhaltung des Wurzeldruckes von lebenden Zellen abhängt, die gelöste Substanzen in die Gefäße des Xylems abgeben, dann wird eher diese Lebensaktivität als der vorhandene Wurzeldruck durch Sauerstoffmangel oder Giftstoffe beeinflußt.

Auf den ersten Blick scheint es so auszusehen, als ob wir mit dem Wurzeldruck unsere Frage beantworten könnten. Befassen wir uns jedoch gründlicher mit dem Problem, so stellen wir fest, daß weder der Wurzeldruck noch die Kapillarität das Problem ausreichend erklären. Bei kleinen Pflanzen gibt es keine Schwierigkeiten; der Wurzeldruck, der von der Saugkraft der Blätter aufrechterhalten wird, könnte ohne weiteres für den Wassertransport in der Pflanze verantwortlich sein. Bei einem Baum wird das Problem schwieriger. Zum Beispiel fehlt den Koniferen offenbar der Wurzeldruck, und doch gehören sie zu den größten Bäumen. Außerdem ändert sich der Wurzeldruck mit dem Entwicklungsstadium der Pflanze. Bei starker Wachstumsaktivität erhöht er sich; zu gewissen Zeiten kann er sogar einen negativen Wert annehmen. In solchen Fällen kann das Wasser den Stamm abwärts- statt aufwärtswandern. Der Wurzeldruck kann also nicht die von uns gesuchte Bedeutung haben.

Die dritte Möglichkeit wäre nun, daß die lebenden Zellen in einem Baumstamm wie eine Reihe von Pumpstationen arbeiten, wodurch das Wasser in Etappen aufwärtsbefördert wird. Das wäre eine bestechende Theorie, ständen ihr nicht einige Fakten entgegen. Um die Jahrhundertwende zeigten E. Strasburger und andere, daß giftige Substanzen, z. B. Pikrinsäure, die durch ein angeschnittenes Gefäß in einen Baumstamm eingespritzt worden waren, etliche Dezimeter aufwärtsstiegen und sogar die Blätter erreichten, obgleich sie auf ihrem Weg viele Zellen abtöteten. Zur selben Zeit wurde festgestellt, daß ein Baum in horizontaler Lage das Wasser mit gleicher Geschwindigkeit in beiden Richtungen befördert – also stammaufwärts bis zu den Wurzeln. Damit war klar, daß ein Baumstamm keine ventilartige Vorrichtung besitzen kann, die den Wassertransport nur in der einen Richtung sicherstellt – was der Fall wäre, wenn die lebenden Zellen wie Pumpstationen arbeiteten.

Offenbar sind wir in eine Sackgasse geraten. Das Wasser wird weder von den Blättern angesaugt, noch wird es, außer vielleicht in kleinen Pflanzen, vom Wurzeldruck hinaufbefördert. Unsere dritte Alternative, daß es mit Hilfe irgendeines Zellmechanismus hinaufgepumpt würde, scheint ebenfalls keine Grundlage zu haben. Man ist geneigt zu sagen, daß das Wasser durch die Gnade Gottes hinaufgelangt, doch sind Wissenschaftler im allgemeinen zurückhaltend, wenn es darum geht, unangenehme Tatsachen mit göttlichem Eingreifen zu erklären.

Schauen wir zurück auf unsere verschiedenen Erklärungsmöglichkeiten oder -unmöglichkeiten und überprüfen wir, ob wir irgend etwas übersehen haben. Wenn wir uns nochmals der Theorie zuwenden, nach der das Wasser von oben her hinaufgelangt, dann ist sofort klar, daß für diese Tätigkeit eine Menge Energie aufgebracht werden muß. Die Transpiration stellt einen osmotischen Gradienten im Blattmesophyll her mit Drucken von gut über 10 bis 12 atü, und diese sind verfügbar, um Wasser auch bis in den Wipfel einer *Sequoia* zu befördern. Die Schwierigkeit beginnt, wenn wir einzusehen versuchen, wie das vor sich geht. Um Saugkräfte kann es sich nicht handeln; denn wir kommen nicht um die Tatsache herum, daß das »Wasserbarometer« die Höhe von 11 Meter nicht überschreiten kann. Irgend etwas anderes muß also seine Hand im Spiele haben, ein Phänomen, das von den Blättern bis hinunter in die Wurzeln wirken kann und dabei das Wasser hinaufzieht. Die Lösung des Problems liegt offensichtlich in einer Theorie, die vor einiger Zeit erstmals durch Dixon und Joly vorgebracht wurde und als sogenannte »Kohäsionstheorie« bekannt ist. Eine feste Substanz wird von den

Kohäsionskräften zwischen ihren Molekülen zusammengehalten, und diese bilden dann ein festes Kristallgitter, das den Zerreißkräften widersteht. In einer Flüssigkeit sind die Kohäsionskräfte nicht so stark. Ihre Moleküle können aneinander vorbeigleiten, doch werden sie durch Kohäsionskräfte noch so weit zusammengehalten, daß sie nicht völlig durcheinandergeraten. Nur dann, wenn ein Molekül genügend kinetische Energie (Bewegungsenergie) erhält, um die Kohäsionskraft zu übertreffen, vermag es vollständig zu entweichen, mit anderen Worten: verdampfen.

Nach der Kohäsionstheorie von Dixon bildet das Wasser in den Gefäßen eine geschlossene Wassersäule, die von den Wurzeln bis zu den obersten Blättern reicht. Die Kohäsionskräfte in dieser Wassersäule widerstehen den Zerreißkräften, wobei der osmotische Gradient aus der Transpiration einen Stoß auf das Ende der Wassersäule ausübt. Dadurch bewegt sie sich aufwärts, so wie der Schwimmerstab im Vergaser eines Pkw-Motors, wenn man ihn an seinem Ende anstößt. Merken Sie, wie wir von der Vorstellung der Saugkräfte und den Schwierigkeiten mit dem Wasserbarometer loskommen? Die Kraft, die das Wasser hinaufzieht, ist eine osmotische Kraft; sie wird durch die Kohäsion zwischen den Wassermolekülen bis hinunter in den Stamm übertragen.

Man sieht sich freilich zu der Frage veranlaßt, weshalb man im täglichen Leben die Kohäsionskräfte nicht wirken sieht. Wenn man Wasser in eine Röhre gießt, so daß diese vollständig gefüllt ist, muß man sich fragen, warum das Wasser nicht dort bleibt, wo es ist, wenn die Röhre umgedreht wird? Statt dessen fließt es aus. Dies ist scheinbar eine direkte Widerlegung der Dixon-Theorie. Doch die Antwort ist einfach. Keine vom Menschen hergestellte Röhre ist völlig sauber; es gibt immer hier und dort versteckte Staubpartikel. Die Dixon-Theorie geht von der Annahme aus, daß das Wasser die Innenseite der Röhre vollständig benetzt und somit an der Wand haftet. Einige wenige Staubteilchen genügen, um die Adhäsion aufzuheben, und diese schwache Stelle in der Kette der Kohäsionskräfte läßt das Wasser aus der Röhre stürzen. Dieses ist im Versuch überprüft worden, mit dem »Wasserhammer«, wie dieses Gerät merkwürdigerweise genannt wird. Es besteht aus einem J-förmigen Glasrohr, das nach gewissenhaftem Säubern mit Wasser gefüllt und dann umgedreht wird. Wenn das Experiment sorgfältig genug durchgeführt wird, bleibt das Wasser in dem Rohr und fließt nicht aus. Die Dixon-Theorie besteht also zu Recht.

Die Kohäsionskräfte, welche die Wassermoleküle zusammenhalten, scheinen beträchtlich zu sein. Sie reichen aus, um das Wasser in den Gefäßen eines Baumes zusammenzuhalten. Die Messung der Kohäsionskräfte, die zum Aufbrechen eines Farnsporangiums notwendig sind, ergaben einen Anhaltswert von mehr als 100 atü, die notwendig wären, um einen Wasserfilm zu zerreißen. Wenn ein solcher Wert auch sicherlich übertrieben ist, so scheint doch, als ob eine Spannung von 30 atü erreicht werden muß, ehe eine Wassersäule zerreißt.

Bei dem Versuch, die Dixon-Theorie zu verifizieren, ergeben sich jedoch Schwierigkeiten. Niemand kann beweisen, daß sie in der Natur wirksam ist, ja es gibt sogar Hinweise, daß sie nicht die richtige Erklärung für den Saftaufstieg liefern kann. In einem Experiment wurden mit einer Säge zwei gegenüber und übereinander liegende Einschnitte in einen Baumstamm vorgenommen, die beide bis über die Mitte des Stammes hinausreichten und sich so überlappten. Nach der Theorie hätte die Aufwärtsbewegung des Wassers im Stamm aufhören müssen, denn alle Wassersäulen in den Gefäßen mußten von dem einen oder dem anderen Schnitt unterbrochen worden sein. Doch das Wasser stieg immer noch den Stamm hinauf.

Wir sind also noch nicht sicher, wie wir das schwierige Problem lösen oder erklären können. Es ist schwer einzusehen, daß das Wasser beide Einschnitte umgehen konnte, indem es diagonal den Stamm durchlief, obgleich es so sein müßte. Möglicherweise ist für die Gültigkeit der Dixon-Theorie nicht unbedingt eine durchgehende Wassersäule notwendig. Andererseits könnte das Wasser durch die submikroskopischen Poren der Gefäßwände statt durch das Zell-Lumen gewandert sein. Wir werden das wissen, wenn weitere Versuche durchgeführt worden sind. Augenblicklich ist die Kohäsionstheorie von Dixon auf den Saftaufstieg nur mit Vorbehalten anzuwenden, aber niemand hat bislang eine bessere Theorie aufgestellt.

Transpiration und Spaltöffnungen

Wir wollen uns jetzt noch mit der Rolle der Blattstomata bei der »Regulierung« der Transpiration befassen. Auch hierbei gehen die Meinungen auseinander, und das letzte Wort ist sicher noch nicht gesprochen. Demgegenüber scheint dieser Vorgang, der durch das Öffnen und Schließen der Spaltöffnungen erfolgt, so einleuchtend zu sein, daß er kaum noch geprüft zu werden braucht; doch wie mit so vielem in der Naturwissenschaft, das einleuchtend ist, liegen die Dinge ganz anders, als sie zu sein scheinen. Richtig ist, daß im allgemeinen die Stomata so gebaut sind, daß sie dank der besonderen Wandverdickungen ihrer Schließzellen sich öffnen, wenn sie turgeszent sind, und sich schließen, wenn das Wasser knapp wird. Wenn wir uns die Sache jedoch genauer betrachten, erkennen wir, daß die Beziehung zwischen Öffnungsgrad der Stomata und dem Wasserbedarf der Pflanze zumindest sehr oberflächlich ist. Früher sagte man gern, die Wirksamkeit der Spaltöffnungen sei gering, wenn es um irgend etwas mehr gehe, als um ein Minimum bei der Transpirationsregulierung. Später jedoch wurde diese Ansicht revidiert, und möglicherweise spielen Stomata bei der Transpirationskontrolle eine wichtigere Rolle als angenommen.
Zwei Faktoren beeinflussen das Ausmaß der Wasserver-

dunstung aus dem Blatt. Der eine betrifft den Wasseraustritt durch die Stomata, der andere die Konzentration des Wasserdampfes unmittelbar außerhalb der Spaltöffnungen.
Hinsichtlich des ersten Faktors haben wir bereits gesehen, daß aufgrund der Bildung von Diffusionshauben Wasserdampf genauso schnell durch eine Reihe von kleinen Öffnungen in einer Wand diffundieren kann, wie wenn diese Barriere gar nicht vorhanden wäre. Die Stomata sind sehr zahlreich, und man könnte erwarten, daß – falls ihre Öffnungen kleiner wären – dadurch der Austausch von Wasserdampf nicht wesentlich beeinflußt würde. Mit anderen Worten: Sollten die Stomata dazu da sein, irgend etwas zu verschließen, würde man nicht unbedingt erwarten, daß sie einen großen Effekt auf die Transpiration ausübten. Genau das ist der Fall. Die Transpiration wird nicht sofort nach dem Verschluß der Stomata gestoppt. Wie weit sie geschlossen sein müssen, um einen wirksamen Effekt zu erzeugen, kann man nur vermuten, zumal dies sehr stark vom Typ des Blattes, der Struktur der Stomata und den klimatischen Bedingungen abhängt. Die Schätzwerte schwanken zwischen halbgeöffneten und nur zu $^1/_{15}$ geöffneten Stomata, ehe ein wirklicher Effekt sich einstellt.
Bei der Bestimmung des Wirkungsgrades der Stomata auf die Transpiration sind die Bedingungen außerhalb des Blattes, besonders die Windverhältnisse, sehr wichtig. Bei Windstille sammelt sich über der Spaltöffnung Dampf an, weil nichts da ist, das ihn wegbläst. Unter diesen Umständen kann kein weiterer Wasserdampf aus dem Blatt entweichen, auch dann nicht, wenn die Stomata weit geöffnet sind. Wahrscheinlich ist unter solchen Bedingungen der Öffnungsgrad der Stomata unwichtig, und sie regulieren die Transpiration praktisch überhaupt nicht.
Ist es hingegen windig, kann sich der Wasserdampf nicht an den Spaltöffnungen konzentrieren, weil er so schnell, wie er sich ansammelt, auch wieder fortgeweht wird. In diesen Fällen ist es sehr wahrscheinlich, daß die Stomata

die Transpiration mit beträchtlicher Genauigkeit regulieren. Wenn wir nun zu der Frage kommen, was die Stomata öffnen und schließen läßt, dann finden wir abermals, daß die Verhältnisse nicht wie erwartet sind. Das Schließen der Stomata ist durch einen Rückgang des Turgors in den Schließzellen bedingt. Sinkt der Wasserdruck in ihnen unter denjenigen der benachbarten Epidermiszellen, so schließen sie sich. Sie öffen sich wieder, wenn der Turgor einen Wert über dem der Nebenzelle annimmt. Daher würde man erwarten, daß beim Welken eines Blattes sich die Stomata schließen, da sie den Turgor in ihren Schließzellen nicht halten können. Im großen und ganzen ist das tatsächlich der Fall, obwohl es verschiedene Schwierigkeiten gibt, auf die wir hier nicht eingehen müssen.

Stomata und Photosynthese

Doch ist die Tätigkeit der Spaltöffnungen leider kein so einfacher Vorgang. Eine sehr komplexe, dem Turgormechanismus übergeordnete Wechselwirkung besteht zwischen ihr und dem Licht. Das Verhalten der Stomata ist zwar bei den einzelnen Pflanzen verschieden, doch im allgemeinen öffnen sie sich im Licht und schließen sich im Dunkeln, so daß ein bestimmter, von der Wasserversorgung unabhängiger Tagesrhythmus des Öffnens und Schließens gewährleistet wird. Er wird auch dann beibehalten, wenn die Pflanze unter gleichbleibenden Lichtverhältnissen gehalten wird.

Dieses Verhalten der Stomata ist vielleicht zu verstehen, wenn wir uns vergegenwärtigen, daß die Spaltöffnungen nicht nur mit der Wasserabgabe beschäftigt sind. Die Stomata haben eine wichtige Funktion bei der Photosynthese, durch die das notwendige Kohlendioxid in das Blatt gelangt. Schließen sich die Spaltöffnungen, dann kann kein Kohlendioxid in die Pflanze gelangen, und die Photosynthese wird unterbrochen. Dauert dies länger an, wie es z. B.

bei längerer Dürre geschehen kann, würde die Pflanze verhungern. Durch starke Dürre verursachte Ernteverluste sind mehr auf das »Verhungern« infolge verschlossener Stomata als auf eigentlichen Wassermangel zurückzuführen.
So betrachtet, sind die Lichtreaktionen der Spaltöffnungen völlig verständlich, und solche Reaktionen können auch auf Funktionen anderer Pflanzenteile übertragen werden. Bei Anbruch des Tages kann die Photosynthese beginnen, wobei die Versorgung des Blattes mit Kohlendioxid sichergestellt werden muß. Die Stomata öffnen sich so weit wie möglich. Nachts hört die Photosynthese wegen Lichtmangels auf. Aber die Stomata könnten sich auch schließen, um Wasser zurückzuhalten, und die meisten tun dies deshalb auch.
Das Wesen dieses Mechanismus, der das Öffnen der Stomata bei Licht und ihr Schließen bei Dunkelheit sicherstellt, ist noch weitgehend ungeklärt, obwohl sich die meisten Wissenschaftler damit zufriedengeben, daß der Prozeß mit dem Säuregrad der Schließzellen zusammenhängt. Abnehmen des pH-Wertes bewirkt nämlich auf irgendeine Weise das Öffnen der Stomata, Ansteigen ihr Schließen. Änderungen des Säuregrades sind wahrscheinlich auf unterschiedliche Kohlendioxidmengen zurückzuführen. Läuft die Photosynthese bei vollem Tageslicht ab, wird Kohlendioxid verbraucht, so daß der pH-Wert ansteigt; nachts wird bei unterbrochener Photosynthese durch die Atmung Kohlendioxid abgegeben, wobei der pH-Wert abfällt.
Man ist der Ansicht, daß der Effekt der pH-Wert-Verschiebung auf die Schließzellen mit dem Gleichgewicht zwischen Stärke und Zucker zusammenhängt. Ist der Zellsaft weniger sauer, bestehen durch die Wirkung des Enzyms Phosphorylase günstige Bedingungen für den Abbau der Stärke zu Zucker. Stärke ist in Wasser unlöslich und hat daher keinen osmotischen Effekt, während der gelöste Zukker osmotisch wirkt.
Tritt nun in den Schließzellen Zucker statt Stärke auf, steigt

der osmotische Druck des Zellsaftes an, so daß Wasser aus den benachbarten Zellen in die Schließzellen eintritt. Dadurch werden die Stomata turgeszent und öffnen sich. Andererseits begünstigt ein Anstieg der Azidität die Umwandlung des Zuckers in Stärke, d. h. der Prozeß läuft dann umgekehrt ab.

Viele Botaniker sind aus gutem Grund mit dieser Erklärung des Lichteinflusses auf das Öffnen der Stomata unzufrieden. Da sind z. B. die Stomata von Pflanzen wie der Zwiebel, die in ihren Schließzellen niemals Stärke enthalten und sich dennoch im Licht öffnen und bei Dunkelheit schließen. Gegen die Theorie sprechen noch verschiedene andere Tatsachen. Zur Zeit kann man mit ihr zwar viel mehr als mit anderen Theorien erklären, aber sicherlich wird sie durch weitere Untersuchungen abgeändert werden müssen, wenn sie nicht sogar zugunsten einer anderen Erklärung ganz aufgegeben wird.

Welchen Wert hat nun die Transpiration einer derartig großen Wassermenge für die Pflanze, wenn doch nur wenige Prozent von ihr genutzt werden? Leider können wir diese Frage noch nicht völlig beantworten. Eine gewisse Menge Wasser wird natürlich bei der Photosynthese verbraucht. Außerdem wandern mit dem Wasser die gelösten Stoffe ins Phloëm (*siehe Kapitel 5*) und die Mineralsalze bis in die Blätter hinauf. Nicht zuletzt beschert an heißen Tagen die Wasserverdunstung der Pflanze eine gewisse Abkühlung, die man nicht unterschätzen sollte. Die Blätter von Pflanzen im Gewächshaus können an einem Sonnentag welken, wenn sie durch extrem hohe Luftfeuchtigkeit nicht transpirieren können. Doch nichts von alledem kann das enorme Ausmaß des Transpirationsstromes erklären. Die Pflanzen verschwenden geradezu das kostbare, schwer zu beschaffende Wasser.

Zweifellos überwiegt aber die Notwendigkeit, die Photosynthese aufrechtzuerhalten. Dazu müssen die Blätter gut belüftet werden, damit das Kohlendioxid in die photosynthetisierenden Zellen gelangt. Die Luft enthält nur 0,03 % Kohlendioxid. Das ist wirklich wenig, wenn man bedenkt, daß fast die gesamte Pflanzensubstanz eines Mammutbaumes aus diesem Gas aufgebaut wird. Ebensogut wie das CO_2 in die Pflanze gelangen kann, kann Wasser nach außen abgegeben werden. Es gibt nämlich keine Einrichtung, die sicherstellt, daß nur in einer Richtung Substanzen durch die Stomata wandern. Die Pflanze muß mit dem ständigen großen Wasserverlust fertig werden, oder sie verkümmert. So einfach ist das Ganze also!

Aufnahme der mineralischen Nährstoffe

In diesem Kapitel habe ich bisher nur den Eintritt des Wassers in die Pflanze, seinen Transport durch die Pflanze und seine Ausscheidung behandelt. Die Wurzeln nehmen aber nicht nur Wasser aus dem Boden auf, sondern absorbieren ebenso mineralische Salze. Alle für die Pflanze lebensnotwendigen Mineralstoffe werden von den Wurzeln aufgenommen, weil es eine andere Möglichkeit nicht gibt.

Ich muß gestehen, daß wir nicht wissen, auf welche Weise Mineralsalze absorbiert werden. Für den Schuljungen, der zum ersten Male Biologie hat, mag das einfach sein: Salze gelangen in die Wurzeln »durch Osmose«. So aber geschieht das sicherlich nicht, weil ein derartiger Vorgang ganz unmöglich ist. Die Osmose ist für den Eintritt des *Wassers* in die Wurzeln, aber nicht für die gelösten Stoffe verantwortlich. Das zeigt ja gerade die Tatsache, daß für die Osmose eine semipermeable Membran vorhanden sein muß.

Eine Zeitlang dachte man, daß Salze einfach in die Wurzeln hineindiffundieren. Man nahm an, daß Zellmembranen für einige Substanzen durchlässig seien, für andere nicht – eine Vorstellung, die zwar einleuchtend ist, aber nicht richtig sein kann. Erstens ist der Zellsaft einer Pflanze nicht nur eine Anreicherung von Elementen in der umgebenden Bodenlösung. Noch wichtiger ist zweitens, daß die Zellen bestimmte Substanzen gegen ein Konzentrationsgefälle anhäufen können, was nicht so wäre, wenn nur Diffusion vorläge. Zum Beispiel reichern bestimmte Tange relativ große Jodmengen in ihren Zellen an, obwohl die Jod-Konzentration im Wasser sehr gering ist. Also muß noch etwas außer der Diffusion im Spiel sein.

Die neuere Forschung geht davon aus, daß die Aufnahme der Mineralstoffe an die Lebensprozesse der Zelle gebunden ist, insbesondere an ihre Atmung. Kartoffelscheiben zeigen nämlich, daß die Absorption von Mineralstoffen mit dem Anstieg der Atmung zunimmt. Wahrscheinlich ist der Durchtritt der Mineralsalze durch die Zellmembranen, insbesondere durch die für die Salzaufnahme wichtigste, die Vakuolenmembran (Tonoplast), mit den elektrischen Ladungen der Atome (Ionen) verbunden. Doch wie dieser Prozeß abläuft, konnte bis jetzt noch nicht herausgefunden werden.

4 Die Ernährung der Pflanzen

Das Blatt einer Pflanze ist nicht nur Fabrikationsstätte, sondern Quelle der Energieversorgung für einen großen Teil unserer Welt. Kohle ist ja nichts anderes als Überrest einer vergangenen Vegetation, ein Überrest, der im Karbon, vor 270 Millionen Jahren, abgelagert wurde. Erdöl hat eine unsichere Herkunft, aber man nimmt an, daß es wenigstens zum Teil pflanzlichen Ursprungs ist. Wenn wir Kohle verbrennen, entzünden wir sozusagen die Reste einstmaliger Wälder, und das Benzin im Tank unserer Automobile war wohl ursprünglich Meeresplankton. Der größte Teil unserer Elektrizität wird aus Kohle und Erdöl erzeugt, beides Photosyntheseprodukte von Pflanzen. Die einzige nicht von der Pflanze stammende Energie wird von Windmühlen und Wasserrädern produziert plus des geringen Anteils der Kernenergie. Wenn wir reisen, ob nun mit dem Auto, dem Zug oder dem Flugzeug, werden wir durch die Leistungen jener Pflanzen vorangetrieben, die vor langer Zeit die Energie des Sonnenlichtes eingefangen und für den jetzigen Verbrauch gespeichert haben. Auch wenn wir zu Fuß wandern, verdanken wir die Energie, die unsere Muskeln bewegt, der Aktivität von Pflanzen; denn ohne Pflanzen könnten wir uns nicht ernähren.

Wir wissen nicht, wie lange es schon das Wunder der Photosynthese gibt, aber es ist wohl so alt wie das Pflanzenreich. Schon die ersten Pflanzen besaßen Chlorophyll oder einen ähnlich wirkenden Farbstoff und konnten sich selbst ernähren, indem sie Kohlendioxid aus der Luft aufnahmen und dieses mit Hilfe des Sonnenlichtes und des Chlorophylls zu Zucker aufbauten, wobei das Chlorophyll als Energiefalle wirkte, in der die Strahlungsenergie für chemische Reaktionen gesammelt wurde. Wir können daher mit Sicherheit sagen, daß die Photosynthese vor wenigstens zwei Milliarden Jahren oder wahrscheinlich noch früher begann.

Bei den meisten uns heute bekannten Pflanzen ist der Hauptort der Photosynthese das Blatt, obgleich auch der Stengel daran beteiligt ist. Zuweilen übernimmt er sogar die gesamte Aufgabe der Photosynthese, aber das ist nicht immer so. Die ersten Landpflanzen hatten noch keine Blätter. Eine unserer ältesten fossilen Landpflanzen, *Zosterophyllum*, wurde in australischen Schichten des Silurs gefunden, die ungefähr 350 Millionen Jahre alt sind. *Zosterophyllum* war eine kleine Pflanze, die aus einem Gewirr von Verzweigungen bestand, Verzweigungen, die wahrscheinlich unterirdisch verliefen und ein Rhizomsystem, wie das der Minze oder des Salomonssiegels, bildeten. Aus diesem unterirdischen Geflecht wuchsen aufrecht stehende Zweige, die offensichtlich von Luft umgeben waren; denn sie besaßen Epidermis und Kutikula, die sicher die Aufgabe hatten, die Pflanze an der Luft vor dem Austrocknen zu schützen. Die Zweige waren ungefähr zwei Millimeter breit und blattlos, so daß angenommen werden muß, daß sie Photosynthesearbeit leisteten.

Obgleich die ersten Landpflanzen wahrscheinlich blattlos gewesen sind, dauerte es nicht lange, bis sich Blätter ausbildeten, die dann den Hauptanteil der Photosynthese übernahmen. In den gleichen Schichten, in denen man *Zosterophyllum* gefunden hatte, gab es auch eine Pflanze namens *Baragwanathia,* die mit fast 7,5 Zentimeter Stengeldurchmesser größer als *Zosterophyllum* war. Ihre Stengel waren dicht und spiralig beblättert. Sie besaß lange, schmale Blätter von 0,5 bis 1 Millimeter Breite und 2 bis 3 Zentimeter Länge. Jedes Blatt enthielt nur einen Gefäßstrang, der in der Mitte verlief und mit dem Leitbündel des Stengels in Verbindung stand. Offensichtlich diente er der Wasserversorgung und dem Abtransport der Photosyntheseprodukte.

Da die Fossilien der beiden Pflanzen, *Baragwanathia* und

Zosterophyllum, in den gleichen Schichten des Silurs gefunden wurden, müssen sie nahezu gleich alt sein. Die Evolution des Blattes kann daher nicht viel später eingesetzt haben als die Besiedelung des Landes durch Pflanzen.

Das Blatt als wichtigstes Photosyntheseorgan ist für diesen Zweck hervorragend gebaut. Gewöhnlich ist es dünn und flach, wodurch eine große Oberfläche entsteht, die nicht nur zur Aufnahme des Kohlendioxids, sondern auch zur Sammlung des Sonnenlichts dient. Einige Blätter weichen von dieser Struktur ab; sie wurden insbesondere durch die Notwendigkeit, Wasser zu speichern, abgeändert. Das Blattinnere wird so gut durchlüftet, daß das Kohlendioxid die photosynthetisierenden Zellen ungehindert erreichen kann. Zusätzlich hat das Blatt in seinen Adern genügend Gefäßstränge, die nicht nur Wasser in das Blatt befördern, sondern auch in ihrem Phloëm die bei der Photsynthese aufgebauten organischen Verbindungen abtransportieren. Schließlich ist das Blatt sehr gut durch Epidermis und Kutikula geschützt, die eine unnötige Wasserverdunstung verhindern. Jedoch lassen diese durch die Stomata Kohlendioxid leicht in die inneren Durchlüftungsräume gelangen.

Pflanze und Schwerkraft

Pflanzensprosse wachsen gewöhnlich entgegen der Schwerkraft zum Licht hin, wodurch die Blätter am stärksten dem Licht ausgesetzt sind. Wenn ein Samenkorn verkehrt herum in die Erde fällt, wächst die junge Wurzel durchaus nicht aus dem Boden heraus und der Sproß nicht in den Boden hinein. Sobald der junge Sproß und die Wurzel aus der Samenschale hervorbrechen, macht sich die Erdanziehung bemerkbar; der Sproß richtet sich auf, während die Wurzel sich umbiegt und hinabwächst. Diese Reaktion auf die Schwerkraft ist der Pflanze inhärent; sie braucht diese nicht zu »erlernen«.

Die Reaktion auf die Schwerkraft wird durch eine Substanz

bewirkt, die an den Spitzen der Sprosse und der Wurzeln gebildet wird: das Auxin. In den Sproßspitzen führt das Auxin zu einem schnelleren Längenwachstum der neugebildeten Zellen, so daß auch das Längenwachstum des Sprosses insgesamt beschleunigt wird. Normalerweise kehrt das Auxin von der Sproßspitze zum Sproß zurück, wobei es ringsum im Sproß wirksam wird. Wird jedoch ein Sproß auf die Seite gelegt, so wird die Auxin-Konzentration auf der unteren Seite größer als auf der oberen – wie das möglich ist, wissen wir nicht mit Sicherheit, obgleich man vermutet, daß unterschiedliche elektrische Potentiale dafür verantwortlich sind. Das Ergebnis unseres Versuchs ist, daß die untere Sproßseite mit der höheren Auxin-Konzentration schneller wächst und der Sproß sich schließlich aufrichtet. Wächst er wieder senkrecht, ist das Gleichgewicht wiederhergestellt.

Die Wirkung der Schwerkraft auf die Wurzel ist dieselbe, aber die Wurzel reagiert anders. Auxin scheint hier das Wurzelwachstum zu verlangsamen; denn wird eine Wurzel auf eine Seite gelegt, nimmt die Konzentration von Auxin auf der unteren Seite ab, wodurch bewirkt wird, daß das Wachstum auf der oberen Seite abnimmt, so daß die Wurzel in einem Bogen nach unten wächst. Daß die Reaktion von Wurzel und Sproß auf ein und dieselbe Substanz (Auxin) offensichtlich ganz verschieden ausfiel, hat die Botaniker einigermaßen verblüfft. Versuche haben nämlich gezeigt, daß Wurzelauxin und Sproßauxin identisch sind. Etwas klarer wurde die Sache, als man zeigen konnte, daß *sehr kleine* Auxinmengen das Wurzelwachstum steigerten, statt es zu hemmen. Entsprechend verzögern hohe Auxindosen das Sproßwachstum. Also galt sowohl für die Wurzel wie für den Sproß das allgemeine Prinzip: Geringe Auxinmengen regen das Wachstum an, große hemmen es. Wurzeln sind in ihren Reaktionen auf Auxin anscheinend empfindlicher als Sprosse. Was für den Sproß eine geringe Menge Auxin darstellt, ist für die Wurzel bereits eine hohe

Dosis. Wann und wie Sprosse und Wurzeln diesen Reaktionsunterschied erwarben, wissen wir nicht; aber man darf vermuten, daß dies bald eintrat, nachdem sich die Funktionsunterschiede zwischen Sprossen und Wurzeln ausgebildet hatten. Auxin ist in der Pflanzenwelt eine seit langem bekannte Substanz. Es wird in den Eizellen bestimmter Meerestange und anderer Pflanzenteile von Algen gefunden. Vermutlich haben die Pflanzen die Fähigkeit zur Herstellung des Auxins und die durch das Auxin induzierten Reaktionen aus dem Meer mit an Land genommen und unter neuen Lebensbedingungen das Beste daraus gemacht – ein weiteres Beispiel für die bemerkenswerte Ökonomie, die wir in so vielen Verhaltensweisen der Pflanzen erkennen können.

Pflanzen wachsen zum Licht

Pflanzen wachsen gegen die Gravitation dem Licht zu. Diese Reaktion kann man sehr schön an einer am Fenster stehenden Topfpflanze beobachten, deren Sproß sich in jene Richtung streckt, von der her das Licht auf ihn einwirkt – ein Verhalten, das ebenfalls durch das Auxin bedingt wird, indem diese Substanz sich mehr auf der schattigen als auf der belichteten Stengelseite anreichert. Durch schnelleres Wachstum der nicht beschienenen Seite wächst der Sproß zum Licht, wodurch gewährleistet wird, daß die Blätter möglichst viel Licht und Luft ausgesetzt sind, um so die Photosynthese vollbringen zu können.

Von gewissen Ausnahmen abgesehen, z. B. den Kletterwurzeln des Efeus oder den unterirdischen Wurzeln des weißen Senfs, werden die Pflanzenwurzeln in ihrem Wachstum nicht vom Licht beeinflußt.

Wächst eine Pflanze unter unzureichenden Lichtbedingungen, wie es der Fall sein kann, wenn sie zwischen anderen Pflanzen steht und von diesen beschattet wird, so treten gewisse Veränderungen im Sproßwachstum ein.

Der Sproß wird lang und dünn, und die Blätter stehen in abnorm großen Abständen; man bezeichnet die Pflanze dann als »etioliert«.
Ein weiteres Zeichen für Etiolierung ist die blaßgrüne Färbung, die dadurch entsteht, daß unter Lichtmangel nicht genügend Chlorophyll gebildet wird. Den vollständigen Effekt der Etiolierung erkennt man bei Pflanzen, die ganz und gar im Dunkeln gehalten werden, z. B. solchen, die im Keller überwintern. Der Sproß wird lang und schwach, die ganze Pflanze ist im Gegensatz zu einer normal aufgewachsenen grünen gelblich verfärbt. Auch die Blätter sind viel schmaler, stehen weiter auseinander und sind ebenfalls gelblich. Das Längenwachstum eines Sprosses geschieht im Dunkeln tatsächlich schneller als im Licht.
Die mit der Etiolierung verbundenen Erscheinungen haben für eine Pflanze, die von anderen beschattet wird, mancherlei Vorteile. Wächst sie schnell, so bekommt sie dadurch schließlich doch genügend Licht und kann dann zum normalen Wachstum übergehen. Vorausgesetzt, daß die Etiolierung nicht zu weit fortgeschritten ist, erholt sich eine Pflanze recht schnell, wenn sie wieder genügend belichtet wird.
Die wichtigsten Bausteine im Prozeß der Photosynthese sind, wie wir gesehen haben, Kohlendioxid und Wasser, chemisch betrachtet beides sehr einfache Verbindungen. Außerdem sind notwendig: Chlorophyll und Licht, um das Chlorophyll zu aktivieren. Bestimmte andere unerläßliche Verbindungen fallen weniger ins Auge, z. B. der Zucker Ribulose, der zusammen mit Phosphatgruppen im Blatt vorhanden sein muß.

Chlorophyll und andere Pigmente

Das Chlorophyll eines Blattes, das Blattgrün, ist nicht gleichmäßig im Protoplasma verteilt, sondern in winzigen, scheibenförmigen Körperchen, den sogenannten Chloroplasten, enthalten. Untersuchungen der Chloroplasten mit Hilfe des Elektronenmikroskops, das bekanntlich ein weit größeres Auflösungsvermögen hat als das Lichtmikroskop, haben die schon früher bestehende Ansicht bestätigt, daß die Chloroplasten von sehr komplexer Struktur sind.

Das Chlorophyll eines Chloroplasten ist in submikroskopischen Partikeln, den sogenannten »Grana«, enthalten, die in einer farblosen Masse, dem »Stroma«, eingebettet sind. Ein einzelnes Granum besteht nicht nur aus Chlorophyll, sondern ist wie ein vielschichtiger Tortenkuchen aufgebaut. Die Chlorophyllmoleküle liegen in Schichten vor, die gerade die Stärke eines Moleküls haben, diese liegen eingebettet zwischen solchen aus Proteinen und Lipoiden. Also ergibt sich durch das ganze Granum hindurch eine Schichtenfolge von Proteinen, Chlorophyll, Lipoiden, Chlorophyll, Proteinen, Chlorophyll, Lipoiden usf. Eine Zelle im Palisadengewebe eines Blattes enthält viele Chloroplasten und diese viele Grana, von denen jedes einzelne Granum den beschriebenen komplexen Schichtenaufbau hat.

Die Aufgabe des Chlorophylls besteht darin, Lichtenergie einzufangen und sie in einen für chemische Reaktionen geeigneten Zustand zu überführen. Wenn Chlorophyll voll belichtet wird, wird es, chemisch gesehen, »angeregt«. Die in ihren Atomen herumkreisenden Elektronen springen auf höhere Kreisbahnen, d. h. ihre Energie hat sich vergrößert. Später fallen sie auf ihre ursprünglichen Bahnen zurück und geben die absorbierte Energie wieder ab. Hierin besteht das ganze Geheimnis der Fähigkeit eines Chlorophyllmoleküls, Energie einzufangen.

Die chemische Struktur des Blattgrüns ist kompliziert. Wir kennen mehrere verschiedene Chlorophyllformen, die als Chlorophyll a, b, c usw. bezeichnet werden. Von diesen findet man Chlorophyll a und b in den Chloroplasten höherer Pflanzen, die anderen Arten sind auf die verschiedenen Gruppen von Algen beschränkt. Chlorophyll a hat eine blaugrüne Farbe, während Chlorophyll b gelbgrün ist. Sie sind in den Chloroplasten in einem Verhältnis von etwa 3 Molekülen Chlorophyll a zu einem Molekül b enthalten. Diese Mischung ergibt die grasgrüne Färbung der meisten höheren Pflanzen.

Für die Photosynthese scheint in erster Linie Chlorophyll a verantwortlich zu sein, doch wird es durch Chlorophyll b in bestimmter Weise unterstützt, wie gleich erklärt werden soll. Außer den beiden Chlorophyllen enthalten die Chloroplasten zwei weitere Pigmente oder, genauer gesagt, zwei andere Gruppen von Farbstoffen: die »Xanthophylle« und die »Karotine«. Ihre Farbe schwankt zwischen gelb und rot. Wie die Chlorophylle, so sind auch die Xanthophylle und Karotine photochemisch aktiv. Obgleich sie keine direkte Rolle in der Photosynthese spielen, sind sie indirekt für sie bedeutsam.

Weißes Licht ist, wie wir wissen, in Wirklichkeit eine Mischung aus allen Farben des Spektrums, wie man an Licht nachweisen kann, das durch ein Glasprisma fällt: es wird in die verschiedenen Farben des Spektrums zerlegt. Wenn wir einen Strahl weißen Lichtes durch Chlorophyll schicken, das wir in einem brauchbaren Lösungsmittel, z. B. Äther, gelöst haben, und dies nun in einem Spektroskop untersuchen, dann finden wir im Grad der Durchlässigkeit des Chlorophylls für die verschiedenen Farben Unterschiede. Grünes Licht wird gut durchgelassen, doch ein großer Anteil der roten und blauvioletten Lichtstrahlen geht nicht hindurch, da er vom Chlorophyll absorbiert wird. Mit anderen Worten, das Spektrum des Chlorophylls zeigt dunkle Stellen, die sogenannten Absorptionsbanden im roten und blauvioletten Bereich des Spektrums.

Damit Lichtenergie in die Photosynthese eingebracht werden kann, muß diese zunächst vom Chlorophyll absorbiert werden. Da rotes Licht durch Chlorophyll in hohem Maße aufgenommen wird, können wir erwarten, daß die Photosynthese im roten Licht besonders wirksam ist, und das ist auch tatsächlich der Fall. Wenn wir über eine Topfpflanze eine rotgefärbte Glasglocke stülpen und nun die Photosyntheseleistung, bezogen auf Beleuchtungsstärke und -zeit, messen, dann finden wir, daß diese etwas größer ist als die Photosyntheseleistung einer Pflanze unter blauem und sehr viel höher als unter grünem Licht.

Wäre Chlorophyll a das einzige Pigment in den Blättern, könnte die Pflanze nur einen schmalen Bereich der Lichtwellenlängen für die Photosynthese nutzen. Licht aller Farben wäre, um nur Zucker zu erzeugen, gewissermaßen Verschwendung. Der Prozeß wäre sehr unergiebig, weil ein Großteil des auf die Blätter treffenden weißen Lichtes nutzlos wäre. Die Anwesenheit des Chlorophylls b, der Xanthophylle und Karotine verbessert jedoch die Situation. Ihre Absorptionsspektren unterscheiden sich von denjenigen des Chlorophylls a, so daß sie Licht aus anderen Bereichen des Spektrums absorbieren können, wobei auch ihre Moleküle angeregt werden. Bei der Photosynthese selbst scheinen diese Substanzen aber keine direkte Rolle zu spielen; nur kann die Anregungsenergie ihrer Moleküle auf das Chlorophyll a übertragen werden und dann zusammen mit der von diesem Farbstoff eingefangenen Energie photosynthetisch genutzt werden.

Das also ist wohl die Aufgabe der Xanthophylle und Karotine in den Chloroplasten und wahrscheinlich auch diejenige des Chlorophylls b. Dadurch, daß sie Strahlen mit Wellenlängen absorbieren, die das Chlorophyll a nicht aufnehmen kann, und die eingefangene Energie an das Chlorophyll a weitergeben, wird die Photosynthese in einem größeren Wellenlängenbereich ermöglicht, als es sonst der Fall wäre.

Doch trotz dieser Begleitfarbstoffe, wie die Xanthophylle und Karotine genannt werden, verläuft die Photosynthese in den einzelnen Farbbereichen des Lichts nicht gleich. So gibt es z. B. eine schlechte Ausnutzung des grünen Lichts; doch ist weißes Licht in Gegenwart der Begleitpigmente wirksamer als ohne sie.

Da die Photosynthese von der Strahlungsabsorption abhängig ist, wollen wir uns fragen, wieviel Strahlung die Blätter einer Pflanze von dem Licht absorbieren können, das auf sie einfällt. Unsere Befunde deuten auf große Effektivität hin. Ein einzelner Chloroplast vermag zwischen 30 und 60 Prozent des ihn treffenden Lichts zu absorbieren. Da die Chloroplasten im Palisadengewebe ziemlich dicht beieinanderliegen, können wir wohl annehmen, daß der größte Teil der auf ein Blatt einwirkenden Strahlung auch irgendwo einen Chloroplasten treffen wird. Auch alle anderen Strahlen bzw. das von einem Chloroplasten reflektierte Licht muß nicht unbedingt für die Photosynthese verloren sein. Es gibt viele Lufträume in dem Blatt, die in Verbindung mit den Wänden der Mesophyllzellen reflektierende Oberflächen bilden; an diesen kann das Licht zurückgeworfen werden, ehe es das Blatt wieder verläßt. Diese reflektierte Strahlung steht, wenn sie irgendwo von einem Chloroplasten aufgefangen wird, für die Photosynthese ebenfalls zur Verfügung.

Hinsichtlich der Lichtmenge, die von den verschiedenen Blättern reflektiert wird, gibt es Unterschiede – man muß, um das zu erkennen, nur einmal verschiedenartige Pflanzen betrachten. Es kann sogar für eine Pflanze vorteilhaft sein, wenn ihre Blätter viel Licht reflektieren, anstatt es zu absorbieren, da Überbelichtung für das Chlorophyll schädlich ist. Im allgemeinen haben Pflanzen, die immer im grellen Sonnenlicht wachsen, schmalere und dickere Blätter als Schattenpflanzen. Einige Pflanzen, besonders die Birke, bilden in der Baumkrone, dort wo die Sonneneinstrahlung am stärksten ist, »Sonnenblätter« und im unteren, weniger der Strahlung ausgesetzten Teil »Schattenblätter«. Die Sonnenblätter der Birke sind dicker als die Schattenblätter und besitzen ein zweischichtiges Palisadengewebe.

Pflanzen haben die Fähigkeit, die Strahlungsabsorption den jeweiligen Gegebenheiten anzupassen. Jeder einzelne Chloroplast kann individuell in Abhängigkeit von der Strahlungsintensität seine Form verändern; bei geringer Einstrahlung wird er runder, in grellem Licht flacher, um dem Licht eine möglichst kleine Oberfläche darzubieten. Ebenso können die Chloroplasten je nach Lichtintensität ihre Lage verändern, indem sie sich bei wenig Licht auf der bestrahlten Zellpartie und bei heller Beleuchtung auf den weniger beleuchteten vertikalen Zellwänden anordnen *(Abb. 4.1)* – ein Vorgang, den man sehr gut an den Blättern der Wasserlinse (*Lemna trisulca*) beobachtet.

Bei vielen Schattenpflanzen, z. B. beim Moschuskraut *(Adoxa moschatellina)* und beim Sauerklee *(Oxalis acetosella)*, sind die Epidermiszellen auf der Außenseite konvex ausgebildet, wodurch sie sich wie Sammellinsen verhalten, die die Lichtstrahlen ins Zellinnere, also dorthin, wo sich die Chloroplasten zusammendrängen, fokussieren.

Die Blätter der Bäume sind gewöhnlich mosaikartig angeordnet, wobei jedes Blatt möglichst so weit von dem nächsten entfernt steht, daß es die darunter befindlichen Blätter nicht unmittelbar beschattet. Auf diese Weise wird die optimale Ausnutzung des zur Verfügung stehenden Lichtes gewährleistet. Ein anschauliches Beispiel für ein Blattmosaik ist die Birke, die dadurch einen dichten Schatten wirft; hinzu kommt, daß sie ein Flachwurzler ist, so

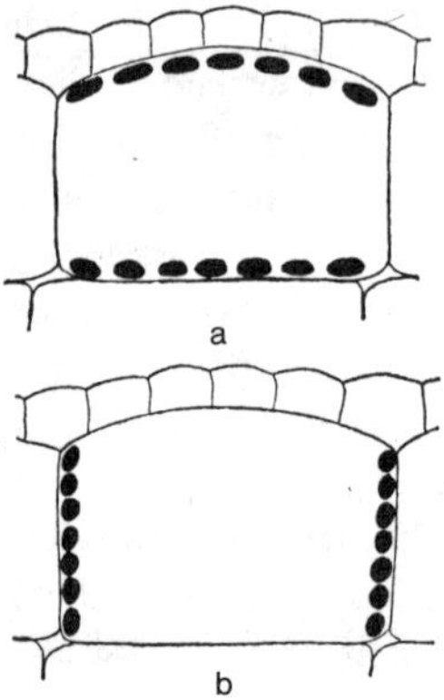

Abb. 4.1
Bei der Wasserlinse legen sich die Chloroplasten im Starklicht parallel (a), im Schwachlicht senkrecht (b) zur Blattoberfläche.

daß aus diesen beiden Gründen in einem Birkenwald am Boden praktisch keine weiteren Pflanzen wachsen. Man muß nur einmal an einem Sommertag in einem Birkenwald nach oben schauen, um die Wirkung des Blattmosaiks zu sehen und zu verstehen.
Viele Pflanzen richten ihre Blätter mit den Blattstielen so aus, daß die Blattfläche nur schwaches Streulicht erhält, während der obere Rand des Blattes direkt zum Licht zeigt. Die Gartenbohne (*Phaseolus vulgaris*) ist hierfür ein besonders gutes Beispiel.
Das in der Luft vorhandene Kohlendioxid tritt durch die Stomata in das Blatt ein und gelangt in die Interzellularräume. Die Wände der Mesophyllzellen sind feucht, so daß sich das Kohlendioxid in Wasser lösen und sich zu Kohlensäure verwandeln kann. In dieser Form erreicht es den Chloroplasten.
Denken wir daran, daß die Luft nur 0,03% Kohlendioxid enthält! Trotz dieser sehr geringen Konzentration des Kohlendioxids erhalten die Pflanzen alles, was sie benötigen. Man muß deshalb das Blatt in seiner Fähigkeit, der Luft das Kohlendioxid zu entziehen, als ein äußerst leistungsfähiges Organ betrachten.
Die andere Ausgangssubstanz für die Photosynthese ist das Wasser. Es stammt aus dem Boden und wird von den Wurzeln aus den Stengeln durch die Gefäße des Holzes oder Tracheiden hinauf zu den Blättern befördert. Schließlich erreicht es durch die Blattadern die Mesophyllzellen, wo Wasser, Kohlendioxid und Chlorophyll zusammentreffen.

Der Chemismus der Photosynthese

Der chemische Prozeß der Photosynthese ist sehr kompliziert, und er soll hier nur kurz erwähnt werden. Man kann ihn durch folgende chemische Grundgleichung darstellen:

$$CO_2 + H_2O \rightarrow [CH_2O] + O_2.$$

Diese Gleichung drückt aus, daß sich Kohlendioxid und Wasser zu der Verbindung CH_2O umsetzen, einem undefinierten Kohlenwasserstoff, und dabei Sauerstoff als Nebenprodukt freigesetzt wird. Mit der Gleichung wird nur allgemein die Reaktion ausgedrückt; im Grunde genommen sagt sie wenig Genaues aus. Erstens existiert ein Kohlenwasserstoff der Formel CH_2O überhaupt nicht; man will damit nur ausdrücken, daß bei der Photosynthese ein Kohlenwasserstoff gebildet wird, mag er nun Glukose $C_6H_{12}O_6$, Rohrzucker $C_{12}H_{22}O_{11}$ oder etwas anderes sein. Zweitens erweckt die Gleichung den Eindruck, daß der gesamte Prozeß aus einer einzigen Reaktion besteht; in Wirklichkeit läuft er aber in einer ganzen Reihe von Reaktionsschritten ab. Wir haben gesehen, daß für den Photosyntheseprozeß Lichtenergie notwendig ist; das bedeutet jedoch nicht, daß sie für jeden einzelnen Schritt gebraucht wird. In der Vergangenheit hat es viele gegensätzliche Ansichten darüber gegeben, in welchem Stadium die Lichtenergie nun eigentlich genutzt wird – die sogenannte »Licht«-Reaktion im Gegensatz zur »Dunkel«-Reaktion, bei der kein Licht notwendig ist. Man nimmt heute an, daß die Lichtreaktion wahrscheinlich aus der Photolyse des Wassers besteht, d. h. aus der Zersetzung des Wassers durch den Einfluß des Lichtes:

$$H_2O \rightarrow H + OH.$$

Auch diese Gleichung ist wieder eine starke Vereinfachung. Die Wasserstoffatome verbinden sich offenbar mit irgendeiner Substanz zu Molekülen, die als »Wasserstoffdonatoren« bezeichnet werden, da sie den aufgenommenen Wasserstoff leicht wieder an eine andere Substanz abgeben, sich dabei wieder regenerieren und nun Wasserstoffatome, die sich bei der Photolyse des Wassers gebildet haben, aufnehmen können. Eine bekannte Verbindung in den Pflanzenzellen, die so reagieren kann, ist das Nikotinamiddinucleotidphosphat, kurz NADP.

Auch die OH-Ionen des Wassers müssen noch untergebracht werden, durch die Gleichung:

$$4OH \rightarrow 2H_2O + O_2,$$

obwohl der Vorgang, wie die anderen besprochenen Reaktionen, komplexer ist, als es die Gleichung sichtbar macht. Die OH-Gruppen bilden zunächst Wasserstoffperoxid:

$$4OH \rightarrow 2H_2O_2,$$

das sich dann zu Wasser und Sauerstoff zersetzt:

$$4H_2O_2 \rightarrow 2H_2O + O_2.$$

Jedoch ist eher wahrscheinlich, daß sich irgendein organisches Peroxid bildet, das sich dann zersetzt.

Eines aber steht fest: Der gesamte im Verlauf der Photosynthese abgegebene Sauerstoff stammt aus dem Wasser und nicht aus dem Kohlendioxid. Wenn wir nochmals die erste Gleichung, $CO_2 + H_2O \rightarrow CH_2O + O_2$, betrachten, dann erkennen wir, daß das hypothetische Kohlenhydrat CH_2O sowohl weniger Sauerstoff als auch mehr Wasserstoff enthält als Kohlendioxid CO_2, was bedeutet, daß in der Photosynthese Kohlendioxid reduziert worden ist. Das ist die Dunkelreaktion; denn Licht wird hierbei nicht benötigt. Ehe das Kohlendioxid reduziert werden kann, muß es fixiert werden, d. h. es muß mit irgendeiner Substanz im Blatt eine Verbindung eingehen.

Nach intensiver Forschung sind wir nun glücklicherweise sicher, diese Substanz zu kennen: Es ist sehr wahrscheinlich Ribulosediphosphat.

Ribulose ist selbst ein Kohlenhydrat und hat die Summenformel $C_5H_{10}O_5$. Da ihr Molekül 5 Kohlenstoffatome enthält, wird sie auch als Pentosezucker oder einfach Pentose bezeichnet. Verbindet sich das Ribulosemolekül mit Kohlendioxid, hat es 6 Kohlenstoffatome, also die im Glukosemoleküle $C_6H_{12}O_6$ vorhandene Anzahl. Man könnte nun denken, daß, wenn sich Kohlendioxid mit Ribulose verbunden hat und dabei reduziert wird, der Prozeß damit beendet wäre. Glukose ist nämlich ein in der Natur sehr verbreiteter Zucker und würde ein brauchbares Endprodukt der

Photosynthese darstellen. Aber so einfach ist das nicht. Wenn das Kohlendioxid sich mit Ribulose verbindet, zerfällt das dabei gebildete C_6-Molekül in die zwei C_3-Moleküle der Phosphoglycerinsäure.
Es scheint eine unnötige Erschwerung zu sein, wenn ein Molekül mit 6 Kohlenstoffatomen nur gebildet wurde, damit es gleich wieder zerfällt. Aber es steckt mehr dahinter: Bis heute haben wir keine unbegründete oder völlig nutzlose Leistung der Pflanze kennengelernt, und so ist es auch hier. Die Phosphoglycerinsäure ist ein Zwischenprodukt im Atmungsprozeß, bei dem das Kohlenhydrat zu Kohlendioxid und Wasser oxidiert wird. Atmung ist der gegenläufige Prozeß zur Photosynthese, und bei der Bildung der Phosphoglycerinsäure treffen diese beiden Prozesse aufeinander und liefern die vielen biochemischen Reaktionsmöglichkeiten. Mit Phosphoglycerinsäure als Ausgangssubstanz können viele Substanzen auf relativ einfache Weise synthetisiert werden.
Wir müssen auch daran denken, daß Ribulosediphosphat irgendwie und irgendwo während der Photosynthese regeneriert werden muß. Die experimentellen Befunde sprechen dafür, daß Ribulosediphosphat aus Phosphoglycerinsäure erneut gebildet wird, sobald es verbraucht ist.
Die bei der Photosynthese gebildete Phosphoglycerinsäure wird wahrscheinlich zu Phosphoglycerinaldehyd umgewandelt – eine Reaktion, die die Reduktion von Phosphoglycerinsäure einschließt (jeder chemische Vorgang, bei dem Sauerstoff aus einem Molekül abgespalten wird, wird Reduktion genannt). Hier wird der bei der Photolyse des Wassers gebildete Wasserstoff eingefügt. Der Leser wird sich erinnern, daß wir angenommen hatten, daß sich der Wasserstoff mit NADP zu reduziertem NADP, d. h. NADPH, verband. Das NADPH gibt seinen Wasserstoff an die Phosphoglycerinsäure ab (chemisch wirkt es als Wasserstoffdonator), und das so regenerierte NADP kann sich mit weiterem Wasserstoff aus dem Wasser verbinden und dabei er-

neut NADPH bilden. Der Prozeß verläuft also zyklisch und kann, theoretisch, für alle Zeiten weitergehen.
Hat sich erst einmal Phosphoglycerinaldehyd gebildet, gibt es eine unbegrenzte Zahl von Möglichkeiten. Aus der Ausgangssubstanz Phosphoglycerinaldehyd lassen sich theoretisch nahezu alle komplexen organischen Verbindungen, aus denen eine Pflanze aufgebaut ist, auf mehr oder weniger indirektem Wege synthetisieren. Die mit dem Wasser aus dem Boden aufgenommenen Nitrate verbinden sich nach ihrer Reduktion mit Kohlenstoffverbindungen zu Aminosäuren, jenen organischen Säuren, die die Bausteine der Proteine sind. In ähnlicher Weise liefern die Phosphate Phosphatgruppen, die am Aufbau der komplexen Nucleotide und Nucleinsäuren beteiligt sind; dazu gehört die überall vorkommende DNS (Desoxyribonucleinsäure), die heute als Grundsubstanz des Lebens betrachtet wird. Wir sehen also, daß Pflanzen Selbstversorger sind: Stellt man ihnen genügend Kohlendioxid und einige einfache chemische Verbindungen zur Verfügung, wie man sie in jedem Labor findet, dann können sie alles für sie Notwendige daraus synthetisieren.
In diesem sehr kurzen Abriß der Photosynthese ließ sich eine starke Vereinfachung des Geschehens nicht vermeiden; denn in diesem Buch soll ja die Pflanzenphysiologie, ausgenommen jene Fakten, die zum Verständnis der Entwicklungspläne der Pflanzen beitragen, nicht behandelt werden. Wer mehr über Pflanzenphysiologie wissen möchte, wird eine Menge Spezialliteratur darüber vorfinden.
Als Endprodukt der Photosynthese erscheint bei Tageslicht in den Blättern der Pflanzen Zucker, aber dieser kann sich in den meisten Pflanzen nicht anreichern. Ein Teil wird im Phloëm der Gefäßbündel von Blattadern sofort abtransportiert – ein Prozeß, den wir als Stofftransport bezeichnen (*siehe Kapitel 5*). Nur eine relativ kleine Zuckermenge kann zugleich abtransportiert werden, der größte Teil wird gespeichert, bis mit dem Einbruch der Dunkelheit die Zucker-

akkumulation aufhört. In der Zwischenzeit wird der Zucker zu Stärke umgewandelt, in einem relativ einfachen Prozeß, bei dem den Glukosemolekülen Wasser entzogen wird, wobei sie sich zu den Riesenmolekülen der Stärke zusammenballen. Hierbei wird der Zucker zu einem unlöslichen Produkt umgewandelt, was wichtig ist; denn eine unlösliche Substanz kann die osmotischen Vorgänge in den Blattzellen nicht durcheinanderbringen.

Die sich während des Tages ansammelnde Stärke wird als »Übergangsstärke« bezeichnet, weil sie in der Nacht wieder zu Zucker umgewandelt und dann aus den Blättern abtransportiert wird. Dieser Vorgang ist ein Gegenstand des folgenden Kapitels.

5 Das Transportsystem der Pflanze

Wir haben im vorangegangenen Kapitel gesehen, daß die Blätter einer Pflanze der Mittelpunkt der Photosynthese sind. Wie nun wird der gebildete Zucker transportiert? Die einfach gebauten Algen kennen keine schwierigen Beförderungsprobleme, weil der Zucker meist dort verbraucht wird, wo er gebildet wird. Nur in den kompliziert gebauten Tangen der Ozeane wird eine größere Substanzmenge vom einen Pflanzenteil zum anderen befördert. Als die Pflanzen im Laufe ihrer Entwicklungsgeschichte immer größer und komplizierter wurden, entstand das dringende Problem des Stofftransports. In einem Baum müssen sowohl die Mineralsalze als auch die synthetisierten Nährstoffe vom einen Ende zum anderen bewegt werden – eine Strecke, die bei einem Mammutbaum oder einem Eukalyptusstamm 70 bis 100 Meter lang ist. Das erfordert ein gut aufgebautes Transportsystem.

Die Weiterleitung organischer Verbindungen

Mit dem Wassertransport haben wir uns schon in Kapitel 3 befaßt. Die von den Wurzeln aufgenommenen Mineralsalze wandern hauptsächlich zusammen mit dem Wasser durch Gefäße und Tracheiden. Der Transport der organischen Verbindungen, z. B. des in den Blättern produzierten Zuckers, ist eine ganz andere Geschichte. Die Verlagerung von organischen Verbindungen von einem Pflanzenteil in den anderen wird als Stofftransport bezeichnet. Bald nachdem die Botanik zur Wissenschaft wurde, hatte man beobachtet, daß die Beförderung von organischen Verbindungen in der Pflanze ein eigenes, von den Wasserbewegungen abzutrennendes Problem ist. Wasser und Mineralsalze wandern im Xylem der Gefäßbündel; mit dem

Zucker und weiteren organischen Verbindungen verhält es sich jedoch anders.
In bestimmten Fällen kann das Wasser im Holz der Bäume Zucker enthalten – manchmal sogar eine beträchtliche Menge. Der Zuckerahorn (*Acer saccharum*) ist ein Beispiel. Am Ende des Winters kann dem Xylem entnommenes Wasser eine hohe Zuckerkonzentration aufweisen; dieser Zucker verschwindet im Frühling beim Blattaustrieb, da die lebenden Holzparenchymzellen große Stärkemengen speichern.
Meistens aber kann das Holz nicht das Haupttransportsystem für organische Verbindungen sein. Einerseits ist der Transportstrom im Holz aufwärts zu den Blättern gerichtet, andererseits senden die Blätter im Sommer Zucker hinab zu den Wurzeln. Gelöste organische Verbindungen können kaum gegen den Strom wandern. Bekanntlich verläuft der Transport organischer Substanzen durch das Phloëm der Gefäßbündel (*s. Kapitel 2*). Insbesondere die als Siebröhren bekannten Zellen und ihre Geleitzellen sind hiervon betroffen); sie bilden in den meisten höheren Pflanzen den größten Teil des Phloëms.
Eine ausgewachsene Siebröhre ist eine längliche Zelle, deren Endwände von feinen Poren durchsetzt sind. Benachbarte Siebröhren treten an den Enden miteinander in Verbindung, dort, wo ihre Siebplatten – so werden die perforierten Wände genannt – miteinander verbunden sind (*Abb. 5.1*). Ein Siebröhrenelement hat eine dünne Plasmaschicht, aber keinen Kern, was sehr ungewöhnlich ist. Längs zur Siebröhre liegen Geleitzellen; diese sind schmaler als die Siebröhre und mit Protoplasma angefüllt. Die Geleitzelle besitzt einen Kern, der offenbar eine doppelte Aufgabe hat, nämlich sowohl die Leistungen der Siebröhre als auch der Geleitzelle zu kontrollieren.
Die Tatsache, daß organische Stoffe durch das Phloëm transportiert werden, wurde in vielen Experimenten nachgewiesen. Entfernt man den Bast einschließlich des Phloëms

rings um den Stamm einer holzigen Pflanze – ein Eingriff, der »Ringelung« genannt wird –, so kann man zeigen, daß sich oberhalb des Ringes organische Stoffe, die sowohl Kohlenhydrate wie auch Stickstoffverbindungen enthalten, anreichern, während die Teile darunter verhungern. Die Beseitigung des Phloëms verhindert offensichtlich den abwärtsgerichteten Transport dieser Substanzen. Außerdem haben wir bestimmte Beweise aus klassischen Experimenten mit Baumwolle. Man konnte zeigen, daß eine Zunahme von Zuckern und organischen Stickstoffverbindungen in den Blättern zu einem ähnlichen Anstieg dieser Stoffe im Bast führte. Wenn der Zucker- und der Stickstoffgehalt in den Blättern abnahm, trat eine entsprechende Abnahme auch im Bast auf. Im Holz hingegen gab es solche Veränderungen nicht.

In den letzten Jahren hat man einige elegante Methoden entwickelt, mit deren Hilfe man herausfinden konnte, was die Siebröhren einer lebenden Pflanze enthalten. Eine dieser Methoden macht sich die Tätigkeit der Aphiden zunutze, Pflanzensaft zu saugen. Aphiden sind kleine Insekten der Ordnung der Hemipteren, zu denen die grünen und

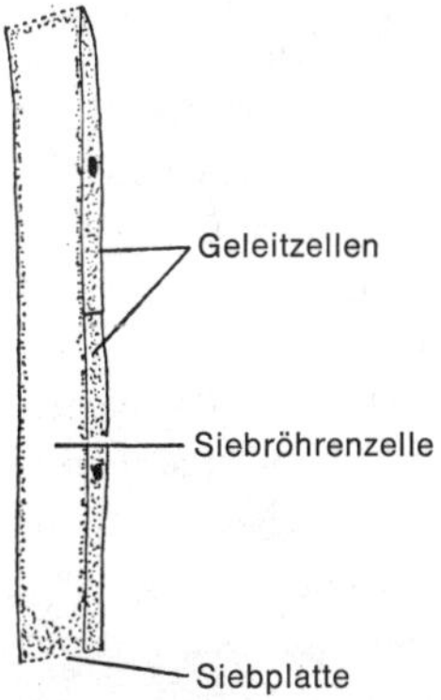

Abb. 5.1
Siebröhrenzelle mit Geleitzellen.

schwarzen Blattläuse gehören. Die Aphiden leben ausschließlich von Pflanzensäften, wobei sie zur Aufnahme ihre Mundwerkzeuge benutzen, die zu einer Reihe feiner Kanülen umgewandelt sind und eine Saugröhre bilden. Die Tiere stoßen die Kanülen in das Blatt einer Pflanze und bohren so lange, bis sie auf eine Siebröhre treffen. Sie setzen sich dann fest und saugen sich mit dem Pflanzensaft voll.

Wenn eine Aphide von ihrer Saugröhre abgeschnitten wird, wobei letztere unverletzt bleiben muß, erhalten wir eine äußerst feine Nadelröhre, durch die der Saft einer Siebröhre, oft über 24 Stunden lang, abfließt. Er kann aufgefangen, analysiert und damit der Inhalt einer Siebröhre sehr genau bestimmt werden, wobei das pflanzliche Gewebe selbst nur minimal zerstört wird.

Derartige Versuche haben zweifelsfrei bewiesen, daß organische Substanzen vom Phloëm transportiert werden. Auch organische Verbindungen können im Phloëm wandern; man hat nachgewiesen, daß gleichzeitig mit dem Aufwärtstransport der Mineralstoffe im Holz eine nach unten gerichtete Verlagerung dieser Stoffe im Phloëm erfolgt. Einige Mineralstoffe, z. B. Calcium, können nicht abwärts transportiert werden; haben sie erst einmal das Blatt erreicht, verbleiben sie dort.

Zahlreiche Experimente haben ergeben, daß von den Kohlenhydraten hauptsächlich Saccharose (Rohrzucker) im Phloëm befördert wird. Die Blütenpflanzen scheinen sich besonders darauf spezialisiert zu haben, den Zucker im Phloëm zu transportieren, im Gegensatz zu den Algen (Tange), die kein Phloëm für den Stofftransport besitzen und keine solchen Rohrzuckermengen bilden. Aus welchem Grund die Pflanze als Kohlenhydrat gerade Saccharose zum Tranport auswählt, wissen wir nicht, aber da dieser Zucker ein hohes Molekulargewicht hat, ist er, verglichen mit den Monosacchariden, z. B. Glukose, nur wenig osmotisch wirksam. Außerdem wird Saccharose leicht zu Glukose und Fruktose gespalten, wenn diese beiden Zucker gebraucht werden.

Die Stoffverlagerung im Phloëm ist eine Erscheinung, die man sich bei der Anwendung gewisser auf Hormonbasis wirkender Unkrautvertilgungsmittel, z. B. 2,4–D, zunutze macht. Das 2,4–D, eine dem Auxin ähnelnde Substanz, wird im Phloëm mit dem Kohlenhydrattransport abwärts befördert. Auf die Blätter einer Pflanze gespritzt, gelangt es mit dem Stoffstrom im Phloëm in sämtliche unterirdischen Pflanzenteile, z. B. die Wurzeln und Rhizomen, in denen der Zucker gespeichert wird; diese werden dann ebenso wie das Laub abgetötet. 2,4-D ist sehr wirksam bei der Vernichtung von Unkräutern, die, wie z. B. die Quecke, nicht anders zu beseitigen wären, denn bliebe auch nur ein kleiner Teil des Rhizoms übrig, würde dieses austreiben und eine neue Pflanze bilden.

Stickstoff wird im Phloëm in Form der Aminosäuren – eine besonders wichtige davon das Asparagin – transportiert. Aminosäuren sind stickstoffhaltige organische Säuren. Durch die Verbindung zu sogenannten Peptidketten bilden sie noch komplexere organische Verbindungen, die einfachste davon das Glycin (Aminoessigsäure) $CH_2(NH_2)COOH$, dessen COOH-Gruppe sauer reagiert, während die NH_2-Gruppe basisch ist. Zwei Moleküle Glycin können sich daher verbinden und bilden Diglycin:

$$2CH_2(NH_2) \cdot COOH \rightarrow$$
$$CH_2\,(NH_2) \cdot ONHCH_2 \cdot COOH + H_2O.$$

Wie man sieht, ist Diglycin selbst eine Aminosäure; das Molekül enthält sowohl die saure COOH-Gruppe als auch die Amino-Gruppe ($-NH_2$). Daher kann es sich mit einer anderen Aminosäure durch Peptidbindung vereinigen – ein Vorgang, der sich unendlich oft wiederholen kann. Ferner können sich unterschiedliche Aminosäuren auf diese Weise miteinander verbinden, so daß riesige Molekülkomplexe gebildet werden können, die Tausende von Aminosäuremolekülen enthalten – der Weg zum Aufbau der Proteine, jener komplexen Stickstoffverbindungen, die die Grundlage für alles Leben sind. Unter den vom Phloëm transportierten organischen Verbindungen befinden sich bestimmte Substanzen, die Wachstum und Vermehrung regeln und etwa wie die Hormone im Tierreich wirken. Diese Substanzen sind deshalb als »Pflanzenhormone« bekannt, zu denen als wichtigstes Beispiel auch das Auxin gehört. Wie im vorigen Kapitel beschrieben, steuert Auxin das Wachstum des Sprosses und der Wurzel.

Wir werden später andere Beispiele von Pflanzenhormonen kennenlernen.

Nutzung der Nährstoffe

Wir haben noch nicht erwähnt, wohin die vom Phloëm beförderten Nährstoffe gebracht werden. Aus drei Gründen müssen sie aus den Blättern abtransportiert werden: 1. Die wachsenden Organe, so z. B. die Sproß- und Wurzelspitzen, benötigen Nährstoffe, um damit neues Gewebe aufzubauen. 2. Nährstoffe werden bei allen lebenden Pflanzenzellen zur Atmung benötigt, jenem Prozeß, aus dem alle lebenden tierischen und pflanzlichen Organismen ihre Energie beziehen. 3. Die nicht sofort benötigten Nährstoffe werden gewöhnlich in nahezu unlöslicher Form so lange gespeichert, bis sie gebraucht werden.

Schauen wir uns einmal ein keimendes Samenkorn an. Es enthält in seinen Keimblättern, den Kotyledonen, und in seinem Endosperm (*siehe Kapitel 6*) einen hohen Anteil an Speicherstoffen in Form von Öl und Stärke und außerdem eine schwankende Menge Protein. Diese Nährstoffe sind unlöslich, und beim Keimen des Samens müssen sie zunächst einmal in eine lösliche Form überführt werden, damit sie durch das Phloëm an die Stelle transportiert werden können, an der sie gebraucht werden – in diesem Fall zur Wachstumszone. Das Aufschließen der Speicherstoffe wird von den Enzymen bewirkt, organischen Katalysatoren

mit der Fähigkeit, chemische Reaktionen zu aktivieren, ohne dabei auf Dauer verändert zu werden.
Für die Aufspaltung der einzelnen Nährstoffe sind unterschiedliche Enzyme verantwortlich. Diastase spaltet Stärke in Malzzucker (Maltose), Lipase Fette in Glycerin und Fettsäuren und Proteasen Proteine in Aminosäuren und ihre Bestandteile. Die Abbauprodukte werden dann in die Wachstumsregionen gebracht, wo die Atmung am stärksten ist und neue Gewebe gebildet werden. In der reifenden Frucht findet der umgekehrte Prozeß statt. Junge Früchte enthalten noch unvollständige Samen, die sich erst bilden müssen. Hier werden die vom Phloëm transportierten, löslichen Substanzen aus den intensiv photosynthetisch tätigen Blättern in die unlösliche Speicherform umgewandelt.
Der Beginn des Herbstes ist eine wichtige Zeit für die Speicherorgane und, was das Ausmaß der Aktivitäten anbetrifft, nur mit dem Frühlingsbeginn vergleichbar. Die Photosynthese nimmt ab, und in den Blättern wird das mineralische Material in die Speicherform überführt. Die Wedel des Adlerfarns z. B. sind während des Sommers stark kaliumhaltig; im Winter jedoch werden diese Bestandteile in die unterirdischen Rhizome befördert, wo sie bis zum Frühling lagern.
Nicht alle Mineralstoffe werden gespeichert. Ich habe schon das Calcium als ein Element erwähnt, das in den Blättern verbleibt, wenn es diese erst einmal erreicht hat. Das ist sinnvoll, da Pflanzen im Verlauf ihrer chemischen Prozesse eine gewisse Menge Oxalsäure, ein sehr wirksames Gift, produzieren. Bei einem Tier würde diese Oxalsäure ohne Zweifel mit den Abfallprodukten ausgeschieden. In Pflanzen kommt jedoch eine Exkretion wie bei Tieren praktisch nicht vor. Pflanzen besitzen keine Nieren. Statt dessen verbindet sich die gefährliche Oxalsäure mit Calcium zu Calciumoxalat. An bestimmten Stellen vieler Blätter kann man deshalb Calciumoxalat-Kristalle feststellen, die, als unlösliche Verbindung, ungefährlich sind. Ihre Unlöslichkeit ver-

hindert die erneute Einschleusung der Säure in den pflanzlichen Stoffwechsel, obwohl das Oxalat in den Zellen vorhanden bleibt. Auf fast die gleiche Weise ist das Quecksilberhypochlorid Kalomel weitgehend ungiftig, wohingegen Quecksilberchlorid ein ätzendes Gift ist. Quecksilberchlorid ist in Wasser löslich, während Kalomel unlöslich ist. Wenn im Herbst die Blätter fallen, nehmen sie das Calciumoxalat mit; auf diese Weise wird die gefährliche Oxalsäure am Ende doch aus den Pflanzen entfernt.

Man darf nun aber nicht glauben, daß es Ausscheidungen bei Pflanzen überhaupt nicht gibt; auf alle Fälle finden Exkretionen durch die Wurzeln statt. Manchmal werden die Ausscheidungsprodukte der Wurzeln von Pflanzenparasiten genutzt, wie z. B. in der unheimlichen Geschichte des Kartoffelälchens. Hier sind die Ausscheidungsprodukte der Kartoffelpflanze das Signal dafür, vom Schädling angegriffen zu werden.

Manchmal sagt man von den Pflanzen, daß sie Kohlendioxid durch ihre Wurzeln ausscheiden, und führt zum Beweis dafür die von Wurzeln auf Marmorblöcke geätzten Muster an. Es handelt sich hier jedoch um keine Exkretion im üblichen Sinne, denn Kohlendioxid ist ein gasförmiges Atmungsprodukt.

Wie der wirkliche Mechanismus des Stofftransports im Phloëm abläuft, ist gegenwärtig nicht völlig geklärt. Im allgemeinen akzeptiert man die von Münch 1930 aufgestellte Massenströmungstheorie, doch nur deshalb, weil bis jetzt noch keine bessere Theorie gefunden wurde. Münch zufolge muß man das Phloëm als ein kontinuierliches osmotisches System ansehen, das sich über die gesamte Pflanze erstreckt. In den Pflanzenteilen, in denen organische Substanzen gebildet werden, z. B. den Blättern, werden die Syntheseprodukte durch einen aktiven biologischen Prozeß, der Atmungsenergie für seinen Ablauf benötigt, in das Transportsystem eingespeist. Das verursacht einen Anstieg des osmotischen Druckes in den Teilen des Phloëms, in denen die Stoffaufnahme erfolgt. In anderen Phloëmteilen werden organische Speicherstoffe an Zellen abgegeben, die sie benötigen; hier findet eine Abnahme des osmotischen Wertes statt. Wasser wird an den Stellen aufgenommen, an denen hohe osmotische Werte herrschen (also dort, wo dauernd Stoffe aufgenommen werden). Wasser wird abgegeben, wo der osmotische Druck niedrig ist (d. h. an den Phloëmstellen der Stoffabgabe). Als Ergebnis dieser Wasseraufnahme und -abgabe findet eine Massenströmung von Wasser durch das Transportsystem statt. Natürlich stammt das Wasser aus dem Xylem und fließt aus dem stets benachbarten Phloëm in dieses zurück.

Münchs Theorie hat, obwohl bis jetzt niemand diese Hypothese widerlegen konnte, viele Haken. Wenn man zeigen könnte, daß eine oder zwei verschiedene Substanzen in ein und derselben Siebröhre in entgegengesetzter Richtung transportiert werden, würde die Theorie nicht mehr aufrechtzuerhalten sein. Aber bisher hat niemand diesen Beweis erbracht.

6 Die Vermehrung

Die höheren Pflanzen vermehren sich geschlechtlich durch Samen. Oder um es genauer auszudrücken: Ein Samenkorn ist das Resultat einer geschlechtlichen Vereinigung. Mit »höheren Pflanzen« meine ich Samenpflanzen: die Blütenpflanzen und die mit ihnen verbundenen, weniger auffällig blühenden Koniferen. Die niederen Pflanzen – Farne und farnähnliche Pflanzen, Moose und Lebermoose, Algen und Pilze – haben eigene Vermehrungsweisen, bei denen keine Samen gebildet werden. Dieses Kapitel behandelt vorwiegend die Blütenpflanzen.

Bauelemente der Blüten

Blüten haben, was Form, Farbe, Größe und Grad ihres komplexen Aufbaus anbetrifft, eine große Variationsbreite, doch zum Glück für die Systematiker passen sie alle trotz ihrer Abwandlungen in ein und dasselbe Schema. Im Prinzip besitzt eine Blüte vier Bestandteile, die am Ende des Sprosses sitzen. Dieser ist gewöhnlich etwas verdickt und wird als Rezeptakulum (Blütenachse) bezeichnet.

Zunächst haben wir die Sepalen (Kelchblätter), welche die äußeren Teile der Blüte bilden. Gewöhnlich sind die Sepalen grün; ehe sich die Blüte öffnet, umschließen sie diese und schützen sie vor Beschädigung. Manchmal jedoch sind die Sepalen petaloid, d. h. wie die Petalen (Kron- oder Blumenblätter) gefärbt, und es ist dann schwierig, wenn nicht unmöglich, sie von ihnen zu unterscheiden. Bei einigen Blüten sind die Kelchblätter miteinander verwachsen, in anderen gänzlich voneinander getrennt. Die Sepalen insgesamt bilden den Kelch (Calyx).

Als zweites haben wir die Petalen, gewöhnlich, aber nicht immer, auffallende und prächtig gefärbte Organe, die durch ihre Pracht die bestäubenden Insekten anlocken. Gleich den Sepalen können die Petalen miteinander verwachsen sein oder freistehen. Die Gesamtheit der Petalen bildet die Corolla (Blütenkrone) (*Abb. 6.1*).

Innerhalb der Korolle finden wir die Staubblätter, die männlichen Bestandteile einer Blüte. Sie bringen die Pollenkörner (Mikrosporen) hervor, von denen die Blüte befruchtet wird. Ein Staubgefäß besteht in der Regel aus einer paarig gegliederten Anthere, die den Pollen enthält und auf einem Filament genannten Stiel sitzt. Die Staubblätter insgesamt bilden das sogenannte Androeceum.

Schließlich befindet sich im Zentrum einer Blüte das Ovarium oder Gynaeceum, der weibliche Teil der Blüte. Das Gynaeceum besteht aus einem oder gewöhnlich mehreren Karpellen (Fruchtblättern). Jedes Karpell hat drei Teile, der wichtigste davon das Ovarium, oberhalb dessen sich das Stigma befindet. Dieses ist mit dem Karpell durch einen langen oder kurzen Stengel verbunden, das sogenannte Stylum (Griffel). Meistens sind die Karpelle zu einem Element vereinigt, von dessen Spitze ein oder mehrere Griffel ausgehen. In einigen Blüten, z. B. in Butterblumen und Magnolienblüten, sind die Fruchtblätter voneinander getrennt.

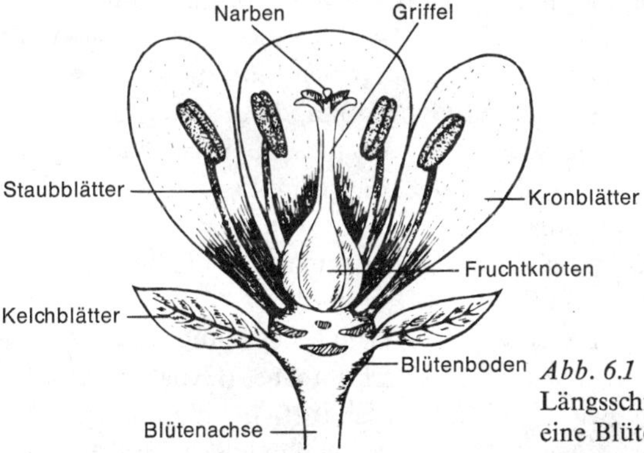

Abb. 6.1
Längsschnitt durch eine Blüte.

Man beachte, daß die Bezeichnungen »Ovarium« und »Gynaeceum« nicht ganz synomym sind, obwohl sie in der Praxis oft abwechselnd für ein und dasselbe verwendet werden. Genau gesagt, umfaßt das Ovarium (Fruchtknoten) den unteren hohlen Teil eines oder mehrerer Karpelle, während es sich bei dem Gynaeceum um die Gesamtstruktur handelt. Das Gynaeceum einer Blüte nannte man früher auch Pistill (Stempel), eine überflüssige Bezeichnung, die manchmal auch heute noch gebraucht wird. Innerhalb des Ovariums kann man einen bis viele winzige runde, weißliche Partikel sehen: die Samenanlagen. Sie entwickeln sich später zum Samen, doch zuvor muß die Blüte bestäubt, müssen die Samenanlagen befruchtet werden.

In einer Blüte können manchmal noch weitere Teile vorhanden sein, z. B. die Nektarien; das sind Bezirke eines eine zuckerhaltige Flüssigkeit, den Nektar, enthaltenden Drüsengewebes. Der Nektar lockt Bienen oder andere Insekten an, die die Blüte bestäuben helfen. Aber auch eine Blüte ohne Nektarien kann von Insekten bestäubt werden, denn nicht nur die Nektarien locken Insekten an. Bienen sind z. B. große Pollensammler und werden deshalb auch von den keinen Nektar besitzenden Pollenblüten angelockt.

Zur Blüte manchmal ebenso zugehörig ist ein kleines Blatt, das sogenannte Deckblatt, das unter der Blüte angeordnet ist. Die typischen Bestandteile einer Blüte sind Calyx, Corolla, Androeceum und Gynaeceum, die jedoch nicht immer alle gleichzeitig vorhanden sein müssen. Recht häufig fehlt entweder der Calyx oder die Corolla, und man spricht dann, gleichgültig welcher Teil vorhanden ist, vom Perianth. Auch für Calyx plus Corolla gilt die Bezeichnung Perianth.

Eine Blüte, die sowohl die männlichen (Androeceum) wie auch die weiblichen Geschlechtsorgane (Gynaeceum) enthält, wird zwittrig genannt. Dies trifft für die meisten Blüten zu, doch sind einige auch getrenntgeschlechtlich – sie besitzen dann entweder das Androeceum oder das Gynaeceum. Man spricht dann von männlichen und weiblichen Blüten. Wachsen sowohl männliche als auch weibliche Blüten auf *einer* Pflanze, wird diese »monözisch« (einhäusig) genannt. »Diözische« (zweihäusige) Pflanzen sind entweder männlich oder weiblich.

In Kapitel 2 wurde schon gesagt, daß die Blütenpflanzen in zwei Gruppen eingeteilt werden, in die Dikotyledonen, welche zwei Keimblätter bilden, und die Monokotyledonen, die ein Keimblatt haben. Diese grundlegende Einteilung spiegelt sich im unterschiedlichen Bauplan der Pflanzen wider. Dikotyledonen haben Blätter mit netzartig angeordneten Blattadern, einen Gefäßbündelring im Sproß, und beim sekundären Dickenwachstum bilden sie Kambium aus. Monokotyledonen haben meistens lange, schmale Blätter mit parallel zueinander verlaufenden Blattadern, über den ganzen Sproß verstreute Gefäßbündel und zeigen, bis auf wenige Ausnahmen, kein sekundäres Dickenwachstum.

Die Einteilung in Dikotyledonen und Monokotyledonen macht sich auch im Blütenaufbau bemerkbar. Eine Dikotyledonenblüte ist leicht erkennbar; denn jeder Teil der Blüte – Sepalen, Petalen, Staubblätter und Fruchtblätter – ist vier- oder fünfmal vorhanden oder in einem Vielfachen davon. Dagegen sind die Blütenteile der Monokotyledonen dreifach vorhanden oder in einem Vielfachen von drei.

Selbstverständlich gibt es zu diesen allgemeinen Regeln eine Menge Ausnahmen – die Botanik würde einem nicht halb so viel Freude machen, wenn sich sämtliche Pflanzen nur nach einigen wenigen, starren Regeln richten würden. Manchmal mache ich mir den Spaß, Biologie-Studenten der Anfangssemester ein Exemplar von *Paris quadrifolia* zu zeigen und zu fragen, ob sie zu den Dikotyledonen oder zu den Monokotyledonen gehört. Die Pflanze besitzt breite Blätter mit netzartig verlaufenden Blattadern, und die Blütenteile sind jeweils zu viert vorhanden. Trotzdem ist die Pflanze eine echte Monokotyledone der Familie der Trilliaceen, die zu den Liliengewächsen gehört. Nicht immer liegen die Dinge so, wie sie einem erscheinen.

Bestäubung und Befruchtung

Ehe eine Blüte Samen bilden kann, muß sie befruchtet worden sein, und vor ihrer Befruchtung muß sie bestäubt werden. Bestäubung und Befruchtung sind also keineswegs dasselbe. Der Vorgang der Bestäubung besteht aus der Pollenübertragung von den Staubgefäßen auf die Narbe derselben oder einer anderen Blüte. Es wäre nicht falsch zu sagen, daß die Blüte in ihrer Gesamtheit evoluierte, um sicherzustellen, daß Bestäubung stattfindet – gewöhnlich mit Pollen, der von einer anderen Blüte stammt (Fremdbestäubung). Einige Blüten, z. B. die des Weizens, werden im allgemeinen jedoch von ihrem eigenen Pollen bestäubt (Selbstbestäubung), doch ist dies die Ausnahme.

Die Anthere eines Staubgefäßes enthält vier Hohlräume oder Pollensäcke, in denen die Pollenkörner dicht gepackt beieinanderliegen. Nach eingetretener Reife öffnet sich die Anthere in zwei Längsspalten, wobei der Pollen frei wird. Normalerweise, besonders bei den von Insekten bestäubten Blüten, bleibt der Pollen dort, bis er von einem Insekt abgestreift und mitgeschleppt wird. Bei windbestäubten Blüten wird er von der durch den Wind geschüttelten Anthere ausgestreut. Manchmal wird der Pollen durch einen besonderen Mechanismus von den Antheren ausgeschüttet, wofür das Glaskraut (*Parietaria diffusa*) ein bekanntes Beispiel ist. Diese in Spalten alter Mauern und in Hecken vorkommende Pflanze hat getrennte männliche und weibliche Blüten. In den männlichen Blüten sind die Filamente elastisch, und ehe sich die Blüte öffnet, werden sie nach innen gebogen und dabei von den kielförmigen Teilen des Perianth zusammengehalten. Öffnet sich die Blüte, werden die Antheren ruckartig freigesetzt, so daß beim Zurückschnellen der Pollen in einer kleinen Wolke entweichen kann.

Pollenkörner variieren sehr von einer Art zur anderen. Die Unterschiede sind tatsächlich so groß, daß es oft möglich ist, anhand einer Pollenprobe festzustellen, welche Pflanze den unter dem Mikroskop beobachteten Pollen gebildet hat. Auf diese Weise konnten viele Erkenntnisse über die Verbreitung von Bäumen in vergangenen Zeiten gewonnen werden; denn Bodenproben enthalten Pollenkörner, die noch nach vielen tausend Jahren identifiziert werden können.

Pollenkörner sind meistens rund oder oval, doch gibt es Ausnahmen. Pollenkörner des Seegrases (*Zostera*) z. B. sind fadenförmig; sie winden sich um die Narben der weiblichen Blüten. *Zostera* ist eine Gattung der marinen Blütenpflanzen, die im Meer unterhalb der Gezeitenzone wachsen, und so nimmt man an, daß die besondere Gestalt des Pollen für ihn beim Schwimmen vorteilhaft ist.

Die Größe der Pollenkörner ist innerhalb der Art annähernd konstant; zwischen verschiedenen Arten schwankt sie jedoch erheblich. Die Pollenkörner des Vergißmeinnichts haben einen Durchmesser von ca. 2,5µ (0,00025 cm), während diejenigen der Gurke hundertmal größer sind.

Die Oberfläche eines Pollenkornes kann glatt oder rauh sein. Windbestäuber besitzen häufiger glatten Pollen, während insektenbestäubte Pflanzen gewöhnlich Pollen mit rauher Oberfläche haben. Der Pollen bleibt dadurch an den Insektenbeinen haften oder verklebt miteinander. Manchmal, wie bei bestimmten Onagraceen (Familie der Nachtkerzengewächse), hat der Pollen mehrere Schichten aus einer klebrigen Substanz, wodurch sich die einzelnen Pollenkörner zusammenklumpen.

Der auf die Narbe einer Blüte übertragene Pollen bleibt, unterstützt durch die rauhe Oberfläche, die außerdem häufig klebrig ist, dort haften. Die klebrigen Sekrete dienen aber nicht allein dazu, die Pollenkörner festzuhalten, sondern auch zur Beschleunigung ihrer Keimung.

Pollenkörner zeigen im Grad ihrer Keimfähigkeit Unterschiede. Die einiger Arten keimen sehr leicht, ob nun in einer Zuckerlösung oder auch in Wasser. Pollenkörner tolerieren recht verschiedene Lösungskonzentrationen. Der Pollen eines Apfelbaumes keimt in 2,5–10%iger Zuckerlösung; Pollen der Schneeglöckchen und anderer Pflanzen keimt in destilliertem, aber nicht in Leitungswasser. In einigen Fällen keimt der Pollen nur in Gegenwart von Sekreten, die von der Narbe ausgeschieden werden. Man fand heraus, daß der Pollen der *Mussaenda,* einer Pflanze aus Burma, nur keimt, wenn dem Wasser, in dem die Pollenkörner liegen, ein Stück der Narbe zugefügt wird, obwohl man das Narbengewebe auch durch Fruktose, und zwar nur durch diesen Zucker, ersetzen kann. Es sind überdies viele Fälle bekannt, in denen der Pollen nur auf Narben der gleichen Spezies oder einer eng verwandten keimt. Man braucht nicht lange zu überlegen, um den Vorteil zu erkennen, wenn ein bestimmter Konzentrationsbereich des Zuckers oder irgendeiner anderen Substanz für die Keimung des Pollens Voraussetzung ist. Dieser verhindert eine Keimung, bevor der Pollen die Narbe erreicht hat, und damit eine Verschwendung von Pollen. Doch die große Anzahl der Pflanzenarten, deren Pollen einfach in Wasser keimen, zeigt, daß dieser Vorteil auch nicht überschätzt werden sollte.

Bei der Pollenkeimung durchdringt ein röhrenförmiges Gebilde, der aus dem Pollenkorn wachsende sogenannte Pollenschlauch, das Narbengewebe (*Abb. 6.2*). Das geschieht bei den einzelnen Spezies ganz unterschiedlich. Manchmal wächst der Pollenschlauch direkt durch die Zellen der Narbe, wobei diese mit Hilfe von Enzymen aufgelöst werden. Das geschieht in derselben Weise, wie eine Ausläuferhyphe des parasitischen Pilzes *Pythium* durch Pflanzengewebe wächst. In anderen Fällen liegen die Narbenzellen locker zusammen und leisten dem Pollenschlauch nur geringen Widerstand, wenn er sie zur Seite drückt. Bei anderen Pflanzen können bestimmte Kanäle in der Narbe vorliegen, durch die der Pollenschlauch wächst. Das Ziel des Pollenschlauches ist natürlich der Eiapparat.

Der Pollenschlauch muß nun etwas besitzen, das ihm vor allem bei Blüten mit langem Griffel den im Verhältnis zu seiner geringen Größe sehr langen Weg weist. Meistens bewirkt diese leitende Kraft zweierlei: Der Schlauch wächst von der Luft fort auf bestimmte chemische Stoffe zu. Bringt man Pollenkörner auf Gelatine zur Keimung, wachsen die Schläuche sofort in die Gelatine hinein. Werden keinendem Pollen Stücke vom Griffel angeboten, dann wächst er auf sie zu. In den meisten Fällen hat sich herausgestellt, daß die chemische Substanz, die den Pollenschlauch anzieht, ein Zucker ist. Es kann aber auch eine andere Substanz sein; bei *Narcissus tazetta* z. B. und verschiedenen anderen Pflanzen ist diese aktive Substanz ein Protein.

Wenn der Pollenschlauch den inneren Hohlraum des Fruchtknotens erreicht hat, wächst er einer Samenanlage entgegen, in die er durch eine kleine Öffnung, die soge-

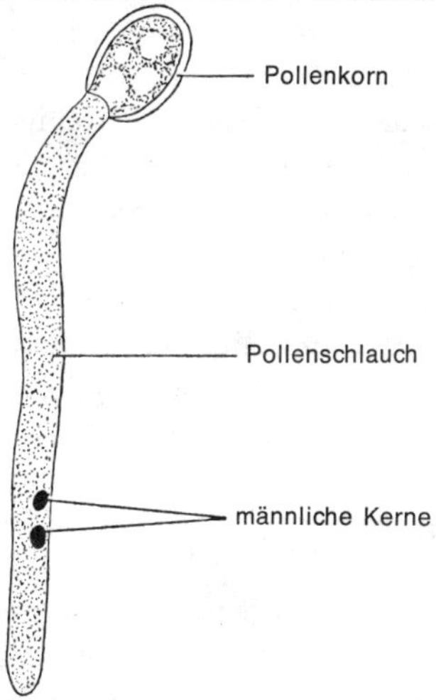

Abb. 6.2
Keimendes Pollenkorn mit Pollenschlauch.

nannte Mikropyle, gelangt. Der Pollenschlauch enthält an seiner Spitze zwei Kerne: die beiden männlichen Geschlechtskerne oder Gameten, welche die Samenanlage befruchten. Diese entwickelt eine kleine Gewebevorwölbung, die zum Nucellus der Samenanlage wird – das Gewebe wird später von einer äußeren Hülle, dem Integument, eingeschlossen. Das Integument entwickelt sich aus der Basis der Samenanlage zu einem ringförmigen Gebilde. Die Integumente – es kann ein oder zwei Integumente geben – umwachsen die Samenanlage und bedecken dabei den Nucellus, mit Ausnahme einer kleinen Stelle, so daß eine Öffnung bleibt, die den Nucellus frei läßt; die Mikropyle, durch die der Pollenschlauch in die Samenanlage hineinwächst. Zu Beginn der Entwicklung der Samenanlage liegt das Ende, an dem sich die Mikropyle entwickeln soll, gegenüber der Placenta, jenem Teil des Fruchtknotens, an dem sich die Basis der Samenanlage befindet. Bei einigen Pflanzen verbleibt die Samenanlage in dieser Stellung, doch bei den meisten dreht sie sich während ihrer Entwicklung um sich selbst, so daß die Mikropyle schließlich neben dem Stiel der Samenanlage liegt. Während dieses Vorgangs entsteht innerhalb des Nucellus am mikropylaren Ende eine Zelle, die Makrosporenmutterzelle. Diese teilt sich zweimal und bildet dabei eine Reihe von vier Zellen, die auf der inneren Oberfläche der Samenanlage stehen. Drei dieser Zellen bilden sich in der Folge zurück, doch die vierte – gewöhnlich die am weitesten innen liegende – wird zur sogenannten funktionellen Makrospore, die im späteren Stadium Embryosack genannt wird. Diese Zelle vergrößert sich noch und absorbiert dabei den größten Teil des Nucellus. Anfangs enthält sie nur einen einzigen Kern, später teilt sie sich, und die beiden gebildeten Tochterkerne wandern zu den entgegengesetzten Polen der Zelle. Dann teilt sich jede von ihnen zweimal, so daß dort jeweils vier Kerne liegen. Von diesen vier Kernen an dem Ende gegenüber der Mikropyle werden drei durch Zellwände voneinander getrennt; sie bilden die Antipodenzellen. Der vierte Kern wandert zum Zentrum des Embryosacks. Von den vier Kernen am mikropylaren Ende der Samenanlage werden drei von Protoplasma umgeben und bilden den bekannten Eiapparat, der aus einem Ei und zwei Synergiden oder Hilfszellen besteht. Der übrige Kern wandert zur Mitte des Embryosacks, wo er den anderen Zellkern trifft. Diese beiden Kerne werden Polkerne genannt; sie können miteinander verschmelzen und so den primären Endospermkern bilden *(Abb. 6.3)*.

Die Vorgänge innerhalb des Embryosacks können bei den verschiedenen Pflanzen im einzelnen unterschiedlich verlaufen, z. B. können die beiden Polkerne ihre Verschmelzung aufschieben. Aber solche Einzelheiten beeinflussen das allgemeine Geschehen nicht wesentlich.

Ungeschlechtliche Vermehrung durch Sporen

Wie der Leser sich erinnern wird, gibt es im Leben einer Farnpflanze zwei Generationen: dargestellt durch den Spo-

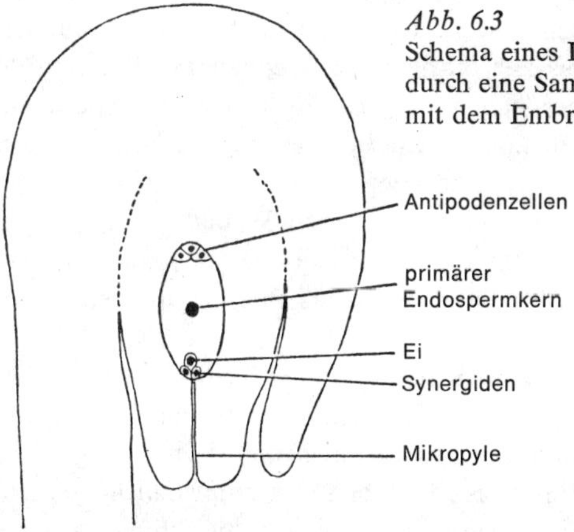

Abb. 6.3
Schema eines Längsschnittes durch eine Samenanlage mit dem Embryosack.

ren tragenden Sporophyten und den Gametophyten mit den Geschlechtsorganen. Der Sporophyt ist die eigentliche Farnpflanze. Er vermehrt sich ungeschlechtlich durch Sporen, die keimen und den Prothallus bilden (*vgl. S. 15 f.*). Der Gametophyt ist der Träger der Geschlechtsorgane; das Ergebnis seiner geschlechtlichen Reproduktion ist eine neue Farnpflanze.

Bei einigen mit den Farnen verwandten Pflanzen, z. B. bei dem kleinen Bärlapp *Selaginella,* gibt es zwei Arten von Sporen und von Gametophyten. Die kleinen Sporen, die Mikrosporen, liefern den männlichen Gametophyten, der in diesem Fall so verkleinert ist, daß er nur aus wenigen Zellen besteht. Die größeren Sporen, die Makrosporen, bilden bei der Keimung etwas grünes Gewebe, auf dem sich die weiblichen Geschlechtsorgane entwickeln. Die Spermien des männlichen Gametophyten befruchten die Eizellen auf dem weiblichen Gametophyten, und daraus entsteht dann eine neue *Selaginella*-Pflanze.

Bei den Blütenpflanzen hat sich die Gametophyten-Generation noch weiter zurückgebildet, obgleich man sie bei genauerem Hinsehen noch erkennen kann. Wie die *Selaginella,* hat eine Blütenpflanze zwei Arten von Sporen. Die Pollenkörner sind die Mikrosporen, doch ist der männliche Gametophyt bis zur Nichtexistenz reduziert. Am Ende des Pollenschlauches haben wir nur noch zwei männliche Gametenkerne und einen weiteren, den sogenannten vegetativen Kern. Der weibliche Gametophyt ist mit dem Embryosack in der Samenanlage identisch. Weder bei dem weiblichen noch bei dem männlichen Gametophyten findet sich etwas, das auch nur annähernd als Pflanze angesehen werden könnte.

Der Vorteil, der durch diese extreme Reduzierung der Gametophyten erreicht wurde, besteht darin, daß die Pflanze bei ihrer geschlechtlichen Vermehrung jetzt völlig unabhängig vom Wasser ist. Es gibt keine empfindliche gametophytische Pflanze mehr, die für ihre Entwicklung auf einen feuchten Standort angewiesen wäre. Das Verschwinden der schwimmenden Spermienzellen hat die Loslösung vom Wasser komplett gemacht. So kann sich eine Pflanze mitten in der Wüste geschlechtlich vermehren, eine wahre Meisterleistung im Entwicklungsplan ihrer männlichen Geschlechtszellen!

Reproduktion bei den Nacktsamigen

Die Gymnospermen, die nacktsamigen Pflanzen, sind eine große Gruppe der Samenpflanzen, die ich bis jetzt kaum erwähnt habe. Zu ihnen gehören die uns vertrauten Koniferen, wie Kiefer, Fichte, Edeltanne, Lärche, Zeder, ebenso wie viele andere interessante, aber weniger bekannte Pflanzen. Die Nacktsamigen haben sich lange vor den Blütenpflanzen entwickelt; die ersten waren bereits im späten Devon, d. h. mehr als 100 Millionen Jahre vor dem Erscheinen der Blütenpflanzen, voll entwickelt.

Gymnospermen bilden keine Blüten aus. Statt dessen entwickeln sich männliche und weibliche Zapfen, die aus zentralen Achsen mit spiralig angeordneten Schuppen bestehen und die je nach Geschlecht des Zapfens Pollensäcke oder Samenanlagen tragen. Botanisch liegt der wichtigste Unterschied zwischen Gymnospermen und Blütenpflanzen darin, daß die Samenanlagen der Gymnospermen nicht in Karpellen eingeschlossen sind, sondern unbedeckt auf den Zapfenschuppen liegen. Deshalb also die Bezeichnung »nacktsamig«. Wird eine Gymnosperme bestäubt, kann das Pollenkorn die Samenanlage auf direktem Wege erreichen, wobei es durch die Mikropyle gelangt und erst dann den Pollenschlauch entwickelt.

Die Gymnospermen sind in ihrem Entwicklungszustand weniger differenziert als die Blütenpflanzen. Sie haben zwar den Vorteil, Samen bilden zu können, und sind somit hinsichtlich ihrer Vermehrung vom Wasser unabhängig, doch ist der Vorgang ihrer Reproduktion längst nicht so ein-

drucksvoll spezialisiert wie bei den Blütenpflanzen. Ihre nicht in Karpellen eingeschlossenen Samenanlagen sind weniger geschützt als jene der Blütenpflanzen, und da die Karpelle fehlen, haben sie keine Früchte, durch die sie sich verbreiten könnten.
Die Gymnospermen sind Vorläufer der Blütenpflanzen, und ihr Entwicklungsstadium ist immer noch unvollkommen, wenn es auch immer weiter verbessert worden ist. Insbesondere sind sie nach wie vor Windbefruchter; ihre Entwicklung begann ja lange Zeit vor dem Erscheinen der Insekten.
Trotz allem darf man nicht annehmen, daß sich die Pflanzenklassen der Gymnospermen nicht behaupten konnten. Die Douglastanne und der Mammutbaum sind zwei der größten Bäume auf der Erde, und die Verbreitung der Nacktsamigen erstreckt sich auf fast alle Erdteile. In den hohen nördlichen Breiten dominieren die Gymnospermen sogar über die gesamte übrige Vegetation, und es gibt keinen Anhaltspunkt für das Zurückgehen ihrer Bestände.

Entwicklung des Samens

Nach der Befruchtung des Eiapparates entwickelt sich daraus ein Samenkorn. Der Befruchtungsvorgang besteht aus der Verschmelzung eines oder zweier männlicher Kerne aus dem Pollenschlauch mit dem Eikern. Bei den Gymnospermen ist das die einzige Kernverschmelzung; denn der zweite männliche Kern hat keine Aufgabe (meistens geht er zugrunde, sobald der andere Kern das Ei befruchtet hat).
Bei den Blütenpflanzen kommt es hingegen zu einer doppelten Befruchtung. Ein männlicher Kern verschmilzt mit dem Eikern, während der zweite Kern sich mit dem primären Endospermkern verbindet. Bei der weiteren Entwicklung der Samenanlage zu einem Samenkorn teilt sich die befruchtete Eizelle immer weiter und bildet so ein als Endosperm bezeichnetes Gewebe, das mit Nährstoffen an-

gereichert ist und die Aufgabe hat, die embryonale Pflanze während ihrer frühen Entwicklung zu ernähren.
Nach der Befruchtung vergrößert sich das Ei und wächst, wie oben bereits gesagt, zu einem Samenkorn heran. Aus dem befruchteten Ei entwickelt sich der Embryo, der bei den Dikotyledonen aus einem Paar Keimblätter oder Kotyledonen besteht; zwischen ihnen liegt die Plumula, der junge Hauptsproß. Die Monokotyledonen bilden nur ein Keimblatt aus, wobei die Plumula diesem seitlich anliegt. Sowohl bei den Dikotyledonen wie auch bei den Monokotyledonen bildet sich die Radicula, die erste Wurzel, am gegenüberliegenden Pol des Embryos aus. An der Basis der Kotyledonen befinden sich ein als Suspensor bezeichnetes Gebilde, das aus flachen Zellen besteht und durch dessen Verlängerung der wachsende Embryo in die Mitte des Samenkornes gedrückt wird. Dort wird er vom ihn ernährenden Endosperm eingeschlossen.
Bei seiner Entwicklung verbraucht der Embryo einen Teil des Endosperms. Die absorbierten Stoffmengen variieren bei den verschiedenen Pflanzen. Viele Dikotyledonen absorbieren das Endosperm völlig, wodurch die Kotyledonen dick und fleischig werden. So besteht das ausgereifte Samenkorn vorwiegend aus angeschwollenen Kotyledonen. Keimt ein derartiges Samenkorn, werden die gespeicherten Nährstoffe an den wachsenden Keimling abgegeben. Dadurch kann dieser die Zeit überstehen, bis seine Blätter so weit entwickelt sind, daß die junge Pflanze sich mit Nährstoffen aus der Photosynthese versorgen kann.
Bei anderen Dikotyledonen und bei den meisten Monokotyledonen geschieht das nicht. Die Kotyledonen bleiben dünn, der meiste Teil der Nährstoffreserven bleibt bis zur Keimung im Endosperm und wird erst von der Keimpflanze verbraucht. Hierfür ist die Sonnenblume als Dikotyledone ein Beispiel. Auch Mais und Weizen, beides Monokotyledonen, behalten einen beträchtlichen Teil ihrer Speicherstoffe bis zur Keimung im Endosperm.

Während sich diese Vorgänge im Innern des Samenkorns abspielen, entwickelt sich das Integument zu einer festen äußeren Haut, Testa genannt, die das Samenkorn umhüllt. Schließlich ist das Samenkorn ausgereift und geht in ein Ruhestadium über. Alles Wachstum hat aufgehört. Sogar die Atmung als unerläßliche Grundlage aller lebenden Zellen ist soweit gedrosselt, daß sie kaum noch wahrzunehmen ist. Die Ruheperiode hält bis zur Keimung an; erst dann wird der Samen wieder zum Leben erweckt.
Die Länge dieser Keimruhe fällt äußerst unterschiedlich aus. Bei einigen tropischen Mangroven gibt es zum Beispiel gar keine Ruheperiode. Das Samenkorn keimt bereits auf der elterlichen Pflanze; wird es schließlich aus der Frucht entlassen, fällt es wie ein Dolch senkrecht herunter, wobei sich die Spitze der jungen Wurzel in den Schlamm bohrt, so daß die junge Mangrovenpflanze leicht im Erdreich festwachsen kann. Diesem Extrem steht ein anderes gegenüber, bei dem der Samen, ehe er zur Keimung gebracht werden kann, eine lange Ruheperiode braucht.

Die Keimung

Zur Keimung benötigen alle Samenkörner Feuchtigkeit, die richtige Temperatur und Sauerstoff zur Atmung. Manche keimen bei Licht, andere bei Dunkelheit. Die Samen der Mistel (*Viscum album*) müssen dem Licht ausgesetzt werden, wenn sie keimen sollen; im Dunkeln geschieht das nicht. Einige Salatsorten verhalten sich ähnlich. Andererseits brauchen Zwiebelsamen zur Keimung Dunkelheit; bei Licht wird die Keimung gehemmt oder sogar völlig verhindert.
Die Wirkung des Lichts auf die Samenkeimung hat nichts mit Photosynthese zu tun; denn in diesem Stadium hat sie ja noch gar nicht begonnen. Wir wissen nicht, wie das Licht diesen Effekt hervorruft. Man kann nur annehmen, daß einige empfindliche physiologische Prozesse, die im

Samen ablaufen, bei zu viel bzw. zu wenig Licht durcheinandergeraten. Einige Samen keimen bei niedrigen Temperaturen im Dunkeln, benötigen aber Licht, sobald die Temperatur ansteigt. Samen einer bestimmten Salatsorte, die kein Licht zur Keimung benötigen, brauchen dieses aber nach einer Behandlung mit Cumarin, einer Substanz, von der man weiß, daß sie die Keimung verhindert, was darauf hindeutet, daß im Samen eines Lichtkeimers der Effekt des Lichtes in der Zerstörung eines in ihnen vorhandenen Keimungshemmstoffes besteht.

Sind alle Bedingungen für die Keimung einschließlich der des Lichtes bzw. der Dunkelheit erfüllt, dann ruht der Samen bekanntlich. Er ist zwar noch keimfähig und wird keimen, wenn es soweit ist, aber die Zeit ist dafür eben noch nicht gekommen. Der in der Samenschale eingeschlossene Embryo wartet auf etwas, das ihn aus seinem Gefängnis befreit, damit er zu einer neuen Pflanze heranwachsen kann. Manchmal hängt die Samenruhe allein von physikalischen Ursachen ab, z. B. einer extremen Undurchlässigkeit der Samenschale für Wasser. Das ist der Fall bei manchen Zuckererbsen. Wird die Samenschale vor der Aussaat mit einer Feile angeritzt, dann keimen die Samen wesentlich leichter. Manchmal ist es nicht Wasser, sondern Sauerstoff, der die Samenschale nicht durchdringen kann, z. B. bei *Xanthium*. Oder die Samenhülle ist so zäh, daß sie zerfallen muß, ehe der eingeschlossene Keimling sich entfalten kann. In der Natur ist es gewöhnlich die Aufgabe der Bodenbakterien und -pilze, solche hartnäckigen Samenschalen »aufzuweichen«.

Eine harte Samenschale ist jedoch bei weitem nicht die einzige Ursache für die Samenruhe. Bei einigen Pflanzen ist zwar der Samen reif, jedoch hat der Embryo noch nicht das Stadium erreicht, in dem er keimen kann. Samen dieser Art benötigen eine zusätzliche Entwicklungsperiode, ehe die Keimung beginnen kann. Zu dieser Art der Keimungsruhe neigen besonders einige Angehörige der Orchideenfamilie.

Manche reife Samen mit einem vollentwickelten Embryo keimen so lange nicht, bis die sogenannte Nachruhe beendet ist. In der Familie der Rosengewächse kann dieser Nachreifeprozeß sechs Monate dauern. Durch ihn wird sichergestellt, daß im Herbst eines Jahres gebildeter Samen nicht vor dem folgenden Frühjahr keimt – ein Vorteil für die Pflanze; denn eine kurze Wärmeperiode während des Winters würde die Samen zur vorzeitigen Keimung veranlassen, und die Keimlinge würden vom nachfolgenden Frost getötet werden.

Die Einzelheiten des Nachreifeprozesses sind noch nicht völlig geklärt. Manchmal enthalten die Samen einen Wuchshemmstoff, der, ehe die Keimung beginnen kann, beseitigt werden muß. Bei einigen Wüstenpflanzen ist Regen notwendig, um die Hemmstoffe aus dem Samen herauszuwaschen. Solche Samen keimen nur nach ausgesprochen starkem Regen; ein kurzer Schauer reichte nicht aus, um den Hemmstoff zu entfernen. Auch dies bietet wieder einen eindeutigen Vorteil für die Pflanze; denn würde der Samen schon nach dem erstbesten Regenschauer keimen, bestände die Gefahr, daß die Keimlinge danach vertrocknen. Nur heftiger Regen, der auch für das anschließende Wachstum der Pflanze ausreicht, vermag die Keimung in Gang zu setzen.

Andere Samen brauchen für ihre Keimung offenbar wachstumsfördernde Substanzen, deren Bildung durch verschiedene äußere Faktoren, insbesondere durch die Einwirkung längerdauernder Tieftemperaturen und Feuchtigkeit, ausgelöst wird. Hierzu gehören z. B. Apfelsamen.

Lebensfähigkeit der Samen

Irgendwann einmal, auch unter idealen Bedingungen, verlieren alle Samen ihre Keimfähigkeit, wenngleich die Lagerfähigkeit von Art zu Art stark variiert. Einige Samen keimen ausschließlich gleich nach ihrer Reife. So sind z. B.

die Samen des Sauerklees (*Oxalis acetosella*) gegen Austrocknung empfindlich; ebenso kurzlebig ist der Zykadeensamen. Andererseits weiß man, daß der Samen anderer Pflanzenarten noch nach einer Lagerung von vielen Jahren keimt, wie der des Ampfers (*Rumex crispus*), der noch nach achtzig Jahren keimfähig ist. Die längste Samenruhe ist von der indischen Lotosblume (*Nelumbo nucifera*) bekannt, von der man Samen im Britischen Museum in London aufbewahrte. Nach einem Bombenangriff 1940 geriet er mit Wasser in Berührung und begann zu keimen, obwohl er laut vorhandener Herbaraufzeichnung mindestens 237 Jahre alt war.

Die Samen der indischen Lotosblume sind auch in Torfablagerungen der Mandschurei ausgegraben und noch zum Keimen gebracht worden. Diese Samen können bis zu 400 Jahre alt gewesen sein. Behauptungen, daß die indischen Lotossamen noch nach 4 000 Jahren keimen sollen, sind jedoch sicherlich falsch, wenn sie auch bei ihrer Veröffentlichung in der Presse viel Beachtung fanden. Ebenso unrichtig ist die weitverbreitete Annahme, daß Weizenkörner aus den antiken ägyptischen Gräbern noch keimfähig seien; Weizensamen ist recht kurzlebig und wird schon nach vierzig Jahren kaum noch keimfähig sein.

Kürzlich erschien ein Aufsatz über Samen der indischen Lotospflanze, die von Lemmingen vor 10 000 Jahren vergraben worden waren und nun keimten. Wäre dieses Alter der Samen gesichert, müßten wir unsere Vorstellungen über die mögliche Lebensdauer von Samen revidieren.

Vegetative Vermehrung

Pflanzen haben übrigens nicht nur die Möglichkeit, sich durch Samen zu vermehren. Jeder Gartenliebhaber kennt auch die Vermehrung durch Zwiebeln, Sproßknollen, Wurzelknollen, Ausläufer, Stecklinge oder durch andere Pflanzenteile. Die Bezeichnung »vegetative Vermehrung« umfaßt jene Vielzahl von Möglichkeiten, durch die eine Pflanze sich fortpflanzen kann, ohne daß sie sich einem Sexualakt unterzieht, auf den die Bildung des Samens folgt.

Die Ausläufer der Erdbeerpflanzen sind ein bekanntes Beispiel, wie man eine Pflanze erfolgreich vegetativ vermehren kann. Gegen Ende der Blüteperiode bildet die Erdbeerpflanze lange, über den Erdboden laufende Triebe (Ausläufer), die wenige kleine, schuppenartige Blätter haben. Gelegentlich wächst das obere Ende eines Ausläufers aufwärts und bildet eine neue Pflanze, während ein neuer Ausläufer aus der Blattachsel – zwischen Blatt und Trieb – wächst. Bildet die neue Pflanze eine Blattrosette aus, dann entwickeln sich vom Sproß aus Wurzeln (Adventivwurzeln), die in den Boden wachsen. Hat sich die neue Pflanze völlig entwickelt, stirbt die Verbindung zwischen ihr und der Elternpflanze ab, und die junge Pflanze lebt von nun an völlig selbständig.

Ein Merkmal der Erdbeerpflanzen-Ausläufer ist ihre Wachstumsgeschwindigkeit. Dadurch wird die junge Pflanze erst in einigem Abstand von der elterlichen Pflanze ausgebildet, so daß ein Konkurrieren zwischen beiden kaum stattfinden kann.

Einen weiteren, extremeren Typ des Ausläufers haben wir bei der lange, aufrechte Triebe bildenden Brombeere. Ihre Triebe biegen sich nach unten, bis sie den Erdboden berühren. Dann schwellen sie an, treiben Wurzeln aus, und es wächst ein neuer Brombeerstrauch heran, der in ein paar Jahren unabhängig wird. Durch die fortwährende Bildung von Brombeerpflanzen auf diese Weise kommt es zu dem meist undurchlässigen Dickicht von Brombeersträuchern.

Bekanntlich ist es eines der für die vegetative Vermehrung verantwortlichen Organe das Rhizom, ein unterirdisch verlaufender Sproß, der für die Pflanze ähnliche Aufgaben erfüllt wie ein Ausläufer, nur daß das Rhizom durch das Erdreich gegen Frost geschützt ist. Jeder, der schon einmal seinen Garten von Quecken *(Agropyron repens)* säubern wollte, kennt viel zu gut die Rhizome dieses hartnäckigen Unkrauts. Auch Minze und Schwertlilien sind bekannte rhizombildende Pflanzen. Der Salomonssiegel trägt seinen Namen wegen der runden Narben, der »Siegel«, die auf den unterirdischen Rhizomen zurückbleiben, sobald die oberirdischen Triebe abgestorben sind. Der Wurzelstock des Salomonssiegels ist dick und fleischig; denn er dient als Speicherorgan, das die Austriebe während des Winters mit Nährstoffen versorgt, so daß sich die junge Pflanze im Frühjahr entwickeln kann. Speziesbezeichnungen wie *repens, reptans* oder *radicans* beziehen sich oft auf Ausläufer- oder Rhizombildung. Der Kriechende Hahnenfuß (*Ranunculus repens*) und die seltener anzutreffende Spezies *Ranunculus reptans*, die an Seeufern in Schottland wachsen, sind typische Beispiele.

Eine Beziehung zwischen der Fähigkeit zur Nährstoffspeicherung und der vegetativen Vermehrung liegt eindeutiger bei der Sproßknolle vor, für die uns die Kartoffel als Beispiel dienen soll. Die Kartoffelpflanze bildet dicht unter dem Erdboden zahlreiche Seitenzweige aus, die an den Enden zu Knollen anschwellen. Jede wird vom schützenden Periderm, der Schale, umgeben, und in den Achseln der Schuppenblätter entwickeln sich die Knospen (»Augen«). Schneidet man eine Kartoffel in einzelne Stücke, von denen jedes ein »Auge« hat, und pflanzt diese in die Erde, entwickelt sich aus jedem Stück eine neue Pflanze. Das Verhalten dieser »Augen« kann jeder beobachten, der die Ausläufer zum Vortreiben in Kästen steckt: Jedes Auge bildet einen Trieb mit embryonalen Blättern.

Es muß noch darauf hingewiesen werden, daß die Kartoffel nicht als Wurzelfrucht anzusehen ist, wenn sie auch oft als solche bezeichnet wird. Wurzeln besitzen weder Schuppenblätter noch Knospen. Die Sproßknollen sind ein Teil des Stengels.

Manchmal ist die Wurzel einer Pflanze, wie z. B. bei der

Gefleckten Orchis (*Orchis fuchsie*) und anderen Orchis-Arten, knollenähnlich. Die oberen Enden der Wurzeln sind angeschwollen und enthalten Speicherstoffe, die im Frühjahr beim Austreiben notwendig sind. Die Pflanzen bilden sowohl mehrere Sproßknollen als auch mehrere Wurzelknollen, so daß diese als vegetatives Vermehrungsorgan dienen können.

Die Sproßknolle des Krokus bildet sich aus der angeschwollenen Stielbasis. Gräbt man im April einen Krokus aus, bemerkt man, daß sich auf der alten Knolle zwischen den Blattbasen eine neue entwickelt. Dabei sitzt die verwelkte des Vorjahres unterhalb derjenigen, aus der noch Blüten austreiben.

Im Verlauf des Jahres ist die Knolle zu ihrer vollen Größe herangewachsen. Sie ist mit Schuppenblättern besetzt, in deren Achseln Knospen angelegt sind; aus ihnen entwickeln sich im darauffolgenden Jahr Blütentriebe.

Sproßknollen werden sowohl von Wildpflanzen als auch von Kulturpflanzen ausgebildet. Der Knollige Hahnenfuß *(Ranunculus bulbosus)*, einer der bekannten Hahnenfußgewächse, der sich durch abwärtsgerichtete Sepalen auszeichnet, und der Aronstab (*Arum maculatum*) haben beide gut ausgebildete Knollen.

In einer Sproßknolle sind an der Basis des angeschwollenen Sprosses die Nährstoffreserven gespeichert. Bei einer Tulpen- oder Narzissenzwiebel werden die Nährstoffe in den dicken, fleischigen Blättern aufbewahrt, während der Sproß, aus dem sie austreiben, zu einem platten, scheibenförmigen Gebilde reduziert wurde. Die Tulpenzwiebel hat eine Zentralknospe, die von fleischigen Blättern eingeschlossen ist. Im Frühjahr sprießt aus dieser Knospe der Blütensproß mit seinen Blättern, wobei die in der Zwiebel gespeicherten Stoffe verbraucht werden. In einer Blattachsel sitzt eine Knospe, die mit Hilfe der Photosyntheseleistung der gebildeten Blätter an Größe zunimmt und so die Zwiebel für das kommende Jahr liefert. Manchmal entwickeln

sich auch mehrere Knospen zu Zwiebeln, die zur vegetativen Vermehrung im folgenden Jahr dienen.
Einen anderen Aufbau der Zwiebel zeigen die Trompetennarzissen (*Narcissus pseudonarcissus*) und das Schneeglöckchen (*Galanthus nivalis*). Dort bestehen die fleischigen Zwiebelschalen aus der Basis der Blätter des Vorjahres oder, wie bei der Osterglocke, noch früherer Jahre. Die Laubblätter entwickeln sich aus dem alten Sproß, der Jahre überdauert; die Blüte hingegen bildet sich aus einem Seitenzweig. Spitzenknospe und Hauptsproß bleiben bestehen; die Basis der Laubblätter schwillt am Ende der Blütezeit an und bildet die Zwiebel für das kommende Jahr. Neue Zwiebeln werden in den Blattachseln der äußeren Zwiebelschalen gebildet.
Der wesentliche Unterschied zwischen Tulpen- und Narzissenzwiebel besteht darin, daß in der Tulpenzwiebel jedes Jahr eine neue Struktur gebildet wird, während bei Narzisse und Schneeglöckchen auf jeden Fall Teile der Zwiebel erhalten bleiben. Botanisch ausgedrückt sagen wir, die Tulpe entstehe durch »sympodiales« Wachstum; in den Zwiebeln der Narzissen und beim Schneeglöckchen verläuft das Wachstum hingegen »monopodial«. Die Zwiebel der Nickenden Sternhyazinthe (*Scilla nonscriptus*) besitzt sowohl Merkmale der Tulpen- wie auch der Narzissenzwiebel. Sie wird durch sympodiales Wachstum wie bei der Tulpe gebildet und entsteht trotzdem hauptsächlich aus angeschwollenen Blattbasen, wie bei der Narzisse.
Einige Pflanzen vermehren sich vegetativ mit Hilfe von sogenannten Bulbillen, kleinen Knospen, die nur locker an den Pflanzen haften und, wenn sie auf den Boden fallen, zu neuen Pflanzen heranwachsen. Wie bei den Zwiebeln sind ihre Blätter mit Reservestoffen angereichert. Solche Bulbillen besitzt das Scharbockskraut (*Ranunculus ficaria*). Im Weinbergslauch (*Allium vineale var. compactum*) sitzen Bulbillen an der Stelle der Blüten im Blütenstand.
Für den Gärtner ist die vegetative Vermehrung ein geeig-

netes Mittel, eine den Eltern völlig gleiche Nachkommenschaft zu erzielen. Schneidet man einen Steckling von einer Pflanze, wird die neue Pflanze in allen wesentlichen Merkmalen, da die Erbsubstanz der Eltern nicht vermischt wurde, genau der elterlichen gleichen. Viele unserer Kulturpflanzen werden auf diese Weise vermehrt; sie sind Hybriden, die aus der Kreuzung von zwei verschiedenen Varietäten entstanden und daher aus den Samen nicht rein zu züchten sein würden.

Wir nannten schon das Beispiel der Viktoria-Pflaume. Sie ist das Produkt der Kreuzung vieler verschiedener Pflaumen-Varietäten, und das, was ein Kern von ihr hervorbringen würde, hätte gewiß wenig mit dem Elternbaum gemeinsam. Vielleicht erhielte man auf diese Weise eine neue, eventuell sogar bessere Sorte, doch die Wahrscheinlichkeit für eine Verbesserung ist nahezu unendlich klein. Wenn wir eine Viktoria-Pflaume vermehren wollen, kann das nur durch Pfropfen geschehen; nur so können wir sicher sein, daß die Nachkommen in jeder Hinsicht der Elternpflanze gleichen.

Dasselbe trifft für die Kartoffel zu. Saatkartoffeln sind natürlich überhaupt keine »Saat«: sie sind kleine Knollen, die aus dem Sproß einer anderen Kartoffelpflanze wachsen. Die echten Samen der Kartoffelpflanze entstehen auf normalem Wege aus den Blüten. Werden sie jedoch ausgesät, dann vermehren sie nicht die Sorte, aus der sie entstanden sind, sondern etwas völlig anderes und wahrscheinlich Wertloseres als eine Nutzpflanze. Gelegentlich kann auch einmal ein Sämling eine neue wertvolle Sorte ergeben, doch dafür müssen Zehntausende anderer Sämlinge fortgeworfen werden.

Die Vorteile der Samenverbreitung

Wildpflanzen vermehren sich meistens vegetativ, was im Gegensatz zur geschlechtlichen Vermehrung gewisse Vorteile hat. Insbesondere ist das Verfahren einfach und zuverlässig und verhilft der Pflanzenart zu schneller Verbreitung. Die meisten der gebildeten Samen gehen bei den Wildpflanzen aus diesem oder jenem Grund für die Fortpflanzung verloren. Zum Beispiel können die Samen, wie in der Parabel vom Sämann, auf steinigen Boden fallen, oder sie werden von Vögeln gefressen oder von anderen Pflanzen erstickt, ehe sich Sämlinge ausbilden konnten. Die vegetative Vermehrung funktioniert hier viel sicherer, aber auch sie hat Nachteile. Obgleich sie, wie wir sahen, bei der schnellen Ausbreitung einer Pflanze über eine begrenzte Fläche nützlich ist, kann sie die Verbreitung über größere Entfernungen nicht gewährleisten. Eine junge Pflanze muß deshalb dicht bei ihrer Elternpflanze aufwachsen. Der Samen hingegen besitzt alle sinnvollen, im Laufe der Evolution gewonnenen Möglichkeiten zu einer Verbreitung, die in Kilometern, manchmal in Hunderten von Kilometern – statt Zentimetern oder Metern – gemessen wird.

Der Samen kann auch dann noch die Vorteile der Samenruhe bei der Überwinterung in Anspruch nehmen, wenn das vegetative Leben über der Erde zum Stillstand gekommen ist. Ein Samen ist die sicherste Verpackung, in der eine embryonale Pflanze den Unbilden des Winters widerstehen kann; für eine einjährige Pflanze ist der Samen sogar die einzige Möglichkeit zum Überleben. Er schützt nicht nur gegen die Kälte des Winters, sondern auch gegen andere Belastungen. Bei einer Wüstenpflanze z. B. muß er nicht Eis und Schnee fürchten, dafür aber eine sengende Sonne.

In langen Zeiträumen gedacht, besteht die Bedeutung der Samenvermehrung nicht zuletzt in der Tatsache, daß sie das Ergebnis der sexuellen Reproduktion ist und dadurch die Möglichkeit der Variation in sich einschließt. Wenn der männliche Gamet aus dem Pollenkorn mit dem Eikern in der Samenanlage verschmilzt, tritt eine Vermischung der Eigenschaften des männlichen und weiblichen Elternteils ein. Das ist auch der Fall bei einer sich selbst bestäubenden Blüte, jedoch noch mehr, wenn Fremdbestäubung stattfindet. Der Sämling unterscheidet sich etwas von jedem der beiden Eltern, wodurch der natürlichen Selektion das »Rohmaterial« zur Bearbeitung geliefert wird und wodurch Evolution überhaupt erst aufgrund der Variation stattfinden kann.

7 Die Bestäubung

Wie bereits im vorangegangenen Kapitel erklärt, versteht man unter Bestäubung die Übertragung des Pollens von den Staubblättern auf die Narbe der gleichen oder einer anderen Blüte. Für die meisten Pflanzen ist *Selbstbestäubung,* für die es sehr passende Mechanismen gibt, die Regel. Wie schon erwähnt, besteht der Vorteil der *Fremdbestäubung* darin, daß die Eigenschaften zweier verschiedenartiger Eltern sich vermischen, so daß die neu entstandene Pflanze neue Eigenschaften aufweisen kann.

Bestäubung kann durch eine Vielzahl von Faktoren beeinflußt werden, wovon Wind und Insekten die wichtigsten sind.

Man ist geneigt, anzunehmen, daß sich in der Evolution als erstes die Windbestäuber entwickelten und daß ihnen die Insektenbestäuber folgten, indem sich deren zunächst für die Windbestäubung vorgesehenen Organe anpaßten. Heute ist man sich dessen aber nicht mehr so sicher. Im Gegenteil! Man muß sich ins Gedächtnis rufen, daß Insekten bereits existierten, ehe die Blütenpflanzen vorhanden waren. Im Karbon gab es über Sümpfen schwirrende Libellen mit Flügelspannweiten von fast 70 Zentimetern. Diese Insekten waren primitive Geschöpfe, doch durch den späteren schnellen Evolutionsverlauf hätten sie, wenn in ihrem Bauplan nicht irreparable Fehler vorgelegen hätten, zu meisterhaften Kreaturen werden können. Die Entwicklung der Insekten zu den heutigen 28 Ordnungen fand in derselben Zeit statt wie die Evolution der Pflanzen zu ihrer heute dominierenden Form. Was konnte natürlicher sein als eine Partnerschaft zwischen diesen beiden Gruppen? Insekten ernähren sich vom Blütennektar, und als Gegenleistung übertragen sie den Pollen von einer Pflanze auf die andere. So ist heute die Annahme verbreitet, daß zuerst die Bestäubung durch Insekten existierte und daß Windbestäubung erst später folgte. Selbstverständlich können sich diese beiden Bestäubungsarten auch nebeneinander entwickelt haben. Nach dem heutigen Stand der Wissenschaft läßt sich das aber nicht entscheiden.

Die ersten Blüten ähnelten der heutigen Magnolienblüte – einer offenen Blüte mit unzähligen Perianthsegmenten, keiner Abgrenzung zwischen Kelch und Blütenkrone, mit vielen, größere Pollenmengen bildenden Staubblättern und einem Gynäzeum mit einzelnstehenden Fruchtblättern. Von einer derartigen Blütenform läßt sich mit Leichtigkeit die Blüte des Hahnenfußes ableiten. Heute werden solche Blütentypen von Insekten bestäubt, wobei keine spezielle Struktur die Bestäubung auf eine besondere Insektenart, z. B. Bienen oder Motten, beschränkt.

Die Blüte der Hahnenfußgewächse (*Abb. 7.1*) ist tatsächlich ein gutes Beispiel für diesen recht einfachen Typ des Blütenaufbaus. Der Name »Hahnenfuß« wird allerdings für einige verschiedene Spezies verwendet, von denen die drei bekanntesten der Knollige Hahnenfuß (*Ranunculus bulbosus*), der Kriechende Hahnenfuß (*R. repens*) und der Wiesenhahnenfuß (*R. acris*) sind. Der Blütentyp ist bei allen derselbe.

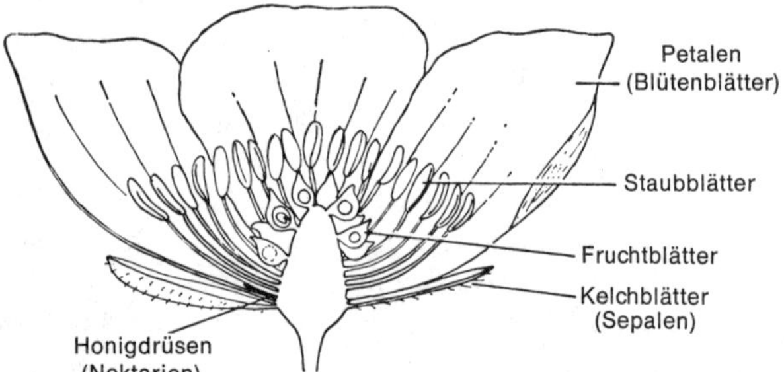

Abb. 7.1
Die Blüte des Hahnenfußes.

Die Blüte besteht aus fünf Sepalen und fünf Petalen, die nicht miteinander verwachsen sind; sie ist weit geöffnet und für jede Insektenart zugänglich. Die zahlreichen Staubblätter stehen weit auseinander, das Gynäzeum in der Mitte der Blüte besteht aus vielen einzelnen, auf der Blütenachse sitzenden Fruchtblättern. Dieses Rezeptakulum ist das angeschwollene Ende des die Blütenteile tragenden Blütenstieles. An der Basis eines jeden Blütenblattes befinden sich auf der Innenseite hinter einer winzigen Schuppe die Honigdrüsen.

Viele Insektenarten besuchen die Hahnenfußblüte, einige wegen des Pollens, z. B. die winzige Motte *Micropteryx calthella,* die meisten jedoch wegen des Nektars. Auf einer Hahnenfußblüte trifft man Schmetterlinge, Motten, Bienen, Wespen, Käfer, Wanzen und Fliegen gleichermaßen, weil die Blüte durch ihre offene Form einen idealen Landeplatz für große und kleine Insekten abgibt. Selbst Blasenfüßler (Thrips) sind dort zu finden, die den Saft aus den Blumenblättern saugen. Jedes dieser Insekten kann man als verantwortlich dafür ansehen, daß der Pollen von einer Blüte zur anderen befördert wird.

Nun könnte man annehmen, daß trotz der Vielfalt der Blütenbesucher auch oft Selbstbestäubung eintritt, da ja keine Einrichtung vorhanden ist, die sie verhindern kann. Doch das ist freilich selten der Fall. Der Grund hierfür liegt in der überwiegenden Selbststerilität der Hahnenfußgewächse, was bedeutet, daß sie physiologisch gegen den eigenen Pollen immun sind und von ihm nicht befruchtet werden können. Nur bei wenigen Einzelpflanzen findet manchmal Selbstbestäubung statt. So ist bis auf wenige Ausnahmen die Fremdbestäubung gesichert.

Gewährleistung der Pollenübertragung

Während ihrer Evolution haben sich viele Pflanzen in der Bestäubungsart auf bestimmte Insekten spezialisiert, so

z. B. auf die Biene. Sie besitzt einen langen Rüssel, den sie, um an den versteckten Nektar zu gelangen, in die Blüte senkt. So befinden sich die Nektarien in den von Bienen und häufig noch in den von Schmetterlingen und Motten bestäubten Pflanzen am unteren Ende der meistens zu einer Röhre verwachsenen Blütenblätter. Die Nektarien können deshalb nur von Insekten mit langem Rüssel erreicht werden; kleinere Insekten werden oft am Durchkriechen der Korolle und am Aussaugen des Nektars durch Hindernisse, z. B. Haarreihen, aufgehalten. Dennoch haben einige gelernt, die Röhre der Blütenkrone in der Nähe der Nektarien anzubohren und sich den Nektar auf diese Weise zu holen.

In diesem Jahrhundert ist viel über die Sinnesorgane der Biene in Erfahrung gebracht worden, so daß wir allmählich verstehen, weshalb die Bienen von bestimmten Pflanzenarten angelockt werden. Drei Dinge scheinen dabei wichtig zu sein: die Blütenfarbe, der Duft und das Blütenmuster, von Christian Sprengel 1793 als »Saftmal« bezeichnet. Lange Zeit nahm man an, daß die Bienen gar kein Farbempfinden hätten und daß sie alles in Grauwerten verschiedener Helligkeit sähen. 1914 begann Karl von Frisch seine grundlegenden Arbeiten über die Sinnesorgane der Bienen, und er konnte bald beweisen, daß sie ein ausgezeichnetes Farbempfinden haben, das sich allerdings von dem unsrigen wesentlich unterscheidet. Von Frisch dressierte Bienen, aus Näpfchen, die auf blauer Unterlage standen, Zuckerlösung zu holen. Waren die Bienen daran gewöhnt, die blaue Farbe mit Nahrung zu assoziieren, setzte er ihnen eine ganze Serie von Farbflecken vor, von denen nur einer blau, alle anderen verschieden stark grau waren. Auf keiner der Farbflächen stand eine Zuckerlösung. Die Bienen ließen sich nicht im geringsten beschwindeln: sie flogen direkt auf die blaue Fläche zu und suchten dort nach Nahrung, womit bewiesen war, daß die Bienen Blau und Grau ohne Schwierigkeiten unterscheiden können.

Von Frisch konnte beim Wiederholen dieser Versuche mit verschiedenen Farben nachweisen, daß die Bienen einen ausgeprägten Farbsinn haben, aber wir sagten schon, daß dieser von unserem menschlichen Farbensehen abweicht. Ein Mensch kann ungefähr sechzig – ein malender Künstler sogar noch mehr – verschiedene Farbabstufungen unterscheiden; eine Biene hingegen vermag nur vier Farben zu unterscheiden. Verfolgt man das Spektrum von Orange über Gelb bis Gelbgrün, so nehmen wir Menschen viele Farbabstufungen wahr, während eine Biene nur Gelb sehen kann. Ebenso nimmt sie sowohl im grünblauen wie im blauen Farbbereich jeweils nur *eine* Farbe wahr. Von all den vielen unterschiedlichen Farbtönen, die die Welt so schön bunt erscheinen lassen, kann die Biene nur drei sehen.
Trotzdem hat sie uns eines voraus. Von den erwähnten *vier* Farben liegt eine im für uns unsichtbaren ultravioletten Bereich. Was die Biene davon als »Farbe« wahrnimmt, werden wir allerdings kaum jemals erfahren.
Ebenso wie die Bienen uns darin voraus sind, daß sie eine Farbkomponente im UV-Bereich wahrnehmen können, so sind wir ihnen gegenüber in anderer Hinsicht im Vorteil. Die Bienen kennen überhaupt kein Rot; sie sehen alle Farben, die sich nach Orange dem roten Wellenbereich nähern, als grau – eine Tatsache, die unser Selbstbewußtsein stärken mag.
Wenden wir nun von Frischs Erkenntnisse auf die Farben der Blüten an, die die Bienen am häufigsten aufsuchten, so werden wir eine Bestätigung finden. Die meisten von Bienen besuchten Blüten sind blau, gelb oder violett. Sogar die Ausnahmen bestätigen von Frischs Entdeckungen. Die knallroten Mohnblüten dürften eigentlich nicht von Bienen angeflogen werden, und doch geschieht das häufig. Bei näherer Untersuchung stellen wir fest, daß die roten Blumenblätter des Mohns einen beträchtlichen Anteil des ultravioletten Lichtes reflektieren, das die Bienen – im Gegensatz zu uns – sehen können.

Auch manche anderen Blüten reflektieren im UV-Bereich, wodurch viele für uns unscheinbare Blüten für die Bienen besonders attraktiv sind, z. B. die der weißen Zaunrübe (*Bryonia dioica*). Ihre kleinen Blüten sind grüngelb und heben sich für uns kaum von den Blättern ab. Den Bienen aber fallen sie auf.
Neben der Blütenfarbe müssen wir auch die Blütenform beachten. Von Frisch stellte fest, daß die Bienen ohne Schwierigkeit zwischen unterschiedlichen Formen wählen können, so z. B. zwischen einer sternförmigen und einer ovalen Blüte, wenngleich zunächst die Farbe entscheidend ist. Werden Bienen so dressiert, daß sie einen blauen Stern anfliegen, und stellt man sie dann vor die Wahl zwischen einem gelben Stern und einem blauen Oval, so wählen sie das Letztere, obwohl sich die Form geändert hat.
Später erkannte Hertz, daß die Bienen durchbrochene Farbflächen gegenüber geschlossenen bevorzugen, was bedeutet, daß sie aufgelockerten Gruppen kleiner Blüten gegenüber einer einzelnen großen Blüte den Vorrang geben.

Farbe und Duft

Die Blütenfarbe hängt von zwei Faktoren ab. Die meisten gelben und einige rote Blüten enthalten Partikel, die sogenannten Chromoplasten, die durch karotinähnliche Pigmente gefärbt sind. Andere Blüten, vor allem blaue, enthalten Anthozyane, im Zellsaft gelöste Pigmente. Die Anthozyan-Farbstoffe ändern je nach Säuregrad des Zellsaftes die Farbe. So färbt sich der sauer reagierende rote Zellsaft blau oder violett, sobald er alkalisch wird. Das ist der Grund, warum z. B. die Blüten des Beinwell *(Symphytum officinale)* auf ein und derselben Pflanze zwischen Rosa und Lila variieren.
Die Farbe der übrigen Pflanzenteile hängt von denselben Farbstoffen ab. Das Rot reifer Tomaten und die hellroten Karottenwurzeln werden durch die Chromoplasten in den

Zellen hervorgerufen. Dagegen sind für das Dunkelrot der Roten Rübe und für die intensiv gefärbten Coleus-Blätter die Anthozyan-Farbstoffe verantwortlich. Die herbstliche Färbung der Blätter beruht einerseits auf den Zersetzungsprodukten des Chlorophylls, andererseits auf der Anthozyanbildung in den alternden Blättern. Die Bienen werden primär von der Blüten*farbe* angelockt, doch spielt außerdem der Duft dieser Blüten eine Rolle. Von Frisch untersuchte die Wirkung verschiedener Duftstoffe auf die Bienen und konnte als erster Wissenschaftler beweisen, daß ihre Duftrezeptoren auf den Fühlern sitzen. Bienen, denen man die Fühler entfernte, hatten keinen Geruchssinn mehr. Von Frisch untersuchte den Geruchssinn der Bienen, indem er sie daran gewöhnte, bestimmte Düfte mit Nahrung zu assoziieren. Er konnte demonstrieren, daß die Bienen eine große Vielfalt von Düften differenzieren können.

Er zeigte darüber hinaus, daß Bienen auf Duftstoffe dressiert werden können, die eine völlig künstliche Herkunft hatten, z. B. auf Lysol und auf den nach faulen Eiern riechenden Schwefelkohlenstoff.

Von Frisch forschte auch nach der *relativen* Bedeutung von Geruch und Farbe beim Anlocken der Bienen. Er dressierte Bienen auf eine blaue, nach Jasmin duftende Karte. Dann lockte er sie mit einer gelben Karte mit Jasminduft und einer blauen Karte ohne den Duftstoff. Die meisten Bienen eilten zu der gelben Karte. Darauf stellte er eine einen Meter lange Trennwand zwischen die beiden Farbkarten, so daß die Bienen sich bereits in einiger Entfernung entscheiden mußten, zu welcher Karte sie fliegen wollten. Bei diesem Experiment flogen die meisten Bienen zu der blauen Karte. Er folgerte daraus, daß in einiger Entfernung die Farbe den stärkeren Reiz ausübt, nahe am Objekt jedoch stärker der Duft entscheidet.

Diese Schlußfolgerung erwies sich bis auf einen Punkt als richtig. Wegen der besonderen Struktur der Augen sind Bienen im Vergleich zu uns recht kurzsichtig. Sie können eine Blüte aus einer Entfernung von mehr als einem Meter gar nicht mehr sehen. Wenn sie von weither zu einer Blüte kommen, müssen sie daher durch den Duft und nicht durch die Farbe angelockt werden. Das ist sicherlich der Fall bei einer Nutzpflanze wie dem Klee, bei dem große Mengen an Blüten beisammenstehen. Hier kann man kaum bezweifeln, daß der Duft aller dieser Blüten zum Anlocken der Bienen ausreicht. Bei einzelnen Blüten jedoch ist es fraglich, ob der Duft stark genug ist, um die Bienen anzulocken, ehe sie die Blüte erkennen.

Beim Anlocken der Bienen scheint es drei Stufen zu geben. Aus einiger Entfernung werden die Bienen, vorausgesetzt er ist stark genug, vom Duft angelockt und in die richtige Richtung geleitet. Sind die Tiere schließlich dicht genug am Ziel, d. h. ungefähr einen Meter vor der Blüte, so spielt der Duft keine entscheidende Rolle mehr. Hier wird das Sehvermögen wirksam, und die Bienen peilen mit seiner Hilfe die Blüte an. Ist die Biene dicht vor der Blüte angelangt, so dominiert abermals der Geruchssinn; eine Biene wird nur die in ihrem Sinne »richtig« duftenden Blüten anfliegen.

Wie empfindlich der Geruchssinn der Bienen ist, darüber läßt sich streiten. Von Frisch folgerte aus einen Experimenten, daß die Bienen einen etwa ebenso feinen Geruchssinn haben wie die Menschen. Spätere Arbeiten ergaben aber durch genauere Versuchsmethoden, daß die Bienen eine viel empfindlichere »Nase« haben als wir. Man nimmt heute an, daß der Geruchssinn einer Biene etwa zehnmal, möglicherweise sogar hundertmal feiner ist als der unsrige.

Der Blütenduft wird durch die Anwesenheit flüchtiger ätherischer Öle hervorgerufen, Gemischen aus Kohlenwasserstoffen, den Terpenen und ihren Sauerstoffderivaten. Bekannte Beispiele dafür sind das Lavendelöl aus *Lavendula vera*, das Anisöl aus *Pimpinella anisum* und das Pfefferminzöl aus *Mentha piperita*. Viele dieser Pflanzen sind für

die Parfümherstellung von wirtschaftlicher Bedeutung. Die ätherischen Öle sind auch für das Aroma von Gewürzen, wie der Gewürznelke (Frucht von *Eugenia caryophyllata*), des Ingwers (Rhizom von *Zingiber officinale*), des Pfeffers (Früchte von *Piper nigrum*) und des Zimts (Borke von *Cinnamomum zeylanicum*) verantwortlich. Der Hopfen (*Humulus lupulus*), der dem Bier sein bitteres Aroma verleiht und gleichzeitig als Konservierungsmittel wirkt, enthält Öle, die als Lupuline bezeichnet werden und in den Haaren der Deckblätter der dicht beieinanderstehenden weiblichen Blüten entstehen.
Was ich oben über die Sinnesorgane der Biene sagte, trifft besonders für die Honigbiene zu, mit der am meisten experimentiert worden ist, aber es kann kaum bezweifelt werden, daß dasselbe auch für solitäre Bienen, z. B. für Hummeln, zutrifft. Die Honigbienen haben allerdings ein wichtiges Hilfsmittel zum Lokalisieren der Nahrung, das den anderen fehlt: sie schicken einige Bienen als Späher aus. Wenn diese Kundschafter zum Bienenstock zurückkehren, teilen sie den anderen Bienen durch komplizierte Tanzbewegungen mit, in welche Richtung sie fliegen müssen, um Nahrung zu finden. Die Hummel hingegen ist Einzelgänger und in dieser Hinsicht auf sich selbst angewiesen. Trotzdem scheint sie recht gut ihr Futter zu finden.

Saftmale und Nektar

Wir kommen nun zu der Bedeutung der Muster auf einer Blüte, der Honigzeichen oder Saftmale, wie Sprengel sie nannte. Blütenmuster sind, besonders bei den höherentwickelten Blütentypen, sehr verbreitet. Sie bestehen oft aus zu den Nektarien weisenden Linien, z. B. beim duftenden Veilchen (*Viola odorata*). Dieses hat auf den unteren Blütenblättern deutliche Linien. Manchmal nehmen sie auf der Blütenröhre auch die Form von Punkten an, wie beim Fingerhut (*Digitalis purpurea*). Auch kann das Zentrum einer

Blüte eine von den übrigen Blütenteilen abweichende Farbe haben, wie das für den gelben Punkt im Zentrum der Vergißmeinnicht-Blüte (*Myosotis*) zutrifft.
Sprengel nahm an, daß diese Zeichen die Biene zu dem versteckten Blütennektar führen, und das Nachfolgende scheint zu bestätigen, daß er recht hatte. Landet eine Biene auf einer Blüte, wobei sie offensichtlich zuerst durch den Farbkontrast zwischen Blüte und Hintergrund angezogen wurde, so läßt sie sich meistens auf dem Rand der Korolle nieder. Sind hingegen Saftmale vorhanden, wird das Insekt von dem Kontrast zwischen der Farbe der Saftmale und der übrigen Blüte angelockt. Anstatt sich auf dem Rand der Blütenblätter niederzulassen, gelangt die Biene hierbei näher zum Zentrum und kann die Nektarien leichter finden.
Natürlich gibt es auch viele Blüten ohne Saftmale, die von Bienen besucht werden, und man ist vielleicht erstaunt, wie die Bienen ohne sie auskommen. Bienen haben aber eine bemerkenswerte Fähigkeit, aus der Erfahrung zu lernen. Schon nach wenigen Besuchen einer Blüte ohne Saftmale wissen sie, wo die Nektarien sitzen. Außerdem gibt es vielleicht Saftmale, die wir nicht wahrnehmen. Neben der Fähigkeit der Bienen, ultraviolette Strahlen wahrzunehmen, hat sich gezeigt, daß bei manchen Blüten der Duft nicht gleichmäßig über die gesamte Oberfläche der Blütenblätter verteilt ist. Die Saftmale mancher Blüten funktionieren also nicht auf Farb-, sondern auf Duftbasis. Aber auch visuelle Saftmale können zusätzlich noch einen anderen Duft haben als die übrige Blüte.

Der Bau stäubender Blüten

Bienen besuchen Blüten, um ihnen sowohl Pollen als auch Nektar zu entnehmen. Unter den von Bienen bestäubten Blüten gibt es viele, die keinen Nektar bilden: die sogenannten Pollen-Blüten. Ein bekanntes Beispiel ist der Besenginster (*Sarothamnus scoparius*). Seine Blüten zeigen auch einen der vielen Mechanismen, die die Fremdbestäubung sicherstellen. Sie haben die charakteristische Schmetterlingsform der *Papilionaceae* (Familie der Erbsen- und Bohnengewächse). Das große obere Blütenblatt steht aufrecht und wird Fahne genannt; es besitzt – obwohl eine Pollenblüte – Saftmale in Form dunkler Linien. Die zwei seitlichen Blütenblätter bilden die Flügel und die beiden unteren, zusammengewachsenen das Schiffchen, das das Andrözeum und das Gynäceum umschließt. Die Enden der Schiffchenpetalen stehen mit den Flügelpetalen in Verbindung. Das Andrözeum besteht aus zehn durch Staubfäden miteinander verbundenen Staubblättern; fünf Staubblätter sind lang, fünf kurz. Das Gynäzeum besteht aus einem einzelnen Fruchtblatt mit einem länglichen Fruchtknoten und einem langen Griffel, an dessen Spitze die Narbe sitzt. Staubblätter und Griffel liegen zusammengepackt im Schiffchen und stehen unter beträchtlicher Spannung.

Setzt sich nun eine große, schwere Hummel auf die Flügel der Blüte, dann drückt ihr Gewicht die Petalen der Flügel und des Schiffchens auseinander, das dabei von innen nach außen aufreißt. Dabei schnellen die Antheren heraus und berühren die Hummel an der Körperunterseite, wobei sie den Pollen freigeben. Beim weiteren Öffnen des Schiffchens gelangen schließlich die längeren Staubblätter und der Griffel heraus. Sie schnellen regelrecht hervor, wobei der Pollen aus den Staubblättern auf den Rücken der Biene gelangt. Der Griffel steht sogar unter einer noch größeren Spannung als die Staubgefäße, so daß er ein wenig schneller hervorschnellt und die Biene schon berührt, ehe die Staubblätter den Pollen ausschütten. Hat die Biene vorher eine andere Ginsterblüte aufgesucht, bleibt nun an der Narbe Pollen dieser Blüte haften. Nachdem der Griffel die Biene berührt hat, beginnt er sich, damit die Narbe den sich entladenden Staubblättern nicht mehr im Wege ist, zusammenzudrehen.

Der Ausschleudermechanismus der Ginsterblüte ist irreversibel; hat sich das Schiffchen erst einmal geöffnet und die Staubgefäße und den Griffel freigegeben, können diese nicht mehr in das Schiffchen zurückkehren. Auch können die Flügel und das Schiffchen nicht wieder zusammengefaltet werden. Am Ginster kann man bestäubte Blüten daran erkennen, daß ihre Blütenblätter schlapp herabhängen; diese Blüten werden später Samen ansetzen, andere dagegen nicht, weil sie nicht von Bienen besucht wurden. Der geschilderte Bestäubungsmechanismus ist augenscheinlich wirkungsvoll genug, um Selbstbestäubung zu verhindern.
Der Bestäubungsmechanismus des eng verwandten Stechginsters (*Ulex*) ist dem des Besenginsters sehr ähnlich, doch weniger explosiv. Wenn die Biene mit ihrem Gewicht auf den Blütenflügeln landet, öffnet sich das Schiffchen, und als erstes erscheint der Griffel, der dann die Körperunterseite der Biene berührt. Danach treten die Staubgefäße hervor und bestäuben den Körper des Insekts von unten her mit Pollen. Da der Griffel zuerst die schützende Hülle des Schiffchens verläßt, wird hier Fremdbestäubung noch besser sichergestellt.

Nektar liefernde Blüten

Eine ganz andere Art des Bestäubungsvorganges durch Bienen finden wir bei den Arten der Gattung *Salvia*, bei Pflanzen also, die zur Familie der Lippenblütler (*Labiatae*) gehören. Ihre fünf Petalen sind zu einer Röhre verwachsen, obgleich ihr oberer Rand eine Reihe von vorspringenden Lappen oder Lippen bildet. Die obere, aus zwei miteinander verwachsenen Petalen bestehende Lippe steht aufrecht. Ihr gewölbtes Inneres enthält zwei Blütenblätter und den Griffel. Die untere Lippe der Korolle bildet den Landeplatz für die Bienen. Die Samenanlage ist am Grunde der Blütenröhre versteckt und besitzt an der Basis eine Honigdrüse. Die Staubgefäße haben einen ganz besonderen Aufbau. Die

Anthere besteht aus zwei Teilen, deren unterer steril ist und keinen Pollen enthält. Die beiden Hälften der Anthere sind bei jedem Staubgefäß durch einen langen Steg, das Konnektiv, miteinander verbunden. Dieser ist gebogen, so daß sie sich der konkaven Innenseite der oberen Korollenlippe anlegen. Die Konnektive sind mit je einem Filament des Staubgefäßes nahe am unteren Ende verbunden – eine Verbindung, die nicht starr ist. Werden die oberen, in der Mulde der Korollenröhre liegenden Antherenhälften stark genug angestoßen, schwingen die Konnektive heraus, und die obere, fertile Antherenhälfte fällt herunter.
Ist eine Biene auf dem Landeplatz der unteren Korollenlippe angekommen, stößt sie ihren Kopf in die Korollenröhre, um an den vom Nektarium ausgeschiedenen Honig zu gelangen. Dabei verstellen die unteren sterilen Antherenhälften ihr den Weg; doch indem die Biene sie anstößt, schnellen sie hervor, wodurch die Biene die obere, fertile Antherenhälfte mit ihrem Rücken in Berührung bringt und ihn mit Pollen bestäubt (*Abb. 7.2*).
Zu dieser Zeit ist die Narbe noch unreif und für den Pollen noch nicht aufnahmefähig. In älteren Blüten, die dann den Pollen bereits ausgestreut haben, verlängert sich der Griffel und biegt sich um. Dadurch wird die nun empfängnisfähige Narbe in eine Position gebracht, in der sie den Rücken einer Biene berühren kann. Kommt die Biene von einer jüngeren Blüte, wird sie auf dem Rücken Pollen tragen, und dieser bleibt auf der Narbe haften.
Außer den kippfähigen Staubblättern besitzt *Salvia* einen weiteren Mechanismus zur Verhinderung der Selbstbestäubung. Pollen und Narbe reifen zu verschiedener Zeit. Man nennt das »Dichogamie«, eine Erscheinung, die bei Pflanzen mit hermaphroditen Blüten, Blüten, die sowohl Staubgefäße als auch ein Gynäzeum besitzen, sehr verbreitet ist. Bei *Salvia* reifen zuerst die Staubblätter, eine häufige Erscheinung, die man »Protandrie« nennt. Wir finden sie beim Wald-Weidenröschen (*Chamaenerion angustifolium*),

bei fast allen Kompositen (Familie der Korbblütler), Umbelliferen (Doldenblütengewächsen) und vielen anderen. Das Gegenteil von Protandrie ist Protogynie, bei der die Narbe vor dem Pollen ausreift. Protogynie ist weniger verbreitet, man findet sie z. B. beim Wegerich (*Plantago*), bei der Gelben Wiesenraute (*Thalictrum flavum*) und beim Stinkenden Nieswurz (*Helleborus foetidus*).

Dichogamie kommt, wie man erwarten kann, besonders häufig bei windbestäubten Blüten vor. Bei einem derart vom Zufall abhängigen Vorgang wie der Windbestäubung kann man sich kaum eine andere Art und Weise der Verhinderung der Selbstbestäubung außer durch Trennung der Geschlechter vorstellen. Eine weitere Vorrichtung, durch die Selbstbestäubung verhindert wird, ist die Heterostylie,

---

Abb. 7.2
Die Blüte des Salbeis und der Vorgang ihrer Bestäubung.
(a) Eine Biene ist auf einer jungen Blüte gelandet, stößt gegen den unteren, sterilen Teil eines Staubgefäßes, kippt dieses an seinem Gelenk um, so daß der obere, fertile Abschnitt herunterfällt, den Rücken der Biene berührt und dabei mit Pollen bestäubt.
(b) In einer älteren Blüte sind die Staubblätter verwelkt, der Griffel ist ausgewachsen. Dadurch wird die Narbe in eine Lage gebracht, in der sie den Rücken der Biene berührt und den Pollen abstreift.
(c) Einzelnes Staubblatt, das zeigt, wie das lange Konnektiv das kurze Filament weit überragt.

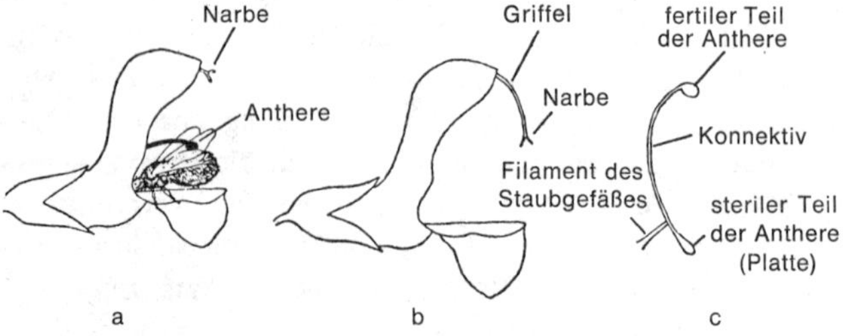

die darin besteht, daß die Blüten sich durch unterschiedliche Länge ihrer Staubblätter und Griffel unterscheiden. Die Schlüsselblume (*Primula vulgaris*) ist wohl das bekannteste Beispiel dafür. Sammelt man Primelblüten von verschiedenen Pflanzen, so stellt man fest, daß es zwei Arten, langgrifflige und kurzgrifflige Blüten, gibt. Bei den langgriffligen sitzt die Narbe am Eingang der Blütenröhre; sieht man in die Blüte von oben hinein, erkennt man sie in Form eines runden Flecks. Die Staubblätter sind nicht sichtbar; denn die Antheren sitzen auf halbem Wege in der Blütenröhre und sind von der Narbe verdeckt. Bei der kurzgriffligen Blüte ist die Länge der Staubgefäße und des Griffels genau umgekehrt wie bei der langgriffligen Blüte (*Abb. 7.3*).

Die Primel wird von der Honigbiene bestäubt. Versenkt die Biene, um Nektar zu saugen, den langen Rüssel in die Blütenröhre einer kurzgriffligen Blüte, wird sie genau an der richtigen Stelle mit Pollen bestäubt, um später eine langgrifflige Blütennarbe damit bestäuben zu können. Eine zusätzliche Vorsichtsmaßnahme, Selbstbestäubung zu verhindern, besteht in der unterschiedlichen Pollengröße der kurz- und langgriffligen Blüten. Bei den langgriffligen sind

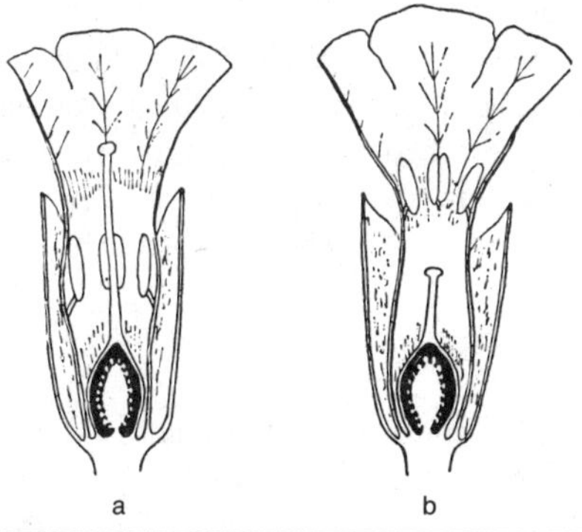

Abb. 7.3
Die Heterostylie der Primeln. (a) langgriffelige Blüte; (b) kurzgriffelige Blüte.

die Pollenkörner kleiner; dafür sind die Papillen ihrer Narben gröber, so daß die größeren Pollenkörner einer kurzgriffligen Blüte besser darauf haften als die feineren einer langgriffligen Blüte. Der Blütentyp der Schlüsselblume wird durch ein einziges Gen gesteuert, wobei der kurzgrifflige Typ dominant ist. Ungefähr 70% der Primeln sind kurzgrifflig und nur etwa 30% langgrifflig.

Noch weiter entwickelt ist die Heterostylie beim Blutweiderich (*Lythrum salicaria*); dort haben wir drei Blütentypen: mit langen, kurzen und mittellangen Griffeln und Staubblättern. Eine Blüte mit einem langen Griffel hat sowohl kurze wie auch mittellange Staubblätter; bei den anderen Blüten verhalten sich die Längen der Griffel und Staubblätter entsprechend. Jeder Blütentyp kann hier zwei andere Typen bestäuben.

Einen der besonders bemerkenswerten Mechanismen für die Insektenbestäubung besitzen die Orchideen. Die Orchideenblüte ist extrem spezialisiert und weicht in mancher Hinsicht völlig von anderen Blüten ab. Die Orchidee hat ein einziges Staubblatt, die Pollenkörner sind in jeder Anthere zum sogenannten Pollinium zusammengeklebt. Dieses Pollinium wird von der Biene als Ganzes übertragen. Sind die Pollinien reif, haften sie meistens an einer Klebscheibe, die genau über der Narbenoberfläche sitzt, so daß sie an einer Biene festkleben können.

Dies sind nur einige Beispiele aus der Vielfalt der Blütenanpassung für die Bestäubung durch Bienen. Blüten werden indes nicht nur von Bienen bestäubt, und die Art, wie sich Blüten an den Bestäubungsvorgang durch andere Insekten angepaßt haben, ist mindestens ebenso beachtlich.

Bestäubung durch Wespe, Motte, Käfer und Fliege

Auf welche außergewöhnliche Weise sich eine Pflanze einem Insekt anpassen kann, wird bei der Feige deutlich, die durch die Wespe *Blastophaga grossorum* bestäubt wird.

Die Blüte der in Italien beheimateten wilden Feige (*Ficus carica*) ist in Wirklichkeit nur ein hohler Blütenstand, ein birnenförmiges und an seiner Spitze mit einer Öffnung versehenes Synkonium. Die Blüten sind im Innern dieses Blütenstandes angeordnet. Am Eingang sitzen die männlichen Blüten, weiter innen die weiblichen. Die Feige ist also eine Pflanze mit getrenntgeschlechtlichen Blüten. Die Feigenfrüchte sind Scheinfrüchte, die aus den angeschwollenen Synkonien bestehen und die die eigentlichen Früchte, die Kerne, enthalten (*Abb. 7.4*).
Die wilde Feige oder »fico silvatico« blüht sehr zeitig im Frühjahr. Am Eingang des Synkoniums bilden sich zahlreiche männliche Blüten, während im Innern die sogenannten Gallenblüten entstehen, weibliche Blüten mit je einem Samen, die keine eßbare Frucht bilden können. Die Synkonien werden von Wespenweibchen besucht, die in ihnen in jeden Fruchtknoten der Gallenblüten ein Ei ablegen. Die Männchen der aus diesen Eiern schlüpfenden Wespen verbringen ihr ganzes Leben im Synkonium. Sie vollziehen ihre Metamorphose in den Samenanlagen der Feige und suchen als ausgewachsene Wespe die in den Gallenblüten

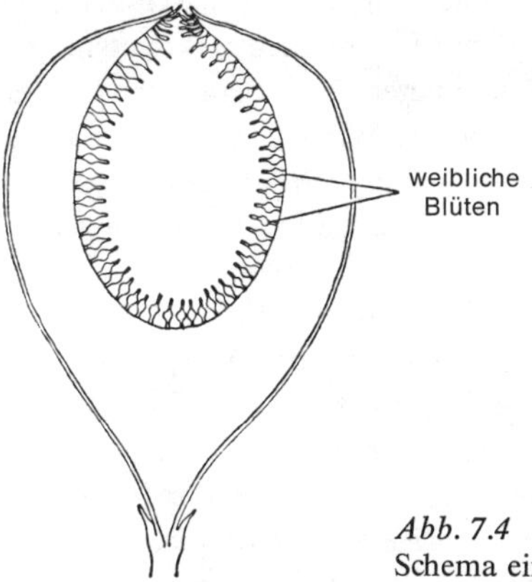

Abb. 7.4
Schema einer Feige im Längsschnitt.

vorhandenen weiblichen Wespen auf. Beim Durchbohren der Wand der Samenanlage befruchten sie die Weibchen. Danach sterben sie, ohne jemals das Synkonium verlassen zu haben.

Die Weibchen verlassen nun das Synkonium, wobei sie über die männlichen Blüten an der Öffnung hinwegkriechen müssen; dabei bleibt Pollen an ihnen hängen. Zu dieser Zeit ist die erste, »profico« genannte Frucht der Feige reif, die übrigens als Eßfeige zu bitter ist. Die Wespenweibchen fliegen nicht weit. Sie kriechen an den Zweigen des Baumes entlang und halten nach jungen Blütenständen Ausschau, die im späten Frühjahr den zweiten Fruchtansatz der wilden Feige bilden. Es handelt sich um Synkonien, die den ersten Früchten gleichen, mit einer Ausnahme: daß sie nur weibliche Blüten enthalten, die diesmal voll entwickelt sind, mit der Fähigkeit, Samen anzusetzen. In die Fruchtknoten dieser Blüten versuchen die Wespen ihre Eier zu legen. Das mißlingt zwar, aber immerhin befruchten sie dabei die Blüten. Die entstehenden, eßbaren Früchte, die »fichi«, sind im September ausgereift. Während die »fichi« heranreifen, bildet sich noch eine dritte Art von Früchten, die eigentliche »Brutstätte« der Wespen, weil sie nur Gallenblüten enthält. Den Wespen, die ihre Eier nicht in die »fichi«-Früchte legen konnten, gelingt dies nun in den Gallenblüten der »Brutfeigen«. Hier verbringen die Wespenlarven den Winter, schlüpfen im zeitigen Frühjahr aus und beginnen den Lebenszyklus von neuem. Wie man sieht, sorgen die wilden Feigen in jedem Jahr für drei verschiedene Fruchtarten, von denen nur die mittlere, die »fichi«-Frucht, genießbar ist. Die Feige vermag ihren Lebenszyklus nicht ohne die Wespe zu vollziehen, die Wespe nicht ohne die Feigenpflanze.

Die zahlreichen Feigensorten stammen allesamt von der wilden Feige ab. Wir müssen die echten Kulturfeigen mit all ihren Varietäten (*Ficus carica* var. *domestica*) von der sehr ähnlichen Ziegenfeige (*F. carica* var. *caprifica*) unter-

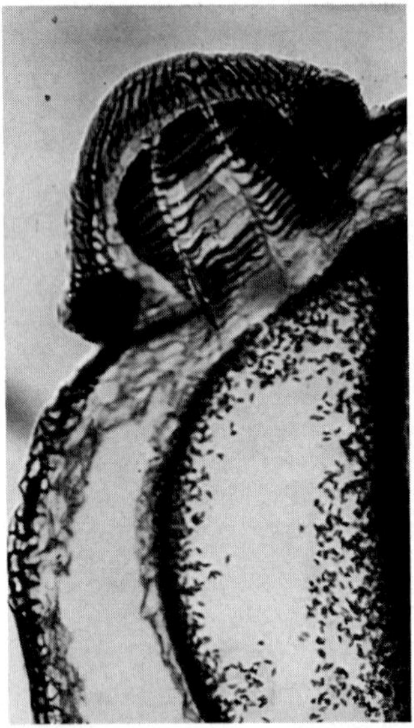

Rückseite.
Oben: Farne im Nebelwald: *Nephrolepsis cordata* u. a. Réunion.
Unten links: Marchantia polymorpha, Brunnenmoos mit weiblichen »Frucht«-ständen.
Unten rechts: Torfmoos, *Sphagnum,* mit Sporenkapseln.
Links: Mikroaufnahme eines Längsschnittes durch eine Mooskapsel. An der Spitze das bei der Sporenverbreitung sich öffnende Peristom.
Unten links: Tracheiden mit Hoftüpfeln im radial geführten Längsschnitt durch das Holz der schottischen Kiefer.
Unten rechts: Hoftüpfel der Tracheiden einer Kiefer im tangentialen Längsschnitt durch den Stamm.

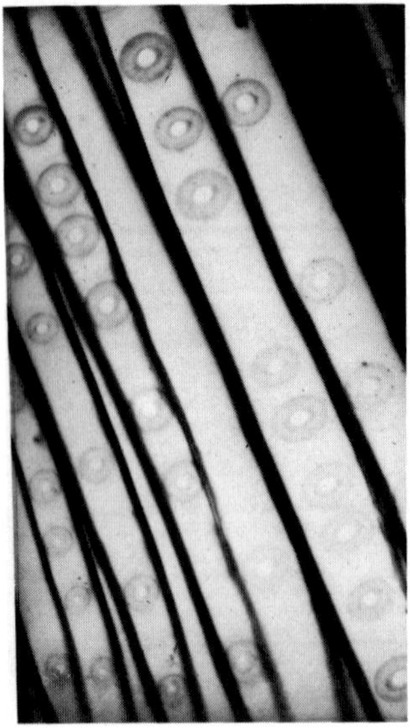

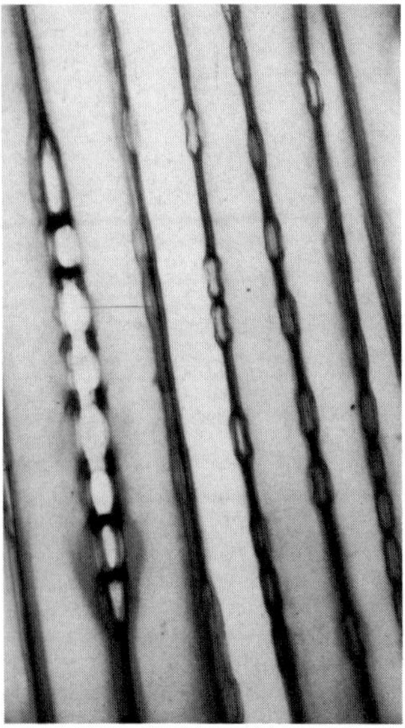

Rechts: Junger Sonnenblumenstengel mit Gefäßbündeln im Querschnitt. Die großen Zellen in den Bündeln sind die Gefäße des Xylems.
Unten: Querschnitt durch den Stengel der Taubnessel. In den vorspringenden Kanten des Stengels ist das Kollenchym sichtbar.

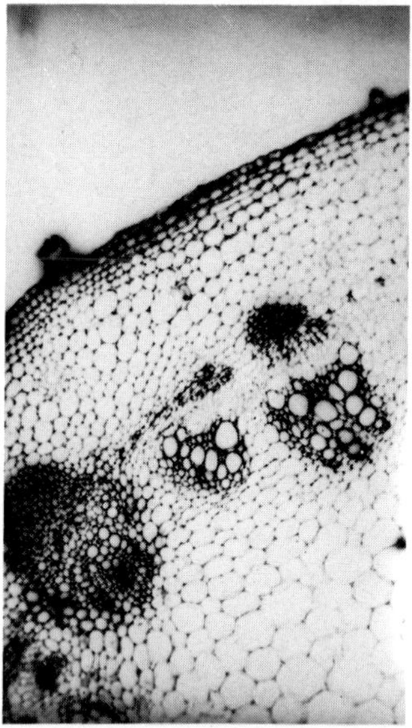

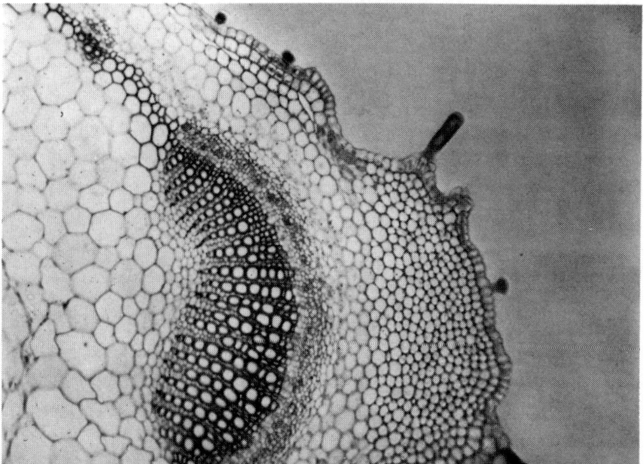

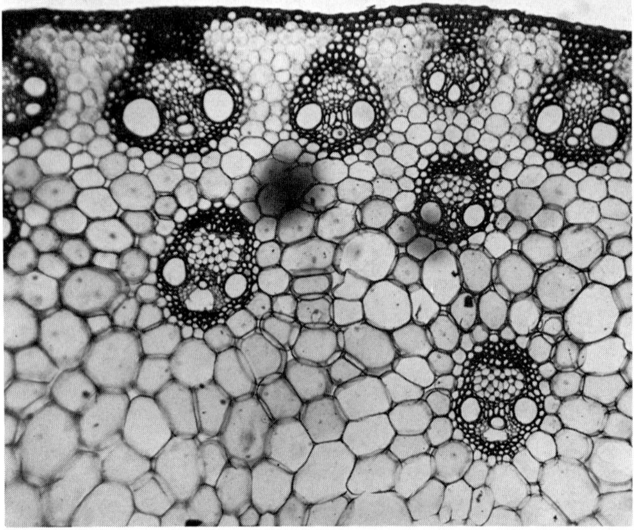

Oben: Querschnitt durch den Sproß einer Maispflanze.
Rechts: Querschnitt durch den Stamm einer Linde. Wie in der unteren Bildhälfte zu sehn ist, liefert das sekundäre Dickenwachstum eine Menge Holz.

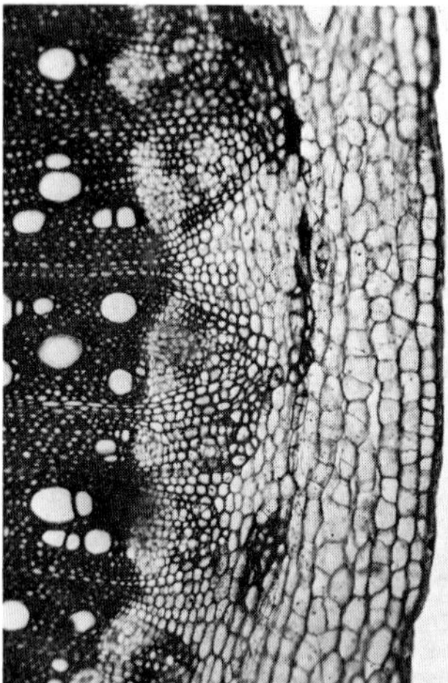

Rechte Seite: Baumwurzeln. bei *Ficus bengalensis,* dem Banyan. Madagaskar.
Oben rechts: Viviparie im Pflanzenreich. Mangrovenbaum mit auskeimenden Embryonen.
Unten links:
Stelzwurzeln bei der Schraubenpalme, *Pandanus.* Ostküste von Madagaskar.
Unten rechts:
Brettwurzeln an einem Feigenbaum. Regenwald, Ostküste von Madagaskar.

Oben: Passiflora quadrangulata, die Passionsblume.
Rechts: Salix cinerea, die Grauweide. Männliche Blütenkätzchen.

Oben: Cichorium intybus, die Zichorie. Komposite mit Zungenblüten.
Links: Anemone pulsatilla oder *Pulsatilla vulgaris,* die Küchenschelle. Blüte mit Staubblättern, in der Mitte der Griffel.
Rechte Seite: Huernia zebrina, Aasblume. Südafrika.

Oben: Längsschnitt durch eine Magnolienblüte: Staub- und Fruchtblätter.
Rechts: Silene inflata, der Aufgeblasene Taubenkropf. Blüten mit erhalten bleibendem Kelch.

Oben: Hoya bella, Wachsblume. Blüte mit Nebenkrone (Parakorolle).
Links: Carlina acaulis, die Wetterdistel aus der Familie der Kompositen. Der Schauapparat wird von toten, pergamentartigen Hochblättern gebildet.

Oben: Capparis antanossorum, madagassischer Kappernstrauch. Die Auffälligkeit der Blüte wird durch Staubblätter hervorgerufen.
Rechts: Hoodia gordonii, kakteenartige Stapeliee aus Südafrika.

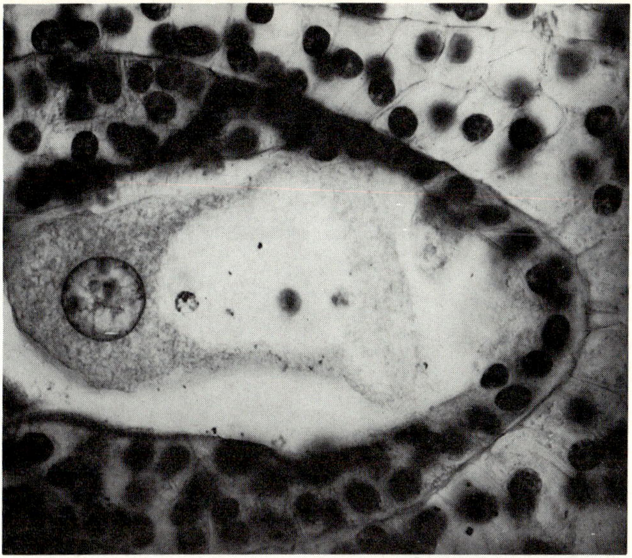

Linke Seite: Hymenocallis, ein merkwürdiges Narzissengewächs aus Südamerika mit Nebenkronenbildung.
Oben: Mikroaufnahme eines Embryosacks aus einer Blütenknospe der Lilie.
Rechts: Schnittbild durch die Frucht des Hirtentäschels. Ein Samen mit dem darin enthaltenen Embryo, seinen beiden Keimblättern und der Keimwurzel wurde längs durchschnitten.

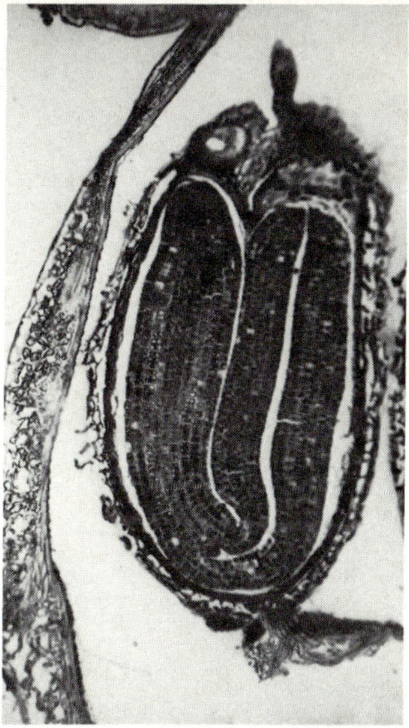

Linke Seite: Der Nacktsamer *Abies cephalonia* (griechische Tanne) mit männlichen Blüten.
Orchideen. *Oben: Theypogon* aus den Nebelwäldern Südperus (3 500 Meter Höhe). *Unten: Aerangis fusca,* Orchidee mit langem Blütensporn. Madagaskar.

Oben: Strelitzia regina, die »Vogelkopforchidee«, Bananengewächs mit merkwürdigen Blütenständen aus Südafrika. Die Blüte wird von Honigvögeln bestäubt.
Rechte Seite: Wasserpflanzen. *Oben: Victoria cruciana,* Amazonas-Seerose mit Schlüsselblätteren, blühend. *Unten links: Eichhornia crassipes,* Amazonas-Hyazinthe. Die von Luftgewebe erfüllten Blattstiele machen die Pflanze schwimmfähig. *Rechts: Nymphaea lotus,* Lotusblume, die heilige Blume der alten Ägypter.

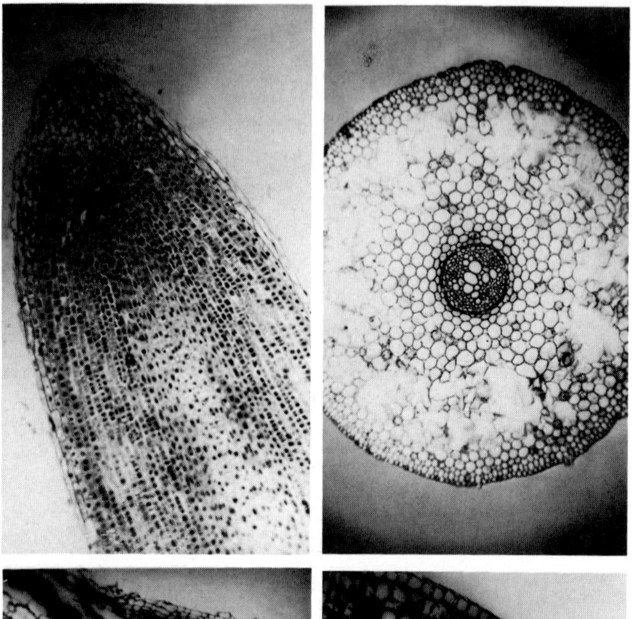

Oben: Tillandsia subconcolor, epiphytisches Ananasgewächs aus Südperu.
Linke Seite. Oben links: Längsschnitt durch die Wurzel einer Zwiebel. Er zeigt das Spitzenmeristem und die Wurzelhaube. *Oben rechts:* Querschnitt durch die Wurzel der Pferdebohne. *Unten links:* Teil eines Querschnitts durch den Sproß von *Clematis,* einem Lianengewächs. Das sekundäre Xylem ist durch dünnwandige Zellen in Segmente aufgeteilt, wodurch für die Biegsamkeit des Sprosses gesorgt ist. Unten rechts: Querschnitt durch einen Johannisbeertrieb. Das Periderm entwickelt sich unter der Oberfläche.

Oben: Azureocerus nobilis, Säulenkaktus aus Südperu mit Epiphyten bewachsen.
Rechte Seite. Oben links: Cuscuta, die Kleeseide, ein chlorophyllfreier Ganzparasit. *Oben rechts: Viscum albus,* die Mistel (Halbparasit) auf einer Pappel. *Unten: Monotropa hypopitis,* der Fichtenspargel, chlorophyllfreier Saprophyt (Symbiose mit einem Pilz).

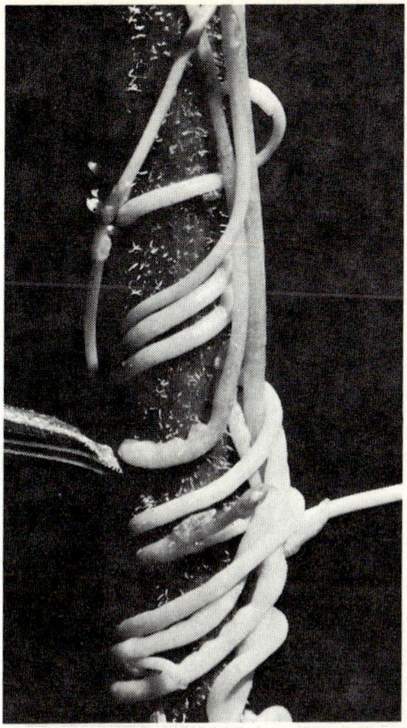

Oben: Drosera capensis, der Kapländische Sonnentau, insektenfressende Pflanze.
Rechte Seite: Kannenpflanze, *Nepenthes,* Insektivore aus Madagaskar.

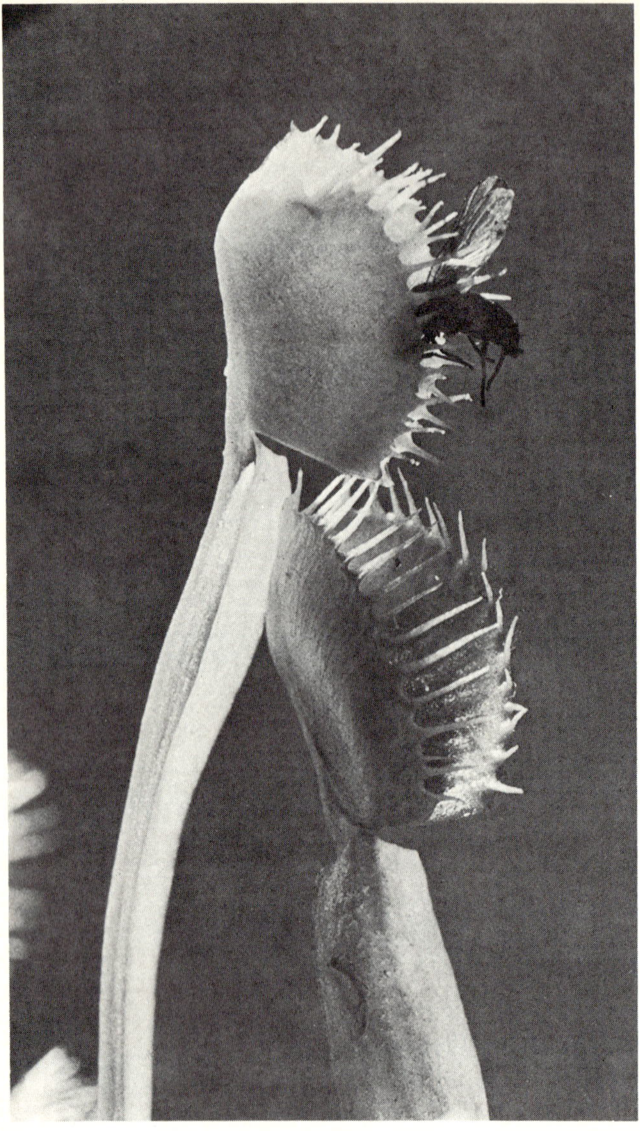

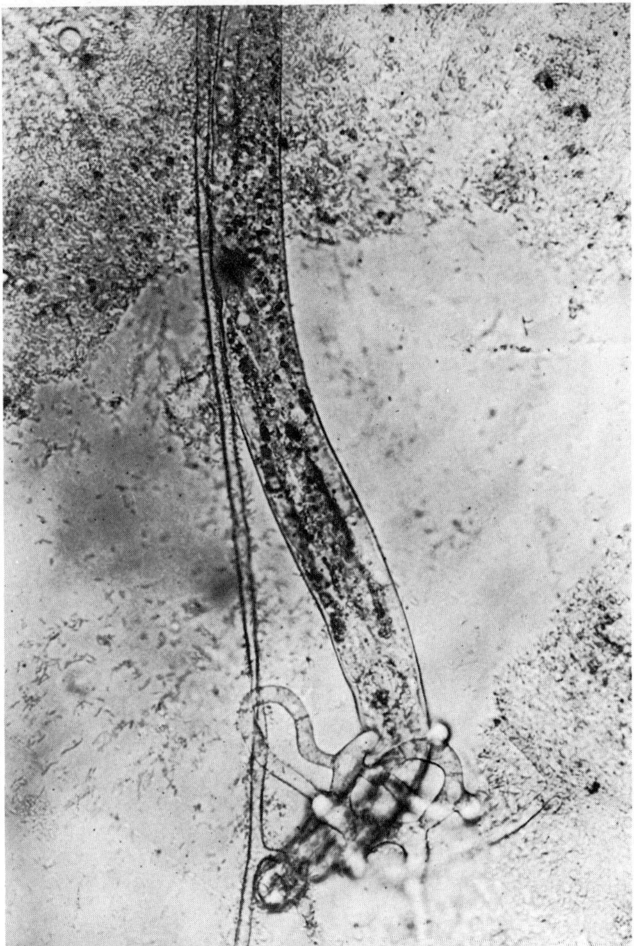

Oben: Arthrobotrys robusta, ein tierfangender Pilz, hat ein Älchen erfaßt. Das Vorderende des Älchens klebt an den Klammerhyphen. Im Innern des Wurmes sind die Ernährungshyphen des Pilzes zu sehen.
Linke Seite: Dionaea muscipaia mit gefangenem Insekt.

Oben: Adansonia madagascariensis, der Madegassische Affenbrotbaum, einer der größten Bäume der Erde.
Rechte Seite. Oben links: Idria columnaris, »El Cirio«, der Streichholzbaum, eine nur in Niederkalifornien beheimatete Sukkulente. *Oben rechts: Euphorbia candelabrum,* die Kandelaber-Wolfsmilch aus Ostafrika (Kenia). *Unten links: Echinocatus grandis,* der sogenannte Barrel (Faß)-Kaktus aus Mexiko. *Unten rechts: Pachypodium geayi,* Beispiel eines stammbildenden Dickfußgewächses. Madagaskar.
Letzte Seite. Oben: Werneria aretioides, polsterbildende Komposite aus den Hochanden Perus (ca. 4 500 .Meter Höhe). *Unten links: Pachycerus pringlei* (links) und *Idria columnaris,* zwei für Niederkalifornien typische Sukkulenten. *Unten rechts: Adenia firingalavensis,* stammsukkulente Passionsblume aus Südwest-Madagaskar.

scheiden, die keine eßbaren Früchte ausbildet, jedoch zusammen mit der Kulturfeige vorkommen muß, wenn diese Früchte ansetzen soll.
Die Kulturfeige wird durch dieselbe Wespenart befruchtet wie die wilde Feige. Die Wespen verbringen den Winter in den »Brutfeigen« der wilden Pflanze; im zeitigen Frühjahr verlassen sie diese und dringen in die »profichi« der Ziegenfeige und in die »fiori di fico« der Kulturfeige ein. Die »profichi« der Wildpflanzen enthalten Gallenblüten, in die die Insekten ihre Eier ablegen; die »fiori di fico« besitzen nur sterile männliche Blüten, in die keine Eier abgelegt werden können. Gewöhnlich fallen diese Früchte von den Bäumen, ohne reif zu werden, nur bei einigen Sorten ist ein Fruchtansatz möglich.
Die Wespenweibchen schlüpfen, wenn der Sommer beginnt, aus den »profichi« der Ziegenfeigen und werden vor dem Verlassen mit Pollen bestäubt. Sie haben nun die Wahl, zwei Arten von Synkonien zu erzeugen: die »pedagnuoli« der Kulturfeige und die »mammoni« der Wildfeige. Die in die »pedagnuoli« eindringenden Wespen finden dort funktionell weibliche Blüten vor, in die sie ihre Eier nicht ablegen können, doch bestäuben sie die Blüten mit dem mitgebrachten Pollen der Ziegenfeige. Die in die »mammoni« eindringenden Insekten treffen andererseits dort auf Gallenblüten, die auf die Wespeneier warten.
Die »pedagnuoli« reifen und liefern die eßbaren Feigen. In den ungenießbaren »mammoni« der Ziegenfeige schlüpft aus den Eiern eine neue Generation von Wespenweibchen, die von den Männchen genauso wie in den »profichi« der wilden Feige befruchtet werden. Die Wespenweibchen, welche die »mammoni« verlassen, werden am Fruchtausgang mit Pollen der männlichen Blüten bestäubt und können nun wiederum zwischen zwei Möglichkeiten wählen: entweder in die »cimaruoli« der Kulturfeige einzudringen, wo sie funktionell weibliche Blüten vorfinden und in die sie deshalb keine Eier legen können, obwohl sie diese mit

dem Pollen aus den »mammoni« der Ziegenfeige befruchten; oder in die Brutfeigen der wilden Bäume einzudringen, wo sie ihre Eier in die Gallenblüten legen.

Die Kulturfeige bildet nur weibliche Blüten aus und ist daher zur Ausbildung von Früchten völlig von der Ziegenfeige abhängig. Auch ihre Bestäubung hängt allein von der Wespe ab – eine Tatsache, die von den Bauern in Süditalien stets beachtet wird, indem sie wilde Feigen zwischen die Kulturfeigen pflanzen. Als die Feige in Kalifornien eingeführt wurde, trug sie so lange keine Früchte, bis man auch die Ziegenfeige und die Wespe *Blastophaga* importierte. In Norditalien wächst die Kulturfeige inzwischen auch allein; man hat Varietäten gezüchtet, die Früchte ohne vorhergehende Befruchtung bilden (Parthenokarpie). Bei ihnen ist die geschilderte Kaprifikation nicht notwendig.

Aus der Sicht des Botanikers ist die Feige mit ihren Bestäubungsvorgängen von besonderem Interesse, weil sie ein Beispiel für eine monözische Pflanze (eingeschlechtliche Blüten auf einem Individuum) ist, die erst im Verlauf ihrer Domestikation die männlichen Blüten verloren hat. Dieses Phänomen ist im Pflanzenbereich einmalig. Die Sämlingsnachkommenschaft von *Ficus carica* var. *domestica* spaltet nur Wildformen ab, so daß die Kulturfeige ausschließlich durch Stecklinge oder Pfropfreiser vermehrt werden kann.

Viele andere Blüten werden von Motten bestäubt, so z. B. beim Geißblatt (*Lonicera periclymenum),* bei der Nachtkerze (*Oenothera*) und beim Süßriechenden Tabak (*Nicotiana affinis).* Alle von Motten bestäubten Blüten haben bestimmte gemeinsame Merkmale: sie verfügen, da die Motten sehr lange Rüssel haben, über lange Blütenröhren. Ihre Blüten sind meistens weiß oder hell gefärbt und daher gut im Dunkeln zu erkennen. Gewöhnlich senden sie am Abend, wenn die Motten aktiv werden, einen starken Duft aus. Meistens haben die von Faltern aufgesuchten Blüten keinen Landeplatz; Schmetterlinge und Motten bewegen beim Nektarsaugen ja die Flügel und kommen auf der Blüte nicht zur Ruhe.

Ein besonders bemerkenswertes Beispiel für die gegenseitige Abhängigkeit von Insekt und Pflanze ist *Yucca filamentosa*, eine zur Familie der Liliengewächse (*Liliaceae*) gehörende Pflanze Südamerikas. Sie wird von der Mottenart *Pronuba yuccasella* bestäubt, die wie alle übrigen der Gattung mit einem speziellen, nadelartigen Maxillaranhang ausgerüstet ist. Die *Yucca*-Blüten locken durch ihren Duft nachts die Motten herbei, die erst von den Staubblättern eine Menge Pollen aufsammeln, diesen dann mit ihren speziellen Mundwerkzeugen zu einer festen Kugel, etwa dreimal so groß wie ihr Kopf, kneten und diese Kugel forttragen. Die Motten fliegen dann zum Fruchtknoten einer anderen Blüte und legen in ihr zwischen die Samenanlage ihre Eier ab, wozu die Motte eine lange Legeröhre besitzt. Danach kriecht das Insekt den herabhängenden Griffel hinunter. Nachdem es die Narbe erreicht hat, drückt es die Pollenkugel in die Furchen der Narbe und sorgt so dafür, daß die Blüte auch wirklich bestäubt wird.

Nach der Befruchtung entwickeln sich die Früchte, von denen sich die Raupen der *Pronuba* ernähren. Die *Yucca* besitzt aber so zahlreiche Samenanlagen, daß sich immer noch genügend Samen entwickeln können. *Yucca* und *Pronuba* sind so sehr aufeinander angewiesen, daß keine von beiden ohne den anderen existieren kann. Wird die *Yucca* in Europa angepflanzt, wo *Pronuba* nicht vorkommt, setzt sie keine Früchte an.

Ebenso gute Bestäuber sind die Schwebfliegen (Syrphiden), denen sich einige Blüten angepaßt haben, z. B. der verbreitete Gamanderehrenpreis (*Veronica chamaedrys*), der an Wegrändern und auf Schuttplätzen wächst. Er hat kleine blaue Blüten mit vier Petalen (davon besteht die obere in Wirklichkeit aus zwei zusammengewachsenen Blütenblättern), zwei herabhängenden Staubblättern und einem ziemlich langen Griffel, der zwischen den Staubblättern herunterhängt. Auf den ersten Blick scheinen die Petalen nicht verwachsen zu sein, doch bei genauerer Betrachtung sind sie an der Basis zu einer Blütenröhre vereinigt, an deren Grund sich ein Saftmal befindet.

Setzt sich nun eine Schwebfliege auf eine *Veronica*-Blüte, dann berührt die Narbe ihre Körperunterseite und erhält dadurch den Pollen einer anderen Blüte. Bei der Aufnahme des Nektars streift das Insekt mit den Vorderbeinen die Staubblätter, drückt sie zusammen und wird dabei mit Pollen bestäubt. Diesen Pollen trägt es zu einer anderen Blüte, wo sich der Bestäubungsvorgang wiederholt. Die Blüten sind offensichtlich protogyn, wodurch die Gefahr einer Selbstbestäubung reduziert wird.

Die Schwebfliege zählt zu den Dipteren, den echten Fliegen, zu denen auch die Stubenfliege gehört. Auch viele andere Dipteren sind Bestäuber. Häufig sind mit der Bestäubung durch Fliegen bestimmte Blütenmerkmale gekoppelt, z. B. eine schmutzig-braune, graue oder purpurrötliche Färbung und Aasgeruch.

Der wildwachsende Aronstab (*Arum maculatum*) ist in starkem Maß für die Bestäubung durch Fliegen spezialisiert. Um die Achse, die die Blüten trägt, legt sich ein großes, scheidenförmiges Hochblatt, das am unteren Ende schmal wie eine Taille ist. Das obere Ende der Blütenachse (Spadix) verlängert sich zu einer keulenförmigen, rötlich gefärbten Ähre. Etwas niedriger sitzen drei verschiedene Arten von Blüten; zuunterst die weiblichen, darüber die männlichen Blüten und über diesen sterile männliche Blüten, die zu abwärtsgerichteten Borsten umgewandelt sind. Sie sitzen genau an der Stelle, an der das Hochblatt sich verschmälert, und verhindern so den Zugang zu den fertilen Blüten (*Abb. 7.5*).

Kleine Fliegen, vor allem Mücken, werden von dem unangenehmen Geruch der Blütenstände und der roten Färbung des Spadix angelockt. Sie kriechen im Hüllblatt, der Spatha, abwärts und gelangen durch die Borstenreihe hindurch. Sie können dann nicht mehr zurück, weil die nach unten gerichteten Borsten ihnen ebenso wie das von den unteren Zellen ausgeschiedene schlüpfrige Öl, auf dessen Film die Mücken nicht wieder aufwärts kriechen können, den Weg blockieren.

Zu dieser Zeit sind die Narben der weiblichen Blüten reif und können Pollen empfangen. Bringen die Insekten aus der Gefangenschaft in einer anderen Aronstabblüte Pollen mit, so tritt eine Bestäubung ein. Später reifen die männlichen Blüten; die den Insekten den Ausgang versperrenden Borsten schrumpfen, das schlüpfrige Öl trocknet ein, und die Insekten kommen frei. Dabei werden sie, wenn sie über die männlichen Blüten kriechen, mit Pollen beladen. Trotz dieser Erfahrung mit der Blüten»falle« besuchen die Fliegen mit Sicherheit einen weiteren Blütenstand und be-

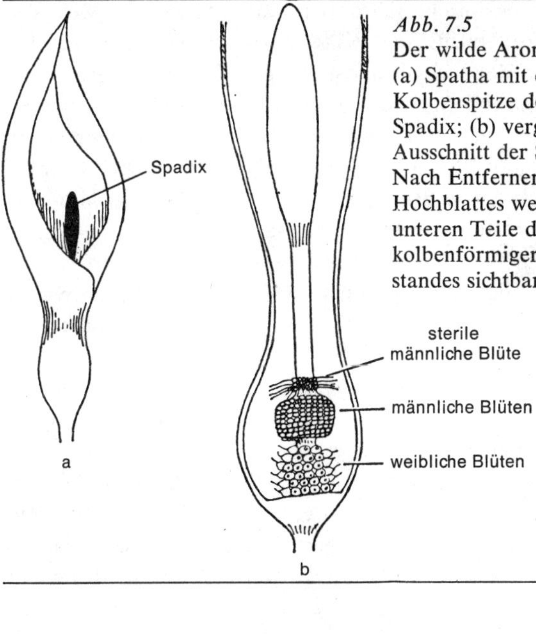

Abb. 7.5
Der wilde Aronstab.
(a) Spatha mit der roten Kolbenspitze des Spadix; (b) vergrößerter Ausschnitt der Spatha. Nach Entfernen des Hochblattes werden die unteren Teile des kolbenförmigen Blütenstandes sichtbar.

stäuben so mit dem an ihrem Körper haftenden Pollen eine ganze Reihe weiblicher Blüten.

Der wilde Aronstab kann sich nicht selbst bestäuben; denn ehe die Staubblätter der männlichen Blüten ihren Pollen ausschütten, sind die weiblichen Narben verwelkt.

In den gemäßigten Zonen sind die durch Fliegen bestäubten Blüten meistens klein und unscheinbar, wenngleich sie einen strengen, ekelerregenden Geruch ausströmen. Anders in den Tropen. Dort gehören die von Insekten bestäubten Pflanzen zu den größten. *Rafflesia arnoldi,* eine parasitische Pflanze auf Sumatra, hat Blüten mit einem Durchmesser von ungefähr einem Meter, die auf dem Erdboden liegen und direkt aus den Wurzeln der Wirtspflanze, gewöhnlich ein Baum, sprießen. Viele tropische Araceen locken Fliegen und Käfer an wie unser Aronstab. Bei der Wasserpflanzenart *Cryptocoryne* ist das untere Ende der Spatha zu einer langen Röhre ausgezogen, und dieser etwa 50 Zentimeter unter der Wasseroberfläche befindliche Hohlraum wird von Käfern aufgesucht. Von Käfern bestäubte Blüten sind besonders in den Tropen nichts Ungewöhnliches. Hier wären Magnolien und Seerosen zu nennen. Die riesige *Victoria amazonica* mit ihren fast 2 Meter großen schwimmenden Blättern und Blüten mit ungefähr 40 Zentimeter Durchmesser wird von Blatthornkäfern bestäubt, die sich von den Staubblättern ernähren und morgens, wenn die großen Blüten sich schließen, darin eingesperrt werden. Am Abend, wenn sich die Blüten öffnen, sind auch die Käfer wieder frei. »Einsperren« ist vielleicht nicht ganz zutreffend ausgedrückt, weil Blatthornkäfer Nachtinsekten sind, die die Wärme der geschlossenen Blüten sicherlich als wohltuend empfinden, ganz abgesehen davon, daß sie dabei auch vor ihren Feinden geschützt sind.

Durch Käfer bestäubte Blüten gehören meistens zu dem offenen, einfach gebauten, wenig spezialisierten Blütentypus. Das hat zu der Überlegung geführt, daß die Pflanzen im Verlauf ihrer Entwicklung zuerst von Käfern, später von spezialisierten Insekten, z. B. Bienen, bestäubt wurden. Die Käfer gehören zu einer weit älteren Insektengruppe als die Bienen und sind recht ungeschickte Bestäuber. Meistens ernähren sie sich von Staubblättern und brechen nicht verzehrte ab. Nachdem die langrüsseligen Bienen den Schauplatz der Natur betraten und auf feinere Art den Nektar saugten, wurde eine viel kunstvollere Bestäubungstechnik möglich.

Pollenübertragung durch Vögel und Fledermäuse

In warmen Ländern, wie Brasilien, Südafrika, Südaustralien und Patagonien, werden viele Blütenpflanzen von Vögeln bestäubt, in Amerika hauptsächlich von Kolibris (*Trochilidae*) und Zuckervögeln (*Coerebidae*), in Australien von Honigfressern (*Meliphagidae*) und Lori-Papageien (*Trichoglossidae)* und in Afrika von einer Anzahl unterschiedlicher Vogelspezies, unter ihnen die Nektarvögel (*Nectarinidae*) und Mistelfresser *(Dicaedae)*. Besondere Merkmale einer Vogelblüte sind eine leuchtende Farbe, das Fehlen eines Duftes, eine feste, elastische Struktur und reichliches Vorhandensein eines dünnen, wäßrigen Nektars. Die amerikanische *Erythrina cristagalli* wird wegen des aus ihren hängenden Blüten tropfenden Nektars »cry-baby-flower« genannt. In Java decken die *Erythrina*-Blüten während der Trockenperiode im wesentlichen den Wasserbedarf von taubengroßen Vögeln. Eine australische *Protea*-Art produziert Nektar in solchen Mengen, daß die Ureinwohner ihn sammeln.

Viele Vogelblumen sind leuchtend scharlachrot, was, wenn wir an das Auge eines Vogels denken, nicht überrascht. Viele Vögel besitzen ein gelbliches Öl in ihrer Netzhaut, das wie eine Art Farbfilter wirkt. Dadurch sehen die Vögel die Welt wie durch eine schwach orange gefärbte Brille, was sie für Blau farbenblind macht, sie jedoch Grün und vor allem Rot unterscheiden läßt. 1915 wurde eine Liste

von 159 »ornithophilen« (durch Vögel bestäubten) Blütenpflanzen veröffentlicht, von denen 84% rot waren.
Vögel saugen den Nektar in Flugstellung. Daher sind Vogelblüten gewöhnlich nicht wie Bienenblüten beschaffen, die einen »Landeplatz« besitzen. Eine Ausnahme ist lediglich die südafrikanische *Strelitzia reginae,* die eine regelrechte, aus einem umgewandelten Hochblatt bestehende »Vogelstange« besitzt. Vögel sind den Blumen gegenüber recht ungeschickte Besucher – ungeschickter noch als Käfer. Die Vögel zerren an den Blüten und zerbrechen oft die Staubgefäße. Daher überrascht es nicht, daß in vielen ornithophilen Blüten die Samenanlagen im Fruchtknoten besonders gut verborgen und die Staubgefäße durch verholztes Gewebe vor dem Abbrechen geschützt sind.
Was war wohl als erstes vorhanden: Bestäubung durch Vögel (Ornithophilie) oder durch Insekten (Entomophilie)? Wir wissen es nicht genau. Einer recht einleuchtenden Theorie zufolge gab es die Bestäubung durch Vögel zuerst in den tropischen Gebieten der Kreidezeit, später kam im gemäßigten Klima die Insektenbestäubung und schließlich noch die Windbestäubung (Anemophilie) hinzu.
Die Bestäubung durch Fledermäuse (Cheiropterophilie) muß man sich als von der Ornithophilie abgeleitet vorstellen. Viele Nachtblüher der Tropen werden von Fledermäusen aufgesucht, so der Kalebassenbaum (*Crescentia cujete*), der Leberwurstbaum (*Kigelia*) und der Mitternachtsschreck (*Oroxylon*), ein indonesischer Baum. Bestimmte Kakteen der Gattung *Cereus* sollen von blutsaugenden Fledermäusen bestäubt werden.
Fledermäuse beschädigen Blumen stark mit ihren Krallen, und die Pflanzen haben sich darauf mit großen und kräftigen Blüten eingerichtet. Wie die Vogelblumen, sind sie reichlich mit Nektar versorgt und öffnen sich gewöhnlich erst am Abend. Ihre Farbe ist mehr gelbgrün, bräunlich oder purpurn, ihr Duft stark, ja, häufig unangenehm.
Von einigen ganz wenigen Blütenpflanzen wird Bestäubung

durch Schnecken berichtet, so z. B. vom Milzkraut (*Chrysoplenium alternifolium*). Die Beweisführung dafür ist aber fragwürdig, wahrscheinlich ernähren sich die Schnecken von den Blüten.

Windbestäubung

Viele Pflanzen werden durch den Wind bestäubt (*Anemophilie*). So sind z. B. die Koniferen und ihre Verwandten ausschließlich Windbestäuber. Anemophile Blüten haben meistens ganz andere Merkmale als jene, die von Insekten oder Vögeln bestäubt werden. So fehlen die großen, auffälligen Petalen; sie wären dem vom Wind beförderten Pollen auch nur im Wege und völlig nutzlos. Ebenso fehlen Nektar und Duft. Die Blüte ist ganz funktionell, ohne Besonderheiten, aufgebaut (*Abb. 7.6*).

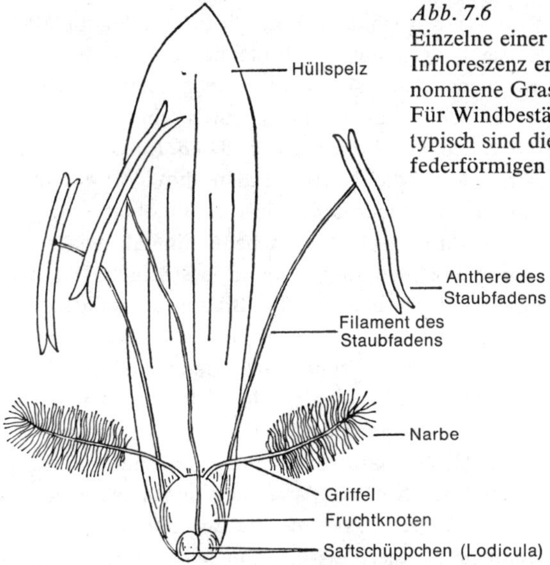

Abb. 7.6
Einzelne einer Infloreszenz entnommene Grasblüte. Für Windbestäuber typisch sind die federförmigen Narben.

Dafür bilden die durch den Wind bestäubten Blüten meistens sehr reichlich Pollen. Die Anemophilie beruht ja wirklich auf Zufälligkeiten; denn für jedes Pollenkorn, das auf eine Narbe gelangt, gehen Hunderttausende – manchmal sogar Millionen – verloren. Die Gräser z. B. sind Windbestäuber, und jeder an Heuschnupfen leidende Mensch weiß, wie sehr die Luft zur Grasblüte mit Pollen angereichert ist. Wenn im Frühjahr die männlichen Kiefern- und Fichtenblüten ihren Pollen ausstreuen, sind die Schweizer Bergseen mit einem gelben Film überzogen.

Der Pollen der anemophilen Pflanzen muß ohne Schwierigkeiten in der Luft schweben können; daher sind die Pollenkörner klein und trocken. Die durch Insekten bestäubten Blüten hingegen haben meistens größere Pollenkörner, die leicht zusammenklumpen, also für den Transport auf einer Biene zu einer weiblichen Blüte wie geschaffen sind. Hier ist von Vorteil, daß so viele Pollenkörner wie möglich auf einmal befördert werden.

In einer vom Wind bestäubten Blüte liegen die Staubblätter völlig frei; sie hängen aus der Blüte heraus und sind auf diese Weise dem Wind ausgesetzt. Die Antheren sind in der Mitte an den Filamenten oft durch ein Drehgelenk befestigt, wodurch der Pollen durch jeden Luftzug ausgeschüttet wird. Auch die Narben fallen durch ihre Größe und ihr fedriges Aussehen auf; wie die Staubblätter liegen sie im Reifestadium frei. Man schaue einmal, wie viele von unseren heimischen, durch Wind bestäubten Bäumen im zeitigen Frühjahr, ehe sie die Blätter austreiben, die der Pollenverbreitung nur im Wege wären, Blüten bilden.

Obgleich die Pollenverbreitung durch den Wind nicht gezielt erfolgt, haben die anemophilen Pflanzen keine die Selbstbestäubung verhindernde Vorrichtung. Sehr häufig ist allerdings die Dichogamie, die zeitlich getrennte Reifung des Pollens und der Narben. Außerdem gibt es monözische und diözische Pflanzen, wodurch die Selbstbestäubung auf ein Minimum herabgesetzt wird, wenngleich sie nicht völlig

ausgeschlossen ist. Die Trennung der männlichen und weiblichen Blüten hat noch einen weiteren Vorteil: Es können viel mehr männliche als weibliche Blüten gebildet werden, so daß der Pollen im Überfluß vorhanden ist und damit bei ausbleibender Bestäubung weniger Samenanlagen verschwendet werden. Im Gegensatz dazu können die Orchideen mit ihrer präzisen Anpassung an die Insektenbestäubung einen Überfluß an Samenanlagen bilden. Tausende davon werden in einer einzigen Blüte gebildet, eine beträchtliche Anzahl, wenn man bedenkt, daß auch die letzte noch mit Sicherheit bestäubt werden soll. Bei den windbestäubten Gräsern ist das nicht so. Eine Graspflanze produziert nur eine einzige Samenanlage pro Blüte, so daß alle Bemühungen, sie zu bestäuben, auf die Bildung *eines* Nachkommens konzentriert sind.
Ein weiteres Transportmittel für den Pollen ist das Wasser, obwohl vom Wasser bestäubte Blumen nicht sehr verbreitet sind. Die meisten Wasserpflanzen bilden ihre Blütenstände über der Wasseroberfläche und können so Wind oder Insekten als Transporteure ihres Pollens nutzen. Wir nannten schon das Beispiel der durch Blatthornkäfer bestäubten *Victoria amazonica.* Andere Beispiele für entomophile Wasserpflanzen sind der Froschlöffel (*Alisma*) und das Pfeilkraut (*Sagittaria sagittifolia*). Zu den anemophilen Wasserpflanzen gehören die Teich-Binse (*Schoenoplectus lacustris*) und der Rohrkolben (*Typha latifolia* und *T. angustifolia*).

Pollentransport durch das Wasser

Einige Wasserpflanzen werden aber, auch bei Blütenständen, die sich an der Wasseroberfläche befinden, direkt durch Wasser bestäubt. Die weiblichen Blüten von *Vallisneria americana* treten zur Blütezeit aufgrund des Längenwachstums ihrer Stiele aus dem Wasser heraus; die winzigen männlichen Blüten dagegen, die aus zwei Staubblättern und einem dreiteiligen Perianth bestehen, trennen sich im Wasser von der Pflanze und steigen an die Oberfläche, wo sich die Perianthsegmente zurückbiegen und dadurch die Blüten über Wasser gehalten werden. Beim Umhertreiben gelangen sie in die Nähe weiblicher Blüten und werden von diesen durch die Oberflächenspannung angezogen. Bei der Berührung kippen die männlichen Blüten um, so daß die Narbe von den Staubblättern berührt wird. Überspülen kleine Wellen die weibliche Blüte, wird sie mit einer männlichen Blüte in einer Luftblase eingeschlossen. Nach der Bestäubung taucht die weibliche Blüte unter; die Stiele rollen sich zusammen und ziehen die Blüten ganz ins Wasser, wo sich dann die Früchte entwickeln.

Das Seegras *(Zostera marina)* ist eine Blütenpflanze, die in das Meer, aus dem ihre Vorfahren stammen, zurückgekehrt ist. Diese Pflanze lebt völlig unter Wasser, in einer Tiefe zwischen Niedrigwasserstand und ungefähr 4 Metern. Der Pollen wird ins Wasser ausgeschüttet und treibt mit der Strömung zu den Narben der weiblichen Blüten, wo sich der fädige Pollen um die Narben wickelt. Man nimmt an, daß der Pollen durch seine Fadenform gut im Wasser treiben kann.

Selbstbestäubung

Obgleich die meisten Pflanzen die Selbstbestäubung zu verhindern suchen, ist sie doch aus diesem oder jenem Grund manchmal wünschenswert. Abgesehen von Pflanzen wie dem Kulturweizen, die sich habituell selbstbestäuben, kommt es vor, daß die Fremdbestäubung ausbleibt. Es ist dann für die Pflanze von Vorteil, wenn sie sich, um überhaupt Früchte ansetzen zu können, selbstbestäuben kann.

Beim Moschuskraut (*Adoxa moschatellina*) stehen die Staubblätter unterhalb der Narbe und machen zunächst eine Selbstbestäubung unwahrscheinlich. Später wachsen jedoch die Staubblätter so weit aufwärts, daß sie die Narbe berühren. Tritt nun der Fall ein, daß keine Fremdbestäubung stattgefunden hat, kann die Pflanze sich doch noch selbstbestäuben. Viele Steinbrechgewächse verhalten sich ebenso. Beim Hainfelberich (*Lysimachia mnemorum*) und beim Johanniskraut (*Hypericum perforatum)* stehen die Staubblätter zunächst von der Narbe abgewandt, biegen sich dann jedoch um und berühren sie. In den genannten Fällen besteht für die Pflanze primär die Möglichkeit zur Fremdbestäubung, ehe sie im Notfall zur Selbstbestäubung übergeht.

Die »kleistogamen« Blüten haben, wenn die Fremdbestäubung ausbleibt, eine noch speziellere Einrichtung zur Sicherstellung der Selbstbestäubung. Ein bekanntes Beispiel dafür ist das im Frühjahr blühende Echte Veilchen (*Viola odorata*). Die süßlich duftenden Blüten sind nicht sehr auffallend. Obwohl sie von Insekten aufgesucht werden, setzen sie selten Früchte an. Später im Jahr aber bildet die Pflanze, im Laub versteckt, kleistogame Blüten aus, die sich niemals öffnen, sich jedoch selbstbestäuben und gewöhnlich einen reichen Fruchtansatz haben.

Obgleich man annimmt, daß kleistogame Blüten gebildet werden, um überhaupt eine Bestäubung sicherzustellen, falls die Fremdbestäubung ausbleibt, gibt es für diese Annahme noch keinen Beweis, ja, stichhaltige Argumente sprechen sogar dagegen. Man vermutet, daß die kleistogamen Blüten sich unter schlechten Wachstumsbedingungen bilden, z. B. bei Nährstoffmangel. Das Springkraut (*Impatiens noli-tangere*) z. B. bildet kleistogame Blüten, wenn es auf schlechtem Boden wächst. Einige Pflanzen bilden vor Ausbildung normaler kleistogame Blüten aus. Die wilde Salvie (*Salvia norminoides*) trägt beinahe immer kleistogame Blüten, während die normalen, offenen Blüten relativ selten sind.

8 Orchideen

Seit eh und je waren Orchideen von Geheimnissen umwittert, ja, galten sie als Verkünder von Unheil. Ihre Blüten sind nicht nur exotisch und teuer, sondern auch völlig anders als die der übrigen Pflanzen. Daß eine Orchideenblüte dieselbe Aufgabe erfüllen soll wie die eines Löwenzahns, wird einem vielleicht absurd erscheinen, doch tatsächlich sind die Blütenbestandteile der Orchidee im Prinzip dieselben wie die der übrigen Pflanzen. Freilich sind sie im Laufe der Evolution, besonders hinsichtlich der Vorrichttungen für die Fremdbestäubung durch Insekten, weitgehend verändert worden. Wegen ihrer einzigartigen Blütenformen ist der Familie der Orchideengewächse (*Orchidaceae*), der umfangreichsten aller Pflanzenfamilien, in diesem Buch ein ganzes Kapitel gewidmet worden.

Der Name »Orchidee« stammt aus der Antike und geht bis auf die alten Griechen zurück. Als erster soll Theophrastus, Schüler Platos, eine Orchidee beschrieben haben; jedenfalls fand er eine Pflanze mit paarweisen angeschwollenen Wurzeln, die ihn an Hoden erinnerten, so daß er die Pflanze ὄρχις (griechisch für »Hoden«) nannte.

Seiner nicht sehr ausführlichen Beschreibung können wir nicht mit Sicherheit entnehmen, ob es sich wirklich um eine Orchidee gehandelt hat, doch ist dies wahrscheinlich. Der Name »Orchis« wird heute für die Hauptgattung der Orchideengewächse verwendet.

Die Ähnlichkeit der Orchideen-Wurzelknollen mit Hoden fiel auch im Mittelalter auf. Die Floristen dieser Zeit sammelten Wurzeln, die wie Hundeknochen aussahen und nach ihrer Beschreibung sicherlich Orchideenwurzeln waren. Man verwendete sie gern zur Bereitung von Liebestränken. Auch heute noch werden Orchideen in manchen Teilen der Erde zu medizinischen Zwecken genutzt. Die Zulus verwenden einen Extrakt aus *Habenaria* als Brechmittel; die Malayen behandeln Hautausschläge mit einem *Dendrobium*-Extrakt; in Südamerika verwenden die Einheimischen *Spiranthes* als Diuretikum (Entwässerungsmittel) und *Epidendrum* als Mittel gegen Bandwürmer.

Orchideen sind Monokotyledonen, und ihre Familie umfaßt insgesamt zwischen 20 000 bis 35 000 Spezies – niemand kann mit Sicherheit sagen, wieviele es wirklich sind. Sie sind heute auf etwa 600 Gattungen verteilt. Alle sind krautige Gewächse, nur einige tropische Arten haben sich zu Kletterpflanzen entwickelt. Ihre Verbreitung reicht, da sie fast an jedem Standort, im tropischen Regenwald wie in den Gebirgsregionen, in Sümpfen wie in Wüsten, wachsen, über die ganze Erdkugel, von der Arktis bis zur Antarktis.

Bodenbewohner und Epiphyten

Viele tropische Orchideen sind Epiphyten (Aufsitzer), d. h. sie wachsen auf anderen Pflanzen. Dennoch sind sie keine Parasiten; sie lassen sich nur auf anderen Pflanzen nieder, weil ihre Wurzeln dort guten Halt finden. Vor allem trifft man epiphytische Orchideen auf Baumästen überall in den tropischen Regenwäldern an. Wächst eine Orchidee als Epiphyt, so haben ihre Wurzeln natürlich keinen Kontakt mit dem Boden. Die meisten epiphytischen Orchideen besitzen lange grünliche oder weißliche Wurzeln, mit denen sie sich an der Unterlage festklammern, was manchmal in einer sehr ungewöhnlichen Stellung geschieht, wie bei *Cattleya citrina,* die gerne abwärtswächst und dabei die Wurzeln in die Luft streckt, wodurch der Sproß nach unten gerichtet wird.

Epiphytische Orchideen haben oft eine eigenartig entwickelte Wurzelrinde, das Velamen, das aus einer Schicht leerer Zellen im äußeren Teil der Rinde besteht. Die Funktion des Velamens ist bei den Botanikern noch umstritten, doch

geht die verbreitetste Ansicht dahin, daß das Velamen wie ein Schwamm Wasser aufsauge. Das scheint sinnvoll zu sein; denn ohne Kontakt mit dem Boden ist die Wasserversorgung selbst im tropischen Regenwald ein Problem.
Die Orchideen der gemäßigten und kälteren Erdzonen sind hingegen, wie andere Pflanzen auch, meistens Bodenbewohner und haben knollige Wurzeln, von denen sich sehr häufig ihre Namen ableiten. Einige Orchideen sind Saprophyten mit Blättern, die zu Schuppen reduziert sind und kein Chlorophyll enthalten, so daß die Pflanzen von der Verrottung organischer Stoffe im Boden abhängen. Saprophytische Orchideen wachsen zumeist in der Waldstreu, der obersten Bodenschicht des Waldes, in der viele organische Substanzen vermodern. Drei auch in Europa vorkommende Saprophyten sind die Nestwurz (*Neottia nidus-avis*), die gemeine Korallenwurz (*Corallorrhiza trifida*) und der Widerbart (*Epipogium aphyllum*). Diese saprophytischen Orchideen haben ein weitläufiges unterirdisches Wurzelsystem, in dem besonders gut Mykorrhiza-Pilze entwickelt sind. Die Pilzfäden verzweigen sich im Waldmoder, bauen mit Hilfe von Enzymen die organischen Stoffe ab und liefern diese Abbauprodukte an die Orchidee. In der Nestwurz bilden die weitläufigen Wurzeln ein Geflecht, das einem Vogelnest gleicht – daher der Name.
Bei der Korallenwurz existieren in Wirklichkeit gar keine Wurzeln; statt dessen bildet der unterirdische Sproß ein Rhizom, das vielfach verzweigt ist und wovon jedes Verzweigungsende einen kleinen Knoten bildet. Dadurch nimmt das Rhizom die Gestalt einer Koralle an, und sie gab dieser Orchidee den Namen. Der Widerbart besitzt ein verdicktes Rhizom mit zahlreichen abgerundeten Lappen, die ebenfalls einer Koralle gleichen.
Nestwurz und Widerbart haben überhaupt kein Chlorophyll; der Blütensproß allein bildet über dem Erdboden die Pflanze und trägt nur farblose Schuppenblätter, die sämtliche notwendigen Nährstoffe aus dem Moder des

Waldbodens beziehen müssen, weil sie überhaupt keine photosynthetische Leistung vollbringen können. Sie sind völlig auf ihren Pilzpartner angewiesen. Die gewöhnliche Korallenwurz besitzt jedoch in ihrem Blütensproß eine gewisse Menge Chlorophyll, so daß sie wenigstens einige Nährstoffe selbst aufzubauen vermag, wenn auch nicht genügend, um davon leben zu können.
Einige saprophytische Orchideen haben sich zu phantastischen Formen entwickelt. V. S. Summer-Hayes erwähnt in seinem Buch *Wild Orchids of Britain* eine australische Art, bei der die gesamte Pflanze samt Blütensproß völlig unterirdisch wächst und lebt. Diese Orchidee verdankt ihre Entdeckung überhaupt nur dem Umpflügen bei der Neulandgewinnung. Ob diese merkwürdige Pflanze durch Bodeninsekten bestäubt wird oder ob ihre Blüten kleistogam sind, wissen wir nicht.
Eine andere fremdartige Orchidee ist die japanische *Gastrodia elata,* die anscheinend Sekundärparasit auf Eichen und anderen Bäumen ist. Der mit ihr vergesellschaftete Mykorrhiza-Pilz ist der Hallimasch *(Armillaria mellea),* ein Baumparasit, von dem wir wissen, daß er dicke, unterirdische Hyphen-Stränge, die Rhizomorphen, bildet, die manchmal viele Meter lang sind und mit denen er sich von Baum zu Baum ausbreitet. Durch solche »Rhizomorphen« steht er auch mit den Wurzelknollen von *Gastrodia elata* in Verbindung. Der Hallimasch bezieht seine Nährstoffe von seinem Wirtsbaum, und ein Teil dieser dem Baum entnommenen Nahrung wird der Orchidee zugeleitet.

Typen der Orchideenblüte

Die Orchideen sind hinsichtlich des Aufbaus ihrer Blüten einzigartig. Im Gegensatz zu allen anderen lassen ihre Blüten eine extreme Anpassung an die Bestäubung durch Insekten erkennen. Die Orchideen besitzen die am weitesten entwickelten Blüten unter den Monokotyledonen, wenn nicht gar sämtlicher Blütenpflanzen. Manche Blüten sind winzig klein, ihr Durchmesser beträgt nicht einmal einen Millimeter, während andere mehr als 35 Zentimeter Durchmesser haben.

Eine Orchideenblüte besitzt drei petaloide, wie Blütenblätter gefärbte Sepalen. Darin befinden sich drei Petalen. Sepalen und Petalen können ähnlich gefärbt sein, aber auch völlig verschiedene Farben besitzen. Eines der Kelchblätter – es ist immer die obere Petale – kann sich in Größe und/oder Farbe von den beiden anderen unterscheiden. Das am weitesten unten stehende Blütenblatt der drei Petalen kann manchmal ebenfalls beträchtlich abgeändert sein, und die merkwürdige Gestalt, die das untere Blütenblatt oft annimmt, ist ebenso wie ihre auffallenden Farben hauptsächlich für das exotische Aussehen vieler Orchideenblüten verantwortlich. In der Regel ragt die untere Petale aus der Blüte hervor und bildet die Lippe, das Labellum, das in eine Anzahl von Lappen geteilt ist. Oft ist die Lippe bis hinter die Blüte verlängert und hat die Gestalt einer als »Sporn« bezeichneten Röhre angenommen (*Abb. 8.1)*.

Ihre stärkste Spezialisierung erreicht die Orchideenblüte im Bau des Andrözeums und des Gynäzeums, die zusammen das Säulchen bilden, an dessen oberem Ende ein einziges Staubblatt mit zwei den Pollen enthaltenden Antherenlappen sitzt. Der Pollen der von Insekten bestäubten Blüten ist, wie schon gesagt, oft etwas klebrig, so daß die einzelnen Pollenkörner in Klümpchen zusammenhängen. Streift ein Insekt an den Staubblättern entlang, trägt es eine Menge Pollen mit sich fort. Bei den Orchideen wurde diese Eigenschaft sehr logisch weiterentwickelt, indem in jedem Antherenlappen Pollen zu einem Pollinium (manchmal auch zu mehreren) zusammengefügt ist. Dieses Pollinium ist im allgemeinen mit einem kurzen Stiel, der Caudicula, ausgestattet, die bei der Reife mit einem kleinen Beutel auf dem Rostellum, einem vorspringenden Teil des Säulchens direkt unter dem Staubblatt, verbunden ist. Ein die Blüte aufsuchendes Insekt muß das gesamte Pollinium, das Tausende von Pollenkörnern enthalten kann, auf einmal entfernen. Damit das relativ feste Pollinium am Insekt haften bleibt, ist die Basis der Caudicula bei vielen Orchideen zu einer klebrigen Scheibe, dem Viscidium, verbreitert. Bei einigen Orchideen ist kein Viscidium vorhanden; hier läßt ein Klebstoff aus dem Rostellum das Pollinium am Insekt haften bleiben.

Unter dem Rostellum finden wir die Narbenoberflächen; bei den meisten Orchideen sind es zwei, je eine auf jeder Seite des Säulchens. Sie sind mal mehr, mal weniger miteinander verbunden. Die Samenanlage sitzt unter der Blüte, ist sehr langgestreckt und oft schwer vom Blütenstiel zu unterscheiden. Sie enthält viele Hunderte, manchmal Tausende von Embryosäcken.

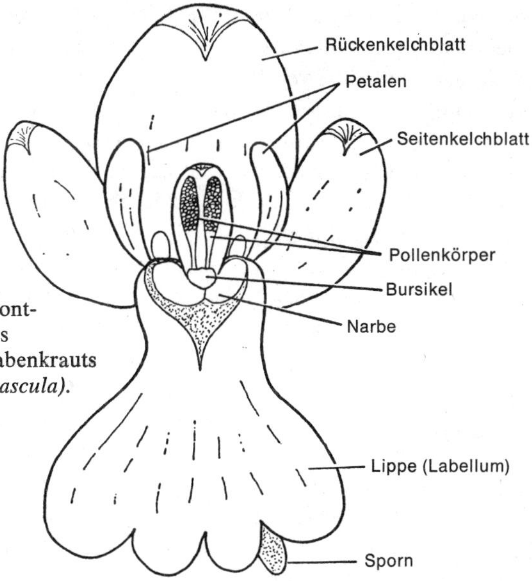

Abb. 8.1 Blüten-Frontansicht des Mannsknabenkrauts *(Orchis mascula).*

Orchideenblüten werden von Insekten bestäubt, wobei sie wegen ihres komplizierten Aufbaus auf bestimmte Insektenarten angewiesen sind. Die extremen Anpassungen einiger Orchideen, die die Fremdbefruchtung gewährleisten sollen, haben vielfach das Maß des Vorstellbaren weit überschritten. Keine anderen Blüten können es in dieser Hinsicht mit den Orchideenblüten aufnehmen. Wenden wir uns zunächst einem recht einfachen Beispiel zu, dem Eiblättrigen Zweiblatt (*Listera ovata*), einer Orchidee mit grünlichen Blüten, die sowohl in Buchenwäldern wie auch auf Wiesen und Sanddünen wächst. Sie besitzt einen Bestäubungsmechanismus, der dem Insektenverhalten in bemerkenswerter Weise entgegenkommt. Die sehr lange Blütenlippe ist am unteren Ende gespalten und hat weiter oben eine längs verlaufende Vertiefung, in die Nektar abgeschieden wird. Die übrigen kleinen Petalen und Sepalen bilden über dem recht kurzen, dicken Säulchen eine Haube. Das Staubblatt enthält zwei Pollinien, die bei der Reife auf dem konkaven Rostellum liegen und mit ihrer Basis bis an den Rand des Rostellums herausragen. Das Zweiblatt wird von kleinen Insekten, wie Käfern und Fliegen, bestäubt, die, um an den Nektar in ihrer Vertiefung zu gelangen, die Blütenlippe hinaufkrabbeln. Dabei berühren sie den Rand des Rostellums, und sogleich spritzt aus diesem eine klebrige Flüssigkeit, wodurch die Pollinien am Kopf oder Rücken des Insekts haften bleiben. Innerhalb weniger Sekunden erstarrt die Flüssigkeit, so daß die Pollinien fest ankleben. Die plötzliche Flüssigkeitsabsonderung des Rostellums erschreckt das Insekt, das verständlicherweise die Flucht ergreift. Nach einigen Minuten unternimmt es einen neuen Versuch; der Nektar ist doch einen nassen Kopf wert! Inzwischen ist das Insekt wahrscheinlich aber bei einer anderen Blüte angelangt. Ist diese ebensoweit entwickelt wie die erste Blüte, wird das Insekt weitere Pollinien einsammeln. Das Zweiblatt ist aber protandrisch, d. h. die Staubblätter sind eher reif als die Narben. Besucht das Insekt nun eine ältere Blüte, dann ist dort das Rostellum abwärts gebogen; die Narbe liegt daher frei, und die Pollinien bleiben dann auf ihr haften.

Man beachte, daß der Vorgang des plötzlichen, explosionsartigen Ausscheidens der klebrigen Flüssigkeit aus dem Rostellum zwei verschiedene Wirkungen hat. Erstens bleiben die Pollinien dadurch fest an dem Insekt haften, zweitens erschrickt das Insekt und fliegt zu einer anderen Blüte, meistens sogar zu einer anderen Pflanze, wodurch die Fremdbestäubung sichergestellt wird.

Einen weit spezialisierteren Bestäubungsvorgang haben wir bei dem im Frühjahr blühenden Manns-Knabenkraut (*Orchis mascula*), das in Wäldern oder auch auf freien Wiesen, meistens in lehmigen Böden, wächst. Im Mai und Juni bilden die violetten Blüten Sporne aus; die Bestäubung erfolgt durch Bienen. Die vordere Sepale und die zwei seitlichen Petalen bilden eine Haube um das Säulchen, das direkt am Eingang des aus dem hinteren Teil der Lippe entstandenen Sporns sitzt. Am oberen Ende des Säulchens sitzt eine Anthere, die zwei Pollinien enthält. Diese sind unten zu langen Stielchen oder Kaudikeln mit einer klebrigen Scheibe, dem Klebkörper, ausgebildet. Wenn die Staubblätter reif sind, liegt das Pollinium auf dem Rostellum, das einem winzigen Täschchen gleicht und Bursiculum genannt wird. Es enthält eine klebrige Flüssigkeit und versorgt damit die Klebkörper so lange, bis die Blüte bestäubt worden ist.

Eine Biene landet auf der Lippe einer Orchis-Blüte und senkt, um an den in den Wandzellen enthaltenen Nektar zu gelangen, ihren Rüssel in die Öffnung des Sporns. Dabei drückt ihr Kopf die seitlichen Lappen des Bursikels herunter und legt die Pollinien frei, die dann am oberen Kopfteil des Insekts haften bleiben. Verläßt die Biene die Blüte, stehen die Pollinien, die durch den schnell sich verfestigenden leimartigen Klebstoff sehr fest sitzen, wie Hörner auf ihrem Kopf.

In der Zeit, in der die Biene zu einer anderen Blüte fliegt, hat sich die Lage der auf ihrem Kopf klebenden Pollinien geändert. Inerhalb etwa einer halben Minute haben sie sich nach vorn gebogen, so daß sie parallel zum Rücken der Biene stehen und wie zwei Lanzen eines Kavalleristen nach vorn ragen. Beim Landen auf einer anderen Blüte streifen die umgekippten Pollinien nicht das Rostellum, sondern bleiben unterhalb auf den Narbenoberflächen kleben, wobei die Pollinien etwas aufreißen und der freigesetzte Pollen die Blüte bestäubt.

Wichtig ist hier, daß die Pollinien zu ihrer Vorwärtsneigung ungefähr eine halbe Minute benötigen. Dadurch hat die Biene Zeit genug, um einen Blütenstand abzusuchen und zur nächsten Pflanze zu fliegen. Selbstbestäubung ist also höchst unwahrscheinlich. Wird aber einmal eine Blüte von einer Biene besucht, auf der sich die Pollinien noch nicht umgelegt haben, dann stoßen diese nur gegen den vorstehenden Rand des Rostellums, und auch jetzt kann eine Bestäubung nicht eintreten. Eine Biene vermag ein Dutzend und mehr Pollinien aus einem einzigen Blütenstand aufzulesen und damit viele andere Blüten zu bestäuben, ehe sie sozusagen wiederbeladen wird.

Man kann diesen Mechanismus leicht bei dem auf gleiche Weise bestäubten Gefleckten Knabenkraut (*Orchis fuchsii*) beobachten, wenn man mit einem spitzen Bleistift in die Öffnung des Sporns drückt. Mit Hilfe des Klebkörpers bleiben die Pollinien aufrecht auf dem Bleistift stehen, doch schon nach wenigen Sekunden beginnen sie sich nach vorn in die Bestäubungsposition umzubiegen.

Wollen wir einen geradezu höchstentwickelten Bestäubungsvorgang betrachten, müssen wir uns den tropischen Orchideen zuwenden.

Bei *Coryanthes* ist die Lippe zu einem dosenähnlichen Gefäß umgeformt, in dem sich eine leicht berauschende Flüs-

sigkeit befindet. Besuchen Insekten diese Blüten, fallen sie in das Gefäß und können an der schlüpfrigen Wandung nicht wieder zurückkriechen, ja, schlimmer noch, durch die im Gefäß vorhandene Flüssigkeit werden sie leicht betäubt. Jedoch gibt es einen relativ bequemen Ausgang durch eine enge Öffnung genau unterhalb der Pollinien, durch die das Insekt schlüpft, dabei die Pollinien mitnimmt und sie auf eine andere Pflanze überträgt.
Einen noch seltsameren Bestäubungsvorgang können wir bei der südamerikanischen Orchidee *Gongora maculata* beobachten. Eine auf der Blütenlippe landende, nach Nektar suchende Biene kann sich auf der schlüpfrigen Landestelle nicht halten. Nolens volens rutscht sie am Säulchen hinunter, das gebogen ist und herabhängt. Am Ende dieser Rutschpartie nimmt sie mit ihrem Rücken die Pollinien auf, die sie dann zu einer anderen Pflanze trägt. Bei der neuen Blüte ergeht es ihr ebenso, doch bleiben die Pollinien, die sie auf dem Rücken trägt, diesmal an den klebrigen Narben hängen.

Pseudokopulation

Die Blüten einiger Orchideen ähneln auffallend bestimmten Tieren. In Großbritannien haben wir z. B. die Bienenragwurz (*Ophrys apifera*), die Fliegenorchis (*O. insectifera*) und das Ohnhorn (*Aceras anthropophora*), deren Ähnlichkeit mit Insekten ohne Zweifel in den meisten Fällen rein zufällig ist. Doch dient ihr Aussehen hin und wieder dazu, Insekten anzulocken und dadurch die Bestäubung zu sichern. Bei der Spiegel-Orchis (*Ophrys speculum*), einer mediterranen Spezies, und der kleinen australischen Zungen-Orchis (*Cryptostylis leptochila*) kann Form und Farbe der Blütenlippe mit einem weiblichen, gerade die Bestäubung vornehmenden Insekt verglichen werden. Die Blüten werden von männlichen Insekten besucht, die mit den scheinbaren Weibchen zu kopulieren versuchen. Dabei tragen sie entweder Pollinien mit sich fort oder laden mitgebrachte auf der Narbe ab. Auf jeden Fall schlüpfen die Insektenmännchen früher als die Weibchen, und die Orchideen blühen genau zu der Zeit, da sich die Insekten noch nicht gepaart haben. Erscheinen später die wirklichen Insektenweibchen, haben die Männchen kein Interesse mehr an den Orchideenblüten.

Diese »Pseudokopulation« ist bei solchen Insekten recht häufig, die den Orchideen ähnlich sehen. Damit nun dieser Vorgang auch funktioniert, muß die Orchideenblüte genau in die Zeit fallen, da die Männchen der von den Blüten nachgeahmten Insekten auf der Suche nach Weibchen sind, diese aber noch nicht finden können. Im Entwicklungsplan der Orchideen ist dies genau festgelegt.

Dennoch kann es passieren, daß trotz des so genau auf die Insektenbetäubung ausgerichteten Vorgangs, die Fremdbestäubung nicht eintritt. Für diesen Fall besitzen viele Orchideen einen Notmechanismus, durch den sie sich dann selbstbestäuben können, was am notwendigsten bei den Pflanzen ist, die hinsichtlich ihrer Bestäubung auf ein ganz bestimmtes Insekt spezialisiert sind. Die Selbstbestäubung läuft bei den einzelnen Orchideen-Spezies ganz unterschiedlich ab. Bei der Bienenorchis z. B. schrumpft beim Älterwerden der Blüte das Säulchen, die Pollinien hängen dann vor den Narben aus dem Bursikel heraus. Bei jeder Bewegung der Pflanze schwingen sie hin und her und berühren die Narbenoberfläche, wobei Selbstbestäubung eintritt.

Bei den *Ophrys*-Arten ist der Mechanismus etwas komplexer. Sind die Blüten noch jung, steht das Säulchen gerade und aufrecht; altern sie, setzt im Gewebe des Säulchens eine Autolyse (Selbstauflösung) ein, und es senkt sich herab, wodurch die Pollinien in Kontakt mit den Narben geraten.

Samenkeimung

Die nach der Bestäubung sich vollziehenden Veränderungen sind nicht weniger bemerkenswert als die Bestäubungsvorgänge. Orchideensamen sind äußerst klein und außerordentlich zahlreich. Nicht selten sind in einer Frucht eine Million Samen enthalten, ja, die Kapsel von *Cycnoches ventricosum* enthält schätzungsweise 4 Millionen. Darwin hat ausgerechnet: Würde sich aus allen von einer Gefleckten Orchis gebildeten Samenkörnern wieder eine Pflanze entwickeln, könnte man damit eine Fläche von einem Morgen bedecken. Würden die Samen dieser und der folgenden vier Generationen allesamt keimen und sich daraus wieder Pflanzen entwickeln, könnten diese Nachkommen einer einzigen Gefleckten Orchis die ganze Erde bedecken. Vielleicht müssen wir in dieser Tatsache den Grund für die große Sterblichkeit der Orchideensamen suchen.

Der Samen der Orchideen besitzt kein Endosperm; Nährstoffreserven hat der Embryo selbst. Außerdem ist der Embryo nicht, wie bei den meisten Monokotyledonen, in Keimwurzel, Vegetationspunkt des jungen Hauptsprosses und die Keimblätter differenziert; vielmehr besteht er nur aus einer Anzahl undifferenzierter Zellen. Erst nach der Keimung beginnt die Differenzierung.

Wenn ein Orchideensamen keimt, entwickelt sich zunächst ein verdicktes, knollenähnliches Gebilde, der sogenannte Vorkeim, der manchmal bis zu zwei Jahren im selben Stadium bleibt und sich nur weiterentwickelt, wenn er mit einem geeigneten Mykorrhiza-Pilz, meistens einer Spezies der *Rhizoctonia*, infiziert wird. Ist das geschehen, wächst er sehr langsam heran, und am oberen Ende bilden sich Blätter. Später treiben unten die Wurzeln aus. Der gesamte Entwicklungsprozeß dauert sehr lange, ja, es vergehen viele Jahre, bis die Pflanze ausgereift ist, Blüten ausbildet und Samen ansetzt.

Da der Vorkeim der Orchideen zu seiner weiteren Entwicklung mit dem Mykorrhiza-Pilz infiziert werden muß, ist die Keimung des Orchideensamens für die Züchter ein schwieriges Problem. Die Meinung, daß der Orchideensamen ohne den Pilz überhaupt nicht keimen würde, wurde allerdings von dem Botaniker Knudson als falsch bezeichnet. Seiner Meinung nach spielt der Pilz keine so fundamentale Rolle. Als er seine Funktion untersuchte, hielt er es für möglich, daß dieser der Orchidee nur gewisse ihr fehlende Enzyme zur Verfügung stellt, mit denen komplexe organische Verbindungen zu einfacheren, z. B. Zuckern, abgebaut werden. Bei seinen Untersuchungen legte Knudson Orchideensamen in ein spezielles, steriles Kultursubstrat aus, das u. a. Zucker enthielt. Die Pflanzen wuchsen ohne Pilz heran und gelangten zur Blüte. Auf den ersten Blick schien Knudsons Annahme bestätigt worden zu sein, daß der Pilz nur die benötigten Enzyme lieferte. Aber noch ist nicht alles geklärt; andere Arbeiten zeigen, daß das Wachstum der Orchideen nicht nur von den Pilzenzymen abhängig ist. Einige Orchideen lassen sich nicht auf Knudsons Substrat aufziehen, wenngleich sie auf sterilem Pilzextrakt und mit Vitaminzugabe wachsen. Genauen Aufschluß müssen weitere Forschungen ergeben.

9 Die Verbreitung der Pflanzen

Pflanzen sind dazu verurteilt, während ihres ganzen Lebens an einem Fleck zu wachsen. Zwar können sich kriechende Pflanzen etwas ausbreiten, indem ihre jungen Triebe im Boden Wurzeln bilden, doch ist dies nur ein langsames Vorankommen. Sogar Pflanzen wie die Erdbeere, deren Stolonen in allen Richtungen über den Boden laufen und in Abständen Wurzeln bilden, können auf diese Weise nicht weit gelangen. Soll eine Verbreitung in alle Gegenden der Erde sichergestellt sein, muß die Pflanze ein wirksameres Mittel als ihre vegetativen Vermehrungsorgane haben. Bei Blütenpflanzen wird das durch die entsprechende Ausbildung von Früchten bzw. Samenkörnern erreicht.
Ein Samenkorn ist primär im Ruhestadium und so aufgebaut, daß unter seiner widerstandsfähigen Hülle der pflanzliche Embryo geschützt den Winter – oder in anderen Gegenden die Trockenperiode – abwarten kann, bis die Wachstumsbedingungen wieder günstig sind. Auf Grund seiner festen Struktur ist es auch gut für den Transport geeignet: es ist klein, leicht und benötigt, bis es seinen Bestimmungsort erreicht hat, weder Nährstoffe noch Feuchtigkeit. Ein Samenkorn – oder auch die Frucht, die es enthält – kann im Fell eines Tieres, im Hosenaufschlag, im Vogeldarm oder am Fahrgestell eines Flugzeugs mitgeschleppt werden, ohne daß der Beförderer etwas davon weiß. Fällt das Samenkorn, vielleicht tausend Kilometer von seinem Entstehungsort entfernt, schließlich auf den Erdboden, wächst bei passendem Klima und passenden Bodenverhältnissen eine neue Pflanze heran. Ist die Witterung zunächst unfreundlich, kann der Samen warten; die Zeit drängt für ihn nicht.

Samen bilden sich – Befruchtung vorausgesetzt – aus den Samenanlagen einer Blüte. In den winzigen Eianlagen teilen sich die Zellen und entwickeln sich zu einem Pflanzenembryo, der aus einem Sproßrudiment mit einem Paar Keimblätter (Kotyledonen) – je einem Keimblatt auf jeder Seite – und bei Monokotyledonen mit nur einem einzigen Keimblatt besteht. Meistens ist auch noch ein Wurzelrudiment vorhanden. Bei der Samenkeimung reichern sich die Nährstoffe, hauptsächlich Fett und Stärke und nur wenig Eiweiß, in den Kotyledonen oder im extraembryonalen Gewebe, dem Endosperm, an und ernähren den Keimling so lange, bis er Chlorophyll ausgebildet hat und dann selbst Nährstoffe produziert. Schließlich verdicken sich die Integumente der Samenanlage, werden hart und bilden die Samenschale, die den Samen schützend umschließt, bis die Zeit für die Keimung gekommen ist.

Während der Samenentwicklung entsteht aus dem Fruchtknoten der Blüte die Frucht. Dabei schwillt dieser manchmal beträchtlich an. Gleichzeitig unterliegt er bestimmten Veränderungen, die notwendig sind, damit er seine doppelte Aufgabe, Schutz des Samens und Unterstützung seiner Verbreitung, erfüllen kann. Die Fruchtknotenwand kann weich und fleischig werden, wie bei der Tomate, so daß die Frucht Vögel anlockt. Sie kann aber auch zäh und mit hakenförmigen Fortsätzen bedeckt sein, mit denen die Frucht sich im Fell der Tiere festklettet und davongetragen wird, wie beim klebrigen Labkraut (*Galium aparine*). Die Frucht kann klein und hart sein mit einem Fallschirm aus Haaren, der sie durch die Luft trägt und dem Wind die Verbreitung der Früchte erlaubt, wie beim Löwenzahn (*Taraxacum officinale*). Trocknet die Frucht auf der Mutterpflanze ein, kann das dazu führen, daß die Gewebespannungen in ihr eine Explosion verursachen, bei der die Samen wie Schrapnellkugeln ausgeschleudert werden; so etwas geschieht beim

Stechginster (*Ulex*). Die Früchte entwickeln, was die Samenverbreitung anbetrifft, eine bemerkenswerte Vielfalt.

Botaniker unterscheiden echte Früchte, die aus nichts anderem als aus dem reifen Fruchtknoten und seinem Inhalt bestehen, und Scheinfrüchten (Pseudokarpien), die außer dem Fruchtknoten noch weitere Strukturen aufweisen. Tomaten und Pflaumen sind echte Früchte; ihre fleischigen Bestandteile sind die angeschwollenen Fruchtknotenwände. Die Erdbeere hingegen ist eine Scheinfrucht; bei ihr handelt es sich bei den köstlichen fleischigen Teilen um den angeschwollenen Blütenboden und nicht um den Fruchtknoten. Die wirklichen Früchte der Erdbeere sind die »Kernchen« auf ihrer Oberfläche. Jedes ist eine vollständige Frucht, die aus einem verhärteten Fruchtknoten mit einem Samen im Innern besteht. Eine andere Scheinfrucht ist der Apfel: Wiederum ist der fleischige Teil der angeschwollene Blütenboden, und die echten Früchte sind die Kerne. Brombeeren, Himbeeren und Loganbeeren sind eigentlich Sammelfrüchte; denn jede der kleinen Kugeln, aus denen sich die Frucht zusammensetzt, ist eine Frucht für sich. Diese hat den gleichen Aufbau wie eine Pflaume und wird Steinfrucht genannt. Die Brombeere ist eine Sammelfrucht aus einzelnen Steinfrüchten.

Was man im allgemeinen Frucht nennt, kann also, botanisch gesehen, etwas völlig anderes sein. Glücklicherweise muß man nicht wissen, was im botanischen Sinn als Frucht gilt, um sie genießen zu können. Wenn wir uns an einem reifen Pfirsich oder an einer eisgekühlten Scheibe Melone ergötzen, erfüllen wir nur eine Aufgabe, die uns die Natur zugedacht hat; fleischige, saftreiche Früchte sollen ja von Lebewesen verzehrt werden, damit ihre Samen, wenn sie die Verdauungswege unbeschädigt passiert haben, mit dem Kot in den Boden gelangen.

Es gibt, von den Scheinfrüchten wie der Erdbeere einmal abgesehen, zwei Hauptgruppen von fleischigen Früchten: Beeren- und Steinfrüchte. Eine Beere hat eine durch und durch fleischige Fruchtwand (Perikarp), z. B. die Stachelbeere oder die Tomate (es mag ungewöhnlich sein, die Tomate als Beere zu bezeichnen, aber für den Botaniker ist sie ein typisches Beispiel dafür). Wir unterscheiden zwischen der festen äußeren Haut, dem Epikarp, und dem fleischigen inneren Teil, dem Mesokarp, das den Hauptteil der Frucht bildet. Im Innern der Frucht liegen die Samen. Das Perikarp einer Steinfrucht bildet nicht zwei, sondern drei Schichten: das Epikarp (äußere Schale), das fleischige Mesokarp und einen weiteren Innenteil, das Endokarp, das hart ist und den eigentlichen Samen umschließt (Steinfrüchte haben meist nur *einen* Samen, im Gegensatz zu den Beeren, die mehr als einen Samen enthalten können). Pflaumen und Kirschen sind Beispiele für Steinfrüchte. Wohlgemerkt: Ein Pflaumenkern ist nicht der Samen, sondern das den Samen einschließende Endokarp. Knackt man den Kern vorsichtig auf, sieht man darin den eigentlichen Samen liegen.

Viele Handelsfrüchte sind entweder Beeren oder Steinfrüchte mit ganz speziellen Eigenschaften. Orangen, Zitronen, Grapefruits, Limonen und Mandarinen sind allesamt verschiedene Arten der Gattung *Citrus* (Familie der Rutaceen); ihre Früchte sind Beeren mit lederartig ausgebildetem Epikarp und Mesokarp. Das Epikarp bildet die Schale und enthält zahlreiche Öldrüsen in Form von mit ätherischen Ölen gefüllten Hohlräumen. Die Öle verleihen der Frucht ihren charakteristischen Duft. Das Mesokarp ist eine dickere, weiße, schwammige Gewebeschicht, die das Fruchtfleisch umgibt. Die Karpelle, das Eßbare der Frucht, haben einen hohen Vitamin-C-Gehalt und enthalten auch etwas Pektin. Die Gewinnung dieser beiden Stoffe stellt in den Citrusanbaugebieten einen wichtigen Industriezweig dar. Das Fruchtinnere besteht aus vielen vergrößerten Karpellen des Fruchtknotens, wobei es sich bei jedem Segment, in das die Frucht zerlegt werden kann, um ein Fruchtblatt handelt. Der Saft wird von einer großen Anzahl von aus der Fruchtwand nach innen wachsenden Haaren produziert. Mit der Entwicklung

der Frucht nimmt auch die Menge des gebildeten Saftes zu, der sein Aroma durch die für jede Art charakteristischen ätherischen Öle erhält. Auch die Banane ist eine Beere. Zuchtbananen sind triploid, d. h. ihre Zellkerne enthalten drei Chromosomensätze anstelle der in einem diploiden Zellkern vorhandenen zwei – ein Grund, warum die Befruchtung einer Blüte der Zuchtbanane nur sehr schwierig vorzunehmen ist. Die Frucht entwickelt sich allerdings auch ohne Befruchtung. Die eßbaren Bananen enthalten keine Samen, obwohl man sehen kann, daß die Samenanlagen von drei Fruchtblättern eingeschlossen werden, und man im Fruchtinnern kleine, braune Körnchen erkennen kann. Wilde Bananen sind diploid (zwei Chromosomensätze wie bei den meisten Pflanzen); ihre Früchte entwickeln sich nach der Befruchtung normal und enthalten Samen.
Eine Banane ist auffällig gebogen, und das beruht keinesfalls auf einem Zufall. Die Bananenblüten stehen dicht zusammen an langen, hängenden Blütenständen. Ganz oben im Blütenstand sind die Blüten männlich, in der Mitte neutral und an der Basis weiblich. Bei der Entwicklung krümmt sich die Frucht der Schwerkraft entgegen (negativer Geotropismus), so daß ihre Spitze nach oben zeigt.
Die Früchte der Walnuß (*Juglans regia*) und der Kokosnuß (*Cocos nucifera*) sind wie die der Pflaume und der Kirsche Steinfrüchte, doch ehe sie reif auf den Markt kommen, wird ihr fleischiges Mesokarp entfernt, so daß nur noch das harte Endokarp den Samen umschließt. Im Endokarp einer Kokosnuß breitet sich der Prozeß der Lignifizierung wie bei vielen anderen Steinfrüchten über die Gefäßbündel und Holzfasern hinaus aus; hierbei verhärten die Zellwände durch die Einlagerung der festen Substanz Lignin (*s. Kapitel 2*). Praktisch alle Gewebepartien, einschließlich der Parenchymzellen der Rinde, werden hier lignifiziert. Das Endokarp einer Kokosnuß gehört zu den härtesten Strukturen im Pflanzenreich. Innerhalb der Schale einer Kokosnuß liegt ein einziger Same. Die Samenschale ist mit dem Endokarp der Frucht verbun-

den. Im Innern liegt ein kleiner, von einer Menge Endosperm umgebener Embryo. Das junge, unreife Endosperm besteht aus einer dünneren äußeren Schicht, die einen großen Hohlraum mit einer darin enthaltenen Flüssigkeit, der Kokosnußmilch, umschließt. Reift der Samen, verfestigt sich diese Flüssigkeit zunehmend, obwohl die Milch niemals vollkommen eindickt. Die Milch einer jungen Kokosnuß ist ein köstliches Getränk, aber um seinen wirklichen Geschmack zu genießen, muß man in die Tropen fahren, wo man frische junge Kokosnüsse bekommen kann. Bis eine Kokosnuß zu uns gekommen ist, schmeckt das, was von der Milch übriggeblieben ist, leider sehr fade.

Die Milch der Kokosnuß liefert mehrere nicht näher bestimmte Substanzen, die das Pflanzenwachstum beschleunigen. Überträgt man kleine Stücke des Apikalmeristems einer Pflanze – von der Spitze des Sprosses oder der Wurzel, dort wo die Zellteilungen besonders stark stattfinden – in eine Lösung, die sämtliche für das Wachstum notwendige Substanzen enthält, dann laufen die Zellteilungen mehr oder weniger ungestört weiter. Wenn andererseits Stücke reifen Gewebes, z. B. Teile des Phloëms der Mohrrübe, ebenso behandelt werden, dann gehen die Zellteilungen nur sehr langsam, wenn überhaupt weiter. Die Zugabe einer geringen Menge Kokosnußmilch zu der Nährlösung veranlaßt die Zellen, die Teilungstätigkeit aufzunehmen. Offensichtlich enthält die Milch der Kokosnuß irgendeine oder auch mehrere Substanzen, die als Wachstumsbeschleuniger wirken. Eine genauere Untersuchung der Milch hat das Vorhandensein von mindestens sechs derartigen Substanzen bestätigt.

Ein anderes Beispiel für die wachstumsfördernde Wirkung der Kokosnußmilch sind die Fortschritte bei einem kleinen, unfertigen Embryo des Amerikanischen Stechapfels (*Datura stramonium*) in einer Nährlösung, die mit Kokosnußmilch und Auxin angereichert ist. Ohne die Milch der Kokosnuß würde der Embryo nicht wachsen. Fertige Embryos können dagegen mit der Kokosnußmilch nichts anfangen; es ist klar, daß sie in diesem Entwicklungsstadium entweder Wuchsstoffe aus dem Nährgewebe erhalten haben oder – was wahrscheinlicher ist – daß sie diese Stoffe bereits selbst synthetisiert haben.

Die Theorie der ozeanischen Verbreitung der Kokosnuß

Die Art der Verbreitung der Kokosnuß hat unter Botanikern zu gegensätzlichen Auffassungen geführt. Die allgemeine Ansicht ist, daß sie durch das Meer verbreitet wird, und da die Kokosnußpalme fast überall auf den Inseln des Pazifiks vorkommt, kann man dieser Ansicht durchaus Vertrauen schenken. In den meisten Lehrbüchern der Botanik wird die Kokosnuß als ein Beispiel dafür erwähnt, wie eine Frucht sich an die Verbreitung durch Meeresströmungen angepaßt hat. Das mag stimmen, doch will man den Beweis dafür führen, erkennt man Widersprüche: Die gemachten Beobachtungen stimmen nämlich nicht überein. Vielleicht wird die Verbreitung der Kokosnuß durch das Meer nur deshalb als selbstverständlich angesehen, weil niemand sich bisher die Mühe gemacht hat, daran zu zweifeln.
Als Thor Heyerdahl und seine Begleiter mit dem Floß *Kon Tiki* den Pazifik überquerten, behielten die Kokosnüsse, die sie in Körben auf Deck mitgenommen hatten, von Amerika bis nach Polynesien ihre Keimfähigkeit; andere Nüsse, die unter dem Floß mit dem Meerwasser in Berührung kamen, waren durch das Wasser oder die zahllosen im Ozean herumschwimmenden »Abfallbeseitiger«, die das Meer von allen herumtreibenden organischen Stoffen säubern, bald verdorben worden. Demgegenüber stellte ein Botaniker in Honolulu fest, daß Kokosnüsse, die er in den Gewässern von Pearl Harbour 110 Tage lang schwimmen ließ, völlig lebensfähig geblieben waren. Während dieser Zeit hätte eine Kokosnuß durchaus über 3 000 Seemeilen treiben können. Man sieht, daß die beiden Beobachtungen einander widersprechen.

Der einzige positive Befund für die Verbreitung der Kokosnuß durch das Meer gelangte von einer Gruppe vulkanischer Inseln, der Krakatau-Gruppe, zu uns, auf der 1883 die heftigste jemals erlebte Eruption stattgefunden hatte. In den Jahren 1928–30 entstand durch solche vulkanische Tätigkeit eine neue Insel, Anak Krakatau IV, die ja nur vom Meer aus mit Pflanzen besiedelt werden konnte. Etwa 8 Monate nach ihrer Entstehung besuchte der Botaniker van Leeuwen die Insel und stellte fest, daß die Gestade mit zur sogenannten *Barringtonia*-Gesellschaft gehörenden Pflanzen bewachsen waren. Diese Pflanzengesellschaft, die an den tropischen Meeresküsten oft auftritt, bestand aus *Barringtonia*, der Schraubenpalme (*Pandanus*) und der indischen *Terminalia catalpa.* Unter den übrigen Pflanzen fand Dr. van Leeuwen 41 keimende Kokosnüsse. Zweifellos stammten diese aus dem Meer; denn das Betreten der Insel war noch mit erheblichen Gefahren verbunden, und kein Eingeborener hätte gewagt, mit seinem Kanu an sie heranzufahren.

Leider ließ sich nicht feststellen, ob die Kokosnüsse zu Palmen heranwuchsen; denn die Insel wurde im Jahr 1932 durch erneute Vulkanausbrüche zerstört.

Es gibt sehr wenige zuverlässige Beispiele dafür, daß fruchtende Pflanzen der Kokosnußpalme durch Selbstaussaat entstanden. Ein solches Beispiel sind die Palmen an der Ostküste von Trinidad, die aus der Ladung eines gestrandeten französischen Frachters stammen sollen.

Überprüft man die Belege, so scheint sicher zu sein, daß die Kokosnuß häufig durch das Meer über große Entfernungen transportiert wird und, an Land gespült, zu keimen beginnt. Doch hat sie bei der Überquerung des Meeres viele Schwierigkeiten und Gefahren zu überwinden, und die Chancen sind gering, daß eine Keimpflanze sich zu einer fruchtenden Pflanze entwickeln kann. Einerseits müssen wir die starke Strahlung der Sonne in den Tropen berücksichtigen, andererseits die Konkurrenzprobleme für einen Keimling gegenüber der bereits vorhandenen Vegetation. Auch wenn die Keimpflanze wie durch ein Wunder einen geeigneten Standort für ihr Wachstum findet, würde eine Vielzahl von Tieren, z. B. wilde Schweine, sicher dafür sorgen, daß dieses Wunder nicht lange anhält. Wir kommen nicht umhin, die ozeanische Verbreitung der Kokosnüsse weitgehend als ein Rätsel anzusehen.

Wie nun aber überquert die Kokosnuß das Meer? Die Antwort ist ganz einfach: in Einbäumen! Seit Jahrtausenden hat der primitive Mensch Kokosnüsse genutzt und, wo er sich in den Tropen auch hinwandte, die Kokospalme mitgenommen. Später, viel später, geschah das mit Hilfe der Frachtschiffe. Die Verbreitung der Kokosnußpalme im Binnenland und von dort wieder zum Meer geschah ausschließlich durch den Menschen.

Ein merkwürdiger Gefährte der Kokosnuß ist der Palmendieb (*Birgus latro*), eine räuberische Krabbe, die, wie schon Darwin 1836 auf seiner Weltreise mit der *Beagle* auf den Cocos Keeling Islands beobachtete, mit der Kokosnuß vergesellschaftet ist. Dieses Tier hat die üblichen Scheren am vorderen Beinpaar, die aber außerordentlich groß und schwer sind. Darüber hinaus besitzt die Krabbe kleinere, schlankere Scheren am hinteren Beinpaar. Die Krabbe rupft nun an dem einen Ende der Kokosnuß, wo die drei »Augen« liegen, Faser für Faser ab. Wenn sie die »Augen« der Kokosnuß freigelegt hat, klopft sie mehrmals auf eins davon, bis sie ein Loch in die harte Schale gestoßen hat. Dann führt sie eine der hinteren Scheren in die Schale ein und zieht das Endosperm heraus. Der Palmendieb ernährt sich augenscheinlich vorwiegend von der Kokosnuß, und man kann sich kaum vorstellen, daß er seine besondere Gestalt ohne die Kokosnuß entwickelt hätte, ganz abgesehen von dem Instinkt, der ihn veranlaßt, sich an eine äußerlich so wenig versprechende Frucht heranzumachen. Nicht nur im Pflanzenreich finden wir, daß die natürliche Selektion einen gut angepaßten Organismus hervorbringt.

Die Verbreitung des Mistelsamens

Eine interessante Art der Verbreitung hat die Mistel (*Viscum album*) entwickelt, eine Verbreitung, die mit ihrem parasitischen Wachstum auf Laubbäumen, insbesondere dem Apfelbaum, zusammenhängt. Die »Beeren« der Mistel (in Wirklichkeit sind es gar keine Beeren, sondern Scheinfrüchte, die u. a. aus dem angeschwollenen Blütenboden bestehen) locken durch ihre weiße Farbe Vögel, hauptsächlich Misteldrosseln, an. Das Fruchtfleisch enthält einen klebrigen Brei, der, wenn die Vögel die Früchte fressen, an ihren Schnäbeln kleben bleibt. Wenn die Tiere sich davon befreien wollen, streichen sie ihren Schnabel an einem Ast ab, so daß der Samen durch den Klebestoff an der Borke haften bleibt und auf diese Weise einen Platz zum Keimen gefunden hat.

Weitere Mechanismen der Samenverbreitung

Einen noch eigenartigeren Verbreitungsmechanismus benutzt *Rafflesia arnoldi,* eine parasitische Pflanze des malayischen Archipels, die angeblich von Elefanten verbreitet wird. *Rafflesia* wächst als Parasit auf den Wurzeln von Waldbäumen. Sie besitzt überhaupt keinen oberirdischen Sproß, sondern lebt völlig im Boden; nur zur Blütezeit entwickelt sie überirdig eine enorm große Blüte von etwa einem Meter Durchmesser, deren Frucht weich und fleischig ist.

Für *Rafflesia* besteht das Problem nun darin, wie sie ihren Samen in den Erdboden und auf die Baumwurzeln bringt. Dabei kommen ihr die Elefanten zu Hilfe: sie zertreten die Blüten, wobei die Früchte zerquetscht werden und die Samen an den breiten Füßen hängen bleiben.

Das Gewicht des Elefanten drückt die Samen schließlich bis auf die Baumwurzeln. Nur ein Koloß wie der Elefant, dessen Füße tief in den weichen Boden einsinken, kann eine solch merkwürdige Samenverbreitung zustande bringen.

Wenn wir in Europa von fleischigen Früchten sprechen, die

Tiere anlocken, dann denken wir vor allem an Vögel, obwohl früchteverzehrende Säugetiere einschließlich des Menschen ebenso in Frage kommen. In den Tropen existieren wesentlich mehr Säugetiere, die mit den Vögeln um die Früchte konkurrieren. Elefanten, Schweine und verschiedene Huftiere, Tapire, Affen und Scharen von anderen Tieren leben davon. Was übrigbleibt, wird eine Beute der Insekten.

Ehe eine Frucht verbreitungsfähig ist, muß sie reifen; die in ihr vorhandenen Samen müssen voll ausgebildet sein. Es wäre eine unnötige Verschwendung für eine Pflanze, wenn sämtliche von ihr gebildeten großen Früchte aufgefressen würden, ehe der Samen voll entwickelt ist. Bei fleischigen Früchten wird das dadurch verhindert, daß ihr Aroma, ihre Farbe und ihr Duft erst bei völliger Reife des Samens vorhanden sind. Unreife Früchte enthalten meist unangenehm schmeckende Substanzen, vor allem organische Säuren, z. B. Apfelsäure, die Ungeduldige vom Verzehr abhalten sollen. Diese Säuren verschwinden erst, wenn die Frucht reif ist; an ihre Stelle treten dann die Zucker, die der Frucht ihren süßen Geschmack verleihen. Gleichzeitig verfärbt sich die Frucht von dem sich kaum von den Blättern abhebenden Grün zu einer jedermann auffallenden leuchtenden Farbe.

Daß so viele Früchte zur Reifezeit rot gefärbt sind, ist kein Zufall. Rot ist eben die Farbe, die sowohl von Vögeln als auch von Säugetieren von Grün am leichtesten unterschieden werden kann.

Trockene Früchte, z. B. Kletten, können von Tieren verbreitet werden, indem sich die Samen in ihrem Fell verhaken. Die Haken der Trockenfrüchte können ein Bestandteil der Frucht selbst sein, wie beim Klebkraut und beim Hexenkraut (*Abb. 9.1a*), oder auch eines anderen Teils der Blüte, der zur Verbreitung dient. Beim Benediktenkraut (*Geum urbanum*) (*Abb. 9.1 b*) verwelkt der Griffel des Fruchtknotens nicht, sondern bleibt erhalten und krümmt sich an seinem Ende zu einem Häkchen um. Die Arten des Zweizahns (*Bidens*) besitzen einen abgewandelten Kelch, indem

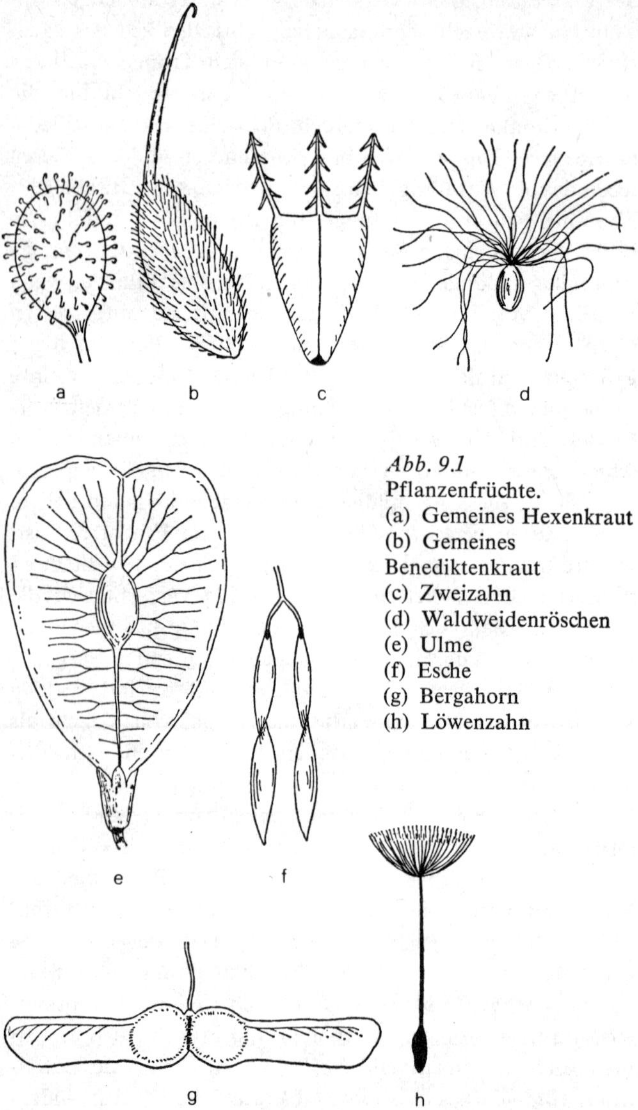

Abb. 9.1
Pflanzenfrüchte.
(a) Gemeines Hexenkraut
(b) Gemeines Benediktenkraut
(c) Zweizahn
(d) Waldweidenröschen
(e) Ulme
(f) Esche
(g) Bergahorn
(h) Löwenzahn

sie anstelle des Haarringes, des Pappus, der bei den meisten Kompositen auftritt, zwei bis drei steife Borsten mit nach hinten gerichteten Widerhaken haben (*Abb. 9.1 c*). Beim kleinen Odermennig (*Agrimonia eupatoria*) ist der Blütenkelch erhalten und hüllt, mit zahlreichen Haken versehen, die Frucht ein.

Viele Früchte werden durch den Wind verbreitet, wobei es an diese Verbreitungsart zahlreiche Anpassungen gibt. Die einfachste besteht im Vorhandensein kleiner, leichter und zahlreicher Samen. Wenn sich die Frucht öffnet, gibt sie, manchmal geradezu explosionsartig, den Samen frei, der dann durch die Luft davongetragen wird. Diese Methode finden wir z. B. beim Fingerhut (*Digitalis purpurea*) und bei vielen Orchideen, die sie noch weiter perfektioniert haben: ihr Samen ist so fein, daß er wie Nebel fällt. Zuweilen sind Samen mit Federhaaren versehen, in denen sich der Wind fängt, z. B. bei Weidenröschen (*Chamaenerion angustifolium*) (*Abb. 9.1 d*). Die Frucht öffnet sich schon an der Mutterpflanze und setzt die Haarbüschel frei. An einem windigen Tag ist die Luft dann voll davon.

Geflügelte Früchte finden wir bei Ulme, Esche und Ahorn. Der Flügel entsteht meistens durch eine flächige Verbreiterung der Perikarps, wobei die Form des Flügels bei den einzelnen Pflanzen verschieden ist, bei der Ulme oval (*Abb. 9.1 e*), bei der Esche lang und etwas verdreht (*Abb. 9.1 f*). Der Ahorn hat eine Frucht, die sich bei der Reife in der Mitte teilt, doch bleiben die beiden Hälften mit je einem Samen noch zusammen. Die Samen bleiben mit dem Fruchtstiel verbunden und sehen mit den beiden flachen Flügeln wie ein Propeller aus (*Abb. 9.1 g*). Die vollkommenste Anpassung an die Samenverbreitung finden wir in der Familie der Korbblütler (Kompositen). Die »Blüte« einer Margerite, Sonnenblume oder Chrysantheme ist in Wirklichkeit keine einzelne Blüte, sondern ein ganzer Blütenstand. Zieht man aus einer Sonnenblume vorsichtig ein Blütenblatt heraus, so sieht man, daß es eine einzelne kleine

Blüte ist. Und untersucht man das »Auge« (die Blütenscheibe), dann stellt man fest, daß es ebenfalls aus zahlreichen winzigen Blütchen besteht, obgleich diese nicht die so attraktiven zungenförmigen Blütenblätter besitzen. Ein großer Blütenstand kann aus Hunderten solcher winzigen Einzelblüten bestehen. Diese in einem Blütenstand zusammengedrängten Blütchen bilden gemeinsam eine auffällige Bestäubungseinrichtung, das Blütenköpfchen (*Capitulum*).

Einige Kompositen haben sowohl Scheibenblüten ohne zungenförmige Petalen als auch strahlenförmige Blütchen mit deutlich ausgebildeter Korolle, die aus fünf miteinander verwachsenen, nicht ohne weiteres zu erkennenden Petalen besteht. Bei anderen Kompositen sind sämtliche Blütchen mit zungenförmigen Petalen versehen. Ein gutes Beispiel dafür ist der gemeine Löwenzahn.

Das einzelne Kompositenblütchen ist von sehr einfachem Bau. Obwohl sich der Fruchtknoten aus zwei Fruchtblättern zusammensetzt, ist nur ein einziger einen einzelnen Samen enthaltender Hohlraum vorhanden. Der Kelch besteht meistens aus einem Haarring, der der kleinen Frucht als Fallschirm dient, und mit seiner Hilfe können sie zuweilen stundenlang in der Luft schweben. Schon der geringste Luftzug verhindert ein Zurruhekommen. Kompositenfrüchte können kilometerweit fortgetragen werden, ehe sie schließlich irgendwo zur Ruhe gelangen. Bei einigen Kompositen, z. B. Löwenzahn (*Abb. 9.1 h*) und beim Wiesenbocksbart (*Tragopogon pratensis*), können wir eine weitere Feinheit feststellen. Während der Entwicklung der Frucht wird der Pappus durch einen langen Stiel von ihr abgetrennt. Man kann das deutlich an der »Pusteblume« des Löwenzahns erkennen. Beim Wiesenbocksbart sind die Pappushaare fedrig mit vielen feinen Verästelungen ausgebildet, wodurch der Fallschirmeffekt noch verstärkt wird.

Einige Pflanzen, z. B. der Klatschmohn, streuen, wenn der Wind den ganzen Sproß bewegt, die Samen aus der Frucht aus. Bei einem solchen Streuvorgang fällt der Samen, wenn die reife Frucht geschüttelt wird, im allgemeinen durch mehrere kleine Öffnungen aus. Beim Mohn verhält sich der Blütenstiel positiv geotrop, d. h. er wächst mit der Schwerkraft, sobald die Blütenknospe erscheint, so daß die Blüte wie eine Bogenlaterne aussieht. In dieser Position mit dem Kelch oben wird sie in gewissem Maße vor der Witterung geschützt. Bei Ausbildung der Frucht ändert der Sproß seine Reaktion auf die Schwerkraft, wird »negativ geotrop« und richtet sein oberes Ende auf. Der Sproß ist etwas elastisch und macht im Wind kurze wippende Bewegungen, wodurch die Samen aus der Frucht geschleudert werden. Da sich die Öffnungen am oberen Teil der Frucht befinden, werden die Samen auch wirklich hinaus*geschleudert,* d. h. sie fallen nicht nur einfach senkrecht hinab. Das bewirkt, daß wenigstens einige von ihnen in genügend großem Abstand von der Mutterpflanze auf den Boden fallen, wo sie eine größere Chance haben, unbeschattet heranwachsen zu können – ein Nebenresultat der meisten Mechanismen der Samenverbreitung.

Einige Pflanzen ändern nicht die Reaktion auf die Schwerkraft, sondern auf das Licht, so das Efeublättrige Leinkraut (*Cymbalaria muralis*), das in den Spalten alter Mauern wächst. Seine Blütenstiele sind zuerst »positiv phototrop« (sie wachsen zum Licht), so daß die lila Blüten für die Bestäubung durch Bienen hervorragen. Setzen jedoch die ersten Früchte an, tritt in der Lichtreaktion eine Veränderung ein. Der Blütenstiel beginnt sich nun »negativ phototrop« zu verhalten, also das Licht zu meiden, und wächst in die Mauerritzen hinein, in denen die Früchte dann ihre Samen ablegen können. Bei einigen Pflanzen können wir eine gegenüber dem Klatschmohn verfeinerte Schleuderwirkung beobachten, indem die Früchte geradezu explosiv sind und ihre Samen mit einem plötzlichen heftigen Knall wegschießen. Beim gemeinen Stechginster (*Ulex europaeus*) stehen die reifen Hülsenfrüchte, da die einzelnen Gewebeschichten des Perikarps unterschiedlich schnell trocken werden, unter

Spannung. Die geringste Erschütterung läßt die reife Frucht aufspringen, wobei die Samen in alle Richtungen gestreut werden. Ist man an einem Sommertag weit genug von Motoren- und Düsenlärm entfernt, kann man das Geräusch aufplatzender Ginsterhülsen schon aus einiger Entfernung wahrnehmen.

Die Samenverbreitung des Stechginsters hängt nicht allein von diesem explosionsartigen Vorgang ab; jeder Same ist zusätzlich mit einer Vorrichtung versehen, die wahrscheinlich noch wirksamer ist als das Aufspringen der Hülsen. Jeder Same verfügt über ein fleischiges, orangefarbiges Anhängsel, das Ameisen anlockt. Die Ameisen beißen sich daran fest und verschleppen den Samen. Aus diesem Grunde ist der Stechginster so häufig entlang von Fußpfaden zu finden; Ameisen folgen nämlich diesen Wegen und verschleppen dabei die Samen. Ameisen anlockende Pflanzenteile werden Elaiosome genannt; sie kommen im Pflanzenbereich häufig vor und sitzen entweder am Samen oder an der Frucht. Meistens enthalten sie ein von Ameisen begehrtes Öl. Die Muskatnuß ist ein bekanntes Beispiel dafür. Unter den einheimischen Pflanzen finden wir Elaiosome bei den Erdraucharten (*Fumaria*), dem Günsel (*Ajuga reptans*), der Finger-Segge (*Carex digitata*) und vielen anderen. Zwiebelarten (*Allium*) und viele andere Monokotyledonen besitzen eine mit Öl imprägnierte äußere Samenschale. Die Samenverbreitung durch Ameisen scheint besonders wichtig für Gehölzpflanzen zu sein, weil Ameisen vorwiegend Waldbewohner sind.

Einige Wasserpflanzen besitzen Früchte oder Samen, die vom Wasser fortgespült werden, obwohl man nicht vergessen darf, daß eine Wasserpflanze auch andere Verbreitungsmöglichkeiten hat, z. B. die durch Vögel und durch die Fähigkeit, zu schwimmen. Die Fruchtwand des Froschlöffels (*Alisma plantago-aquatica*) ist locker gebaut und schwammig und enthält Luft, so daß die Frucht schwimmfähig ist. Die gelbe Wasserschwertlilie (*Iris pseudacorus*) besitzt

Samenschalen aus lufthaltigem, korkigem Gewebe. Wir haben bereits gehört, daß die Kokosnuß, der angeblich größte »Ozeanreisende«, in Wirklichkeit vielleicht gar nicht durch das Meer verbreitet wird. Doch gibt es eine Anzahl maritimer Pflanzen, deren Samen mit Gewißheit vom Meer transportiert werden. Dazu gehört die tropische *Barringtonia*, deren Frucht lufthaltige Gewebe hat, die sie schwimmfähig machen. Aber es gibt auch Früchte, die ohne diese Einrichtung auskommen. An den Küsten wachsen der Meerkohl (*Crambe maritima*), der Meersenf (*Cakile maritima),* die wilde Runkelrübe (*Beta vulgaris* var. *maritima*) und die Arten des Quellers (*Salicornia*), die alle durch das Meer von Ort zu Ort verbreitet werden.

Häufig von Meeresströmungen werden Mangroven verbreitet, aber dabei gehen nicht Früchte oder Samen, sondern Sämlinge »auf Reisen«. Die Mangrove ist keine einzelne Pflanzenart oder Pflanzengattung. »Mangrove« ist die allgemeine Bezeichnung für Pflanzen mit bestimmtem Aussehen und einem speziellen Standort. Viele Mangroven sind »vipipar«, d. h. ihre Samen keimen bereits in der an der Mutterpflanze hängenden Frucht. Die junge Wurzel des Keimlings wächst, von der Schwerkraft gelenkt, auf direktem Wege dem Boden entgegen. Fällt die junge Keimpflanze schließlich von der Mutterpflanze ab, dringt sie wie ein Speer mit der Wurzel voran in den Schlamm des Mangrovensumpfes ein. Sollte sie statt in Schlamm in Wasser fallen, so wird sie – manchmal über eine große Entfernung – fortgespült, bis sie irgendwo an Land gelangt.

Manche Früchte und Samen besitzen überhaupt keine besonderen Einrichtungen für ihre Verbreitung, und doch folgt eine Generation auf die andere. Die Frucht der strahllosen Kamille (*Matricaria matricarioides*), eines an Wegrändern zu findenden Unkrauts, ist klein, flügellos, und die für Kompositen charakteristischen Pappushaare fehlen oder sind verkümmert. Trotzdem breitet sich diese Pflanze sehr rasch über größere Distanzen aus. Man nimmt an, daß sie ihre

weite Verbreitung hauptsächlich Früchten verdankt, die an lehmverklebten Autoreifen hängengeblieben sind.
Samen werden nicht nur räumlich verbreitet, sondern einige der stärksten Unkräuter verbreiten sich auch »zeitlich«, was bedeuten soll: ihre Samen keimen nicht alle im selben Jahr. Nach einer alten Bauernregel bedeutet ein Unkrautjahr sieben Jahre Samen, und das ist nicht einmal übertrieben. Für den Ackersenf z. B. muß man eher von vierzig als von sieben Jahren sprechen. Berichten zufolge ging dieses Unkraut noch in einem Boden auf, der mindestens 40 Jahre unter Wald gelegen hatte. Das gleiche trifft für den Krausen Ampfer (*Rumex crispus*), den Großen Wegerich (*Plantago major*) und manche anderen Pflanzen zu, die auf Schuttplätzen und Ackerland wachsen.
Wir haben an anderer Stelle schon die Frage der Lebensdauer von Samen berührt. Die Zahlen auf Seite 135 gelten allerdings für gelagerten Samen in mehr oder weniger trokkenem Zustand. Im Boden sind die Samen jedoch alles andere als trocken, und so ist noch schwerer vorstellbar, wie die Samenruhe im Vergleich zu einem trockenen Herbarium unter diesen natürlichen Bedingungen verlängert wird. In einigen Fällen wird eine lange Samenruhe wohl zweifellos durch die Hartschaligkeit des Samens bedingt sein, aber damit läßt sich nicht erklären, weshalb ein Samen im Boden über Jahre hinweg ruht. In einer so langen Zeit müßte die Samenschale für die Keimung doch längst weich genug geworden sein.
Über die Samenkeimung des weißen Senfs (*Sinapsis alba*) sind einige Untersuchungen durchgeführt worden. Senfsamen haben im Boden eine längere Ruheperiode. Man stellte fest, daß wassergesättigtes Saatgut nicht keimte, wenn in der umgebenden Luft eine bestimmte CO_2-Konzentration überschritten wurde. Kohlendioxid wird bei der Zersetzung organischer Stoffe im Boden freigegeben – eine Tatsache, die hier und dort die Ursache für Keimungsverzögerungen sein könnte. Es sind jedoch weitere Untersuchungen not-

wendig, ehe eine Theorie über diese Erscheinung aufgestellt werden kann.

Für eine Pflanze ist es vorteilhaft, ihren Samen über einen längeren Zeitraum verteilt keimen zu lassen. Sie kann dadurch von unterschiedlichen klimatischen Bedingungen profitieren; würden alle Samen gleichzeitig keimen, könnten ungünstige Wetterbedingungen, z. B. eine Dürreperiode nach der Keimung, die meisten Sämlinge vernichten.

Im tropischen Regenwald wachsen die Pflanzen, da konstante hohe Temperaturen und Luftfeuchtigkeit eine Ruheperiode überflüssig machen, während des ganzen Jahres. In den meisten anderen Gebieten der Erde hingegen gibt es eine bestimmte Periode, die für das Pflanzenleben ungünstig ist. In weiten Teilen Europas fällt diese Zeit in den Winter, in dem gefrorener Boden und eisige Winde das Wachstum der Pflanzen mit wenigen Ausnahmen unmöglich machen. In anderen Ländern ist diese schlechte Wachstumsperiode nicht die kalte, sondern die trockene Jahreszeit, z. B. in Gebieten, wo die Monsunwälder den Höhepunkt der Vegetation darstellen. Dort ist die sengende Sonnenglut während der jährlichen Trockenzeit ein ebenso großes Hindernis für das Pflanzenleben wie unsere Winterfröste.

Manche Pflanzen können die ungünstige Periode dadurch überstehen, daß sie als Samen weiterleben. Das trifft besonders für die einjährigen Pflanzen zu. Sie leben in der vegetationsgünstigen Zeit, sterben danach vollständig ab und überlassen es ihren Samen, die Art zu erhalten. Manchmal werden auch im Verlauf einer Saison mehrere Generationen gebildet, wie bei der überall auf Äckern vorkommenden Vogelmiere, die nur wenige Wochen für ihr Wachstum bis zur Vollreife und zum Samenansatz benötigt.

In einiger Hinsicht mag dies die optimale Lösung sein, um mit den Schwierigkeiten einer wachstumsfeindlichen Periode fertigzuwerden; denn der Samen vermag die Trockenzeiten am besten zu überstehen. Seine dicke Schale und die Samenruhe sorgen gewöhnlich dafür, daß die Launen der Witterung ihm nicht schaden können. Doch Einjährigkeit bringt auch einen schwerwiegenden Nachteil. Da das gesamte Wachstum in einem Jahr abgeschlossen sein muß, ist die Größe, zu der sich eine Pflanze entwickeln kann,

begrenzt; folglich sind die meisten einjährigen Pflanzen klein.
Eine Pflanze, die von Jahr zu Jahr weiterlebt, wird perennierend (ausdauernd) genannt. Damit sie die rauhe Jahreszeit übersteht, muß sie einige Eigenschaften besitzen, die dafür sorgen, daß wenigstens ein Pflanzenteil im nächsten Jahr weiterwächst. Dazu legt die Pflanze Winterknospen, genauer gesagt (weil die wachstumsfeindliche Periode nicht unbedingt der Winter sein muß): perennierende Knospen an.
Perennierende Gehölze, wie Bäume und Sträucher, tragen diese Knospen an den Zweigen. Solche Pflanzen können zur Winterszeit ruhig ihre Blätter abwerfen; die Knospen bleiben erhalten und erwachen im Frühjahr zu neuem Leben. Aber nicht alle ausdauernden Pflanzen sind holzbildend. Perennierende Stauden wie der Rittersporn verlieren ihre saftigen, krautigen Sprosse, sobald der Winter kommt; bei ihnen bleibt der Wurzelstock erhalten, und mit ihm die ausdauernden, ruhenden Knospen. Vor den Frösten schützt sie trockenes Laub und Erdreich. Wird der Boden von der Frühjahrssonne erwärmt, brechen die Knospen auf, und es bilden sich neue oberirdische Triebe.
Vor mehr als sechzig Jahren entdeckte der dänische Botaniker Raunkiaer, daß man Pflanzen in eine Reihe von verschiedenen »Lebensformen« einteilen kann, und dieses Konzept hat auch heute noch Gültigkeit. Raunkiaers Einteilung in Lebensformen beruht auf der Lage der perennierenden Knospen, in unserem Klima der »Winterknospen«. Pflanzen, deren Winterknospen ungeschützt der Luft ausgesetzt sind, bei uns die Bäume und die meisten Sträucher, werden als Phanerophyten bezeichnet; Pflanzen, die ihre Knospen im Erdreich haben, z. B. der Krokus, sind Geophyten. Heute unterscheidet man sieben Hauptlebensformen.

Zu den Phanerophyten gehören alle Bäume und fast sämtliche Sträucher. Da sie ihre Knospen in der Luft tragen, sind diese völlig den Unbilden des Winters ausgesetzt. Vielleicht ist das der Grund, warum die Phanerophyten die dominierenden Pflanzen warmer, meist frostfreier Klimazonen sind. Das soll nicht bedeuten, daß einige von ihnen sich nicht kälteren Standorten angepaßt haben, so z. B. dem nördlichen Nadelwald, einem Vegetationstyp, der sich von Nordamerika über Nordeuropa bis nach Sibirien erstreckt. Wir haben hier den Beweis, daß einige Phanerophyten die Kälte überstehen können. Doch ist sein Artenreichtum, bezogen auf die Gesamtzahl der Pflanzen, im Vergleich mit dem der Tropen, sehr klein. Wollen wir die überreiche Formenvielfalt der Bäume sehen, müssen wir in die Gebiete um den Äquator reisen. Auf kleinstem Raum kommen dort Hunderte von verschiedenen Baumarten vor.

Im tropischen Regenwald brauchen die Knospen nicht einmal von Schuppenblättern geschützt zu sein; denn durch das Fehlen irgendeiner das Wachstum beeinträchtigenden Periode gibt es nichts, was sie daran hindert, das ganze Jahre munter darauploszuwachsen. In Gebieten mit ausgeprägter Trockenperiode finden wir zunehmend die unterschiedlichsten Methoden des Knospenschutzes. So können die äußeren Blätter mit Haaren bedeckt sein, die Wasserdampf gespeichert halten und auf diese Weise die Verdunstung von seiten der Knospen in Grenzen halten. Oder die Knospen sind mit klebrigem Schleim oder Harz bedeckt, die denselben Zweck erfüllen. Bei einigen Pflanzen gibt es einen zusätzlichen Schutz für Blätter und Nebenblätter (blattähnliche Auswüchse an der Basis des Blattstiels vieler Blätter).

In den kälteren Zonen der Erde hingegen, wo der Winter lang und streng ist, sind die Knospen meistens mit Schuppenblättern bedeckt. Das können wir z. B. bei den bei uns heimischen Phanerophyten beobachten. Manchmal wird die

Schutzwirkung der Schuppenblätter noch durch aufsitzende Haare verstärkt oder auch durch einen klebrigen Schleim, wie bei den Knospen der Roßkastanie.
Eine weitere Anpassung der Phanerophyten an ungünstige Witterungsbedingungen ist der herbstliche Laubfall. Im tropischen Regenwald herrschen immergrüne Bäume vor; die meisten unserer einheimischen Bäume und Sträucher sind indes laubabwerfend – sie verlieren ihre Blätter mit Beginn des Winters. Das geschieht, um einen zu großen Wasserverlust durch Transpiration gerade dann zu verhindern, wenn die Wurzeln im gefrorenen Boden nur schwer genügend Wasser für die Pflanze aufnehmen können. Über den herbstlichen Laubfall wird in Kapitel 11 im Zusammenhang mit der Xeromorphie ausführlicher gesprochen.
Je weiter die Phanerophyten in nördliche Breiten vordringen, um so niedrigeren Wuchs haben sie. Dasselbe gilt bei zunehmender Höhenlage, wie wir in England bei einigen Bäumen und Sträuchern beobachten können. Die Zwergbirke (*Betula nana*) kommt z. B. nirgends südlich von Northumberland vor. Sie wächst hauptsächlich in Mooren in einer Höhe von 250 bis 950 Meter; ihre Verbreitung erstreckt sich nach Norden bis Island. Sie ist ein niedriger Busch von nicht mehr als einem Meter Höhe, und ihre Zweige breiten sich dicht über dem Erdboden aus. Je näher die Winterknospen dem Boden sind, desto besser sind sie geschützt.

Chamaephyten

Phanerophyten wie der Zwergbirke schließen sich natürlicherweise die Chamaephyten an, die zweite Lebensform. Bei ihnen sitzen die perennierenden Knospen am Erdboden oder nur wenig darüber. Die blütentragenden Sprosse haben aufrechten Wuchs, doch sterben sie im Herbst ab; zurück bleiben die Pflanzenteile, an denen die Knospen für das nächste Jahr sitzen. Im Winter können sie durch Schnee geschützt werden, der sie vor Austrocknung und Frost bewahrt. In wärmeren Gegenden, wo eher die Gefahr des Austrocknens als des Erfrierens besteht, werden sie meistens von abgestorbenen Pflanzenresten bedeckt. Zu den in England verbreiteten Chamaephyten gehören die große Miere (*Stellaria holostea*), das Pfennigkraut (*Lysemachia nummularia*) und der Ehrenpreis (*Veronica officinalis*).

Hemikryptophyten

Überall dort, wo es eine ungünstige, vor allem eine kalte Jahreszeit gibt, brauchen die Knospen einen besseren Schutz als den der Chamaephyten. Hier schließen die Hemikryptophyten an, deren Winterknospen in den oberen Bodenschichten angelegt werden, also dort, wo sie nicht nur durch das sie umgebende Erdreich, sondern auch von den allmählich verwitternden Resten des oberirdischen Sprosses geschützt werden. Die Hemikryptophyten besitzen einen besseren Knospenschutz als die Chamaephyten, und so überrascht es nicht, daß etwa die Hälfte aller mitteleuropäischen Pflanzen zu ihnen gehört. Man kann die Hemikryptophyten, wie auch die anderen Lebensformen, nach ihrem zunehmenden Knospenschutz einteilen. Beginnen wir mit den Protohemikryptophyten, deren Sprosse bis hinauf zum Blütenstand Blätter tragen, dann finden wir als Weiterentwicklung die Semirosettenpflanzen, deren untere Blätter deutlich größer als die oberen sind. Schließlich trägt bei den Rosettenpflanzen der aufrechtstehende Sproß nur Blüten, und die Blätter sind wie beim gemeinen Löwenzahn an seiner Basis zu einer Rosette vereinigt.
Die Winterknospen der Hemikryptophyten werden von den oberen Schichten des Bodens umschlossen, aber sie liegen nicht tief in der Erde. Ihr Schutz wird auf verschiedene Weise erreicht; unter anderem spielt die Bodenablagerung durch Erdwürmer eine ganz erhebliche Rolle. Die Wurzeln vieler Hemikryptophyten sind kontraktibel und ziehen die Pflanze, falls sie im Laufe der Zeit freiliegen sollte, in den Boden hinein.

Manchmal gerät der unterirdische Teil des Sprosses zu tief in die Erde, z. B. durch die Tätigkeit von Maulwürfen. In diesem Fall bildet die Pflanze ihre perennierenden Knospen höher am Sproß, so daß sie wieder direkt unter der Erdoberfläche liegen.
Viele Hemikryptophyten besitzen Stolonen – kriechende Sprosse, die in Abständen Wurzeln tragen und für die vegetative Vermehrung sorgen. Diese können sich über dem Boden oder etwas unter der Oberfläche ausbreiten. Die Erdbeere ist ein Beispiel für einen Hemikryptophyten mit Stolonenausbreitung *über* dem Boden. Die Pestwurz (*Petasites hybridus*) besitzt *unterirdische* Stolonen. Einige Pflanzen, wie die große Brennessel (*Urtica dioica*) und der Wald-Ziest (*Stachys sylvatica*), haben sowohl unter- wie oberirdische Stolonen.
Die Gestalt einer Rosettenpflanze, z. B. des Löwenzahns, scheint bis zu einem gewissen Grad durch das Licht bestimmt zu werden. Die Form einer Rosette entsteht durch die Verkürzung der »Internodien« des Sprosses – der Abstände zwischen den Blättern. Solange der Sproß unterirdisch wächst, besitzt er normale Internodien, doch sobald er ans Licht gelangt, verkürzen sich diese, so daß die Blätter dicht gedrängt beieinanderstehen. Wenn man über eine Löwenzahn-Pflanze, kurz bevor sie aus dem Boden heraustritt, Erde anhäuft, verlängern sich die Internodien so lange, bis die Sproßspitze wieder ans Licht gelangt. Von nun an verkürzen sie sich, und die Pflanze nimmt ihre normale Rosettengestalt an. Der Blütenstengel reagiert anders. Sein Wachstum wird nicht vom Licht kontrolliert, und so wächst er aufrecht in die Luft, ohne Blätter zu erzeugen.

Geophyten

Von den Hemikryptophyten – mit den Winterknospen dicht unter der Erdoberfläche – ist es ein kleiner Schritt zur nächsten Lebensform, den Geophyten. Bei ihnen liegen die

Knospen während des Winters im Boden, und der Sproß wächst, wenn das Wetter für das Wachstum günstig ist, aus der Schutzschicht heraus. Alle Zwiebel- und Sproßknollengewächse, z. B. Narzisse, Tulpe, Hyazinthe und Krokus, gehören dazu.

Die Geophyten besitzen von allen Pflanzen die vollkommensten Schutzeinrichtungen für Dauerknospen. Da sie im Boden versenkt sind, brauchen sie weder Austrocknung noch Erfrieren zu fürchten. Besonders gut sind sie für das Leben in Gegenden mit einer langen Trockenzeit angepaßt, so daß diese Lebensform in Trockensteppen vorherrschend ist. Viele Geophyten sind jedoch auch an die Lebensbedingungen solcher Gebiete angepaßt, wo die Vegetationsperiode lang und der Winter streng ist. Die zahllosen Krokusse, die uns im Frühjahr in den Schweizer Alpen erfreuen, sind hierfür ein markantes Beispiel.

Die in den Gegenden mit kurzer Vegetationsperiode, z. B. Steppen, wachsenden Geophyten sind zu sehr rascher Entwicklung gezwungen. Der oberirdische, Blätter und Blüten tragende Sproß muß schnell wachsen. Deshalb müssen die Geophyten eine Möglichkeit haben, unterirdisch Nährstoffe zu speichern, die dann mit Beginn der günstigen Jahreszeit für das Wachstum der oberirdischen Pflanzenteile sofort zur Verfügung stehen. Daher besitzen viele Geophyten Zwiebeln oder Knollen als Nährstoffspeicher. Andere haben dikke, unterirdische Sprosse (Rhizome), die dieselbe Aufgabe erfüllen.

Sumpf- und Wasserpflanzen

Die Pflanzen der Sümpfe, in denen der Boden mit Wasser gesättigt ist, haben ihre Winterknospe unter der Erdoberfläche und werden Helophyten genannt. Ein Beispiel hierfür sind die Rohrkolbengewächse (*Typha*). Einige Helophyten, wie das Pfeilkraut (*Sagittaria sagittifolia*), können im flachen Wasser wachsen, wobei ihre ausdauernden Knospen unten im Schlamm sitzen.

Helophyten dieser Art leiten zur nächsten Klasse über, den Hydrophyten, deren Knospen während der ungünstigen Jahreszeit vom Wasser bedeckt und geschützt werden. Viele unserer bekannten Wasserpflanzen gehören zu dieser Gruppe, einschließlich der weißen und gelben Seerose (*Nymphaea alba* und *Nuphar lutea*). Hier befinden sich die Winterknospen an Rhizomen, die am Grunde des Gewässers wachsen. Einige Hydrophyten besitzen keine Rhizome. Ihre Winterknospen lösen sich von der Pflanze und sinken auf den Grund, wo sie die günstige Jahreszeit erwarten. Ein Beispiel dafür ist das stumpfblättrige Laichkraut (*Pomatogeton obtusifolius*).

Therophyten

Die siebente und letzte der hier zu besprechenden Lebensformen sind jene Pflanzen, die am Ende der Wachstumsperiode völlig absterben und die Erhaltung der Art ihren Samen überlassen. Man nennt sie Therophyten, und wir haben uns bereits mit ihnen befaßt. In gewisser Hinsicht kann man sie, weil es nichts Widerstandsfähigeres als den Samen gibt, als die am besten geschützten Pflanzen betrachten.

Winterknospen wie auch Samen treten in ein Ruhestadium ein, aus dem sie normalerweise nicht vor Anbruch ihrer Wachstumszeit erwachen können – ein eindeutiger biologischer Vorteil für die Pflanze. Es wäre nutzlos, die Winterknospen zu schützen, wenn sie das Wachstum vorzeitig beginnen sollten und dabei die zarten jungen Triebe der Kälte und der Trockenheit aussetzten. Knospenruhe ist eine verbreitete Erscheinung, die nur in besonders günstiger Umwelt, wie dem tropischen Regenwald, fehlt. Sie fällt besonders auf bei den Phanerophyten des gemäßigten Klimas mit kalten Wintern.

Im Klima Nord- und Mitteleuropas scheint der entscheidende Faktor, der in der freien Natur die Knospenruhe bricht, die Einwirkung von Kälte zu sein. Bei den in England vorkommenden Phanerophyten benötigen die Winterknospen für eine gewisse Zeit Temperaturen unter 9° C, ehe sie zu treiben beginnen. Die Dauer der notwendigen Kälteeinwirkung ist bei den einzelnen Pflanzenarten verschieden. Bei einigen reichen schon 200 Stunden aus, um die Knospenruhe aufzuheben, während bei anderen Pflanzen eine Kälteeinwirkung von mehreren tausend Stunden notwendig ist.

Die Knospenruhe kann auf verschiedene Weise auch künstlich unterbrochen werden, so z. B. durch Behandlung mit Säuren und Gibberellin (einer von dem Pilz *Fusarium moniliforme* produzierten Substanz) oder durch die Einwirkung von Äther- oder Blausäure-Dämpfen, durch Injektion von Alkohol in die Knospen oder durch Eintauchen der Zweige in lauwarmes Wasser für wenige Stunden und anschließendes Aufstellen in einem warmen Gewächshaus. Niemand weiß, aus welchem Grund diese Behandlungen wirksam sind. Die inneren Auslösefaktoren der Knospenruhe sind bis heute nicht bekannt.

Vielleicht spielt auch hier das Auxin eine Rolle, denn Auxin wirkt der weiteren Entwicklung von Knospen entgegen, die unterhalb eines Vegetationspunktes am Sproß entstehen. Doch offensichtlich ist dies kein Faktor der Knospenruhe. In einigen Fällen scheint es, als ob in ruhenden Knospen ein Hemmstoff erzeugt wird. Aus Knospen und Blättern des Bergahorns (*Acer pseudoplatanus*) kann man mit Alkohol eine Substanz extrahieren, die das Wachstum der Weizenkoleoptile und bestimmter anderer Pflanzenteile unterdrückt. Man konnte zeigen, daß diese bis heute noch nicht identifizierte Substanz zu Beginn des Winters in großen Mengen in den Knospen enthalten ist; in stark wachsenden Pflanzen ist ihre Menge am geringsten, aber sie fehlt niemals völlig.

Eine wichtige Eigenschaft dieses ziemlich mysteriösen Hemmstoffes ist, daß er zumindest teilweise durch die Belichtung einer Pflanze an den Kurztagen erzeugt wird. Die Tageslänge (d. h. die Periode, während der eine Pflanze innerhalb 24 Stunden belichtet wird) hat, wie wir im folgenden Kapitel sehen werden, grundlegende Bedeutung für die Pflanzen. So wäre es nicht überraschend, wenn sie an der Auslösung der Knospenruhe beteiligt wäre. Man hat festgestellt, daß die Blätter des Bergahorns mehr Hemmstoff produzieren, wenn die Pflanzen einem künstlichen Kurztag ausgesetzt wurden, so daß man annimmt, daß in der Natur für die Zunahme des Hemmstoffes die mit dem Herbst kommenden kurzen Tage verantwortlich sind, was wiederum die Knospen ruhen läßt.

Die Bedeutung des Kurztages für die Auslösung der Knospenruhe wurde auch an anderen Pflanzenarten festgestellt. Diese zeigten eine Verzögerung der Ruheperiode, wenn man sie bei kürzer werdenden Tagen im Verlauf eines Jahres zusätzlich belichtete. Gibt man dem Tulpenbaum (*Lyriodendron tulipefera*) im Winter durch Zusatzbeleuchtung einen Langtag und eine entsprechend günstige Temperatur, so wächst er weiter. Das Zusatzlicht braucht auch gar nicht sehr stark zu sein, womit jeder Gedanke widerlegt wird, daß das Ausbleiben einer Ruhezeit durch gesteigerte Photosynthese verursacht werde.

Ob noch weitere Pflanzen außer dem Bergahorn einen Hemmstoff produzieren, der Knospenruhe auslöst, ist bis jetzt nicht bekannt. Wir wissen auch nichts über den Effekt des Kurztages auf die Auslösung der Ruhezeit und können daher nur über die wenigen bisher untersuchten Pflanzen berichten. Es gibt noch viel über die Knospenruhe zu erforschen, und die Ergebnisse würden sicherlich lohnende Anerkennung in der Wissenschaft finden; möglicherweise würden sie sogar kommerzielle Anwendung finden.

11 Anpassung an den Standort

Als die Pflanzen zum erstenmal das Meer verließen und sich auf dem Land ansiedelten, mußten sie sich an eine völlig andersgeartete Umwelt anpassen. Wir sahen bereits im Kapitel 1, wie diese Anpassung erreicht wurde. Sie entwikkelten ein Wurzelsystem, das sie am Standort verankerte und Wasser sowie Nährsalze aus dem Boden aufnahm; ferner bildete sich ein Leitgewebe, das Wasser und Mineralsalze zu den Pflanzenteilen transportierte, in denen sie am meisten benötigt wurden. Die Landpflanzen sind nicht an einem Tag entstanden; sie benötigten Jahrmillionen ständiger Evolution, ehe sie wirklich an das Leben auf dem Land angepaßt waren.

Der Anpassungsprozeß läuft seither ständig weiter. Die Pflanzen können es sich nicht leisten, in ihrer Entwicklung stehenzubleiben; denn das würde ihren Untergang bedeuten. Bedenken wir, daß die Umwelt sich im Laufe der Jahre verändert und daß eine an eine bestimmte Umgebung gut angepaßte Pflanze mit einer Veränderung ihrer Umwelt rechnen muß. Die klimatischen Bedingungen können wärmer oder kälter, nasser oder trockner werden. Eine Pflanze, die sich nicht an die verändernde Umgebung anpassen kann, muß entweder zugrunde gehen oder sich einen anderen Standort suchen.

Als das späte Paläozoikum vom frühen Mesozoikum abgelöst wurde, ändert sich das Klima rasch und tiefgreifend. Die sumpfigen Wälder aus dem Karbon verwandelten sich während des Perms zu den Wüsten der Trias-Periode. Dies alles hatte auf das Leben der Pflanzen einen umwälzenden Einfluß. Viele Arten gingen im Kampf um das Dasein zugrunde, während die überlebenden Pflanzenarten immer weniger Gebiete fanden, die sie besiedeln konnten. Gleichzeitig nahm die Konkurrenz unter den neuen Pflanzenarten

zu, die besser mit den neuen Bedingungen fertig werden konnten.
Umweltveränderung bedeutete Herausforderung wie Gelegenheit zugleich. Die alten Pflanzenarten konnten den Anforderungen der Natur meistens nicht Folge leisten. Doch Veränderungen, die für einige Arten den Untergang bedeuten, waren für andere Spezies der Anstoß zu weiterer Evolution. Wie so oft bedeutete auch hier eine Zeit des Risikos eine Zeit der Gelegenheiten. Während des anschließenden Pleistozäns ereigneten sich folgenschwere Katastrophen: die Eiszeiten. Die Pflanzen zogen sich vor dem herannahenden Eis zurück, und nur wenige winterharte Arten überlebten, vielleicht auf den aus dem Eise ragenden Bergspitzen, den Nunataks. Als das Klima wieder milder wurde und das Eis zurückwich, kehrte nur ein geringer Teil der Pflanzen wieder; viele Arten tauchten nie mehr auf und sind seither für unsere Pflanzenwelt verloren. Man nimmt an, daß während des Pleistozäns vier große Eiszeiten auftraten, die von drei Zwischeneiszeiten unterbrochen wurden. Die erste Eiszeit begann vor ungefähr 600 000 Jahren; vor etwa 20 000 Jahren begann das Eis sich schließlich zurückzuziehen. Ob wir uns heute in einer Zwischeneiszeit befinden und mit einer neuen Vereisung zu rechnen ist, weiß niemand genau.
Obwohl die Verhältnisse auf der Erde zur Zeit im physikalischen Sinne relativ stabil sind, findet in der Natur noch immer ein Wettstreit statt. Eine Pflanze muß sich dauernd mit ihrer Umwelt auseinandersetzen – mit den mannigfachen Faktoren des Klimas, der Physiogeographie und des Bodens, die insgesamt den Standort charakterisieren, an dem die Pflanze wächst. Hierzu gehört auch die Beeinflussung durch benachbarte Organismen, Tiere und Pflanzen und nicht zuletzt durch ihre Artgenossen, die mit ihnen um Standort und Nährstoffe streiten. Eine Pflanze muß außerordentlich gut an ihre Umgebung angepaßt sein, wenn sie überhaupt eine Chance für die Fortsetzung ihres Lebens haben will.

Einige Pflanzen scheinen gleich in vielfacher Hinsicht gegen die Widrigkeiten ihrer Umwelt gewappnet zu sein, z. B. der Löwenzahn, zweifellos einer der »zähesten Burschen« in der Natur, der nahezu überall wachsen kann, wo etwas Boden vorhanden ist, ja sogar dort, wo dieser kaum vorhanden ist. Er kann sogar so etwas wie eine »geschlossene Gesellschaft« bilden, und hat er sie einmal geschaffen, gehört er zu den widerstandsfähigsten Pflanzen überhaupt. Selbst wenn er völlig ausgegraben wird, kann er aus einigen winzigen Stücken seines Wurzelsystems, die bei seiner beabsichtigten Ausrottung übersehen wurden, wieder nachwachsen.

Nicht alle Pflanzen besitzen die Zähigkeit des Löwenzahns. Einige meiden die Auseinandersetzung mit anderen Arten und haben die Tendenz, sich an abgelegene Stellen zurückzuziehen, wo der Konkurrenzkampf weniger hart ist und sie die Chance haben, ungestört zu leben.

Pflanzen, die sich an ungestörte Plätze zurückziehen, sind durchaus nicht die Feiglinge oder Snobs des Pflanzenreichs. Ganz im Gegenteil. Sie sind seine Pioniere, ja, eher die Abenteurer des Pflanzenreichs, die dem Unbekannten trotzen und Standorte verlassen, die zwar angenehm, aber übervölkert sind. Solche Pflanzen haben gewissermaßen Kapital aus irgendeiner Besonderheit ihres Baus oder ihrer Physiologie geschlagen, und diese Besonderheit befähigt sie nun, dort zu leben, wo andere Pflanzen zugrunde gehen würden. Auf diese Weise sind die Kakteen in die unwirtlichen Wüsten vorgedrungen, ist das Edelweiß (*Leontopodium alpinum*) in die hohen Alpenregionen gelangt. Das Seegras hat sozusagen die Uhr um 300 Millionen Jahre zurückgedreht und sich wieder im Meer angesiedelt.

Xeromorphe Merkmale

Eine Pflanze, die unter besonders trockenen Bedingungen lebt, wird »Xerophyt« und die Eigenschaften, die sie, ohne daß sie übermäßig Wasser verliert, dazu befähigen, werden »xeromorphe Merkmale« genannt. Xeromorphie muß freilich nicht immer auf Xerophyten beschränkt sein. Eine Pflanze, die unter besonders trockenen Verhältnissen lebt, es aber fertig bringt, durch rasches Wachstum ihren Lebenszyklus während der kurzen feuchten Periode eines Jahres abzuschließen, könnte man wohl auch als Xerophyten bezeichnen, obgleich sie wahrscheinlich keine xeromorphen Merkmale besitzt, weil sie diese ja nicht benötigt. Andererseits zeigen die meisten Pflanzen der Salzmarschen, obwohl ihre Wurzeln ständig ins Wasser eintauchen und ihre oberirdischen Teile bei jedem höheren Wasserstand unter Wasser sein können, voll entwickelte Xeromorphie. Der Grund dafür ist, daß das Wasser salzig ist, so daß die Wurzeln, wegen des hohen osmotischen Druckes (bzw. niedrigen Diffusionsdruckes) dieses Wasser schwerlich aufnehmen können. Derartige Pflanzen leiden stets unter sogenannter physiologischer Trockenheit. Ihnen ergeht es so wie jemandem, der überall Wasser um sich, doch keinen Tropfen zu trinken hat.

Xeromorphe Pflanzen besitzen einige Charakteristiken, die dazu tendieren, den Wasserverlust zu drosseln. Oft sind ihre Blätter dick und ledern, ihre Kutikula ist kräftig und manchmal noch durch eine Wachsschicht verstärkt. Auch die Ausbildung von Haaren ist ein häufiges xeromorphes Merkmal. Diese Haare schaffen ein Luftpolster, das die Spaltöffnungen bei starkem Wind vor den Luftturbulenzen schützt, so daß die Wasserverdunstung aus den Stomata herabsetzt wird. Die Transpiration kann obendrein dadurch reduziert sein, daß die Stomata in Mulden der Blattoberfläche eingesenkt sind; der Wasserdampf sammelt sich dann in den Vertiefungen und wird nicht ohne weiteres vom Wind fortgeblasen. Xeromorphe Blätter besitzen unter der Epidermis oft eine Schicht aus dickwandigen Zellen (Hypodermis), die wahrscheinlich eine doppelte Funktion hat, einmal die Verdunstung zu regeln, zum anderen das Blatt zu

festigen, so daß es bei Wasserverlust nicht gleich schrumpft. Extrem xeromorphe Pflanzen können darüber weit hinausgehen. Die ganze Morphologie des Blattes kann an diese eine notwendige Aufgabe, den Wasserverlust zu drosseln, angepaßt sein.
So ist z. B. beim Oleanderblatt (*Nerium oleander*) die Verteilung der Stomata auf einige von Haaren geschützte Hohlräume beschränkt. Beim Heidekraut (*Calluna vulgaris*) sind die Spaltöffnungen in einer Grube, der Stomatakammer, vereinigt, die sich auf der Unterseite des dicken, fleischigen Blattes befindet.
Viele Gräser besitzen Blätter, die sich zusammenrollen können, wobei sich die Spaltöffnungen dann auf der Innenseite eines solchen Rollblattes befinden. Die Fähigkeit der Blätter, sich zusammenzurollen, ist vom Vorhandensein einer bestimmten Zellgruppe, den Gelenkzellen, abhängig, die auf der Innenseite des Rollblattes vorkommen. Ein besonders anschauliches Beispiel für diese Erscheinung ist der Strandhafer (*Ammophila arenaria*), dessen große Rollblätter auf jeder Sanddüne zu bewundern sind. Beim Strandhafer ist die äußere Oberfläche des Rollblattes relativ glatt; sie ist von einer starken Kutikula überzogen und besitzt keine Spaltöffnungen. Die innere Blattoberfläche ist mehrfach zusammengefaltet, und am Grunde jeder Falte liegen einige Gelenkzellen. In einer Falte des Rollblattes befindet sich an der Seite der Gelenkzellen eine Anhäufung von Assimilationsgewebe, dessen Zellen reichlich Chloroplasten enthalten. Nur hier gibt es Spaltöffnungen. Einen zusätzlichen Transpirationsschutz bilden zahlreiche starre Haare an den äußeren Rändern der Blattfurche.
Ein Vorteil dieser Einrichtung besteht darin, daß die Verdunstung an die Bedürfnisse der Pflanzen angepaßt werden kann. Bei genügend Feuchtigkeit werden die Gelenkzellen des Blattes turgeszent und schwellen an, wodurch das Blatt entrollt wird und Kohlendioxid ungehindert zu den Spaltöffnungen gelangen kann. Sollte hierbei übermäßiger Was-

serverlust eintreten, so verlieren die Gelenkzellen ihre Turgeszenz und kollabieren, wobei sich das Blatt wieder aufrollt.

Die Blätter von xeromorphen Pflanzen sind oft klein und können bis zu Blattschuppen reduziert sein; die Photosynthese wird dann von der Sproßachse übernommen. Die australische *Casuarina* ist ein besonders gutes Beispiel hierfür. Ihre Blätter sind kleine Schuppen, und die Zweige besitzen Ringfurchen, an deren Grunde sich das grüne, zur Photosynthese befähigte Assimilationsgewebe befindet. Dieses ist durch Haare geschützt. Die grünen Zweige leisten die gesamte Photosynthese.

Die Sproßachsen vieler Xerophyten übernehmen nicht nur die Aufgabe der Blätter – in vielen Fällen sehen sie sogar wie Blätter aus. Der Mäusedorn *(Ruscus aculeatus)*, der zur Lilienfamilie gehört und in trockenen Wäldern bzw. zwischen Felsgestein wächst, besitzt kleine, lederne, zugespitzte Blätter *(Abb. 11.1)*. Bei genauerem Hinsehen erkennt man, daß diese »Blätter« Zweige des Sprosses sind. In der Mitte einer solchen »Blatt«-Oberfläche sitzt ein winziges Schuppenblatt, und zur Blütezeit sprießt aus dem besonders flachen Zweig eine Blüte hervor.

Sprosse, die sich auf diese Weise als Blätter maskieren, werden Kladodien genannt. Manchmal nimmt der Blattstiel (Petiolus) eine blattähnliche Gestalt an, die Blattspreite

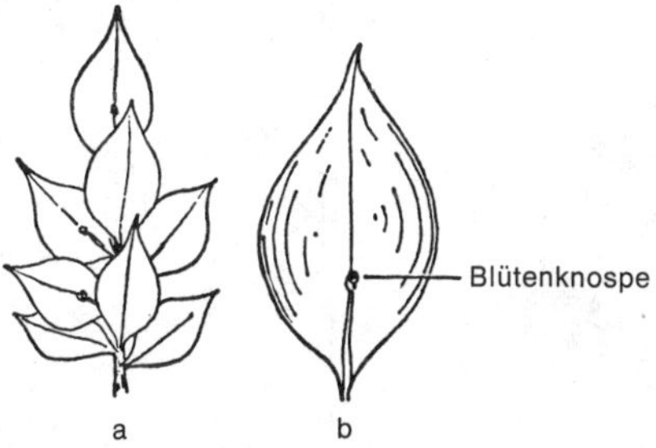

Abb. 11.1
Flachsproß des Mäusedorns,
(a) Zweig mit blattähnlichen Kladodien;
(b) Kladodie mit Blütenknospe.

fehlt dann. Wir können das bei vielen Akazienarten beobachten. Solche Gebilde werden Phyllodien genannt (*Abb. 11.2*).

Es mag verwundern, daß eine Pflanze nach dem Verlust ihrer Blätter mit Rücksicht auf den Wasserhaushalt nun blattähnliche Sprosse oder Petiolen bilden soll, daß sie also den Vorteil, den sie gerade erst erlangt hat, offensichtlich wieder aufgibt. Sprosse und Blattstiele haben jedoch im allgemeinen mehr Festigungsgewebe als die Blätter. Wird das Wasser knapp, dann sind sie gegen das Schrumpfen besser gefeit als die Blätter und daher weniger gefährdet.

Viele xeromorphe Pflanzen tragen Dornen, die nichts als abgewandelte Blätter oder Zweige sind. Bei der Schlehe (*Prunus spinosa*) und beim Weißdorn (*Crataegus monogyna*) sind die Dornen umgewandelte Zweige, bei der Berberitze (*Bereberis vulgaris*) hingegen modifizierte Blätter. Die Arten des Stechginsteres (*Ulex*) besitzen sowohl Sproß- wie auch Blattdornen. Die Keimpflanze des Steckginsters trägt so lange keine Dornen, bis der Sproß eine gewisse Höhe erreicht hat, und man nimmt an, daß dies durch die relativ feuchte Luft über dem Erdboden verursacht wird, so daß

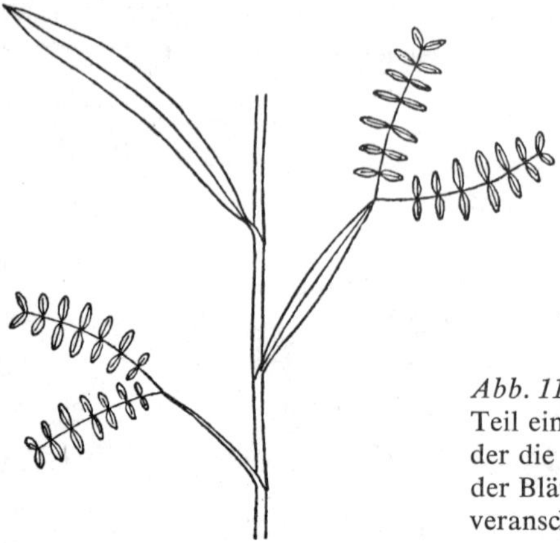

Abb. 11.2
Teil eines Akaziensprosses, der die Umwandlung der Blätter in Phyllodien veranschaulicht.

die xeromorphen Anpassungen so weit unten an der Pflanze nicht notwendig sind.
Dornen bilden einen wertvollen Schutz gegen Tierfraß – eine interessante Feststellung, da hier ein bei der xeromorphen Anpassung erworbenes Merkmal einem ganz anderen Zweck dient. Aber so etwas entspricht ganz dem ökonomischen Verhalten der Pflanzen.
Der Blattfall während des Herbstes ist eine Vorsorge gegen Wasserverlust. Während der kalten Wintermonate können die Wurzeln nur schwer Wasser aus dem Boden aufnehmen. Würden Bäume wie die Eiche und die Birke das ganze Jahr hindurch ihre Blätter behalten, dann wäre ihr Wasserhaushalt bei kalter Witterung gefährdet. Diese Gefahr umgehen sie, indem sie die Blätter abwerfen. Natürlich verlieren die Bäume mit Blättern auch ihre Photosynthese. Doch das macht ihnen nichts aus, da das Wachstum während des Winters fast völlig zum Stillstand kommt. Immergrüne Bäume und Sträucher, die ihre Blätter das ganze Jahr über behalten, besitzen im allgemeinen xeromorphe Blätter. Man denke z. B. an die Kiefer mit ihren langen, schmalen, kräftigen Nadeln. Untersucht man den Querschnitt eines Kiefernblattes, so sind die üblichen xeromorphen Merkmale zu erkennen: dicke Kutikula, eingesenkte Spaltöffnungen, dickwandige Hypodermis und eine Rundform, die das Verhältnis von Oberfläche zu Volumen herabsetzt.

Herbstlicher Laubfall

Obgleich die Kiefer als immergrüne Pflanze gilt, behält sie ihre Blätter doch nicht immer; ein Spaziergang durch einen Kiefernwald mit einem dicken Nadelteppich am Boden bestätigt dies. Man nennt Pflanzen immergrün, wenn sie nicht *jedes* Jahr *alle* Blätter verlieren. Ein Kiefernblatt kann je nach Pflanzenart zwischen zwei und zwanzig Jahre alt werden. Der herbstliche Laubfall erfolgt nicht zufällig; so wie die meisten Funktionen der Pflanzen ist er sorgfältig

vorausgeplant. Am Grunde eines Blattstiels entwickelt sich ein Trennungsgewebe, das meistens aus kleineren Zellen als der übrige Blattstiel besteht. Der Blattstiel kann sich an der Abtrennungsstelle sogar etwas verjüngen. Unterhalb des Trennungsgewebes werden die Zellen lignifiziert oder suberinisiert; gleichzeitig werden die Zellen dieses Gewebes voneinander abgetrennt, so daß das Blatt nur noch mit der Epidermis und den Gefäßbündeln hängen bleibt. Der geringste Luftzug genügt, um diese schwache Verbindung zu lösen: Das Blatt fällt ab. Die Narbe, die das Blatt zurückläßt, wird mit einer Schutzschicht aus Kork überzogen, wodurch ein Wasserverlust und – was noch weitaus wichtiger ist – das Eindringen von Pilzen verhindert wird.
Ehe das Blatt ganz abstirbt, finden in seinem Innern einige chemische Veränderungen statt. Das Chlorophyll wird abgebaut, so daß die gelbe Farbe des Xanthophylls sichtbar wird; gleichzeitig werden in vielen Blättern Anthozyan-Farbstoffe gebildet. Zum Schluß haben wir dann die gelbe und rote Laubfärbung des Herbstes. An dieser können Abbauprodukte des Chlorophylls beteiligt sein.

Die Sukkulenten

Die bisher behandelten xeromorphen Adaptationen dienten alle der Verminderung des Wasserverlustes, doch besitzen Pflanzen noch andere Möglichkeiten, sich an trockene Standorte anzupassen. Eine davon ist die Wasserspeicherung in Geweben, z. B. bei den Sukkulenten, den extremsten Xerophyten, zu denen die in Wüsten wachsenden Kakteen oder die bei uns heimischen *Sedum*-Arten und der Mäusedorn gehören.
Viele Sukkulenten haben in ihren Blättern oder Sprossen große, farblose, dünnwandige Zellen mit der Aufgabe, Wasser für den späteren Bedarf zu speichern. Beim Salzkraut (*Salsola kali*) und beim Strandsoda (*Suaeda maritima*), beides Dickblattgewächse, befindet sich das wasserspeichern-

de Gewebe in den fleischigen Blättern, während es beim Kaktus im sukkulenten Sproß vorliegt. Bei ihm sind nämlich die Blätter zu Stacheln reduziert.
Eine sukkulente Pflanze kann erhebliche Trockenheit überstehen. Ist das Wasser des Speichergewebes verbraucht, schrumpft die Pflanze zwar, doch schadet ihr das offenbar gar nicht; denn gibt man ihr dann Wasser, nimmt sie schnell wieder die anfängliche Größe an.

Blätter der Wasserpflanzen

Wasserpflanzen müssen mit Umweltbedingungen fertigwerden, die genau das Gegenteil von dem sind, was Xerophyten auszuhalten haben. Ihre Wurzeln sind ständig von Wasser umgeben, ihre Sprosse ebenfalls mehr oder weniger untergetaucht. Wasser ist zwar in vieler Hinsicht eine günstige Umgebung für Pflanzen, doch bringt es besondere Probleme mit sich.
Die Bedingungen für das Pflanzenleben im Wasser sind weitaus einheitlicher als für das auf dem Land. Das zeigt sich in der weiten Verbreitung vieler Wasserpflanzen im Vergleich zu der der Landpflanzen. Wasser hat ein sehr spezifisches Temperaturverhalten; es erwärmt sich langsam, und ebenso langsam kühlt es sich ab. Folglich ist eine Wasserpflanze nicht so starken und häufigen Temperaturschwankungen ausgesetzt, wie sie es auf dem Lande wäre, und das begünstigt das vegetative Wachstum.
Auch die Ernährungsbedingungen unterscheiden sich bei Wasser- und Landpflanzen. Kohlendioxid löst sich im Wasser leichter als Sauerstoff, und da eine Pflanze mehr Kohlendioxid für die Photosynthese als Sauerstoff für die Atmung benötigt, wirken sich diese Verhältnisse günstig auf das vegetative Wachstum aus. Wasserpflanzen zeigen vor allem in gemäßigten Gebieten ein üppiges Wachstum, verbunden mit verstärkter vegetativer Vermehrung, wie man es bei Landpflanzen selten vorfindet.
Wasserpflanzen nehmen nicht nur Kohlendioxid, sondern

auch Mineralsalze über ihre gesamte Oberfläche unter Wasser auf. In Zusammenhang damit steht, daß die Kutikula der untergetauchten Blätter dünn ist oder völlig fehlt. Die unter Wasser befindlichen Blätter sind tief eingeschnitten und sehen oft wie Haarbüschel aus, wodurch ihre absorbierende Oberfläche größer wird. Dagegen sind die Schwimmblätter meistens großflächig, rund oder oval und besitzen einen Stiel, der etwa von der Mitte der Blattunterseite ausgeht, so daß der Zug des Blattstiels das Blatt nicht umkippen bzw. unter Wasser ziehen kann. Man sieht das sehr schön an den Blättern der weißen und gelben Seerosen.

Viele Wasserpflanzen haben sowohl Wasser- wie auch Schwimmblätter, die ganz verschieden gestaltet sind. Die untergetauchten Blätter sind entweder lang und bandförmig oder fein geschlitzt, während die Schwimmblätter mehr oder weniger rund sind, so z. B. beim Wasserhahnenfuß (*Ranunculus heterophyllus*) (*Abb. 11.3*). Das an Flußufern wach-

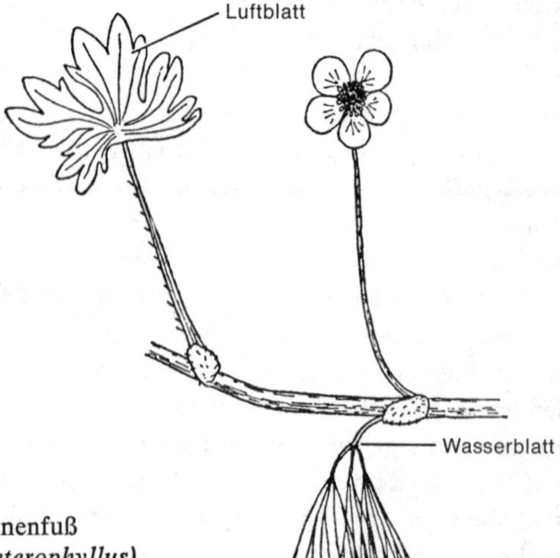

Abb. 11.3
Der Wasserhahnenfuß *(Ranunculus heterophyllus)* mit Luft- und Wasserblättern.

sende Pfeilkraut (*Sagittaria sagittifolia*) besitzt, vor allem wenn das Wasser ruhig und flach ist, dreierlei Blattformen. Die untergetauchten Blätter sind lang und bandförmig, die Schwimmblätter oval und am Grunde eingekerbt, und die aus dem Wasser herausragenden Blätter sind typisch pfeilförmig und haben der Pflanze ihren Namen gegeben.

Die untergetauchten Blätter vieler Wasserpflanzen haben keine Spaltöffnungen, weil das Kohlendioxid direkt in Form gelöster Bicarbonat-Ionen aus dem Wasser aufgenommen wird. Schwimmblätter besitzen auf ihrer Oberseite keine Stomata, jedoch sind normale Stomata auf ihrer Unterseite verteilt. Die Oberseite kann eine dicke, wachsartige Kutikula haben, die schwer zu benetzen ist. In einigen Fällen ist der Blattrand der Schwimmblätter nach oben gebogen, so bei der im Amazonasgebiet heimischen riesigen Seerose (*Viktoria amazonica*).

Diese eindrucksvolle Pflanze besitzt Blätter, die einen Durchmesser von fast zwei Metern haben können. Ihre Bestäubung durch Käfer wurde schon früher besprochen.

Die Sprosse der Wasserpflanzen haben nur wenig Gewicht zu tragen, denn die Pflanze wird ganz oder teilweise vom Wasser getragen. Daher überrascht nicht, daß das Holz nur schwach ausgebildet ist. Einige Wasserpflanzen, die sich am erfolgreichsten an ihren Standort angepaßt haben, z. B. das ganz untergetauchte Hornblatt *(Ceratophyllum demersum)*, haben überhaupt kein Xylem; an seiner Stelle befindet sich, da die normalerweise das Xylem bildenden Zellen fehlen, nur ein Loch. Das Phloëm ist hingegen gut ausgebildet, und auch das überrascht nicht. Da die Pflanze mit ihrer ganzen Oberfläche Wasser aufnehmen kann, ist kein Leitgewebe notwendig. Doch die in den Blättern produzierten organischen Verbindungen müssen wie üblich zu allen Teilen der Pflanze befördert werden.

Bildet eine Wasserpflanze Xylem aus, so liegt dieses meistens im Innern des Sprosses und nicht dicht unter der Peripherie, wie bei den meisten anderen Pflanzen. Das ist zweck-

mäßig; denn eine Wasserpflanze muß den Zugkräften der Wasserströmung, kaum aber einer Biegebeanspruchung standhalten können. Daher ist die Verteilung des Xylems eher wie in einer Wurzel als in einem Sproß.
Ein weiteres Merkmal der Wasserpflanzen sind die zahlreichen Hohlräume in der Rinde des Sprosses und der Wurzel. Das darin vorhandene Gas besteht hauptsächlich aus dem bei der Photosynthese abgegebenen Sauerstoff. Die Hohlräume sind entlang des ganzen Stengels bis hinab in die Wurzel zu finden, doch trifft man an den Knoten poröse Querwände an, durch die Gas, aber kein Wasser dringen kann – eine Vorsichtsmaßnahme gegen das entweder zufällig oder bei der ungeschlechtlichen Vermehrung eintretende Abbrechen des Sprosses. Hierbei werden die Hohlräume nicht überflutet.
Die mit der Wassertiefe schnell abnehmende Lichtintensität ist ein wesentlicher Nachteil; schon bei einer Tiefe von wenigen Zentimetern stellt man einen beträchtlichen Rückgang des Lichtes fest, was weniger Strahlungsenergie für die Photosynthese bedeutet. Also müssen die Chlorophyll enthaltenden Zellen dicht unter der Oberfläche liegen, damit das verfügbare Licht optimal genutzt wird. Es ist nicht außergewöhnlich, daß sich bei Wasserpflanzen die Chloroplasten in der Epidermis befinden. Bei den Landpflanzen enthalten nur die epidermalen Schließzellen der Spaltöffnungen Chloroplasten.

Vermehrung bei Wasserpflanzen

Bei dem allgemein überreichen vegetativen Wachstum der Wasserpflanzen überrascht nicht, daß ihre vegetative Vermehrung gut entwickelt, ja, geradezu ergiebig ist. Einige Wasserpflanzen vermehren sich nur selten durch Samen, z. B. die Kanadische Wasserpest (*Elodea canadensis*). Diese kleine, überall anzutreffende Pflanze wurde 1842 nach England eingeschleppt, nachdem sie bereits sechs Jahre vorher von Kanada aus Irland erreicht hatte. Sie verbreitete sich wie eine Plage – »Plage« war wirklich der richtige Ausdruck; denn sehr bald fing sie an, die englischen Kanäle zu blokkieren, die zu dieser Zeit ein wichtiger Transportweg waren. Sie brachte das ausschließlich durch vegetative Vermehrung fertig; denn *Elodea* ist diözisch (männliche und weibliche Blüten wachsen auf getrennten Pflanzen), und die männliche Pflanze ist in England nur selten anzutreffen. *Elodea* vermehrt sich durch Teilung, indem Zweige vom Hauptsproß abbrechen und dann für sich allein weiterwachsen – eine Vermehrungsart, die so effektiv ist, daß das Fehlen von Samen die Pflanze nach allem Anschein kaum beeinträchtigt.

Kommen wir nochmals auf die Mangroven zurück, jene immergrünen halben Wasserpflanzen, die in der Gezeitenzone tropischer Küsten vorkommen, insbesondere in Florida und Ländern des Fernen Ostens, wie Malaya und Sumatra. Sie gehören zu einer Reihe von nicht miteinander verwandten Pflanzenfamilien, die durch den Einfluß ihres Standortes viele gemeinsame Merkmale entwickelt haben, z. B. Atemwurzeln und Samen, die noch an der Pflanze hängend keimen. Mangroven sind eine ökologische und keine taxonomische Gruppe und liefern bekanntlich ein gutes Beispiel für Konvergenz. Konvergenz bedeutet, daß Organismen trotz ihrer sehr unterschiedlichen Abstammung durch Anpassungen an denselben Standort einander ähnlich geworden sind. Gleiche Erscheinungen finden wir in der Zoologie im ähnlichen Aussehen eines Hais (Fisch), eines Ichthyosauriers (Reptil) und eines Wals (Säugetier).

Wie wir schon sahen, wachsen die Mangroven in sumpfigen Gebieten, die täglich von der Flut überschwemmt werden. Ihre Nährwurzeln sitzen im Gezeitenschlamm, und aus dem unteren Teil ihres Sprosses bildet sich häufig ein Komplex von Stelzwurzeln aus, der die Pflanze wie auf einem ungeordneten Gerüst stehen läßt. Diese Stelzwurzeln halten den von der Flut mitgebrachten Schlamm fest, so daß das

Bodenniveau eines Mangrovensumpfes sich ständig hebt. Mangroven sind deshalb sehr nützlich bei der Verhinderung von Küstenerosionen. Eine weitere markante Eigenschaft der Mangroven, die ich bereits erwähnte, besteht in der Art und Weise, wie die Luft durch die Atemwurzeln (Pneumatophoren) zum untergetauchten Wurzelsystem gelangen kann. Atemwurzeln werden benötigt, da das sumpfige Wasser sehr sauerstoffarm ist und die Wurzeln ihren Bedarf an Sauerstoff für die Atmung nur schwer decken können. Mit Wasser vollgesogener Boden hat stets einen niedrigeren Sauerstoffgehalt, und in einem Mangrovensumpf wird dieser O_2-Mangel durch sich am Grund ansammelnde verwesende organische Stoffe noch verstärkt. Auch die Bakterien, die stets mit dem Abbau der organischen Materie beschäftigt sind, benötigen Sauerstoff und konkurrieren daher mit den Wurzeln um die Luft. Das Vorhandensein von knieförmigen Atemwurzeln ist nicht nur auf die Mangrove beschränkt, sie sind auch bei manchen anderen Sumpfpflanzen zu finden, z. B. bei der Sumpfzypresse (*Taxodium distichum*).

Kletter- und Schlingpflanzen

Die Fähigkeit zu klettern ist eine weitere Anpassung, die bei einigen Pflanzenfamilien Anwendung findet. Schon unsere Flora zeigt viele Beispiele dafür, aber in den Tropen, vor allem im tropischen Regenwald, sind Kletterpflanzen, auch Lianen genannt, ein viel auffälligeres Florenelement.

Pflanzen können in ganz unterschiedlicher Weise klettern. Jeder Pflanzenliebhaber sollte Darwins Buch über die Kletterpflanzen gelesen haben, in dem die Kletterpflanzen in vier Gruppen eingeteilt werden: Spreizklimmer, Schlingpflanzen, Pflanzen mit reizbaren Kletterorganen und Wurzelkletterer.

Die *Spreizklimmer* sind am einfachsten gebaut und am wenigsten spezialisiert. Tatsächlich sind diese Pflanzen aber eher »Steiger« denn Kletterer; ihr Verhältnis zum Klettern gleicht dem eines Wanderers über sanfte Hügel zum Bezwinger der Eiger-Nordwand. Spreizklimmer haben Widerhaken, die, gewissermaßen als Steigeisen, zum Überklettern anderer Pflanzen dienen (*Abb. 11.4*). Die einzigen einheimischen Spreizklimmer sind Brombeere (*Rubus fruticosus*), Himbeere (*R. idaeus*), einige Rosenarten und einige Klebkräuter (*Galium*). In den Tropen ist dieser Habitus weitaus häufiger. Einige tropische Spreizklimmer besitzen anstelle der relativ unscheinbaren Stacheln der einheimischen Arten Sprosse oder Blätter, die zu Haken umgewandelt sind (*Abb. 11.5*).

Die *Schlingpflanzen* – ein bekanntes Beispiel ist unsere Stangenbohne – winden ihre Sprosse um eine Stütze und können noch besser als die Spreizklimmer klettern. Schling-

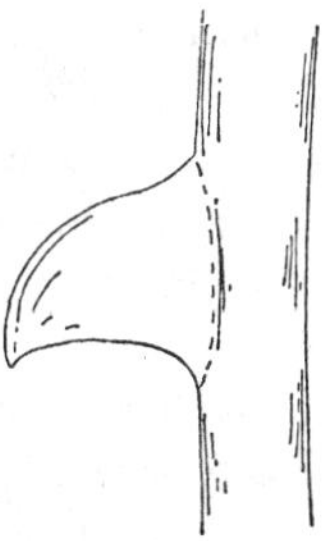

Abb. 11.4
Dorn am Sproß der Brombeere.

Abb. 11.5
Kletterhaken bei *Ancistrocladus.*

Abb. 11.6
Blattranke bei *Gloriosa.*

gewächse machen von der Nutation Gebrauch, die zwar bei den meisten Pflanzen vorkommt, doch bei den Schlingpflanzen am meisten auffällt. Unter Nutation versteht man eine kreisende Bewegung des oberen Sprosses während des Wachstums. Dieser windet sich spiralförmig und sucht dabei einen Halt. Findet der Sproß ein senkrecht stehendes Objekt, dann windet er sich dicht herum und stützt sich dadurch.

Viele Schlingpflanzen winden sich stets in ein- und derselben Richtung. Der Hopfen, der Winden-Knöterich, das Geißblatt *(Lonicera periclymenium)* winden sich immer im Uhrzeigersinn um ihre Stütze. Dagegen winden sich *Calystegia sepium,* eine enge Verwandte des Winden-Knöterich, und die Stangenbohne entgegen dem Uhrzeigersinn. Die Ursachen dieses Verhaltens sind unbekannt. Einige Schlingpflanzen haben keine bestimmte Windungsrichtung.

Das Wachsen der Schlingpflanzen um ihre Stütze wird wohl durch die Tendenz hervorgerufen, gegen die Schwerkraft zu wachsen. Kippt die Sproßspitze durch ihr Eigengewicht um, veranlaßt die Reaktion auf die Schwerkraft die Unterseite des Sprosses, schneller zu wachsen als die Oberseite, wodurch sich die Spitze wieder aufrichtet. Dieses ständige Sichaufrichten erzeugt zusammen mit der starken Nutationsbewegung das spiralige Wachstum, das den Sproß sich um seine Stütze drehen läßt. Es gibt keine Beweise für andere Einflußgrößen.

Pflanzen mit reizbaren Klettervorrichtungen, wie Ranken, sind die ausgeprägtesten Spezialisten unter den Kletterpflanzen. Eine Ranke spricht auf jede Berührung an. Wenn die Ranke einer Erbsenpflanze irgendeine Stütze berührt, z. B. den Sproß einer anderen Pflanze, biegt sie sich auf der zuerst berührten Seite um, wodurch ein noch größerer Teil der Ranke in Kontakt gebracht und so die Reaktion gesteigert wird. Auf diese Weise wickelt sich die Ranke um den Gegenstand. Diese Reaktion auf einen Berührungsreiz wird Haptotropismus genannt.

Hat die Ranke einen festen Halt an ihrer Stütze gefunden, treten an ihrem unteren Teil weitere Veränderungen ein: sie windet sich zu einer Spirale, was ihr zusätzlichen Halt gegen das Abreißen von der Stütze verleiht. Zuweilen wechselt die Windungsrichtung der Spirale. Das ist die natürliche Folge, wenn etwas Aufgewickeltes an beiden Enden befestigt ist. Werden die Ranken älter, verholzen ihre Spiralen oft.

Das Winden einer Ranke um eine Stütze wird durch die Verlagerung von Auxin ausgelöst, jener Substanz, die für die Reaktion der Wurzeln auf die Schwerkraft und der Sprosse auf das Licht und die Schwerkraft verantwortlich ist. Bei Berührung eines festen Gegenstandes sammelt sich das Auxin auf der der Stütze abgewandten Seite der Ranken an, wodurch die Ranke auf dieser Seite schneller wächst und sich dabei um die Stütze windet.

Man konnte zeigen, daß der die Reaktion auslösende Reiz weniger durch Berührung als durch Reibung zustande kommt. Wenn Ranken der weißen Zaunrübe auf einer Seite sanft angestoßen werden, dann winden sie sich auf diese Seite zu, auch dann, wenn der Stoß aufgehört hat. Werden sie nur berührt, ohne Stoßbewegung, tritt keine Reaktion ein. Eine Ranke, die vorsichtig in festen Kontakt mit einer Stütze gebracht wird, so aber, daß die Ranke nicht richtig bewegt wird, windet sich nicht auf. Die *Art* des Reizes ist entscheidend, nicht der Zeitpunkt seiner Wirkung.

Ranken sind gegen Berührung mit Flüssigkeiten unempfindlich. Auf sie herabfallende Wassertropfen z. B. erzeugen keinerlei Drehung, und sogar Quecksilber, die schwerste Flüssigkeit, mit 13mal größerer Dichte als Wasser, hat keinerlei Wirkung. Diese Unempfindlichkeit gegenüber Flüssigkeiten ist, da die Pflanze bei jeder Witterung im Freien aushalten muß, von Vorteil. Eine Ranke bleibt auch beim heftigsten Schlagregen funktionsfähig.

Der zur Rankenbildung übergehende Teil einer Pflanze ist bei den einzelnen Pflanzenarten verschieden; am häufigsten ist es das Blatt oder ein zum Ranken umgewandelter Teil davon. Das kann man besonders gut bei vielen Leguminosen beobachten, einer Pflanzengruppe, die zahlreiche kletternde Rankenpflanzen umfaßt. Die Blätter der Leguminosen sind im allgemeinen »primat«, d. h. in eine Anzahl von Fiederblättchen auf jeder Seite des Blattstiels geteilt. Bei den Wikken (*Vicea*) haben eines oder mehrere der endständigen Fiederblättchen ihre Spreite verloren und sind zu Ranken umgewandelt worden. Bei der duftenden Wicke sind bis auf ein Paar sämtliche Fiederblättchen verlorengegangen, und der Rest des Blattes wurde zu einer Ranke umgewandelt. Der Verlust an photosynthetisch aktiver Blattfläche wurde dadurch ausgeglichen, daß die Stipeln (zwei blattähnliche Anhängsel an der Ansatzstelle des Blattstieles am Stengel) sich enorm vergrößerten und die Funktionen des Blattes übernahmen. Der Stengel einer Duftwicke besitzt auch noch zwei an ihm herunterlaufende Flügel. Diese sind grün und beteiligen sich zusätzlich am Photosyntheseprozeß.

Die Waldrebe und weitere *Clematis*-Arten haben eine andere Methode der Rankenbildung entwickelt. Bei ihnen bleibt die Blattspreite unverändert, und doch klettern diese Pflanzen mit ihren reizbaren Blattstielen. Die Kapuzinerkresse (*Tropaeolum*) rankt auf die gleiche Weise. Bei *Gloriosa* und *Littonia*, tropischen Angehörigen der Lilienfamilie, wirken die Blattspitzen wie Ranken (*Abb. 11.6*).

Manchmal können die Ranken ein veränderter Zweig sein, wie bei der Weinrebe (*Vitis vinifera*) und bei den Passifloragewächsen, z. B. der Passionsblume (*Passiflora edulis*) und der Kalebasse *(Passiflora maliformis)*. Bei der weißen Zaunrübe ist die Herkunft der Ranken ungewiß. Sie entstehen zusammen mit kurzen Verzweigungen in den Achseln zwischen Laubblättern und Stengel, und einige Botaniker nehmen an, daß sie die umgewandelten ersten Blätter an den Zweigen sind; andere dagegen betrachten sie als zusätzliche Verzweigungen.

Einige tropische Lianen klettern mit Hilfe von umgebogenen

Haken an den Spitzen umgewandelter Blütenstände. Sie überragen den Sproß, und wenn sie eine Stütze gefunden haben, umklammern sie diese fest und verholzen. Diesen spezialisierten Habitus findet man bei einer Reihe verschiedener Familien, so bei den Liliengewächsen (*Hugonia*), den Hundsgiftgewächsen (*Ludolphia*) und den Labkrautgewächsen (*Ouroupariu*).

Zu den mit Luftwurzeln kletternden Lianen gehört der Efeu (*Hedera helix*). Der Sproß erzeugt in bestimmten Abständen Büschel solcher Adventivwurzeln, die nicht zum primären Wurzelsystem gehören (*Abb. 2.9*). Diese Kletterwurzeln fallen dadurch auf, daß sie vom Licht fortwachsen (die meisten Wurzeln reagieren nicht auf Licht) und deshalb leicht den Weg in Ritzen ihrer Unterlage, z. B. der rauhen Borke eines Baumes oder einer alten Mauer, finden. Die Kletterwurzeln sind darüber hinaus außergewöhnlich unempfindlich gegen die Schwerkraft, während doch die meisten Wurzeln besonders gern abwärts wachsen. Das verstärkt ihre Verwendbarkeit als Haftorgan; denn da sie zunächst horizontal wachsen, gewinnen sie leicht Kontakt mit der Unterlage.

Kletterwurzeln sind bei verschiedenen tropischen Lianen anzutreffen, zu denen die Araceen und viele rankende Farne gehören. Bei einigen Arten des Philodendron (*Araceae*), die dicht gedrängt auf Baumzweigen sitzen, umwinden die Luftwurzeln diese beim Abwärtswachsen.

Die kletternde Wuchsform befähigt die Pflanze, eine beträchtliche Höhe zu erreichen, ohne viel Zeit und Energie auf die Festigung des eigenen Sprosses verlieren zu müssen. Am vollendetsten zeigen das die Lianen, die überreichlich im tropischen Regenwald vorkommen. Lianen können mit ihren schenkeldicken Sprossen bis zu den Spitzen der höchsten Bäume gelangen, zum Erdboden wieder hinunterwachsen und einen weiteren Baum erklettern, wobei sie unglaubliche Längen erreichen. Der Botaniker Treub hat 1883 den Stamm einer kletternden Palme gemessen, die ungefähr 250 Meter lang war – vielleicht eine Ausnahme, doch sind tropische Lianen mit einer Länge von 75 Metern nichts Ungewöhnliches.

Da eine Liane von dem sie tragenden Baum gestützt wird, muß sie nicht unbedingt Stützgewebe besitzen. Schlingpflanzen entwickeln daher nur wenig oder überhaupt keine Faserzellen. Statt dessen setzen sie ihre Energien für schnelles Wachstum ein. Andererseits müssen sie, da der Weg durch den relativ dünnen Sproß lang ist, das Problem des Wassertransportes lösen. Aus diesem Grund ist das Xylem gut entwickelt und besitzt große Gefäße.

Damit der Lianensproß sich auf dem Weg zu den Baumwipfeln drehen und winden kann, muß er außerdem biegsam sein. Die übliche Anordnung des Xylems im Sproß holziger Pflanzen, die Zylinder-Form, wäre ungeeignet. Die Lianen tragen dem durch allerlei Anomalien während des sekundären Dickenwachstums Rechnung, Anomalien, die sämtlich darauf hinzielen, Flexibilität mit gutem Wassertransport ihres Xylems zu vereinen. *Clematis* bildet z. B. anstelle des üblichen sekundären Xylems und Phloëms in gewissen Abständen dünnwandiges Gewebe aus, so daß das Leitgewebe während des ganzen Lebens der Pflanze in getrennten Bündeln erhalten bleibt. Die Struktur des Leitgewebes einiger tropischer Lianen ist außerordentlich komplex, wie man bei vielen Leguminosen sowie *Aristolochia* und *Bauhinia* beobachten kann. Wächst eine Pflanze in schwachem Licht, so kommt es zu den Etiolement genannten Erscheinungen: langer, schwacher Sproß und lange Internodien (der Sproßabschnitt zwischen zwei aufeinanderfolgenden Blättern). Genau das findet man bei den meisten Schlingpflanzen. Man nimmt an, daß die Wuchsform der Schlingpflanze, da die Pflanzen zum Licht gelangen wollten und dabei einen schwächlichen Sproß entwickelten, der gestützt werden mußte, durch das Etiolement hervorgerufen wurde. Hält man sich das vor Augen, wird man wohl nicht mehr von einem Zufall sprechen, daß Lianen vor allem

Pflanzen des tropischen Regenwaldes sind, wo dichtes Laub die Voraussetzungen für das Etiolement schafft. Wenn die Lianen tatsächlich aus etiolierten Keimlingen entstanden sind, dann wäre dies wiederum ein Beispiel dafür, wie Pflanzen widrige Umstände vorteilhaft nutzen können.
Die Schlingpflanzen führen uns zu der nächsten Gruppe von Anpassungsformen an die Umwelt, den sogenannten Epiphyten, die allesamt für immer den Erdboden verlassen haben. Sie leben auf Baumästen oder an anderer schwer erreichbarer Stelle, ja, einige epiphytische Orchideen wachsen sogar auf Telefondrähten.

Epiphyten

Manche Pflanzen werden durch Zufall Epiphyten, z. B. indem ihre Samen in eine Astgabel fallen und dort keimen. Ich habe einmal eine weiße Taubnessel auf dem Ast einer Linde wachsen sehen. Vermutlich hatte sich hochgewehter Staub in einer Grube angesammelt und er reichte für die bescheidenen Ansprüche der Pflanze aus. Die Spitzen gestutzter Weiden tragen oft kleine, dort epiphytisch wachsende Blütenpflanzen. Irrläufer wie diese sind aber nur Zufalls-Epiphyten; ein echter Epiphyt – eine Pflanze, die normalerweise auf einer anderen sitzend wächst – ist morphologisch und physiologisch an diese besondere Lebensweise angepaßt. Wäre er dies nicht, könnte er nicht überleben. Im kühlen Klima wachsen Epiphyten nicht gut. In unseren Breiten gibt es unter den höheren Pflanzen nur einen echten Epiphyten: den Tüpfelfarn (*Polypodium vulgare*), der sowohl auf Bäumen als auch zwischen Gestein wächst. Alle anderen einheimischen Epiphyten – Moose, Algen und Flechten – gehören zu den niederen Pflanzen. Die epiphytischen Blütenpflanzen gedeihen besser in freundlicherem Klima, üppig im tropischen Regenwald und noch üppiger im montanen subtropischen Regenwald. Sogar unter diesen

besten Bedingungen ist das Leben eines Epiphyten gefährdet. Unser Klima würde ihn völlig überfordern.
Damit sich ein Epiphyt in der schwindelnden Höhe von oft 70 Metern über dem Boden auf einem Baum des tropischen Regenwaldes festsetzen kann, muß er über eine gut funktionierende Methode der Samenverbreitung verfügen, und diese ist nur durch zwei Hilfsmittel regelmäßig und ohne Ausfall gewährleistet: durch den Wind und durch Vögel. Man nimmt daher an, daß fast alle Epiphyten sich auf die eine oder andere Verbreitungsmethode verlassen. Bei den Epiphyten kommen oft fleischige Früchte vor, und viele enthalten ein klebriges Mark, das die Vögel an der Baumrinde von ihren Schnäbeln abstreifen und dabei die Samen aus dem Mark herausreiben – ein Vorgang, der schon bei der Mistel erwähnt wurde, die eher ein Teilparasit als ein Epiphyt ist, obwohl sie auf Bäumen wächst. Man findet diesen Verbreitungsmechanismus bei tropischen *Rhipsalis*-Arten und bei vielen epiphytischen Bromeliengewächsen. Ihre Samen gelangen durch Vögel auch häufig auf Telefondrähte, wo sie sich dann zu Pflanzen entwickeln.
Farnsporen sind extrem klein und leicht und werden vom Wind ohne weiteres in beträchtliche Höhen getragen. Dasselbe gilt für den Orchideensamen, der so winzig sein kann, daß er regelrecht ein Pulver bildet. *Stanhopea oculata* hat Samen mit 0,003 Milligramm (!) Einzelgewicht. Oft findet man bei tropischen und subtropischen Epiphyten Samen mit Schwebevorrichtungen.
Eine bemerkenswerte Blütenpflanze des tropischen und subtropischen Amerika ist das »Spanish moss« (*Tillandsia usneoides*). In seiner Wuchsform erinnert es an die Flechte *Usnea* – daher sein Artname. Es hängt in langen, grauen Girlanden herab, wobei sich der untere Teil des Sprosses um die Baumäste wickelt. Wenn der Sproß abwärts wächst, sterben die älteren Teile ab, während der innere Teil des Fasergewebes erhalten bleibt und etwa wie Roßhaar aussieht. Die Pflanze ist völlig von Schuppenhaaren bedeckt, die das auf

sie herabtropfende Wasser aufnehmen. Diese Pflanze bildet selten Blüten aus, und ihre Verbreitung hängt zum Teil vom Wind, der Stücke des bärtigen Gebildes abreißt, zum Teil auch von Vögeln ab, die diese zum Nestbau benützen.
Ist der Samen von Epiphyten zu seinem »Hochsitz« gebracht worden, dann ergibt sich nach seiner Keimung die Frage, wie die Pflanze dort Halt finden soll. Dies wird durch das Wurzelsystem erreicht. *Aeschyanthus*, eine Orchidee, bildet einen Keimling, der mit einer flachen Scheibe versehen ist und reichlich Wurzelhaare besitzt. Mit den Wurzelhaaren kann sich die Pflanze bis zu ihrer Ausbildung festhalten. Bei vielen Angehörigen der Aronstabgewächse, Orchideen und anderen Familien finden wir zwei verschiedene Wurzeltypen; der eine dient der Nährstoffaufnahme, der andere nur dem Halt der Pflanze. Bei den hochspezialisierten Epiphyten unter den Bromeliengewächsen wird das Wasser von den Haaren auf den Blättern und nicht von den Wurzeln aufgenommen, die ausschließlich auf die Befestigung der Pflanze spezialisiert sind. Steif wie Drähte, absorbieren sie wenig oder gar kein Wasser.
Ist der Epiphytensamen auf einen passenden Baumstamm oder Zweig gelangt und hat sich im weiteren Verlauf die Pflanze gebildet, fangen die Probleme für den Epiphyten erst richtig an. Mit dem Boden hat er überhaupt keinen Kontakt, doch muß er genügend Wasser sammeln und mit dem Wasser ausreichend Mineralsalze aufnehmen. Das ist keineswegs leicht, und daher findet man speziell hinsichtlich der Wasserversorgung die lebenswichtigsten Anpassungen an die epiphytische Lebensweise.
Der Botaniker Schimper unterschied in seinen Schriften gegen Ende des 19. Jahrhunderts vier Klassen von Epiphyten, von denen jede einen anderen Grad an epiphytischer Spezialisierung aufwies: die Protoepiphyten, die Nest- und Klammerepiphyten, die Zisternenepiphyten und die Hemiepiphyten.
Die *Protoepiphyten* verfügen über keine besonderen Vor-

richtungen zum Auffangen des Wassers und der Bodenteilchen. Viele zeigen, wie sukkulente Blätter und häufig wasserspeichernde Organe, xeromorphe Merkmale. Zahlreiche Orchideen gehören dieser Gruppe an und haben Luftwurzeln mit einem speziell wasseraufnehmenden Gewebe, dem Velamen, dessen Funktionen bereits in Kapitel 8 erläutert wurden. Das Velamen befindet sich in den äußeren Schichten der Wurzel und besteht aus großen, leeren Zellen mit häufig spiralig oder netzförmig verdichteten Wänden. Löcher in den Wänden verbinden die einzelnen Zellen miteinander. Das Velamen funktioniert bei der Wasseraufnahme ähnlich wie Fließpapier, wobei die leeren Zellen sich mit Wasser füllen. Innerhalb des Velamens ist die Exodermis der Wurzel auf ähnliche Weise modifiziert wie die Endodermis; ihre Zellen besitzen verdickte Wände, außer einigen, die dünnwandig wie die Durchlaßzellen bleiben.

Man wird kaum bezweifeln, daß dieser Bau mit der Wasseraufnahme durch das Velamen zusammenhängt. Die Protoepiphyten bilden die am wenigsten spezialisierte Gruppe und müssen mehr als alle anderen zwischendurch Trockenperioden überstehen.

Die *Nest- und Klammerepiphyten* sind in ihrem Bauplan so eingerichtet, daß sie Erdreich sammeln können, das ihren Humusbedarf deckt. Bei den Nestepiphyten ähnelt das Wurzelgewirr einem Vogelnest. Humus und verrottendes Material sammeln sich zwischen den Wurzeln an; diese bieten Schutz für Ameisen, die dort ihre Nester bauen und dabei weiteren Humus zusammentragen. Bei den Klammerepiphyten bilden einige oder alle Blätter Klammern aus, die sich um den Baumstamm legen. Auch zwischen ihnen sammelt sich Humus, und auch hier wird die Ansammlung von nestbauenden Ameisen unterstützt. Ein gutes Beispiel für einen Klammerepiphyten ist der Geweihfarn (*Platycerium*), der in den Wäldern Malayas vorkommt. Er besitzt zwei Arten von Blättern. Die einen stehen aufrecht und werden »Mantel«-Blätter genannt. Bei *P. grande* liegt der untere Teil des »Mantels« dicht dem Baumstamm an, auf dem der Farn wächst; der obere Teil ist ausgebreitet und bildet eine Schüssel, in der sich Humus ansammelt. Bei *P. bifurcatum* ist der ganze Mantel dicht an die Baumunterlage gedrückt. Der dort angereicherte Humus stammt lediglich von den zerfallenden alten Mantelblättern, vielleicht noch ein wenig von der absterbenden Rinde des Baumes. Bei beiden Farnen hängen die anderen Blätter herab; sie werden manchmal Sporophylle genannt und sind, wie die Sprossen eines Geweihs, stark gegliedert – daher der Name der Pflanze. Am Ende der Sporophyllglieder sitzen die Sporangien.

Zwischen Ameisen und Epiphyten besteht eine enge Beziehung, die in manchen Fällen fast bis zur Symbiose reicht. Für diese Zusammengehörigkeit wird im allgemeinen der Ausdruck »Kommensalismus« gebraucht: Die beiden Partner leben zusammen, können aber jederzeit selbständig weiterleben. Bei *Myrmecodia*, einem Epiphyten aus Malaya, sind große, ausgehöhlte Sproßknollen vorhanden, in denen Ameisen hausen (*Abb. 11.7*). Die Hauptaufgabe der Knollen scheint die Wasserspeicherung zu sein, und so ist schwer zu verstehen, weshalb die Höhlen und die sie verbindenden Stollen überhaupt gebildet werden; denn die Ameisen haben für die Pflanze keinen ersichtlichen Nutzen. *Hydnophytum*, ein Epiphyt aus den Wäldern Neu-Guineas und der Fidschi-Inseln, besitzt von Ameisen bewohnte Sproßknollen, die denen der *Myrmecodia* ähnlich sind. Sowohl *Hydnophytum* wie auch *Myrmecodium* gehören zu den Labkrautgewächsen (*Rubiaceae*).

Zisternen-Epiphyten

Zisternen-Epiphyten kommen nur unter den Bromeliengewächsen vor, einer Pflanzenfamilie, die besonders ausgeprägt auf die epiphytische Lebensweise spezialisiert ist. Bromelien sind in den tropischen Gebieten Amerikas und auf Westindien beheimatet. Die Zisternen, mit deren Hilfe die Bromelien das Wasser auffangen und speichern, werden von rosettenartig angeordneten fleischigen Blättern gebildet, die am Grunde dicht zusammenstehen und nach oben einen Trichter ergeben. In diesem sammeln sich außer Wasser z. B. auch abgestorbene Tier- und Pflanzenteile an. Die in den Bromelienzisternen anzutreffende Flora und Fauna ist äußerst verschieden. So befinden sich einige brasilianische Arten des Wasserschlauches (*Utricularia*) nur in den Zisternen der Bromelien. Auch sind darin Moskito-Larven, -Puppen und wasserliebende Insekten zu finden. Häufig vermehren sich in den Zisternen Frösche.

Die Bromeliengewächse nehmen das Wasser aus den Zisternen durch Schuppenhaare auf ihren Blättern auf. Die Blätter selbst enthalten reichlich wasserspeicherndes Gewebe. Mit dem Wasser nimmt die Bromelie Nährstoffe aus dem in der Zisterne angesammelten Humus auf. Die Wurzeln der Zisternen-Epiphyten sind damit von ihrer Aufgabe

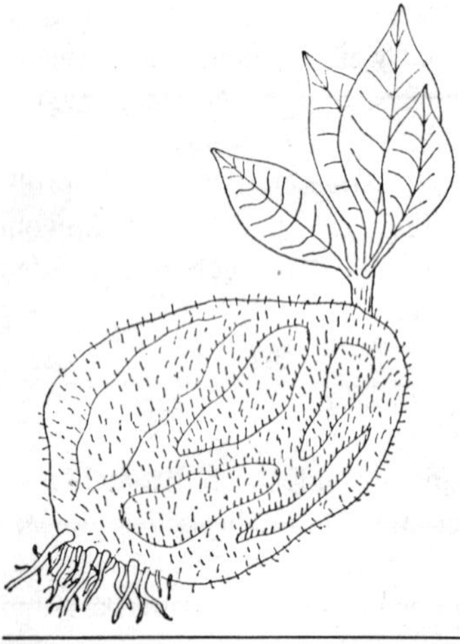

Abb. 11.7
Sproßknolle von *Myrmecodia,* die von Ameisen bewohnt wird.

der Wasseraufnahme befreit, sie haben nur noch für die Verankerung der Pflanze zu sorgen.

Hemiepiphyten

Die Hemiepiphyten wachsen zunächst wie die Epiphyten, bilden aber lange Luftwurzeln, die schließlich bis auf den Erdboden reichen. Haben sie den Kontakt mit dem Boden hergestellt, ist das Problem der Wasserversorgung gelöst. *Coussapoa fagifolia*, ein Angehöriger der Maulbeer-Gewächse (*Moraceae*) aus dem tropischen Südamerika, ist ein recht großer, als Hemiepiphyt lebender Busch. Einige Aronstabgewächse sind krautige Pflanzen dieser Gruppe.

Wenn man die Flora der Epiphyten eines Tropenwaldes untersucht, ist man überrascht, daß die xeromorphen Merkmale mit der Höhe der Epiphyten auf den Bäumen zunehmen. Auf niedrigeren Bäumen wachsende Epiphyten, die also die mittlere Höhe des tropischen Regenwaldes erreichen, haben sich kaum der Wasserversorgung anpassen müssen. Da sie unter konstant feuchten Bedingungen wachsen und außerdem windgeschützt leben, ist für sie die Wasserversorgung nahezu unproblematisch. Andererseits müssen solche Epiphyten, die auf den höchsten Zweigen der größten Bäume wachsen, typische xeromorphe Merkmale entwickelt haben, damit sie überleben können.

Es ist interessant, über den Ursprung der epiphytischen Wuchsform nachzudenken, weil man bis heute nichts Genaues über seine Entstehung weiß. Wahrscheinlich wuchsen einige Epiphyten zunächst wie Lianen, bis sie ganz und gar den Kontakt mit dem Erdboden verloren. Ein Beispiel dafür ist eine Orchidee aus Malaya, *Dipodium pictum*, die erst im Boden wurzelt, im Laufe der Zeit aber als Epiphyt lebt. Einige Aronstabgewächse verhalten sich ebenso. In diesem Zusammenhang muß erwähnt werden, daß zu der für Lianen bekannten Familie der Aronstabgewächse auch echte Epiphyten wie der Philodendron gehören, die niemals während des ganzen Lebens Kontakt mit dem Erdboden haben. Diese Erklärung mag für die Herkunft einiger Epiphyten einleuchtend sein, sie ist aber gewiß nicht allgemein für den Ursprung dieser Wuchsform gültig.

Schimper stellte die Theorie auf, daß Epiphyten sich aus Erdpflanzen, die in feuchten, schattigen Wäldern wuchsen, entwickelt haben. Doch sind die meisten Epiphyten recht empfindlich gegen Schatten, so daß Schimpers Theorie, außer vielleicht für einige wenige Schattenepiphyten, die in den unteren Zonen des Waldes wachsen, kaum stimmen kann. Eine annehmbarere Theorie geht davon aus, daß die epiphytischen Bromeliengewächse sich irgendwie aus Vorfahren entwickelt haben, die in den Randgebieten südamerikanischer Wüsten wuchsen. Diese Theorie würde auch für gewisse andere Epiphyten zutreffen, z. B. für die epiphytischen Kakteen. Diese Überlegung leuchtet besonders deshalb ein, weil die Pflanzen hier bereits viele nützliche Eigenschaften für das Epiphytendasein, während sie noch im Erdboden verwurzelt waren, entwickelt haben.

Epiphyten sind keinesfalls Parasiten der Bäume. Sie benutzen diese lediglich als »Sitzplatz«. Trotzdem gibt es eine enge Beziehung zwischen Baumarten und den sie bewohnnenden Epiphyten. Auf den Philippinen findet man z. B. den Farn *Stenochlaena areolaris* nur auf der Schraubenpalme *Pandanus utilissimus*. Früher nahm man an, daß die Vorliebe mancher Epiphyten für bestimmte Bäume physikalische Ursachen hätte, so etwa die unterschiedlich rauhe Rinde. In vielen Fällen stimmt das wahrscheinlich sogar, doch wurde mit neueren Arbeiten nachgewiesen, daß die Beziehung enger ist, als man mit physikalischen Begriffen erklären kann. So muß man vor allen Dingen die chemischen Erscheinungen beachten. Der Epiphyt ist letztlich teilweise vom Wasser abhängig, das von der Oberfläche des Baumes herabläuft. Dieses Wasser kann sehr wohl Ausscheidungsstoffe der Wirtspflanze enthalten. Beispielsweise kann man zeigen, daß das von den Zweigen der asiatischen

Kastanie (*Castanopsis argentea*) herabtropfende Wasser Tannin enthält. Die chemische Zusammensetzung der äußeren Borkenschichten kann ebenfalls das Wachstum der Epiphyten auf bestimmten Baumarten beeinflussen.

Salzpflanzen

Die chemische Zusammensetzung der Umwelt kann tiefgreifende Wirkungen auf das Pflanzenleben haben und deshalb extreme Anpassungen bedingen. Keine Pflanzengruppe zeigt das besser als die Halophyten, Pflanzen, die in Salzmarschen der Meeresküsten und in Salzsteppen leben. Dort enthält der Boden Salz im Überschuß, wodurch die Wasseraufnahme über die Wurzeln außerodentlich erschwert ist.

Wir haben im Kapitel 3 gesehen, daß das Wasser dadurch in die Wurzeln eindringt, daß der osmotische Druck in den Wurzeln höher ist als im Bodenwasser oder – genauer gesagt – weil der Diffusionsdruck des Wassers im Boden höher ist als der in den Wurzeln. Bei hohem osmotischen Druck wird der Diffusionsdruck des Wassers entsprechend gering sein; Wasser mit einem hohen Salzgehalt hat auch einen hohen osmotischen Druck; der Diffusionsdruck des Wassers wird dann merklich niedrig sein, so daß der Eintritt des Wassers in die Wurzeln verhindert wird.

Halophyten können diesen Effekt bis zu einem gewissen Grad kompensieren, indem sie den osmotischen Druck ihres Zellsaftes erhöhen. Messungen des osmotischen Druckes in den Wurzeln bestimmter Halophyten bestätigten, daß dies tatsächlich geschieht. Der osmotische Druck in den Zellen normaler Pflanzen beträgt gewöhnlich 5 bis 10 atü und überschreitet selten 20 atü, außer in Speicherorganen, die sehr viel Zucker enthalten. Messungen des osmotischen Druckes in den Zellen von *Atriplex confertifolia*, einer an den großen amerikanischen Salzseen wachsenden Pflanze, ergaben den erstaunlichen Wert von 153 atü.

Osmotische Drucke dieser Größenordnung verursachen physiologische Probleme, die gelöst werden müssen, wenn eine Pflanze überhaupt leben soll. Beispielsweise könnte durch derartig hohe osmotische Werte die Photosynthese in den Blättern beeinflußt werden.
Da die Halophyten Schwierigkeiten haben, genügend Wasser aufzunehmen, ist es ganz natürlich, daß sie dafür sorgen müssen, das festzuhalten, was sie besitzen. Daher finden wir bei Halophyten meistens in irgendeiner Weise xeromorphe Merkmale. Obwohl sie nicht Xerophyten sein müssen – Pflanzen der Salzmarschen sind es gewiß nicht –, wachsen sie unter den Bedingungen physiologischer Trockenheit, die ebenso wirken wie wirkliche Trockenheit. Daher findet man gewöhnlich bei Halophyten eine dicke Kutikula, eingesenkte Spaltöffnungen, fleischige Blätter und all die anderen Besonderheiten der Xeromorphie.

Kalkliebende und kalkmeidende Pflanzen

Die auf Alkaliböden wachsenden Pflanzen (z. B. die in Amerika) sind in ihrer Wasserversorgung durch den hohen osmotischen Druck ebenso benachteiligt wie die Halophyten. Sie können auch dieselben Anpassungserscheinungen zeigen; beide sind mit einem weiteren Problem, nämlich mit der Alkalität des Bodens konfrontiert. In abgeschwächter Form gilt das auch für die auf Kalk wachsenden Pflanzen. Die meisten fruchtbaren Böden sind leicht sauer; doch in den Gebieten, wo der Kalk an die Oberfläche gelangt, reagiert der Boden deutlich alkalisch, und man trifft dort eine bestimmte Florenzusammensetzung, die sogenannte Kalkflora, an. Typische Kalkpflanzen sind der Wiesenlein (*Linum carthaticum*), der Sommerbitterling (*Blackstonia perfoliata*), die Flockenblume (*Centaurium minus*) und viele unserer Orchideen.
Einige Pflanzen, die sogenannten Kalkliebenden, wachsen nur auf kalkhaltigem Boden. Andere Pflanzen meiden den

Kalk und wachsen nur auf sauren Böden, z. B. einem sandigen Heideboden oder in Mooren mit einer Torfauflage. Diese Pflanzen werden als kalkfliehend bezeichnet. Zwischen den beiden extremen Pflanzentypen gibt es Pflanzen, die gegenüber dem Säuregrad des Boden recht unempfindlich sind – eine Tatsache, die schon lange bekannt ist, wobei aber nicht feststeht, warum die Kalkliebenden den Kalk bevorzugen und die Kalkflieher ihn meiden. Wahrscheinlich wachsen einige kalkliebende Pflanzen deshalb auf Kalk, weil sie die physikalische Beschaffenheit eines Kalkbodens bevorzugen, doch trifft diese Erklärung nicht immer zu.

Auf den Grünsanden bestimmter Gebiete Englands hat man eine gewisse Zeit einige Areale reichlich mit Kalk versorgt, und dann die dort wachsenden Pflanzen mit der Flora auf unbehandeltem Boden verglichen. Man kam zu interessanten Ergebnissen. Die gekalkten Parzellen unterschieden sich vom übrigen, nur Spuren von Kalk enthaltenden Boden nur durch ihren Kalkgehalt von 4,5 Prozent. Doch einige besonders kalkliebende Pflanzen, wie der kleine Wiesenknopf (*Poterium sanguisorba*) und der rauhe Löwenzahn (*Leontodon hispidus*), wuchsen ausschließlich auf den gekalkten Parzellen, woraus man eigentlich nur folgern kann, daß das Verhalten der Pflanzen, die tatsächlich Calciumcarbonat benötigen, chemisch bedingt ist und nicht etwa von der physikalischen Beschaffenheit des Bodens abhängt. Die Ursache aber für den dringenden Kalkbedarf ist ungeklärt. Calcium ist zwar ein lebenswichtiges Element für Pflanzen, doch die geringe Menge, die davon benötigt wird, könnten sie aus fast jedem Boden aufnehmen. Es muß also noch etwas im Spiel sein.

Die Kalkflieher sind kalkempfindlich und wachsen am besten unter sauren Bedingungen. Das Torfmoos (*Sphagnum*), das Heidekraut (*Calluna vulgaris*) und die graue Heide (*Erica cinerea*) sind Beispiele dafür. Einige Pflanzen sind sogar so kalkempfindlich, daß sie schon durch kalkhaltiges Wasser vergiftet werden. So kann nicht bezweifelt werden, daß ihre äußere Erscheinung als Kalkflieher chemisch beeinflußt wird. Auch hier ist die Ursache für die Kalkempfindlichkeit nicht mit Sicherheit geklärt.

Photoperiodismus

Entscheidenden Einfluß auf die Blütenbildung bestimmter Pflanzen hat die Dauer des Tageslichtes, die Anzahl der Stunden zwischen Morgen- und Abenddämmerung. Dies wurde zuerst von dem Franzosen Tournois entdeckt, der feststellte, daß der Hanf, der normalerweise in nördlichen Breiten mit langer täglicher Lichteinstrahlung nicht blüht, bei künstlich verkürzter Tageslänge Blüten ausbildet. Ungefähr zur gleichen Zeit beobachtete Klebs, daß eine Spezies der Dachwurz (*Sempervivum funkii*), sobald man die Pflanzen zusätzlich mit elektrischem Licht beleuchtete, im Winter blühte. Der Hanf benötigt zur Blütenbildung einen Kurztag, die Dachwurz hingegen einen Langtag.
Man fand bald weitere Pflanzen, die gleichermaßen auf die Dauer der täglichen Lichteinwirkung ansprachen. Im Jahre 1920 fanden die an einer neuen Tabakvarietät arbeitenden Forscher Garner und Allard, daß die Sorte »Maryland Mammoth« im Freiland von Washington D. C. keine Blüten ausbildete; dagegen blühte dieser Tabak im Herbst und Winter, wenn er im Gewächshaus kultiviert wurde. Für Garner und Allard war das sehr ungünstig, da sie diese Sorte mit anderen Tabakvarietäten kreuzen wollten und sie nun keine Blüten von »Maryland Mammoth« zur Verfügung hatten. Als die Forscher aber die Tageslänge für besagten Tabak verkürzten, indem sie die Pflanzen nach einer gewissen Anzahl Tageslichtstunden ins Dunkle stellten, erhielten sie reichlich Blüten und konnten die gewünschten Kreuzungen durchführen.
Der Erfolg des Experiments führte Garner und Allard dazu, andere Pflanzen, die an ihrem Standort ebenfalls meistens keine Blüten bilden, genauso zu behandeln. Sie fanden her-

aus, daß die Reaktion auf die verkürzte tägliche Lichtperiode sich nicht nur auf den Tabak »Maryland Mammoth« beschränkte. Auf diese Weise entdeckten sie ein offenbar allgemein verbreitetes Lichtverhalten bei Pflanzen, das wir mit »Photoperiodismus« bezeichnen.

Je nach ihrem photoperiodischen Verhalten lassen sich die Pflanzen im großen und ganzen in drei Gruppen einteilen. Kurztagspflanzen bilden die meisten Blüten, wenn ihnen Licht in einer Tageslänge von 12 oder weniger Stunden gegeben wird. Zu solchen Pflanzen gehört der Hanf, die Tabaksorte »Maryland Mammoth«, viele tropische Blütenpflanzen und zahlreiche Pflanzen der gemäßigten Zonen, die normalerweise im Frühjahr oder Herbst blühen. Langtagspflanzen blühen am besten, wenn sie mehr als 12 Stunden lang dem Tageslicht ausgesetzt werden. Zu diesen Pflanzen gehören *Sempervivum funkii*, das Bilsenkraut (*Hyoscyamus niger*), die Kartoffel, der Weizen und sämtliche Pflanzen der gemäßigten Zonen, die normalerweise im Sommer blühen. Außer den Kurztags- und Langtagspflanzen gibt es noch eine als tagneutral bezeichnete Gruppe, bei der die Blütenbildung anscheinend nicht durch die Tageslänge bestimmt wird. Hierzu gehören Tomate und Löwenzahn.

Es fällt dem Leser sicherlich auf, daß die physiologische Einteilung der Pflanzen nach ihrem photoperiodischen Verhalten mit der normalen botanischen Klassifizierung in Familien und Gattungen nicht in Einklang steht. Die photoperiodische Reaktion zweier eng miteinander verwandter Pflanzen kann völlig verschieden sein. Tabakpflanzen z. B. sind allesamt Varietäten einer Art, *Nicotiana tabaccum*, doch verhält sich die Sorte »Maryland Mammoth« ganz anders als die meisten anderen Sorten. Tomate und Kartoffel gehören beide derselben Familie (Solanaceen) an; doch ist die Kartoffel eine Langtagspflanze, während die Tomate sich tagneutral verhält. Anscheinend besteht zwischen dem botanischen Verwandtschaftsgrad und dem photoperiodischen Reaktionsvermögen kein Zusammenhang. Die genannte Einteilung ist aber nur recht grob; jede einzelne Pflanze hat ihre eigene, exakte, charakteristische Photoperiode. Die kritische Tageslänge des Tabaks »Maryland Mammoth« z. B. liegt zwischen 13 und 14 Stunden, und eine längere tägliche Beleuchtungsperiode als diese unterdrückt die Blütenbildung vollständig. Der Hanf besitzt als Langtagspflanze eine kritische Tageslänge von 10 bis 11 Stunden und blüht daher nicht, wenn die Beleuchtungsdauer kürzer ist. Somit überlappen sich die Reaktionen des »Maryland Mammoth«-Tabaks und des Hanfs; eine Photoperiode von 12 Stunden läßt beide blühen.

Bei den Kurztagspflanzen ist wohl eine lange Dunkelperiode und nicht ein kurzer Tag der entscheidende Faktor bei der Blütenbildung. Andererseits benötigen Langtagspflanzen keine Dunkelperiode. Sie blühen auch dann, wenn sie dauernd beleuchtet werden. Eine Pflanze muß nicht dauernd unter den für sie spezifischen Beleuchtungsbedingungen gehalten werden, damit sie Blüten bildet; denn in vielen Fällen genügt eine erstaunlich kurze Photoperiode zum richtigen Zeitpunkt. Den Rekord in dieser Beziehung hält die Spitzklette (*Xanthium*), eine Kurztagspflanze, die auch dann blüht, wenn man sie der falschen Tageslänge aussetzt, vorausgesetzt, daß man ihr vorher einen kurzen Tag und anschließend eine lange Nacht gibt.

Dieser Anstoß zur Blütenbildung durch eine kurze Behandlung (kurze Tageslänge) wird »photoperiodische Induktion« genannt.

Die Wirkung des Lichtes bei der Auslösung der Blütenbildung in Langtags- und Kurztagspflanzen hängt nicht so sehr von der Stärke des Lichtes als von seiner Dauer ab. Eine 100 Watt starke Glühbirne in einem Abstand von ca. 45 Zentimetern reicht für die meisten Pflanzen schon aus, andere sind noch lichtempfindlicher. Bei *Xanthium* z. B. kann man die Blütenbildung durch eine Beleuchtungsstärke von 3,2 Lux verhindern, was der Stärke einer 100-Watt-

Glühbirne in einem Abstand von ca. 150 Metern entspricht. Hieraus ersieht man, daß die photoperiodische Wirkung des Lichtes nicht durch die Photosynthese bedingt sein kann. Andererseits hat die photoperiodische Induktion keine Wirkung, wenn die Luft während der Auslöseperiode kein Kohlendioxid enthält.

Man muß nicht die ganze Pflanze beleuchten, um einen photoperiodischen Effekt auszulösen; in Experimenten wurde nachgewiesen, daß die Blätter und nicht die Knospen belichtet werden müssen. Der Spinat (*Spinacea oleracea*) ist eine Langtagspflanze, aber er blüht auch unter Kurztagsbedingungen, sofern man seine Blätter im Langtag gehalten hat. Im Gegensatz hierzu erzielt man bei der Beleuchtung der Knospen und der Dunkelbehandlung der Blätter keinen Effekt.

Die Wirkung des Lichtes auf das Blatt ergibt sich eindeutig aus Pfropfungsversuchen. Ein photoperiodisch induziertes Blatt löst die Blütenbildung aus, wenn es auf eine Pflanze gepfropft wird, die in der für sie falschen Tageslänge gehalten wurde. Sogar ein abgeschnittenes Blatt kann photoperiodisch induziert und nach seiner Pfropfung entsprechend wirksam werden.

Die Pfropfungsversuche sprechen sehr dafür, daß in den Blättern nach der jeweils richtigen photoperiodischen Behandlung irgendeine spezielle Substanz entsteht, die von den Blättern aus zum Vegetationspunkt der Pflanze wandert, wo sie die Blütenbildung auslöst. Alle weiteren Versuche haben das bestätigt, obgleich trotz vieler Bemühungen aus Blättern keine Substanz gewonnen werden konnte, die die Blütenbildung auszulösen vermag. Trotzdem hat man dieser hypothetischen Substanz den Namen »Florigen« gegeben.

Sehr auffallend sind die geographischen Einflüsse auf den Photoperiodismus. In den Tropen mit ihren relativ kurzen Tagen finden wir die Kurztagspflanzen, und in den gemäßigten Zonen vorkommende Kurztagspflanzen blühen im

Frühjahr oder Herbst. Demgegenüber sind die Langtagspflanzen die typischen Sommerblumen der gemäßigten Zonen, wo sie die für sie passenden langen Sommertage erhalten.

Haben nun die Kurztagspflanzen in den Tropen Fuß gefaßt, weil sie kurze Tage bevorzugen, oder hat sich das Kurztagsverhalten deshalb entwickelt, weil diese Pflanzen in den Tropen beheimatet sind? Wir können das nicht beantworten. In ihrer Anpassung an kurze oder lange Tage finden wir hier aber ein weiteres Beispiel für den sinnvollen Entwicklungsplan der Pflanzen. Die Dispositionen der Kalkpflanzen und der Photoperiodismus sind zwei von vielen Anpassungsmöglichkeiten an die verschiedenartigen Umweltbedingungen. Physiologische Spezialisierungen mögen nicht so ins Auge fallen wie die strukturellen Modifikationen, die Pflanzen zu Lianen oder zu Epiphyten werden ließen, aber sie sind mindestens ebenso wichtig. Unsere Welt ist mit Pflanzen angefüllt, so sehr angefüllt, daß jede einzelne Pflanze vom Keimling bis zur Fruchtbildung um ihre Existenz kämpfen muß. Sofern sie einjährig ist, stirbt sie ab und hinterläßt nur ihre Samen. Jeder morphologische und physiologische Trick, der eine Pflanze in die Lage versetzt, ihren Artgenossen gegenüber im Vorteil zu sein, muß ausgenutzt werden, und das ist eine ausgezeichnete Sache, weil wir dadurch die wunderbare Mannigfaltigkeit unserer Pflanzenwelt erhalten.

12 Parasiten und Saprophyten

Die meisten Pflanzen entnehmen allen Kohlenstoff, den sie benötigen, dem Kohlendioxid der Luft, während sie über die Wurzeln mit Mineralstoffen versorgt werden. Es gibt aber Pflanzen mit ganz anderen Ernährungsweisen. Die große Gruppe der Pilze hat sich von Anfang an des Chlorophylls enthalten. Pilze beziehen ihren gesamten Kohlenstoff aus sich zersetzenden organischen Stoffen oder durch die Aufnahme der Lebenssäfte einer Wirtspflanze. Soweit wir wissen, besaßen die Pilze im Verlauf ihrer Entwicklung niemals Chlorophyll (obgleich wir glauben, daß sie ursprünglich aus Algen oder primitiven Wasserpflanzen entstanden sind).

Einige Blütenpflanzen haben die Ernährungsweise der Pilze angenommen, indem sie als Parasiten auf anderen Pflanzen leben oder ihre Nährstoffe in den sich zersetzenden organischen Stoffen des Waldbodens oder anderswo finden. Sie unterscheiden sich von den Pilzen darin, daß sie Vorfahren haben, die über Chlorophyll verfügten. Tatsächlich besitzen einige Parasiten – genauer gesagt: Teilparasiten – noch Chlorophyll in ihren Blättern und können teilweise oder ganz ihre Kohlenstoffverbindungen selbst aufbauen; abhängig sind sie von ihren Wirtspflanzen nur in bezug auf die Mineralstoffe. Die Mistel (*Viscum album*) gehört hierzu.

Wohl ein jeder kennt die Mistel, die als Teilparasit auf den Zweigen zahlreicher laubabwerfender Bäume, vor allem von Apfelbäumen, vorkommt. Gelegentlich wächst sie auch auf Koniferen, besonders auf Kiefern und Lärchen, selten auf immergrünen, großblättrigen Bäumen. Die Mistel ist von einer Reihe teils religiöser Mythen umgeben. Ihre Beziehung zu Weihnachten z. B. reicht bis in heidnische Zeiten zurück. Große Bedeutung maßen die Druiden der Eichen-Mistel zu, wahrscheinlich weil sie so selten die Eichen befällt.

Den besonderen Verbreitungsmechanismus des Mistelsamens haben wir bereits in Kapitel 9 erläutert. Ist der Samen mit dem klebrigen Fruchtbrei an den Baumästen hängen geblieben, keimt er nicht sofort aus, sondern erst mit steigender Temperatur und länger werdenden Tagen im Frühjahr; denn außer Wärme benötigt der Mistelsamen, ehe er zu keimen anfängt, viel Licht. Bei der Keimung wachsen aus der Samenschale wurzelähnliche, weiße, zylinderförmige Gebilde hervor, die aber keineswegs Wurzeln sind – die Mistel besitzt gar keine –, sondern das Hypokotyl, jener Teil der Sproßachse, der zwischen den Kotyledonen oder Keimblättern liegt.

Zunächst wächst dieses Hypokotyl gegen die Schwerkraft dem Licht entgegen; bald jedoch verbirgt es diese Fähigkeit und wächst nach unten weiter. Dabei legt es sich so weit um, bis es schließlich mit dem Ast, auf dem es wächst, in Berührung kommt. Das obere Ende des Hypokotyls verbreitert sich nun zu einer runden, klebrigen Scheibe, die auf der Oberfläche des Astes haften bleibt. Aus dem Zentrum der Unterseite dieser Haftscheibe wächst ein Ausläufer, der in die Rinde der Wirtspflanze eindringt und der, da ihm die Haftscheibe festen Halt gibt, die Gewebeschichten des Wirtes durchwachsen kann. Der Ausläufer wächst so lange weiter, bis er den Holzteil erreicht hat. Dort angelangt, bildet er Leitbündel aus, die sich mit denjenigen des Holzteils der Wirtspflanze vereinigen. Mit dieser »Primärinfektion« ist die Mistel das erste Jahr ihres Daseins beschäftigt.

Mit Beginn des zweiten Jahres bildet die Mistel das erste Blattpaar aus, was zunächst außergewöhnlich langsam vor sich geht; wird die Pflanze älter, wächst sie schneller, bis sie ihre typische buschige Form erreicht.

Während sich die Mistel außen auf dem Baum weiterentwickelt, kommt es auch in der Rinde zu komplexen Vorgängen (*Abb. 12.1*). Aus dem ersten Ausläufer bilden sich weitere, die meistens längs der Äste verlaufen. Ab und zu bilden sie Knospen, aus denen neue Mistelbüschel entstehen. So können sich aus einem einzigen Samen am Ende zahllose Pflanzen entwickeln. Der Versuch, einen Baum von Misteln zu befreien, indem man sie abschneidet, ist sinnlos; die Ausläufer sind in der Rinde versteckt und so vor dem Gärtnermesser sicher.

Das Wesen der Mistelausläufer ist nicht geklärt. Einige sehen sie als modifizierte Adventivwurzeln an, doch haben sie nicht die für Wurzeln typischen morphologischen Merkmale. Am besten betrachtet man sie als spezielle Absorptionsorgane, die sich durch die Lebensweise dieser besonderen Pflanze entwickelt haben. Solche Organe werden oft »Haustorien« genannt, ein Begriff, der aus der Morphologie der Pilze stammt.

Die Mistel besitzt genügend grüne Blätter und kann daher ohne Mithilfe der Wirtspflanze ihren eigenen Kohlenstoffbedarf decken. Doch ist sie hinsichtlich der Wasser- und Mineralstoffversorgung ganz und gar von ihrem Wirt ab-

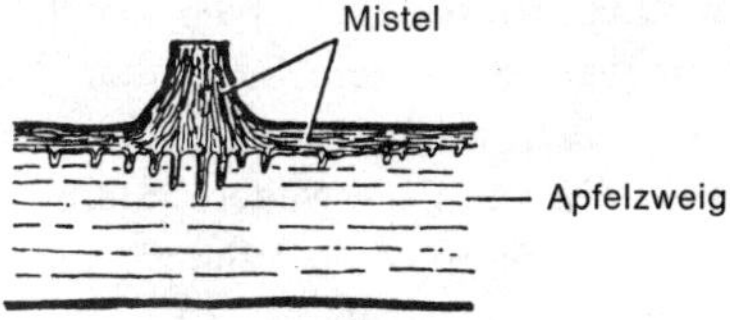

Abb. 12.1
Längsschnitt durch den Zweig eines Apfelbaums, auf dem eine Mistel parasitiert.

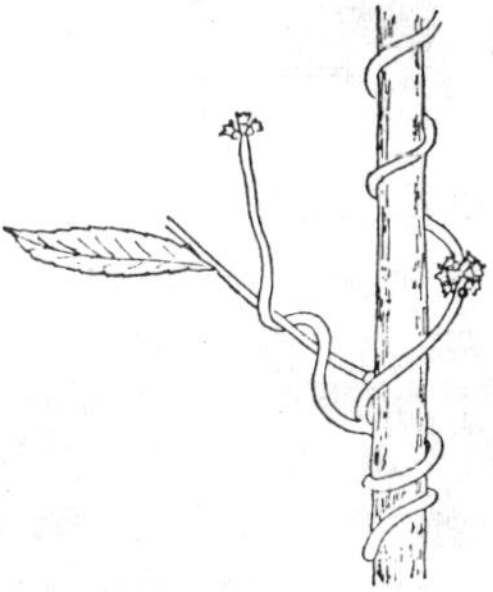

Abb. 12.2
Der auf jungen Weidentrieben wachsende Weidenwürger *(Cuscuta cesatiana).*

hängig. Wasser und Mineralsalze nimmt sie mit den Gefäßelementen ihrer Ausläufer direkt aus dem Xylem der Wirtspflanze auf.

Man könnte nun die Frage stellen, ob die Mistel überhaupt ein Parasit sei, da sie Blätter besitzt und die Photosynthese durchführen kann. Könnte hier nicht mehr eine Art Tauschgeschäft denn ein Raubbau vorliegen, indem nämlich die Mistel durch Photosynthese Zucker liefert und dafür Wasser und Mineralsalze erhält? Wie Molisch im Jahre 1920 durch ein bekanntes Experiment nachweisen konnte, ist das aber nicht der Fall. Molisch entfernte an einem jungen Apfelbaum mit mehreren Mistelbüscheln auf seinen Ästen sämtliche Blätter. Nach kurzer Zeit verhungerte der Baum und ging ein; ebenso ging die Mistel zugrunde. Die Mistel nimmt nur und gibt nichts – das typische Kennzeichen eines Parasiten.

Die Familie der Loranthaceaen, zu der die Mistel gehört, enthält noch viele andere halbparasitische Sträucher. *Viscum album* ist die einzige bei uns heimische Art, doch gibt es mehr als 500 andere Spezies in den gemäßigten und tropischen Klimazonen. Fast alle leben als Teilparasiten, und nur wenige wurzeln im Boden. *Nuytsia* aus dem westlichen Australien wächst zu einem kleinen Baum von ca. 10 Meter Höhe heran. Eine weitere interessante Art ist *Arceuthobium minutissimum*, eine Pflanze, die als Vollparasit im Himalaya vorkommt. Ihr Wirt ist die mazedonische Kiefer (*Pinus peuke*). Der Parasit wächst ausschließlich im Gewebe des Wirtes, nur seine Blüten ragen aus der Oberfläche der Borke hervor.

Mehrere Teilparasiten enthält auch die Familie der Rachenblütler (*Scrophulariaceae*), z. B. den Klappertopf (*Rhinanthus*), den Wachtelweizen (*Melampyrum*), das Sumpf-Läusekraut (*Pedicularis palustris*), das Wald-Läusekraut (*P. sylvatica*) und den Augentrost (*Euphrasia*). Sie alle sitzen als Teilparasiten auf den Wurzeln anderer Pflanzen.

Die verschiedenen Arten des Augentrostes und des Klappertopfes sind keine obligaten Parasiten; sie können auch ohne Wirtspflanze wachsen. Andererseits müssen die Wachtelweizen mit den Wurzeln anderer Pflanzen verbunden sein, damit sie sich ausreichend entwickeln können. Alle diese Pflanzen besitzen Chlorophyll, und sie können sich ausreichend mit Kohlenhydraten selbst versorgen. Sie wachsen auf Wiesen und Weiden, wo Unmengen von Graswurzeln vorhanden sind, mit denen sie in Kontakt stehen können. Ihre Samen keimen normal. Der Sämling bildet frühzeitig Seitenwurzeln, die anschwellen und dabei Knötchen bilden. Kommt eines davon mit einer Graswurzel in Berührung, so bildet es einen Fortsatz, der in die Graswurzel eindringt, ein Leitgewebe ausbildet und mit diesem die Wurzeln des Wirtes ausbeutet. Wahrscheinlich beziehen die Parasiten vom Wirt hauptsächlich Wasser; denn ihr schwach entwickeltes Wurzelsystem reicht nicht aus, um die eigenen Transpirationsverluste zu decken.

Die Familie der Sandelholzgewächse (Santalaceen) besteht vorwiegend aus Teilparasiten, von denen einige wie die Mistel auf Baumästen leben, während andere, wie der Augentrost, Wurzelparasiten sind.

Vollparasiten

Tozzia ist eine seltsame Gattung in der Familie der Rachenblütler, die als junge Pflanze Vollparasit ist und später zum Teilparasit wird. Es gibt zwei Arten, von denen die eine in den Alpen, die andere in den Karpaten wächst. Bei beiden Spezies bilden die Samen nach ihrer Keimung ein unterirdisches Rhizom, das vollständig auf den Wurzeln der Wirtspflanze parasitiert. Später entwickelt sich ein Blütensproß mit blaßgrünen, wenig Chlorophyll enthaltenden Blättern. Nach der Bildung des oberirdischen Sprosses lebt *Tozzia* als Teilparasit bis zum Erscheinen der Blüten, die denen des Augentrosts ähnlich sind. Der Parasit stirbt, nachdem er Samen angesetzt hat.

Die mit den Rachenblütlern eng verwandte Familie der Sommerwurzgewächse (*Orobanchaceae*) besteht ausschließlich aus Parasiten. Ihre größte Entfaltung findet sie in den warmen, gemäßigten Klimagebieten der nördlichen Erdhalbkugel.

Die Schuppenwurz (*Lathraea squamaria*) parasitiert auf den Wurzeln von Gehölzen, besonders auf der Hasel (*Corylus avellana*) und der Ulme (*Ulmus*). Man findet sie in feuchten Gebüschen und Gehölzen auf gutem Boden, vor allem auf Kalkboden. Sie bildet einen dicken Blütenstand mit helmförmigen, weißen oder violett-rötlichen Blüten. Der oberirdische Sproß trägt chlorophyllose Schuppenblätter. Der unterirdische Teil der Pflanze besteht aus einem dicken, verzweigten Rhizom mit fleischigen Schuppenblättern, die zurückgebogen sind, so daß ihr oberer Teil sich mit dem unteren Teil verbindet und einen Hohlraum bildet. Seine Innenfläche ist mit Drüsen übersät, deren Funktion in der Ausscheidung von Wasser besteht. Die eigenartigen Blätter sehen wie Nährstoffspeicherorgane aus; man schrieb ihr auch andere Aufgaben zu, aber die meisten sind höchst unwahrscheinlich. So nahm man an, daß die Wasserausscheidung durch die Drüsen einen Ersatz für die Transpiration darstellt. Das könnte sehr wohl zutreffen, weil die Schuppenwurz in Verbindung mit den Hauptwasserleitungsbahnen der mächtigen Wirtspflanze steht und selbst nur Schuppenblätter für die Transpiration besitzt. Oder man vermutete, daß die Drüsen exkretorische Funktionen hätten, um überschüssige Ammoniumphosphate und -sulfate loszuwerden. Schließlich, so nahm man an, könnten auch kleine, in die Hohlräume gelangte Bodenorganismen dort verdaut und ihre Reste von der Schuppenwurz absorbiert werden. Aber für all diese Annahmen gibt es weder Beweise noch auch nur die Wahrscheinlichkeit.

Der Samen der Schuppenwurz keimt wahrscheinlich nur bei Berührung mit den Wurzeln eines geeigneten Wirtes, und vorher muß er wohl durch den Regen in den Boden hineingewaschen worden sein. An den Wurzeln des Keimlings bilden sich Ausläufer, die bei Berührung mit einer Wurzel des Wirts um diesen herumwachsen und sich an ihm durch eine Anzahl feiner Auswüchse festsetzen. Darauf wächst ein Fortsatz in das Holz der Wirtspflanze hinein, und von nun an bezieht die Schuppenwurz sämtliche Nährstoffe aus den Wurzeln der Wirtspflanze. Neben der Schuppenwurz ist in England an einigen wenigen Standorten eine andere *Lathraea*-Spezies zu finden. *L. clandestina* parasitiert an feuchten, schattigen Stellen auf den Wurzeln von Weide und Pappel. Ihre Heimat ist Spanien, Italien, Frankreich und Belgien.

In England kennen wir 11 Spezies der Sommerwurzgewächse, die alle Wurzelparasiten sind. Die winzigen Samen werden mit dem Regen in den Boden gewaschen und keimen, sobald sie mit der Wurzel einer anderen Pflanze in Berührung kommen. Nach der Keimung bildet die Keimwurzel einen Ausläufer, der in die Wurzel der Wirtspflanze eindringt. Eine typische Erscheinung dieses Wurzelparasitismus der Orobanchen ist die enge Verflechtung des Zellgewebes des Parasiten mit dem des Wirtes. Mit fortschreitendem Wachstum gleichen sich die Holzteile des Parasiten und auch seine Rinde exakt denen der Wirtspflanze an; sogar die Epidermis der Sommerwurzgewächse verwächst mit derjenigen des Wirtes. Aus dem unterirdischen Teil der Orobanchen wachsen die Blütensprosse hervor. Diese bestehen wie die der Schuppenwurz aus chlorophylfreien Schuppenblättern, wobei sich am oberen Ende des Sprosses der Blütenstand befindet.

Eine völlig andere Art Parasit haben wir bei den Seiden (*Cuscuta*) vor uns, die zu den Windengewächsen (*Convolvulaceae*) gehören. Sie sind Kletterpflanzen, winden sich um die Sprosse der Wirtspflanzen und entziehen dem Wirt mit ihren Ausläufern Nährstoffe.

Die Große Seide (*Cuscuta cesatiana*) parasitiert auf der Brennessel (*Urtica dioica*), während die Gemeine Seide eine

Anzahl verschiedener Pflanzen, z. B. den Ginster, das Heidekraut und die Kleearten (*Trifolium*) befällt. Der Samen der Gemeinen Seide ist klein und sehr einfach gebaut. Er keimt zu einem winzigen, fadenförmigen Sämling aus, an dem keine Radikula, Plumula und Kotyledonen zu erkennen sind. Der Sämling kann für kurze Zeit selbständig existieren, während der Sproß, wie das bei Schlingpflanzen üblich ist, starke Nutationen zeigt. Kommt er schließlich mit einer anderen Pflanze in Berührung, welkt der Sämling und stirbt ab, während sich der Sproß fest um sein Opfer windet. In diesem Stadium hat die Seide keinen Kontakt mit dem Erdboden mehr und muß daher völlig von der Wirtspflanze mit den lebensnotwendigen Stoffen versorgt werden (*Abb. 12.2*).

Die Ausläufer der Seide wachsen aus dem Sproß heraus. Sie legen sich zunächst flach dem Sproß der Wirtspflanze an; aus der Mitte des abgeplatteten Teiles wächst dann ein hakenförmiger Auswuchs, der in die Wirtspflanze eindringt, bis er die Gefäßbündel erreicht hat, wo er sich stark ausbreitet. Obgleich die Ausstülpung zuerst aus undifferenziertem Zellgewebe besteht, bilden sich beim Erreichen des Gefäßsystems der Wirtspflanze selbst auch Xylem und Phloëm aus, die sich dann mit den entsprechenden Geweben des Wirtes verbinden, wodurch die Nährstoffversorgung der Seide sichergestellt wird.

Der sich windende Sproß einer reifen *Cuscuta*-Pflanze ist gelb oder rot und hat scheinbar keine Blätter. Doch bei genauerem Hinsehen bemerkt man, daß er hier und dort kleine Schuppenblätter trägt; er besitzt kein Chlorophyll und ist nicht zur Photosynthese befähigt.

Cassytha, eine tropische, zur Familie der Lorbeergewächse (*Lauraceae*) gehörende Gattung, hat eine ähnliche parasitische Wuchsform. Von ihr gibt es 15 Arten, die alle in tropischen Gebieten der alten Welt vorkommen.

Unter den Blütenpflanzen gibt es einen engen Zusammenhang zwischen parasitischem Verhalten und Vereinfachung des Bauplanes. Diese Pflanzen können sich, befreit von der Notwendigkeit, sich selbst zu ernähren, ganz auf ihre Vermehrung (insbesondere große Samenmengen) konzentrieren. Dies ist notwendig, denn ein geeigneter Wirt ist nicht leicht zu finden. Das Gleiche finden wir bei Tieren, die innere Parasiten sind. Völlige Bewegungsfreiheit benötigen sie nicht mehr, so daß die Beine überflüssig werden; häufig verschwinden, da das Tier sich von der durch den Wirt vorverdauten Nahrung ernährt, auch die Verdauungsorgane. Die Reproduktionsorgane sind dagegen sehr gut entwickelt und ermöglichen, wenn auch unter hohen Verlusten, einen Wirt zu finden, der ihrem parasitischen Verhalten nicht widerstehen kann.

Die extremste Anpassung an die parasitische Lebensweise der Pflanzen findet man bei der tropischen *Rafflesia arnoldi*, die in Malaya auf Reben parasitiert. Bei ihr ist der Vegetationskörper zu einer Reihe von Fortsätzen, ähnlich den Hyphen eines Pilzes, reduziert, die sich im Gewebe der Wirtspflanze verzweigen. Nur ihre Blüten sind normal gestaltet. Sie entwickeln sich direkt aus den Wurzeln des Wirtes und scheinen so unmittelbar aus dem Boden zu kommen. Wie schon beschrieben, besitzt *R. arnoldi* die größten Blüten im Pflanzenreich. Sie haben eine stumpfe rötliche Farbe und riechen nach faulem Fleisch – daher manchmal auch der Name »Stinkende Lilie«. Wie der Geruch schon ahnen läßt, werden die Blüten von Fliegen bestäubt. Die besondere Art der Verbreitung ihrer Früchte durch Elefanten habe ich bereits erwähnt.

Saprophyten

Saprophyten ernähren sich von den Abbauprodukten organischer Stoffe. Der Saprophytismus ist bei den Pilzen weit verbreitet, bei den Blütenpflanzen jedoch selten. Warum das so ist, weiß man nicht genau. Zunächst gibt es einiges über die saprophytische Lebensweise zu sagen. Organische Stoffe sind in den Abfallprodukten der meisten Wälder im Überfluß vorhanden, so daß eine saprophytische Pflanze, was Sonnenlicht oder Konkurrenz bei der Nahrungssuche anbetrifft, keine Schwierigkeiten hat.

Die wahrscheinlichste Ursache dafür, daß nur wenige Blütenpflanzen zum Saprophytismus übergegangen sind, ergibt sich aus der Tatsache, daß ihnen die Enzyme für den notwendigen Abbau organischer Substanzen vor der Aufnahme durch die Wurzeln fehlen. Obwohl es Beweise dafür gibt, daß die Wurzeln der meisten Pflanzen bis zu einem gewissen Grad organische Moleküle aufnehmen können, können sie ihren gesamten Bedarf davon unter natürlichen Bedingungen nicht decken, wenngleich dies unter bestimmten Bedingungen im Laboratorium möglich war (so bildeten Erbsen sogar im Dunkeln Blüten auf einem Nährboden mit Zucker). Anscheinend können Pflanzen leichter Parasiten als Saprophyten werden.

Es ist eine erwiesene Tatsache, daß fast alle saprophytischen Blütenpflanzen mit Pilzen vergesellschaftet sind: Der Pilzpartner sitzt in den Wurzeln (*siehe Kapitel 14*). Die einzige Ausnahme soll *Wullschlaegelia aphylla* sein, eine saprophytische Orchidee, die ohne Pilze auskommt.

Es ist nicht ausgeschlossen, daß sich die Saprophyten auf die von den Pilzen produzierten Enzyme verlassen, mit denen die organischen Verbindungen aufgespalten werden, oder daß sie die Pilze veranlassen, diese zu absorbieren. Ist das der Fall, so könnte man sagen, daß die saprophytischen Blütenpflanzen eigentlich Parasiten auf den Pilzen sind.

Die bekannteste saprophytische Blütenpflanze ist die Nestwurz (*Neottia nidus avis*), die auf kalkhaltigen Böden in Buchenwäldern wächst. Die Pflanze hat ihren Namen von ihrem dichten, einem Vogelnest ähnlichen Wurzelgeflecht. Der oberirdische Sproß trägt braune Schuppenblätter, die, wenn überhaupt, nur wenig Cholorphyll enthalten.

Der Fichtenspargel (*Monotropa hypopitys*) ist ein weiterer einheimischer Saprophyt in Buchen- und Kiefernwäldern.

Die ganze Pflanze ist gelblich oder elfenbeinfarben und sieht wächsern aus; sie enthält wenig oder gar kein Chlorophyll. Ihre Verwandte *M. uniflora* ist als »Indianerpfeife« bekannt und in amerikanischen Wäldern beheimatet.

13 Pflanzen als Beutefänger

Wir haben bereits gesehen (*Kapitel 7*), wie wichtig Insekten für die Pflanzen bei der Fremdbestäubung sind. Insekten und Pflanzen sind sozusagen zusammen aufgewachsen, und die bei manchen Blüten vorhandenen Anpassungen an die sie besuchenden Insekten sind gar nicht so rätselhaft. Doch können, wie wir wissen, Insekten für Pflanzen auch schädlich sein. Blattkäfer, Blattläuse und gefräßige Heuschrecken sind die schlimmsten Feinde der Pflanzen; sie können im Verlauf eines Jahres unübersehbaren Schaden zufügen.
Deshalb ist es gar nicht so überraschend, daß gelegentlich Pflanzen diese Räuber-Beute-Beziehung umkehren und, anstatt den Insekten passiv als Nahrung zu dienen, sich wehren und die Insekten zu ihrer Nahrung machen. Eine solche insektivore Verhaltensweise ist nicht nur einmal im Pflanzenreich entwickelt worden; die Pflanzen haben mehrere bemerkenswerte Anpassungsmöglichkeiten entwickelt, wie sie die Insekten zu ihrer Beute machen.
Ein Musterbeispiel ist der Sonnentau (*Drosera rotundifolia*), eine kleine Pflanze, die man in Torfmooren findet. Der Sonnentau besteht aus einer Rosette langgestielter roter Blätter mit runden Blattspreiten von etwa ein Zentimeter Durchmesser. Zur Blütezeit, von Juni bis August, entwickelt sich in der Mitte der Rosette ein Blütenstand von 10 bis 30 Zentimeter Höhe, der ein paar weiße Blüten trägt. Im ganzen also eine recht unscheinbare kleine Pflanze, die man leicht übersehen kann.

Der Sonnentau als Fliegenfänger

Die Blätter des Sonnentaus sind an ihren Rändern und auf der Blattoberfläche mit zahlreichen Tentakeln besetzt. Jeder dieser Fortsätze besteht aus einem Stiel mit einem runden

Köpfchen an der Spitze. Das Köpfchen trägt eine Krone aus einem glitzernden Flüssigkeitstropfen, was die Blätter wie von Tautropfen bedeckt erscheinen läßt.
Die Tentakeln an den Blatträndern sind relativ lang gestielt, diejenigen auf der Blattoberseite haben dagegen kürzere Stiele. Es können sich bis zu 200 Tentakeln auf einem Blatt befinden.
Die mikroskopische Untersuchung eines Tentakels zeigt einen im Stiel aufsteigenden Xylemstrang, der sich bis in das Köpfchen fortsetzt. Dort ist der Gefäßstrang von drei Gewebeschichten umgeben; die innere Schicht entspricht mit ihren verdickten Zellwänden einer Endodermis, während die beiden äußeren Schichten ein rotes Pigment enthalten, das dem Blatt seine Farbe gibt. Außerdem scheiden sie das Sekret aus.
Man nimmt an, daß die Blätter entweder durch ihre Farbe, durch die glitzernden Sekretionstropfen oder ihren Geruch auf Insekten eine gewisse Anziehungskraft ausüben, doch das ist nicht bewiesen. Auf jeden Fall wird jedes Insekt, das sich unbedachterweise auf einem Sonnentaublatt niedergelassen hat, sobald es ein Tentakel berührt, von der zähen ausgeschiedenen Flüssigkeit festgehalten. Doch der Sonnentau verläßt sich, um seine Beute festzuhalten, nicht allein auf sein zähes Sekret; der Tentakel beginnt sich, sobald das Insekt eingefangen ist, an seiner Basis umzubiegen, und die anderen Tentakeln folgen diesem Beispiel, so daß der Insektenkörper von einer klebrigen Masse bedeckt wird. Nicht nur die Tentakeln biegen sich um – das ganze Blatt faltet sich in der Mitte der Spreite zusammen, wodurch die Beute eingeschlossen wird und weitere Tentakeln herangeführt werden.
Hat der Sonnentau das Insekt auf diese Weise eingefangen, beginnt er es nun zu verdauen. Sobald ein Insekt eingeschlossen worden ist, beginnen die Tentakeln ein dem Pepsin des menschlichen Magens verwandtes Verdauungsenzym auszuscheiden. Außerdem wird eine Säure abgegeben,

die das notwendige, für die Wirkung des Enzyms saure Medium herstellt. Das Enzym löst die weichen Teile der Beute auf und spaltet die Proteine zu einfacheren, für die Pflanze über die Blätter aufnehmbaren Verbindungen. Sind alle verdaulichen Insektenteile absorbiert, öffnet sich das Blatt wieder und ist für die nächste Beute bereit.

Das Umbiegen der Sonnentau-Tentakeln ist wohl durch ungleiches Wachstum bedingt, wie wir es bei den haptotropen Reaktionen kennenlernten (*Kapitel 11*). Man nimmt an, daß auf den Berührungsreiz hin eine Auxinverlagerung stattfindet, aber das konnte bislang nicht nachgewiesen werden. Daß die Berührung einen Reiz ausübt, beweist das Umbiegen der Sonnentau-Tentakeln, wenn man sie mit einem harten Gegenstand, z. B. einem Glasstab, berührt. Genau wie die Ranken einer Kletterpflanze reagieren die Tentakeln auf den Aufprall eines Flüssigkeitstropfens nicht; Regentropfen haben also keinen Einfluß. Der für die Berührung empfindliche Teil ist das Köpfchen, und das eigentliche Umbiegen erfolgt am Stielgrund.

Die Tentakeln reagieren nicht nur auf Berührung, sondern auch auf chemische Reize; sie biegen sich auch um, wenn man sie mit bestimmten gelösten Substanzen behandelt. Darwin hat als erster herausgefunden, daß die reizenden Substanzen allesamt Stickstoff enthielten. Er behandelte *Drosera*-Blätter mit bestimmten stickstofffreien Substanzen einschließlich Gummiarabikum, Zucker, Stärke und Alkohol, und niemals wurde eine Bewegung ausgelöst. Versuchte er es aber mit stickstoffhaltigen Produkten, wie Milch, Eiweiß oder Fleischbrühe, war der Versuch stets erfolgreich. Besonders empfindlich reagierten die Tentakeln auf Ammoniumsalzlösungen.

Zweifellos hat der Sonnentau vom Einfangen und Verdauen der Beute Vorteile. Francis Darwin, ein Sohn des großen Charles, konnte das als erster nachweisen.

Er nahm sechs voll mit Sonnentau bewachsene Pflanzenschalen und teilte sie, indem er einen Stab in die Mitte jeder

Schale legte, in zwei Hälften auf. Die eine Hälfte fütterte er mit Fleisch, der anderen gab er nichts. Nach einiger Zeit sahen die mit Fleisch gefütterten Pflanzen viel gesünder aus und enthielten viel mehr Chlorophyll und Stärke. Die größte Leistungssteigerung, die sich aus der Fütterung mit Fleisch ergab, war jedoch in der unterschiedlichen Anzahl der Blüten bei beiden Pflanzenserien festzustellen. Als die Blütenstände im August abgeschnitten wurden, ergab sich, daß die mit Fleisch gefütterten Pflanzen 165 Blütenstände gegenüber 100 bei den Kontrollpflanzen gebildet hatten; erstere hatten außerdem 240 Samen gegenüber 100 der letzteren gebildet. Anscheinend besteht der grundlegende Vorteil bei der Verdauung der Insekten darin, daß die Vermehrungsfähigkeit der Pflanzen zunimmt.

Der unter natürlichen Bedingungen wachsende Sonnentau hat von den eingefangenen Insekten vermutlich ebensolche Vorteile wie die im Laboratorium untersuchten Pflanzen. Welche speziellen Nahrungsbausteine sie von den Insekten erhalten, ist nicht geklärt, doch denkt man dabei natürlich, insbesondere auch wegen der Reaktion der Tentakeln, an Stickstoff. In diesem Zusammenhang ist es vielleicht bedeutsam, daß der Sonnentau seinen natürlichen Standort auf Moor- und Heideböden hat, wo die Tätigkeit der nitrifizierenden Bakterien durch die saure Bodenreaktion unterbunden wird. Es ist ganz natürlich, daß sich dort eine Pflanze durch die Verdauung von ein bißchen Insektenfleisch gelegentlich mit Stickstoff versorgt.

Wir kennen drei einheimische *Drosera*-Arten, die sich durch die Form ihrer Blätter voneinander unterscheiden. Die Sonnentau-Familie ist mit ihren 90 Spezies, von denen viele in den Tropen vorkommen, sehr umfangreich. Sie fangen die Insekten alle auf dieselbe Weise ein. Einige der tropischen Arten sind größer als der einheimische Sonnentau. *D. binata* z. B. besitzt lange, geschlitzte Blätter. Eng verwandt ist *Drosophyllum lusitanicum*, eine buschige Pflanze, die in Spanien, Portugal und Marokko wächst und die Insekten mit Hilfe eines klebrigen, von Drüsen auf den Blättern ausgeschiedenen Sekrets einfängt. Ein Bewegungsmechanismus ist hier nicht vorhanden. Die Blätter von *D. lusitanicum* wurden von portugiesischen Bauern als Fliegenfänger benutzt.

Ein weiterer Vertreter der Sonnentaugewächse (*Droseraceae*) ist die Venusfliegenfalle (*Dionaea muscipula*), die Insekten völlig anders erbeutet. *Dionaea* wächst an feuchten Standorten, vor allem in Nord- und Süd-Karolina, und zeichnet sich dadurch aus, daß sie als erste Insektivore wissenschaftlich entdeckt wurde. 1768 schickte der Londoner Naturforscher Ellis eine Beschreibung der Pflanze an Carl Linné, der sie als ein »miraculum naturae« bezeichnete. Linné hatte nicht im Traum daran gedacht, daß Pflanzen sich tatsächlich von Insekten ernähren könnten; er meinte, daß die Insekten rein zufällig eingefangen und später wieder freigelassen würden. *Dionaea* fängt die Insekten mit ihren Blättern ein und wächst auf nassen Moorböden, aber weiter reicht die Ähnlichkeit mit dem Sonnentau nicht. Die etwas abgerundeten *Dionaea*-Blätter bilden zwei Hälften, die wie ein Buch zusammenklappen können; die Blattränder sind mit einer Reihe von kammartigen Zähnen versehen. Schließen sich die Blätter, greifen diese Zähne wie die von Zahnrädern ineinander.

Ungefähr in der Mitte jeder oberen Blatthälfte befinden sich drei einzelne, auf Berührungsreize reagierende Haare. Berührt eine Fliege oder eine kleine Raupe beim Überqueren des Blattes eines dieser Haare, dann schlagen die Blatthälften zusammen und schließen das unglückliche Opfer in der Falle ein. Die Blattoberfläche ist mit kleinen roten Drüsen besetzt, die eine aus Ameisensäure und einem Verdauungsenzym bestehende Flüssigkeit ausscheiden. Die weichen Teile des Insekts werden verdaut und die Abbauprodukte von der Pflanze aufgenommen. Der Verdauungsprozeß kann eine Woche oder länger dauern, und während der ganzen Zeit bleibt das Blatt geschlossen. Ist die Beute ver-

daut, öffnet sich das Blatt wieder und wartet auf das nächste Opfer.
Die Drüsen scheiden den Verdauungssaft in einer beträchtlichen Menge ab. Darwin machte einen Einschnitt in ein Blatt, das eine große Fliege eingefangen hatte, und stellte fest, daß in den insgesamt neun Tagen der Verdauung des Insekts dauernd Flüssigkeit aus dem Schnitt tropfte. Eng mit *Dionaea* verwandt ist *Aldrovanda vesiculosa,* eine wurzellose Schwimmpflanze in sonnenreichen Teichen Süd- und Mitteleuropas, Indiens und Australiens. Ihre Blätter sind kleiner als die von *Dionaea* und gewöhnlich wie Muschelschalen halb geöffnet. Sie besitzt reizbare Haare auf der Oberseite der Blätter, und diese schließen sich in gleicher Weise wie die *Dionaea*-Blätter. Die Beute besteht aus Wasserflöhen, Insektenlarven und Diatomeen. Obwohl die Blätter Drüsen auf der Oberseite besitzen, ist nicht bekannt, ob diese ein Verdauungssekret ausscheiden.

Andere fleischfressende Pflanzen

Alle bisher beschriebenen Insektivoren gehören zur Familie der Sonnentaugewächse. Die nicht mit dem Sonnentau verwandte Familie der Wasserschlauchgewächse (*Lentibulariaceae*) ist ebenfalls fleischfressend und besteht aus 250 über die ganze Erde verbreiteten Arten, von denen die einfachste das Fettkraut (*Pinguicula*) ist.
Das Blaue Fettkraut (*P. vulgaris*) wächst in Mooren und auf feuchten Heideböden, vor allem gerne in Hochmooren in einer Höhe von 700 bis 1000 Meter. Der Name *Pinguicula* bedeutet soviel wie »die kleine Fette« und bezieht sich auf die Rosette aus fleischigen Blättern, die dem Erdboden flach anliegen. Aus ihrer Mitte wächst eine einzelne, besonders hübsche violette Blüte hervor. Die Insekten werden durch ein klebriges Sekret gefangen, das von zahlreichen gestielten Drüsen ausgeschieden wird; andere, ungestielte Drüsen scheiden einen Verdauungssaft aus. Neben den Ver-

dauungsenzymen enthält das Sekret eine Substanz, die dem Labferment Rennin des Kälbermagens ähnlich ist. Rennin läßt die Milch gerinnen, und so wird das Fettkraut in Lappland zur Gerinnung der Milch bei der Käsezubereitung verwendet.

Die vier in England vorkommenden Arten des Wasserschlauchs (*Utricularia*) fangen Insekten auf eine viel kompliziertere Art als das Fettkraut mit seinen klebrigen Blättern. Sie gehören zu den am stärksten spezialisierten fleischfressenden Pflanzen; sie sind wurzellos und schwimmen frei in Seen, Teichen und Gräben, vor allem in Gebirgsmooren. Der Pflanzenkörper besteht offensichtlich aus einer Anzahl von kurzen Sprossen mit fein geteilten Blättern. Allerdings wird diese Deutung des Aufbaus bezweifelt; denn es könnte sein, daß die »Sprosse« umgewandelte Blätter sind. Im Sommer trägt *Utricularia* für einen Monat oder auch länger einen aufrechtstehenden Blütenstand, dessen glänzend goldene Blüten in den Bergseen leuchten. Zu anderen Jahreszeiten übersieht man *Utricularia* häufig, weil die Pflanze klein ist und mit untergetauchten Blättern schwimmt.

Utricularia fängt ihre Beute in kleinen Bläschen, die bei *U. vulgaris*, der häufigsten Art, etwa 2,5 Millimeter groß sind. Sie sitzen in großer Zahl an den Enden der Blätter, dort, wo sich die letzten Blattsegmente befinden. Die Art der Entstehung eines Bläschens zeigt, daß es ein umgewandeltes Fiederblättchen ist. Die Blase ist ei- oder birnenförmig und mit dem Blatt durch einen kurzen, seitlich ansitzenden Stiel verbunden.

Am Eingang des Bläschens befindet sich eine kleine, sich nach innen öffnende Klappe, die im geschlossenen Zustand einer verdickten Leiste am Blaseneingang anliegt. Auf der Innenfläche der Blase sitzen einige vierarmige Haare, die Wasser aufnehmen können, wodurch der Wasserdruck im Innern geringer wird als draußen, wie man an den eingefallenen Blasenwänden erkennen kann.

An der Außenseite der Falltür befinden sich reizempfindliche Haare, die winzig klein sind und auf Berührung reagieren. Stößt zufällig ein kleines Wassertier an diese Haare, so schnappt die Feder, mit der die Falltür geschlossen ist, zurück; die Falltür öffnet sich durch den äußeren Wasserdruck, das Wasser stürzt in die Blase und reißt die hilflose Beute, deren ungeschicktes Verhalten diese Reaktion auslöste, mit sich. Die Falltür schließt sich, und das Tier ist gefangen.

Wasserflöhe wie *Daphnia* und *Cyclops* sind die Hauptbeute des Wasserschlauchs, doch kann jedes Lebewesen, das kleiner als die Öffnung und groß genug ist, um die Reizhaare anzustoßen, eingefangen werden. Die Blasen scheiden keinen Verdauungssaft ab; vielmehr wartet die Pflanze, bis die Tiere tot sind und Bakterien sie zersetzt haben. Die löslichen Abbauprodukte werden dann von den wasserabsorbierenden Haaren aufgenommen, und die Blase ist zur nächsten Mahlzeit bereit.

Utricularia ist eine umfangreiche Gattung mit mehr als 200 meist tropischen Arten. Viele sind Landpflanzen, einige sogar Epiphyten und alle fleischfressend.

Eine weitere interessante Gattung der Wasserschlauchgewächse ist *Genislea*, die im tropischen Amerika und Afrika vorkommt. Sie ist eine Landpflanze mit seltsamen, kannenähnlichen Blättern, die fest dem Boden anliegen. Die Kanne wird vom unteren Teil des Blattes gebildet und öffnet sich an einem gabeligen Hals mit zwei gedrehten Armen. Diese Arme tragen eine Reihe von rückwärts gerichteten Haaren, die kleine Bodentiere in die Kanne herein-, aber nicht wieder hinauslassen. Das Innere der Kanne ist mit Drüsen ausgekleidet; ob diese aber Verdauungssekrete abgeben oder Bakterien die Zersetzung durchführen, wissen wir nicht.

Die Kannenpflanzen gehören drei Familien an, den *Nepenthaceae, Sarraceniaceae* und *Cephalothaceae.* Die meisten sind tropisch oder subtropisch verbreitet; doch die Spezies *Sarracenia purpurea* wurde 1906 in ein Moor Mittelirlands eingeschleppt, wo sie sich einbürgerte und seither gut gedeiht.

Die Kannenpflanze *Nepenthes*, die einzige Gattung der Familie *Nepenthaceae* kommt hauptsächlich auf den tropischen Inseln Südostasiens vor. Den größten Bestand gibt es auf Borneo, doch erstreckt sich das Verbreitungsgebiet bis Madagaskar, Nordaustralien und Südchina. Die Familie umfaßt ungefähr 60 Spezies, von denen die meisten auf moorigen Böden vorkommende, kletternde Stauden sind. Sie ranken mit umgewandelten Blättern. Die auffallenden Kannen, mit denen sie Insekten fangen, stehen aufrecht an den Enden der Blattranken.

Die *Nepenthes*-Blätter laufen in Ranken aus, die sich zunächst einmal um eine Stütze wickeln. Dann krümmen sie sich hinab, richten sich wieder auf und bilden an ihrem Ende die Kannen aus. Diese Kannen können 2,5 bis 30 Zentimeter lang werden; sie sind urnenförmig und haben am oberen Ende eine vorstehende, von der Blattspitze gebildete Klappe. Die vorstehende Klappe soll verhindern, daß Regenwasser in die Kanne gelangt. Da die ganze Kanne oft leuchtend rot oder purpurn gefärbt ist, fällt sie auf und lockt Insekten an.

Die *Nepenthes*-Kannen sind besonders gut konstruierte Insektenfallen. Die Kannenöffnung wird von einem Rand aus verholztem Gewebe umgeben, wodurch die Kannenöffnung versteift wird. Die Innenwand besteht aus zwei recht verschieden gestalteten Bereichen. Der obere Teil enthält Zellen mit wachshaltigen Wänden, auf deren Oberfläche kein Insekt Halt finden kann; der Wachsüberzug dieser Zellwände blättert in winzigen Schuppen ab, die sogar die Haftpapillen der Ameisenbeine verstopfen. Jedes sich auf diese gefährliche Rutschbahn wagende Insekt gleitet aus und fällt in die Kanne hinein. Der untere Bereich der Kanne ist mit Drüsen versehen, die eine wäßrige Flüssigkeit in die Kanne absondern.

Nektarien auf der Klappenunterseite geben Nektar ab, der die Insekten anlocken soll. Wagen sich Insekten auf den Kannenrand, so geraten sie auf eine schlüpfrige Unterlage, von der sie nicht mehr entkommen. Die von den Drüsen in der Kanne abgeschiedene Flüssigkeit reagiert zunächst neutral, dann nach dem Einfangen der Insekten jedoch sauer, wobei ein dem Pepsin ähnliches Enzym in der Flüssigkeit auftritt, das die weichen Teile der Beute verdaut.

Beim Aufschneiden einer *Nepenthes*-Kanne stellt man fest, daß in ihr eine vielfältige Flora und Fauna vorhanden ist. Die Flüssigkeit enthält Blaualgen, Desmidiazeen, Diatomeen, Protozoen, Nematoden, Milben, Fliegen, Schmetterlinge und Motten mit ihren Larven – Bewohner, die sich anscheinend ganz und gar wohlfühlen, denn sie leben ja freiwillig und nicht als Beute in der Kanne. Wie schützen sich diese Lebewesen nun vor der Wirkung der Verdauungsenzyme? Möglicherweise besitzen sie ein Antienzym, das dem Verdauungsenzym entgegenwirkt. Man weiß, daß es solche Substanzen gibt. Die Sarrazeniazeen umfassen drei Gattungen von Kannenpflanzen, von denen *Sarracenia* die wichtigste ist. Sie wächst in den Sümpfen der warmen Atlantikküste Nordamerikas und unterscheidet sich von *Nepenthes* darin, daß das ganze Blatt zu einer Kanne umgewandelt ist; bei *Nepenthes* besteht die Kanne nur aus einem Teil des Blattes. Die Kannen von *Sarracenia* sind trompetenförmig *(Abb. 13.1 a)* und stehen aufrecht. Wie bei *Nepenthes* wird die Kannenöffnung durch eine hochstehende Klappe geschützt. Längs der Kanne verläuft eine flache Leiste, die nicht nur die photosynthetisch aktive Oberfläche vergrößert, sondern auch eine bequeme, zur Kannenöffnung führende Rampe für Insekten darstellt.

Die Kannenöffnung der *Sarracenia* hat einen steifen Rand. Auf dem Deckel, dem Rand und der äußeren Oberfläche der Kanne sind reichlich Nektarien vorhanden, die für Insektenbesucher eine große Versuchung darstellen. Nektarsaugende Insekten werden auf die Innenseite des Kannenrandes gelockt, wo die Gleitzone beginnt. Sie besteht aus sich dachziegelartig überlappenden Zellen mit einer glatten, wächsernen Kutikula. Unterhalb der Gleitzone befindet sich ein Bereich mit langen Haaren, die alle abwärts zum Kannenboden gerichtet sind. Diese Zone enthält zwischen den Haaren ebenfalls Nektarien, so daß die Insekten immer weiter heruntergelockt werden. Fast am Kannengrund schließlich ist die Wand glatt, ohne Haare und offensichtlich ohne Drüsen.

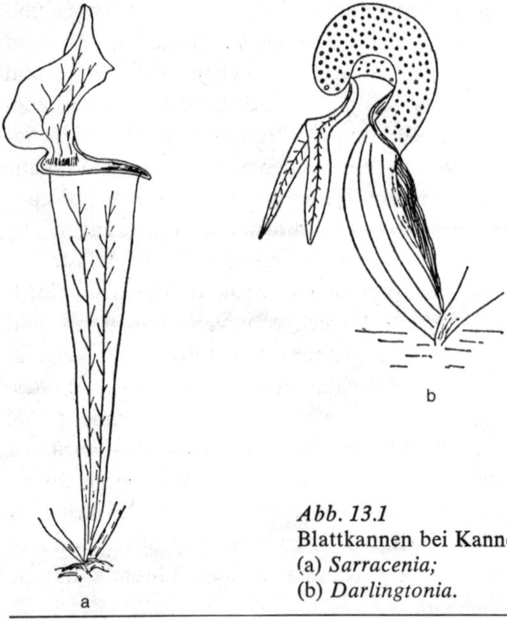

Abb. 13.1
Blattkannen bei Kannengewächsen.
(a) *Sarracenia;*
(b) *Darlingtonia.*

Die *Sarracenia*-Kannen enthalten gewöhnlich, jedoch nicht immer, etwas Flüssigkeit, aber man weiß nicht, ob diese von den Nektardrüsen, von der undifferenzierten Epidermis im unteren Bereich der Kanne ausgeschieden wird oder ob sie nur Regenwasser ist. Bisher nahm man an, daß *Sarracenia* keinen Verdauungssaft bildet, aber man weiß jetzt, daß doch ein Enzym in der Kannenflüssigkeit vorhanden ist. Die verdaubaren Bestandteile der Insekten werden zerlegt und die Abbauprodukte von der Kannenwand aufgenommen. Bei einigen *Sarracenia*-Arten reagiert die Flüssigkeit alkalisch statt sauer. Wenn das Verdauungsenzym besser in einem alkalischen als in einem sauren Substrat wirkt, muß es sich von dem Verdauungsenzym der *Nepenthes* unterscheiden.

Sarracenia scheint weniger perfekt für insektivores Verhalten spezialisiert zu sein als *Nepenthes. Darlingtonia,* eine andere Angehörige der Sarrazeniazeen aus Kalifornien, besitzt Kannen ohne Verdauungsenzyme für Insekten; diese Arbeit leisten Bakterien in der Kannenflüssigkeit (*Abb. 13.1 b*).

Die dritte Gattung der Sarrazeniazeen ist *Heliamphora,* eine kleine Gruppe von Kannenpflanzen aus Britisch-Guayana und Venezuela.

Cephalotus follicularis, die einzige Art der *Cephalotaceae*, ist eine Kannenpflanze in den küstennahen Sümpfen des westlichen und südwestlichen Australiens. Nur die unteren Blätter bilden Kannen, die oberen sind flächig und grün. Die *Cephalotus*-Kannen funktionieren fast genau wie bei *Nepenthes*.

Tierfangende Pilze

Fleischfresser gibt es nicht nur bei den höheren Pflanzen – ihr Habitus ist auch bei gewissen Gruppen von Pilzen ausgebildet. So wie er sich einige Male im Laufe der Evolution der Blütenpflanzen entwickelt hat – die Familien der

Insektivoren sind keinesfalls eng miteinander verwandt, und die Art ihres Beutefanges ist unterschiedlich –, entstanden die tierfangenden Pilze völlig unabhängig voneinander; sie hatten ihre eigene Evolution.

Wie die fleischfressenden Blütenpflanzen, fangen auch die nach Beute jagenden Pilze lebende Tiere, von denen sie sich ernähren. Ihre Opfer sind hauptsächlich Protozoen und Älchen, manchmal auch Rädertierchen. Die am meisten gefangenen Protozoen sind Amöben oder ihre Verwandten, z. B. *Difflugia,* deren Körper von harten Schalen umschlossen wird. Rädertierchen sind jedem bekannt, der schon einmal mikroskopiert hat. Ihren Namen haben sie auf Grund des Kranzes aus hin- und herwedelnden Haaren oder Geißeln um ihren Mund, wobei die Bewegung der Geißeln einem rotierenden Rad gleicht. Älchen sind mikroskopisch kleine Nematoden (Fadenwürmer). Sie sind recht verbreitet und erhielten ihren Namen wegen ihrer aalähnlichen Gestalt und ihren schnellen, schlängelnden Bewegungen.

Unter den niederen Pilzen fällt die Gruppe der karnivoren Zoopagalen auf, von denen nur wenige Angehörige keine Tiere fangen. Die Beute der Zoopagalen besteht hauptsächlich aus Amöben und anderen, mit diesen verwandten Protozoen. Die Pilze sind einfach gebaut und besitzen besonders feine Verzweigungen oder Hyphen. Kommt eine Amöbe mit einer Hyphe der Zoopagalen in Berührung, bleibt sie auf einer ausgeschiedenen klebrigen Flüssigkeit haften. Der Pilz bildet darauf Haustorien aus, die in den Tierkörper eindringen, sich dort verzweigen und das Tierinnere aussaugen (*Abb. 13.2*).

Zunächst ist die Amöbe von dem Eindringen eines fremden Organismus offenbar kaum beeindruckt; jedenfalls gehen ihre üblichen Körperfunktionen unbehindert weiter. Wird jedoch immer mehr von ihr absorbiert, lassen die kontraktilen Bewegungen der Vakuole nach, die wie die Lenzpumpe eines Schiffes arbeitet und das überschüssige Wasser auspumpt, nach, bis sie schließlich ganz aufhören. Da der Pilz

Protoplasma aufnimmt, wird die Amöbe immer durchsichtiger, bis sie schließlich stirbt. Die Absorption durch den Pilz geht so weit, bis nur noch die geschrumpfte Amöben-»Haut« oder -Membran an den Hyphen hängt.

Wenn auch die meisten Zoopagalen nur Protozoen einfangen, so gibt es doch einige größere unter ihnen, die Älchen erbeuten. Ein Älchen ist wesentlich größer als eine Amöbe und ein weitaus beweglicheres Tier. Ein Pilz, der Älchen erbeuten will, gleicht einem Menschen, der mit Angelrute und Leine einen Hai fangen will. Die Hyphen der Älchen-Fänger sind kräftiger als die der meisten übrigen Zoopagalen, die sich mit Protozoen begnügen. Die Art des Einfangens ist jedoch immer die gleiche. Die Älchen werden von den klebrigen Ausscheidungen der Hyphen festgehalten, und zwar ebenso unbarmherzig wie der Vogelleim einen flatternden Vogel festhält (*Abb. 13.3*).

Ein Älchen ist eine weit weniger phlegmatische Beute als die schwerfällige Amöbe. Von dem Moment an, da es sich gefangen fühlt, kämpft es um seine Freiheit wie ein wahr-

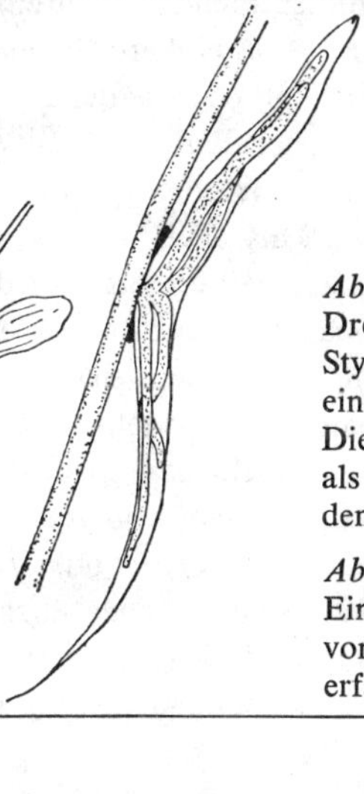

Abb. 13.2
Drei vom Myzel einer Stylopagenart eingefangene Amöben. Die Stylopagen gehören als räuberische Pilze zu den Zoopagalen.

Abb. 13.3
Ein von der Klebhyphe von *Stylopage grandis* erfaßtes Älchen.

haft großer Fisch, schlägt dabei seinen Körper hin und her und stößt gegen die Hyphe, bis sie zu zerbrechen droht. Doch der Pilz ist ebenso zäh wie das Älchen. Er hält aus, bis das Älchen, vom Kampf erschöpft, zur Ruhe kommt. Nun wachsen von der Stelle, wo die Beute festsitzt, weitere Hyphen in den Körper hinein und verzehren seinen Inhalt. In weniger als 24 Stunden ist nichts außer der Haut des Älchens übrig. Sein Inneres ist angefüllt mit leeren Hyphen, deren Inhalt sich in den Pilz zurückgezogen hat.

Die Zoopagalen sind offenbar obligate Beutefänger; bisher ist es nicht gelungen, sie auf künstlichem Kulturmedium ohne Beutetiere zu züchten. Sie sind im Erdreich sehr verbreitet, auch im Mist und in faulenden Pflanzenteilen. Ja, überall dort, wo ihre Beute vorkommt, treten auch die Zoopagalen auf. Doch obwohl sie so weit verbreitet sind, hat man sie erst vor nicht allzulanger Zeit entdeckt, denn bevor Drechsler in Amerika eine lange Reihe von Beschreibungen dieser Pilze veröffentlichte, hatte niemand auch nur von ihrer Existenz geträumt. Die ersten Zoopagalen beschrieb er im Jahre 1935; in den folgenden Jahren vergrößerte er die Liste immer mehr. Vor dreißig Jahren waren die Zoopagalen eine unscheinbare botanische Kuriosität, heute sind sie eine wichtige Gruppe der Pilze.

Um den Trick beim Älchen-Fang ganz zu verstehen, müssen wir uns einer anderen Pilzgruppe zuwenden, die sowohl hinsichtlich ihres Baues als auch ihres Verwandtschaftsgrades von den Zoopagalen weit entfernt ist: den tierfangenden Monilialen. Die Zoopagalen haben sich morphologisch nicht an den Beutefang angepaßt; die meisten brauchen das auch nicht; denn Protozoen sind eine leichte Beute, und nur wenige Spezies benötigen mehr als diese. Die tierfangenden Monilialen haben das Einfangen von Älchen zu ihrer Hauptbeschäftigung gemacht, und nur ein oder zwei Arten begnügen sich mit kleinerer Beute. Daher überrascht nicht, daß sie mit besseren Einfangvorrichtungen für die Älchen ausgestattet sind, von denen einige ebenso vollkommen sind wie die Blasen des Wasserschlauches oder die *Nepenthes*-Kannen.

An anderer Stelle (*The Friendly Fungi*) habe ich Struktur und Funktion der tierfangenden Pilze beschrieben, so daß ich hier nur einen Überblick über die bemerkenswertesten Anpassungen an den Beutefang geben möchte. Die Vorrichtungen für das Einfangen beweglicher Beutetiere sind bei den einzelnen Arten verschieden. Bei *Arthrobotrys oligospora,* einem der verbreitetsten Pilze, bestehen die Hyphen aus einer Reihe von Schleifen, die ein dreidimensionales Netzwerk bilden. Die Schleifen sind klebrig, und Älchen, die unglücklicherweise gegen sie stoßen, werden von ihnen wie bei den Zoopagalen festgehalten. Während die Älchen sich hin- und herwinden, verstricken sie sich völlig in dem Netzwerk. Nachdem sie ohne Erfolg kräftig um sich geschlagen haben, werden die Älchen unbeweglich; offenbar sind sie tot, wenngleich die wirkliche Todesursache unbekannt ist. Es ist nicht sehr überzeugend, anzunehmen, daß sie an Erschöpfung starben; vielmehr neigt man dazu, die Wirkung eines vom Pilz ausgeschiedenen Giftstoffes zu vermuten. Einige Wissenschaftler nehmen für sich in Anspruch, einen derartigen Giftstoff isoliert zu haben, doch bedürfen ihre Ergebnisse noch der Bestätigung.

Sobald die Älchen tot sind, streckt der Pilz eine kleine Papille aus dem Netzwerk heraus, dringt mit dieser durch die Haut des Älchens und bildet im Innern des Tieres eine kugelförmige Infektionsknospe. Aus dieser wachsen Hyphen heraus, die schließlich den ganzen Körper des Älchens ausfüllen und seinen Inhalt aufsaugen. Sobald dieser verbraucht ist, zieht sich das Protoplasma der Hyphen mit den Nährstoffen in das Netzwerk des Pilzes zurück. Von dem Älchen bleibt nur noch die Haut übrig, die mit leeren Hyphen angefüllt ist und am Pilzgeflecht hängenbleibt. *Arthrobotrys oligospora* ist ungewöhnlich gefräßig. Der Pilz vermag sämtliche in einer Petrischale kultivierten Älchen unter günstigen Voraussetzungen in wenigen Tagen zu vertilgen.

Weitere Variationen bei der Ausgestaltung klebriger Pilzgeflechte findet man bei vielen Arten der tierfangenden Monilialen. Einige, wie *Monacrosporium cionopagium*, haben kurze seitliche Hyphenverzweigungen, die klebrig sind und ebenso funktionieren wie bei *Arthrobotrys. M. ellipsosporum*, und andere Arten haben klebrige Knoten, die an kleinen Stielen auf den Hyphen sitzen. Die Einzelheiten des Älchenfangens sind ähnlich wie bei *Arthrobotrys.*

Nicht alle tierfangenden Monilialen verlassen sich auf klebrige Einfangvorrichtungen. *Dactylaria candida* besitzt eine mechanisch funktionierende Falle. Ihre Hyphen haben zahlreiche kleine Ringe, von denen jeder aus drei gebogenen, an schmalen Stielchen sitzenden Zellen besteht. Kriecht ein umherwanderndes Älchen durch einen solchen Ring, bleibt es, da der Ringdurchmesser etwas kleiner ist als der des Älchens, stecken. Da das Älchen keinen Sinn dafür hat, sich rechtzeitig zurückzuziehen, sondern sich mit Gewalt durch den Ring zwängen will, bleibt es unwiderruflich in diesem eingekeilt. Die Dinge nehmen dann den üblichen Verlauf: Der Körperinhalt des Älchens wird von den aus dem Ring wachsenden Saughyphen aufgenommen.

Die Ringe von *Dactylaria candida* sind nicht klebrig und haben auch nicht die Fähigkeit, sich um den Körper des Älchens zusammenzuziehen. Das Älchen wird nur dadurch festgehalten, daß es versucht, durch den Ring zu gelangen. Bei einigen tierfangenden Monilialen jedoch sind die Ringe weitaus gefährlicher; sobald nämlich ein Älchen in einen Ring eindringt, schließt sich dieser, und das Tier ist so fest darin gefangen wie ein Kaninchen in einer Schlinge.

Dactylaria gracilis ist solch ein mit zusammenziehbaren Ringen ausgestatteter, tierfangender Pilz; seine Ringe ähneln den nicht kontraktilen Ringen von *D. candida* mit der Ausnahme, daß sie stabiler, kürzer und dicker sind. Die drei Zellen eines Ringes reagieren auf Berührung an ihrer Innenseite, und sobald ein Älchen in einen Ring eindringt, löst die Reibung seines Körpers den Fangmechanismus aus.

Die drei Zellen schwellen plötzlich auf der Innenseite an, bis sie sich zu ihrem etwa dreifachen Volumen vergrößert haben. Hierbei wird der Ring geschlossen, so daß das Älchen unwiderruflich festgehalten wird. Nach dem Einfangen beginnt das Wachstum der Saughyphen, die in den Körper des Tieres eindringen. Das Zusammenziehen des Ringes geht erstaunlich schnell vor sich: Nach einer Verzögerungsphase von wenigen Sekunden verläuft das Anschwellen der Hyphen in ungefähr einer Zehntelsekunde. Ist also der Mechanismus erst einmal ausgelöst, hat das Älchen keine Chance mehr zu entkommen. Vieles ist schon über den Zugmechanismus der Ringe erforscht worden, aber bis heute weiß niemand, wie der Vorgang wirklich zustande kommt.

Die tierfangenden Monilialen unterscheiden sich von den Zoopagalen darin, daß man sie leicht im Laboratorium isolieren und züchten kann, obwohl sie gewöhnlich so lange keine Älchenfallen bilden, bis Älchen in dem Kulturmedium vorhanden sind. Ihre leichte Züchtbarkeit hat viele Forscher in England, Amerika, Frankreich und der UdSSR veranlaßt, sie zur biologischen Bekämpfung der in Pflanzen parasitierenden Älchen (sie gehören zu den schlimmsten Pflanzenschädlingen unserer Kulturpflanzen) zu verwenden. Entsprechende Versuche hatten einigen Erfolg, doch muß noch sehr viel mehr unternommen werden, ehe man sie vielleicht bei der Verhinderung der bedeutenden Schäden des Kartoffelälchens einsetzen könnte.

Die tierfangenden Monilialen sind ebenso, wenn nicht noch stärker verbreitet wie die Zoopagalen. Sie kommen im Boden, im Stallmist, im Kompost vor – überall dort, wo Älchen sich ausbreiten, findet man mit einiger Sicherheit auch die sie fangenden Monilialen.

Die tierfangenden Pflanzen sind eine eigenartige und interessante ökologische Gruppe. Wie sie sich entwickelt haben könnte, entzieht sich unserer Vorstellungskraft. Bis heute sind sie ökonomisch nutzlos – wenn wir die Verwendung der Blätter von *Drosophyllum lusitanicum* als Fliegenfänger in Portugal einmal ausnehmen –, doch mindert dies das Interesse an ihnen nicht. Aber man kann niemals wissen. Vielleicht züchtet eines Tages jemand Tomaten, die ihren eigenen Parasiten, die Weiße Fliege, fressen; oder er findet einen ebenso wirksamen Blattlaus- oder Schneckenvertilger unter den Pflanzen.

14 Partnerschaft zwischen Pflanzen

Im allgemeinen sind Pilze die Erzfeinde der höheren Pflanzen, und das wahrscheinlich mit Recht, denn Pilzbefall verursacht mehr Pflanzenkrankheiten als alle anderen Erreger. Das Verhältnis zwischen Pilz und Pflanze ist freilich nicht immer das zwischen Räuber und Ausgeraubtem; wir kennen auch Beispiele, wo sie eine für beide Teile nützliche Partnerschaft ausbilden.

Gräbt man einige der flach verlaufenden Wurzeln der Buche aus, so findet man an ihren Spitzen viele kurze Verzweigungen, die für den größten Teil der Wasser- und Mineralstoffaufnahme aus dem Boden verantwortlich sind. Ein Querschnitt durch diese Würzelchen läßt erkennen, daß sie mit einem Geflecht fädiger Pilzhyphen überzogen sind, die 20 bis 30 μ tief eindringen.

Hier und dort verzweigen sich die Hyphen bis in den Boden. Sie dringen bis zu einem gewissen Grad auch in die Wurzel ein, und zwar zwischen die Rindenzellen, wo sie das sogenannte »Hartig-Netz« bilden. Diese inneren Hyphen dringen meistens nur bis zu den äußeren Zellen der Rinde vor und breiten sich niemals innerhalb der Endodermis aus.

Die Symbiose

Man mag zunächst den Eindruck gewinnen, daß der Pilz auf der Buche parasitiert, doch ist das nicht der Fall. Der Baum wird durch den Pilz auf seiner Wurzel in keiner Weise geschädigt, vielmehr scheint er von diesem Zusammenleben einen bestimmten Nutzen zu haben. Die beiden Organismen leben in einer Gemeinschaft miteinander, die für jeden Partner von Vorteil ist. Eine derartige Lebensgemeinschaft zwischen zwei Organismen nennen die Biolo-

gen »Symbiose«. Es gibt viele solcher Symbiosen zwischen Tier und Tier, zwischen Pflanze und Tier oder zwischen Pflanze und Pflanze. Die spezielle Vereinigung eines Pilzes mit den Wurzeln einer höheren Pflanze wird Mykorrhiza (wörtlich »Wurzelpilz«) genannt.
Ein solches Zusammenleben besteht auch zwischen den Wurzeln der Kiefer und einem Pilz. Wie bei der Buche, sitzt der Pilz in den kurzen, stumpfen Auswüchsen, die an den Enden der Seitenverzweigungen der Hauptwurzel gebildet werden. Bei der Kiefer sind die Mykorrhizaverzweigungen eher gabelig und ihre Enden charakteristisch angeschwollen, so daß sie eine sogenannte Korallen-Mykorrhiza bilden (so genannt wegen ihrer Ähnlichkeit mit einer Koralle).
Überall, wo eine Mykorrhiza auftritt, ist die Bildung der Wurzelhaare vollständig oder weitgehend unterdrückt; das Pilzgeflecht tritt an ihre Stelle – ein Ersatz, der so vollständig ist, daß man annimmt, daß das Pilzgeflecht ein noch wirksameres Absorptionsorgan darstellt als die ursprünglichen Wurzelhaare. Mykorrhizen findet man auf den Wurzeln vieler Waldbäume, bei den Pinazeen (Kiefer, Tanne, Lärche usw.) der Koniferen und auch bei der Birken-Familie (*Betulaceae*), der Buchen-Familie (*Fagaceae*) und einigen anderen Familien der Blütenpflanzen. Der Pilzpartner ist bei solchen Mykorrhizen fast immer ein Basidiomycet – zu denen auch die eßbaren und giftigen Pilze gehören. Viele der in den Wäldern so sehr verbreiteten Pilze sind nichts anderes als Fruchtkörper der mit den Wurzeln der Bäume vergesellschafteten Pilze. In einigen Fällen ist der Pilz sehr spezifisch mit bestimmten Baumarten verbunden; *Boletus elegans* lebt immer mit der Lärche (*Larix decidua*) zusammen. In anderen Fällen kann ein Pilz Mykorrhizen mit sehr vielen verschiedenen Baumarten bilden. Den Rekord hält zur Zeit *Cenococcum graniforme*, von dem man Mykorrhizen mit Kiefer, Tanne, Fichte, Douglastanne, Hemlockstanne, Lärche, Wachholder, Eiche, Buche, Birke, Hasel, Hickorynußbaum, Linde, Pappel, Weide und

Erle kennt. Solch vielseitige Mykorrhiza-Pilze sind freilich selten; die meisten liegen irgendwo zwischen dem Spezialisten *Boletus elegans* und dem Alleskönner *Cenococcum.*

Bis zu welchem Grad Mykorrhiza-Pilze von ihren Wirtspflanzen abhängig sind, um leben zu können, ist ungewiß. Einige Mykorrhizen bildende Pilzarten, wie *Boletus bovinus*, können auch ohne Baumwurzeln existieren. Es ist jedoch fraglich, ob auch die meisten anderen Arten ohne Partner zu leben fähig sind. Bei den Bäumen ist es anscheinend so, daß einige, die normalerweise Mykorrhizen bilden, ebensogut ohne ihren Pilzpartner leben können, vor allem, wenn sie in nährstoffreichem Boden wurzeln. Auf magerem Boden benötigen sie schon eher einen Pilz. Versuche der britischen Botaniker Rayner und Neilson Jones ergaben, daß auf dem mineralstoffarmen Boden der englischen Wareham-Heide Kiefern nur gut wuchsen, wenn sie mit ihren Mykorrhiza-Pilzen infiziert wurden.

Obgleich während der letzten zwanzig Jahre viel über das Problem der Mykorrhiza gearbeitet wurde, wissen wir noch immer nicht, welchen wirklichen Vorteil der Baum aus der Lebensgemeinschaft zieht. Nach einer älteren Theorie, die viel Beachtung fand, soll der Pilz fähig sein, komplexe organische Verbindungen in steinigen Waldböden aufzuspalten und sie für den Baum verfügbar zu machen. Obgleich die Theorie sehr einleuchtend ist, muß sie in einigen Fällen stark angezweifelt werden. Die bekannten, experimentell nachgewiesenen Eigenschaften der Pilze machen ein solches Verhalten höchst unwahrscheinlich. Die meisten Wurzelpilze sind nicht in der Lage, ihren Kohlenstoffbedarf aus komplexen organischen Kohlenstoffverbindungen zu dekken; ihre Kohlenstoffquelle ist Zucker. So ist es wahrscheinlicher, daß die Mykorrhiza, da die Pilzhyphen eine größere Oberfläche bilden als die normalen Wurzelhaare, die Aufnahmefähigkeit der Wurzeln erhöht. Hinzu kommt wahrscheinlich noch, daß die Pilzhyphen bei der Aufnahme der Mineralstoffe sowohl aus der Erde als auch aus dem ver-

modernden Laub des Waldbodens besser funktionieren. Besonders leicht sollen von den Hyphen Phosphate aufgenommen werden.
Auch wenn wir zugrunde legen, daß der Baum auf diese Weise Vorteile hat, müssen wir noch das Problem lösen, wie die vom Pilz absorbierten Stoffe in die Wirtspflanze gelangen. Es gibt keinen theoretischen Grund, warum Stoffe, die durch die Hyphen transportiert werden, nicht über das Hartig-Netz in die Wurzelzellen gelangen, doch konnte dies bislang nicht nachgewiesen werden. Die durch den Zerfall der organischen Stoffe entstehende Menge an löslichen Substanzen schwankt zu verschiedenen Zeiten stark. Es könnte sein, daß der Pilz Phosphate oder andere Mineralsalze zur Zeit ihres Überangebotes absorbiert und sie dann an die Wirtspflanze abgibt, wenn sie rar sind.
So wenig genau wir wissen, worin der Nutzen der Mykorrhiza für den Baum besteht, so gering ist auch unser Wissen über die Vorteile für den Pilz. Die einleuchtendste Theorie besagt, daß der Baum den Pilz mit fertig zubereiteten organischen Verbindungen versorgt. Zucker ist anscheinend die Substanz, die dem Pilz am meisten fehlt. In diesem Zusammenhang ist es wohl bedeutsam, daß die Ausbildung einer Mykorrhiza offensichtlich vom Ernährungszustand des Baumes abhängt; beispielsweise werden Sämlinge so lange nicht angegriffen – wenn das der richtige Ausdruck dafür ist –, bis die ersten Blätter sich entfaltet haben und der junge Baum anfängt, sich durch die Photosynthese selbst mit Kohlehydraten zu versorgen.

Ektotrophe und endotrophe Mykorrhiza

Die von den Waldbäumen gebildeten Mykorrhizen werden als »ektotrophe« Mykorrhizen bezeichnet, da der Pilz hauptsächlich an der Wurzel*außen*seite sitzt. Im anderen Falle, der »endotrophen« Mykorrhiza, durchzieht der Pilz viel stärker das Gewebe des Wirtes, indem seine Hyphen *in* die Wirtszellen eindringen und so eine engere Verbindung zwischen den beiden Pflanzen herstellen. Elektrophe Mykorrhizen sind nicht so weit verbreitet wie endotrophe; je mehr über letztere gearbeitet wird, um so verbreiteter scheinen sie zu sein. Man kennt nur sehr wenige Pflanzenfamilien, bei denen überhaupt kein Angehöriger eine endotrophe Mykorrhiza aufweist.

Vielleicht ist es bedauerlich, daß der Ausdruck Mykorrhiza sowohl für den ektotrophen als auch für den endotrophen Typ gebräuchlich ist, denn sie haben, außer in Sonderfällen, wenig miteinander gemeinsam. Außerdem gibt es zweifellos mehrere verschiedene Arten der endotrophen Mykorrhiza, die häufig große Abweichungen voneinander aufweisen. Die Pflanzen der Familien der Heidekrautgewächse *(Ericaceae)* besitzen eine endotrophe Mykorrhiza, die in mancherlei Hinsicht genau zwischen den ektotrophen Mykorrhizen der Waldbäume und der hochspezialisierten Mykorrhiza der Orchideen steht. Die Wurzeln dieser Pflanzen, wie die Glockenheide (*Erica*), des Heidekrautes und der Heidelbeere *(Vaccinium),* sind extrem fein ausgebildet, mit einer dünnen Rinde und einem zentralen Gefäßbereich. Sie sind von einem lockeren Mantel aus Pilzhyphen umschlossen, welche die Rinde durchziehen, wobei die Hyphen wirklich in die Rindenzellen eindringen und in diesen eine kompakte Hyphenmasse bilden. Die in die Rindenzellen eingedrungenen Hyphen können später vom Wirt verdaut werden.

Die Infizierung einer jungen Wurzel verläuft in einer ganz bestimmten Reihenfolge. Während des Frühjahrs, wenn die Wurzeln am stärksten wachsen, ist die Infizierung am geringsten, und Hyphen, die trotzdem in die Rinde eindringen, werden schnell verdaut. Später im Jahr werden die Wurzeln stärker infiziert, wobei der Höhepunkt im Frühherbst erreicht wird.

Die Mykorrhiza der Erikazeen gleicht der elektrophen Mykorrhiza der Waldbäume sowohl in der Bildung eines äußeren Hyphenmantels wie auch in den jahreszeitlichen Unterschieden des Infektionsbeginns. Der Wurzelpilz des Heidekrauts unterscheidet sich von dem der Bäume im Grad der Durchdringung des Rindengewebes. Bei der Baum-Mykorrhiza dringen die Hyphen selten in die Rindenzellen ein; denn das Hartig-Netz des Pilzes breitet sich stärker zwischen den äußeren Zellen der Rinde aus, als daß es in sie eindringt. Bei dem Heidekrauttyp der Mykorrhiza dringt der Pilz ungehindert in die Rindenzellen ein; daher und wegen der zuletzt eintretenden Verdauung der Hyphen durch die Wirtszellen besteht ein grundlegender Unterschied zwischen endotropher und ektotropher Mykorrhiza.

Rayner und andere Mykorrhiza-Forscher haben berichtet, daß der Pilz neben der Wurzel auch in anderen Teilen der Pflanze vorkommt: in Stengeln, Blättern, sogar Blüten und Früchten. Man sagte, der Pilz liege in den oberirdischen Pflanzenteilen in »abgeschwächter« Form vor, weil dort die Hyphen feiner sind als in den Wurzeln und sie sich stärker anfärben. Das führte zu der Annahme, daß die Mykorrhiza-Infektion bei den Erikazeen systematisch verlaufe, d. h. die gesamte Pflanze ganz normal infiziert werde.

Diese Behauptung konnte aufgrund völlig negativer Untersuchungsergebnisse von einer Reihe späterer Forscher nicht bestätigt werden, und man muß unter dem Eindruck der letzten Arbeiten folgern, daß eine systemische Infektion normalerweise bei der Heidekraut-Mykorrhiza nicht auftritt, weil bei ihr die Wurzeln, und nur diese, betroffen sind. Woher die von Rayner und anderen beobachteten »abgeschwächten« Hyphen kamen, ist ungewiß. Vielleicht gehörten sie zu einem ganz anderen Pilz, oder eine systemische Infektion kann doch unter normalen Bedingungen eintreten, z. B. wenn die Resistenz des Wirtes gegen den Pilz aus irgendwelchen Gründen geringer geworden ist. Das Gleichgewicht zwischen Symbiose und Parasitismus ist bei der endotrophen Mykorrhiza sehr empfindlich, so daß es unbegründet ist anzunehmen, daß der Mykorrhiza-Pilz unter günstigen Bedingungen nicht geradewegs zu einem Parasiten werden kann.

Die genaue Bestimmung des Mykorrhiza-Pilzes der Ericaceen führte ebenfalls zu beträchtlichen Meinungsverschiedenheiten. Früher nahm man an, daß es sich um den Basidiomycet *Phoma radicis* handelte – ein Pilz, der 1907 von Ternetz aus den Wurzeln verschiedener Spezies der Heidekrautgewächse, einschließlich der Glockenheide *(Erica tetralix),* isoliert wurde. Mehrmals wurde er auch aus Samen des Heidekrauts gewonnen und 1940 von Rayner und Levisohn erneut aus Wurzeln, diesmal von *Vaccinium oxycoccus,* isoliert.

Es genügt nicht, den Pilz aus den Wurzeln von Angehörigen der Erikazeen zu gewinnen und seine Identität nachzuweisen; will man den Beweis erbringen, daß dieser spezielle Pilz die Mykorrhiza verursacht, so ist es notwendig, durch Beimpfen der Sämlinge mit dem Pilz unter sterilen Bedingungen die Mykorrhiza künstlich herzustellen. Bis heute hat *Phoma radicis* diesen Test nicht bestanden. Wir können die Hypothese, daß *Phoma radicis* die Ursache für die Mykorrhiza der Erikazeen sei, daher nicht akzeptieren. Jedenfalls verliert seine Isolierung aus Samen viel an Wert, seitdem die Theorie der systemischen Infektion nicht länger aufrechterhalten wird. So bleiben uns nur seine Isolierung aus Wurzeln durch Ternetz vor ca. sechzig Jahren und eine weitere Isolierung durch Rayner und Levisohn. Es kann sehr gut sein, daß der in diesen Fällen erhaltene Pilz nicht die Mykorrhiza verursachte, sondern nur, möglicherweise als einfacher Parasit, mit ihr vergesellschaftet war.

Wenn der fragliche Pilz nicht *Phoma radicis* ist, welcher ist es dann? Die Antwort darauf könnten die Arbeiten von Doak geben, der 1928 einige sterile Pilzhyphen aus den Wurzeln von *Vaccinium corymbosium* und *V. pennsylvanicum* isolierte. Da dieses Myzel keine Sporen bildet,

konnte der Pilz zwar nicht identifiziert werden, doch Doak konnte zeigen, daß er typische Mykorrhizen ausbildete, wenn sterile Sämlinge damit beimpft wurden. Dieser erfolgreiche Versuch sprach eher für Doaks Pilz als für *Phoma radicis* als Ursache der Mykorrhiza.
Die von Doak begonnene Arbeit wurde von anderen mit ähnlichen Ergebnissen fortgeführt. Leider bildeten die Hyphen, die von den Wissenschaftlern isoliert worden waren, sämtlich keine Sporen, so daß die Bestimmung unmöglich war. Immerhin war eines sicher: daß der Pilz nicht *Phoma radicis* war.

Das Problem der Stickstoffbindung

Eine weitere Meinungsverschiedenheit, die sich über die Mykorrhizabildung bei den Erikazeen ergeben hat, hängt mit der Frage zusammen, ob die Wurzelpilze den Stickstoff aus der Luft binden können oder nicht. In einigen früheren Arbeiten wurde behauptet, daß der Pilz einen Stoff in seinen Hyphen besitze, der sich mit dem Luftstickstoff verbinde. Dadurch würde letzterer als Nährstoff für die Pflanze verfügbar werden. Diese Ergebnisse wurden allgemein ohne kritische Nachprüfung akzeptiert, so daß sich das Märchen von den bei den Ericaceen vorkommenden Stickstoffverbindungen ergab. Neuere Arbeiten zeigen die Unrichtigkeit dieser Vorstellung, und heute glaubt niemand mehr ernsthaft an die Fähigkeit der Erikazeen, mit Hilfe der Mykorrhiza Stickstoff binden zu können. Soweit wir wissen, kann kein Pilz den Stickstoff aus der Luft fixieren.
Obgleich wir ziemlich sicher sind, daß die Wurzelpilze der Heidekrautgewächse den Stickstoff nicht binden, sind wir noch weit davon entfernt zu wissen, in welcher Weise die Pilze für die Wirtspflanze nützlich sind. Man hat beobachtet, daß durch die Anwesenheit der Pilze das Sämlingswachstum der Ericaceen angeregt wird, was jedoch für je-

den Pilz, nicht nur für die Mykorrhizabildner, gilt. Die Ähnlichkeit zwischen der Erikazeen-Mykorrhiza und jener der Waldbäume legt eine ähnliche Art der Beziehung nahe; möglicherweise können Mykorrhizawurzeln besser Mineralstoffe aus dem Boden aufnehmen als nicht infizierte Wurzeln, doch fehlt der Beweis dafür. Es besteht auch die Möglichkeit, daß der Pilz im Boden befindliche organische Kohlenstoffverbindungen abbauen kann und diese dadurch für die Pflanze aufnehmbar werden. Wir werden die Antwort nicht eher finden, bis wir sehr viel mehr über die Mykorrhizen und die sie bildenden Pilze wissen.

Was der Pilz von der Wirtspflanze erhält, ist bis heute ein Geheimnis. Die Versorgung mit Zuckeru wäre eine naheliegende Erklärung, aber naheliegende Erklärungen sind in der Biologie nicht immer die richtigen. Viel Arbeit muß noch geleistet werden, bis wir wissen, warum die Pilze diese eigenartige Verbindung eingehen.

Mykorrhizen der Orchideen

Bei den Orchideen finden wir Mykorrhizen eines anderen Typs vor. Hier gibt es keinen Mantel aus Pilzhyphen, der die Wurzeln umhüllt; die Hyphen befinden sich fast völlig innerhalb der Wurzel, doch können einige aus den Wurzeln austreten und mit einem Myzel im Boden verbunden sein. Wie wir gesehen haben, sind die Orchideen eine hochspezialisierte Familie von Individualisten, und eines ihrer Hauptmerkmale ist die Produktion einer enorm großen Anzahl sehr kleiner Samen. Der Orchideensamen ist recht einfach gebaut. Aus der befruchteten Eizelle entwickelt sich ein kleiner, undifferenzierter Embryo, der in Ausnahmefällen aus weniger als 8 Zellen besteht; ihre Anzahl überschreitet selten 100 Zellen. Kotyledonen fehlen, und der Embryo besteht einfach aus einer eiförmigen oder fädigen Masse von Zellen mit einem Vegetationspunkt an einem Ende.

Wenn ein Orchideensamen keimt, schwillt er an; die Samenschale bricht auf, und es folgt nur ein geringes Wachstum, wobei die im Samen lagernden Nährstoffe verbraucht werden. Unter natürlichen Bedingungen hängt die weitere Entwicklung von der Infektion mit einem geeigneten Mykorrhiza-Pilz ab; denn das nun folgende Wachstumsstadium des Keimlings verläuft bei allen Orchideen saprophytisch. Von außen aufgenommene organische Substanzen ernähren ihn, während sich der Keimling zu einem »Protokorm« entwickelt. Aus diesem differenzieren sich, nachdem Chlorophyll in den Blättern gebildet wurde, die verschiedenen Organe. Danach fängt die junge Pflanze allmählich an, sich durch Photosynthese selbst zu ernähren.
Ein wichtiger Punkt bei dieser Art der Entwicklung, der auch eine wichtige Beziehung zur Mykorrhiza der Orchideen hat, ist die Tatsache, daß alle Orchideen während ihrer Entwicklung ein saprophytisches Stadium durchlaufen. Bei den meisten ist die saprophytische Lebensphase kurz. Die Pflanzen ergrünen, sobald die ersten Blätter Chlorophyll bilden. Aber einige Orchideen verlieren niemals ihren saprophytischen Charakter. Wir haben bereits gesehen, wie die Nestorchis (*Neottia nidus avis*) ohne Chlorophyll heranwächst und ihr ganzes Leben lang ein Saprophyt bleibt.
Der junge Protokorm ist jener Teil des Orchideenkeimlings, der zuerst von dem Mykorrhiza-Pilz infiziert wird, so daß man meinen könnte, daß die Wurzeln vom Protokorm her infiziert werden, doch das ist nicht der Fall. Die Wurzeln werden ebenso wie der Protokorm vom Boden aus infiziert. Der Protokorm wird stark befallen, ebenso die jungen Wurzeln. Die Orchideenknollen hingegen sind frei von Pilzen. Wenn im folgenden Jahr neue Wurzeln aus den Knollen wachsen, werden sie durch Pilzhyphen aus dem Boden infiziert – ein Prozeß, der normalerweise jedes Jahr stattfindet.
Die in die Rindenzellen eindringenden Pilzhyphen bilden Hyphenknäuel, die zunächst völlig gesund aussehen;

später werden sie von den Wirtszellen verdaut und bilden dann eine strukturlose Masse. Die Verdauung der Hyphen kann überall in der Rinde stattfinden, doch häufig ist sie auf eine bestimmte Verdauungszone begrenzt.
Die Mykorrhiza-Pilze sind sehr leicht zu isolieren, so daß man viele identifizieren konnte. Anscheinend gehören sie zwei Gruppen an. Die aus den grünen Orchideen isolierten Pilze gehören zur Gattung *Rhizoctonia,* die, weil sie keine sexuelle Vermehrung durchmacht, zu den Fungi Imperfecti gezählt wird. Bei ihnen gibt es keine Sexualität; sie vermehren sich ausschließlich durch ungeschlechtliche Sporen. Die andererseits aus den Wurzeln saprophytischer Orchideen isolierten Pilze sind hauptsächlich Basidiomyceten, wie *Xerotus javanicus* und *Marasmius coniatus.* Der Hallimasch *(Armillaria mellea)* kommt ebenfalls als Mykorrhiza-Pilz in bestimmten Orchideen vor, z. B. den *Gastrodia-* und *Galeola*-Arten.
Man hat festgestellt, daß zwischen bestimmten *Rhizoctonia-* und bestimmten Orchideenarten gewisse spezifische Beziehungen vorhanden sind, obwohl nicht alle *Rhizoctonia*-Spezies sich in dieser Hinsicht gleich verhalten. Die älteren Forscher waren der Ansicht, daß die verschiedenen Arten und Rassen von *Rhizoctonia* hochgradig wirtsspezifisch sind, d. h. eine bestimmte Pilzrasse sich nur mit einer bestimmten Orchideenspezies oder einer Gruppe eng miteinander verwandter Arten zu einer Mykorrhiza vergesellschaftet. Heute weiß man, daß das nicht zutrifft, obwohl in vielen Fällen eine bestimmte *Rhizoctonia*-Rasse eine Orchideenart leichter befallen wird als andere Arten. Wir wissen darüber jedoch noch nicht genug, um verallgemeinern zu können.
Die physiologische Erforschung der Orchideenpilze hat ergeben, daß sie sich von den Pilzen der ektotrophen Mykorrhizen durch die Fähigkeit unterscheiden, komplexe Kohlenstoffverbindungen zu nutzen. Das ist wichtig für die Rolle, die sie bei der saprophytischen Ernährungsweise der

Orchideen spielen sollen. Wenn sie wie die Pilze der Waldbäume unfähig wären, komplexe Kohlenstoffverbindungen zu verwerten, dann könnten sie bei der saprophytischen Lebensweise der Orchideen nur eine geringe Rolle spielen. So sollte man annehmen, daß die Aufspaltung der komplexen organischen Stoffe ihre Hauptaufgabe – wenn nicht ihre einzige – als Mykorrhiza-Partner ist.

Angenommen, der Orchideenpilz liefert die Spaltprodukte komplexer Kohlenstoffverbindungen an seine Wirtspflanze, so ist zu klären, wie diese Produkte vom Pilz in die Orchidee gelangen. Eine Möglichkeit wäre natürlich die Verdauung der Pilzhyphen in den Wurzelzellen. Zweifellos erhält die Orchidee auf diese Weise Nährstoffe, doch ist das nicht die einzige Methode, wie sie von dem Pilz ernährt wird. Vernünftigerweise sollte man annehmen, daß die Stoffe längs der Pilzhyphen transportiert werden und daß einige Verbindungen durch die Hyphenwand in die Rindenzellen der Orchidee gelangen. Das würde die Orchideen-Mykorrhiza in eine Reihe mit dem, was in den ektotrophen Mykorrhizen der Waldbäume geschieht, stellen. Bislang ist das nicht überprüft worden, doch spricht einiges dafür.

Was der Pliz von seiner Vergesellschaftung mit Orchideenwurzeln hat, ist noch nicht geklärt. Die Beziehung zwischen den beiden Partnern ist in gewisser Weise anfällig; manchmal kann der Pilz zum Parasiten der Orchidee werden und diese zerstören, während ihm andererseits zuweilen die erste Infektion des Keimlings nicht gelingt. Die Verdauung der Pilzhyphen in den Rindenzellen der Orchideen ist wohl eine Abwehrreaktion. Nimmt die Tätigkeit des Pilzes im Gewebe der Orchidee überhand, reagiert diese mit der Verdauung des Pilzes. Anscheinend haben wir hier eine Art von ausbalanciertem Parasitismus vor uns. Solange das Gleichgewicht erhalten bleibt, gedeihen beide Partner; gewinnt jedoch ein Partner die Oberhand, bedeutet das für den anderen den Tod. Die Antwort auf die Frage, was der Pilz von der Partnerschaft habe, könnte so lauten: er gewinnt das, was jeder innere Parasit gewinnt, mit dem Vorbehalt, daß seine parasitische Tätigkeit von der Wirtspflanze unter Kontrolle gehalten wird.

Viele andere Pflanzen sind ähnlich wie die Orchideen mit Pilzen zu Mykorrhizen vergesellschaftet. Insbesondere finden wir bei den *Triuridaceae* und *Burmanniaceae* Saprophyten mit ähnlichen Mykorrhizen wie bei den Orchideen, und man hat ebenfalls *Rhizoctonia*-Arten aus ihnen isoliert. Mykorrhizen sind nicht nur auf Blütenpflanzen beschränkt, z. B. besitzt sie auch der saprophytische Gametophyt von *Psilotum,* einem primitiven Verwandten der Farne. Bekanntlich haben auch viele Lebermoose Mykorrhizen.

Niedere Mykorrhiza-Pilze

Die bisher beschriebenen Mykorrhiza-Pilze besitzen »septierte«, d. h. regelmäßig quer in einzelne Zellen oder Septen geteilte Hyphen. Das Vorhandensein septierter Hyphen ist ein Merkmal der höheren Pilze, das die niederen Pilze nicht besitzen; ihre Hyphen bilden lange Schläuche, die mit Protoplasma ausgekleidet sind und eine durchgehende zentrale Vakuole besitzen. Hyphen dieser Art findet man auch in Mykorrhizen von höheren Pflanzen; die von niederen Pilzen gebildeten Mykorrhizen sind nämlich weitaus häufiger als jeder andere Typ. Neuere Arbeiten zeigten, daß sie viel verbreiteter sind, als man früher angenommen hatte. Fast alle bisher untersuchten Pflanzenfamilien besitzen zumindest einige Gattungen dieses Mykorrhiza-Typs.

Die befallenen Pflanzen enthalten unseptierte Hyphen mit häufig großem Durchmesser, die sich durch die Wurzelrinde ziehen und oft in den Zellen verzweigte Büschel, die »Arbusculi«, bilden. Die Hyphen können auch entweder an den Enden oder ihren Längsseiten zu »Vesikeln« anschwellen.

In diesen vesikulären, arbusculären Mykorrhizen ist die

Beziehung zwischen Wirt und Pilz ungeklärt, doch da die Wirtspflanze völlig gesund erscheint, muß man eine Symbionten-Partnerschaft und keine parasitische Infektion annehmen. Solche Partnerschaften kommen bei einer Reihe von Nutzpflanzen mit großer wirtschaftlicher Bedeutung vor, z. B. bei Weizen, Gerste, Hafer, Roggen und Mais. Man findet sie auch beim Klee und anderen Angehörigen der Familie der Kleegewächse.

Der Pilz dieses Mykorrhiza-Typs heißt *Rhizophagus*. Obgleich es mehr eine Sache der Übereinkunft ist, weiß man nicht, ob derselbe Pilz in allen Mykorrhizen vorkommt oder ob wir es – was wahrscheinlicher ist – mit einer ganzen Gruppe von Pilzen zu tun haben. Gute Hinweise sprechen dafür, daß zumindest einige dieser Mykorrhizen durch den häufig im Erdboden vorkommenden Pilz *Endogone* hervorgerufen werden. Es gibt auch Hinweise auf eine Beteiligung der Spezies *Phytium*. Man erwartet mit Spannung mehr Arbeiten über diese interessanten Pilze und die von ihnen gebildeten Mykorrhizen.

Interessant an den von *Rhizophagus* gebildeten Mykorrhizen ist ihr Alter, denn ihre mit Vesikeln versehenen Hyphen fand man in Fossilien aus dem Devon, also aus einer Epoche vor mehr als 270 Millionen Jahren. Das bisher älteste Fossil, *Palaeomyces asteroxylis*, hat man in der Rinde von *Asteroxylon mackiei*, einer der frühesten Landpflanzen, gefunden.

Symbiose mit Algen

Viele höhere Pflanzen besitzen außer den Mykorrhizen mit Pilzen symbiontische Partnerschaften mit Algen. Beispielsweise findet man die Blaualge *Anabaena* in den negativ geotropen Wurzeln von Zykadeen und in einer Anzahl anderer Pflanzen in Gesellschaft mit dem winzigen Wasserfarn *Azolla*. *Nostoc*, eine weitere Blaualge, vergesellschaftet sich mit dem Lebermoos *Anthoceros*, mit Zykadeen

und mit einigen Blütenpflanzen. Es gibt Beweise dafür, daß in einigen Fällen die Alge atmosphärischen Stickstoff zu binden vermag.
Der Stickstoff nimmt unter den chemischen Elementen, die zur Aufrechterhaltung des Lebens notwendig sind, eine besondere Position ein, weil er in größeren Mengen als die meisten anderen benötigt wird; oft ist der Stickstoff rar. Etwa vier Fünftel der die Erde umgebenden Luft besteht aus gasförmigen Stickstoff, was bedeutet, daß über jedem Quadratmeter Erdoberfläche etwa eine dreiviertel Tonne Stickstoff lagert. Leider können nur sehr wenige Organismen dieses unerschöpfliche Reservoir nutzen, weil molekularer Stickstoff sich chemisch sehr träge verhält und sich nur sehr schwer mit anderen Substanzen verbindet.
Bestimmte Mikroorganismen des Bodens binden den Stickstoff. Sie absorbieren ihn aus der Luft und setzen ihn mit weiteren Molekülen zu Proteinen und anderen Verbindungen zusammen. Einige dieser Stickstoffbinder sind Blaualgen, andere Bakterien. Unter letzteren sind *Acetobacter chroococcum* und *Clostridium pasteurianum* die bekanntesten freilebenden Formen; sie sind verantwortlich für den Ersatz eines großen Teils der aus sehr verschiedenen Ursachen, u. a. durch die Beseitigung des Stickstoffs mit der Ernte der Nutzpflanzen, eintretenden Stickstoffverluste des Bodens.

Stickstoffbindende Bakterien

Wichtiger als diese freilebenden Stickstoffbinder sind stickstoffbindende Bakterien, die Symbioseverhältnisse mit höheren Pflanzen eingehen, am bekanntesten die Arten von *Rhizobium,* die in den Wurzelknöllchen von Pflanzen der Ordnung Leguminosen und speziell der Familie *Papilionaceae* vorkommen, die durch schmetterlingsförmige Blüten charakterisiert ist und zu der Erbse, Bohne und Klee gehören.

Im Boden sind die *Rhizobium*-Bakterien klein und zylindrisch, doch in den Wurzelknöllchen ihres Wirts formen sie sich oft zu merkwürdig verzweigten Zellen, sogenannten Bakteroiden. Die Keimlinge der Leguminosen werden frühzeitig durch knöllchenbildende Bakterien infiziert, die vom Boden aus über die Wurzelhaare in die Wurzeln eindringen. Sind sie erst einmal innerhalb des Wurzelhaares, dann bilden die Bakterien einen Infektionsfaden, der aus angesammelten, von einer Scheide aus Zellulose, Hemizellulosen und Pektinen der Pflanzenzelle umgebenen Bakterienzellen besteht. Der Infektionsfaden wächst und verzweigt sich mehrfach, wobei er Zelle auf Zelle in der Wurzelrinde durchdringt.

Auf die Infektion folgt die Bildung der Wurzelknöllchen – kleiner, runder, kugeliger Anschwellungen an der Außenseite der Wurzel. Bei der Erbse und der Bohne wächst das Knöllchen aus der Wurzelrinde, beim Klee und der Luzerne wird es vom Perizykel gebildet, dem äußeren Teil des Zentralzylinders der Wurzel, in dem die wasserleitenden Gefäße liegen.

Voll entwickelt, besteht das Knöllchen aus zwei Zellschichten: einer dünnen äußeren Schicht (Cortex) und einem inneren Teil (Medulla). Das ganze Knöllchen ist von einer dünnen Zellschicht bedeckt, die zur Wurzelrinde gehört und mit den zentralen Wasser- und Nährstoffbahnen der Wurzel durch Stränge aus Leitgewebe verbunden ist (*Abb. 14.1*).

In der Medulla des Knöllchens findet man zahlreiche Bakterien; jede Zelle der Medulla enthält davon mehrere tausend, und das ganze Knöllchen kann 1 Million bis 1 Milliarde von diesen winzigen Gästen aufnehmen. In einem jungen Knöllchen sind die meisten Bakterien lebendig und aktiv, in älteren hingegen können 99 % und mehr tot sein.

Zweifellos besteht zwischen der Leguminosenpflanze und den Bakterien ein symbiontisches Verhältnis. Pflanzen, die im stickstoffarmen Boden ohne Bakterien wachsen, sind blaßgrün und gedeihen schlecht; sie zeigen alle Symptome eines Stickstoffmangels. Sind andererseits Bakterien vorhanden, wachsen die Pflanzen sogar in Böden mit niedrigem Stickstoffgehalt gut. Welche Gegenleistung die Bakterien für den an die Leguminosenpflanze gelieferten Stickstoff erhalten, ist weniger offensichtlich, aber allem Anschein nach werden sie von ihrer Wirtspflanze mit Zukkeru versorgt.

Die Symbiose zwischen *Rhizobium* und Angehörigen der *Papilionaceae* verbessert den Boden und ist für beide Partner vorteilhaft. Die heranwachsende Pflanze scheidet Stickstoffverbindungen in den Boden aus, so daß nach ihrem Tod auch der Boden von den bei ihrem Zerfall freigesetzten Stickstoffverbindungen profitiert. Wird die Pflanze geerntet, dann erhält der Boden noch Stickstoff aus den eingepflügten Stoppeln. Daß die Nutzpflanzen unter den Leguminosen den Boden verbessern, war lange bekannt, ehe man von ihrer Symbiose etwas wußte; diese Erfahrung ging ein in den bekannten vierfachen Fruchtwechsel der Nutzpflanzen, bei dem der stickstoffhungrige Weizen auf den Klee folgt.

Es gibt verschiedene *Rhizobium*-Spezies, und jede lebt mit einer bestimmten Pflanzengruppe der Leguminosen zusammen. *R. leguminosarum* findet man z. B. in den Wurzeln der Erbse, Pferdebohne, Wicke und Linse, *R. melioti* kommt

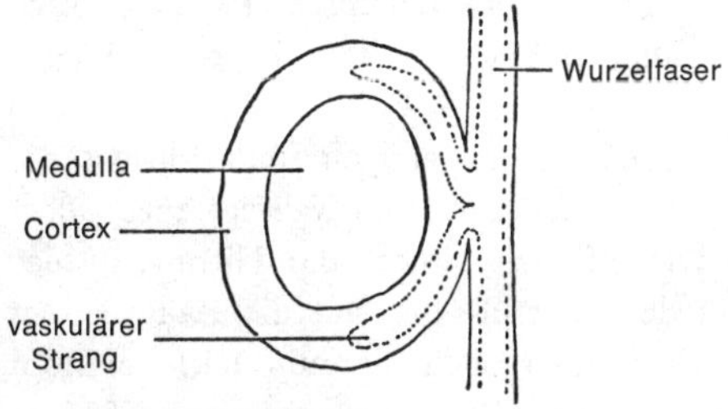

Abb. 14.1
Schnitt durch ein Wurzelknöllchen.

in der Luzerne und bestimmten Kleearten vor. *R. phaseoli* ist mit der Busch- und der Stangenbohne vergesellschaftet. *R. trifolii* ist der Partner des roten und weißen und des Inkarnat-Klees; *R. lupini* befindet sich in Symbiose mit Lupinen, und *R. japonicum* ist das Bakterium der Sojabohne. Damit die Symbiose gebildet werden kann, muß die richtige Bakterien-Spezies für die jeweilige Nutzpflanze im Boden vorhanden sein. Nicht weniger als 21 Gruppen von Pflanzen-Bakterien-Symbiosen sind bekannt. Manchmal kann ein Bakterium in den Knöllchen einer fremden Pflanze auftreten, doch die Partnerschaft ist dann häufig ungenügend.

Die Wirtsspezifität geht sogar noch weiter. Innerhalb jeder Spezies von *Rhizobium* gibt es unterschiedliche Stämme, die mit bestimmten Rassen der Wirtspflanze vergesellschaftet sind. Ein Stamm von *R. trifolii* kann z. B. in Gesellschaft mit dem Rotklee mehr Stickstoff fixieren als mit dem Weißklee usw. Eine derartige Spezifität ist aber, wenn zwei Lebewesen eng miteinander vergesellschaftet sind, nichts Ungewöhnliches.

Die Symbiose zwischen den Leguminosen-Nutzpflanzen und *Rhizobium* hat große landwirtschaftliche Bedeutung; der Einsatz von Klee beim Fruchtwechsel wurde ja bereits erwähnt. Ein anderer Vorteil der Leguminosen ist die Verwendung der Luzerne zur Gründüngung. Unter günstigen Bedingungen kann eine Leguminosen-Anpflanzung bis zu ein Zentner Stickstoff auf 20 Ar binden (ein halber Zentner auf 20 Ar ist guter Durchschnitt). Der kluge Bauer senkt seine Düngerkosten, indem er den Dünger selbst anbaut.

Enthält der Boden große Nitratmengen, dann bricht die Partnerschaft zwischen *Rhizobium* und Wirtspflanze allerdings zusammen. Die Pflanze nimmt die Nitrate in der üblichen Weise mit der Wurzel auf, und die Bakterien in den Wurzelknöllchen binden, weil sie nun leichter ihren Bedarf decken können, wenig oder keinen Stickstoff. Un-

ter diesen Bedingungen hört das Bakterium auf, Symbiont zu sein und wird zum gewöhnlichen Parasiten der Leguminosen-Wirtspflanze.
Unter normalen Bedingungen können die Leguminosen genügend Rhizobien aus dem Boden aufnehmen. Ist die richtige Rasse jedoch zufällig nicht vorhanden oder liegen von ihr nur ungenügende Mengen vor, so kann eine Impfung des Bodens notwendig werden. Man erreicht das auf verschiedene Weise. Bei der traditionellen Methode nimmt man die Bodenschicht eines Ackers, auf dem zuletzt Leguminosen angebaut wurden, und streut diese über das Feld, und zwar in einer Menge von ca. einem Zentner pro hundert Ar. Bei einer anderen Methode schlämmt man Erde von einem Acker auf, der eine geeignete *Rhizobium*-Rasse enthält, taucht den Samen hinein und trocknet ihn vor der Aussaat. Eine moderne Methode besteht darin, daß man den Samen mit einer Reinkultur von *Rhizobium* behandelt.

Symbiose der Flechtenpartner

Es wäre unvollständig, von den Partnerschaften zwischen den Pflanzen zu reden, wenn man nicht die Flechten erwähnte, merkwürdige Pflanzen, die schon den alten Griechen (oder sogar noch älteren Völkern) bekannt waren. Die Griechen gaben ihnen den Namen »lichen«, was soviel wie »schuppig« bedeutet. Kein besserer als dieser Ausdruck kann ihre trockenen, grüngrauen Thalli beschreiben.
Eine Flechte besteht aus einer Alge und einem Pilz, die sich in Partnerschaft zusammengefunden haben. Der größte Teil des Flechtenthallus wird von dem Pilz und dessen ineinander verflochtenen Hyphen aufgebaut. Bei den meisten Flechten ist die an der Partnerschaft beteiligte einzellige Alge in einer bestimmten Zone direkt unter der Oberfläche des Thallus angeordnet; gewöhnlich gehört diese Alge zu den Grünalgen oder *Chlorophyta*. In einigen

Fällen breiten sich die Algen aber ziemlich gleichmäßig im Flechtenkörper aus; dann gehört der Algenpartner meistens zu den Blaualgen oder *Cyanophyta*. Der Pilzpartner stammt fast stets aus der großen Pilzgruppe der Ascomyceten, wenngleich einige Flechten von zu den Basidiomyceten gehörenden Pilzen gebildet werden.

Flechten findet man an sehr verschiedenartigen Standorten, und häufig sind dort die Bedingungen so, daß kein Partner allein existieren könnte – eine wesentliche Voraussetzung für die Effektivität der Partnerschaft. *Xanthoria parientina* bildet z. B. große orangefarbige Spritzer auf nackten Küstenfelsen. Einem Faktor sind Flechten allerdings nicht gewachsen: der Luftverunreinigung durch Industrieabgase. Selten findet man daher Flechten in der Nähe großer Städte. Eine Ausnahme darin macht die Flechte *Lecanora conizaeoides*, die anscheinend eine ziemliche Toleranz gegenüber Luftverschmutzung besitzt. Sie ist oft die einzige in der Umgebung der Städte wachsende Flechte.

Die Vermehrung der Flechten wird dadurch kompliziert, daß sie aus zwei Organismen bestehen. Die meisten von ihnen können sich vegetativ vermehren; Teile des Flechtenkörpers, in denen beide, Alge und Pilz, enthalten sind, brechen von dem Thallus ab und wachsen allein weiter. Die einzellige Alge kann sich ganz einfach dadurch fortpflanzen, daß sich eine Zelle in zwei Teile spaltet und so mit dem Thallus weiterwächst. Der Pilz bildet Sporen, mit denen er sich selbst, aber nicht den Algenpartner vermehrt.

Sowohl der Pilz wie auch die Alge können bis zu einem gewissen Grad unabhängig voneinander existieren. Die an der Flechtengemeinschaft beteiligten Algen sind oft sehr verbreitet. Beispielsweise sind Gattungen wie *Chlorella* und *Trebouxia* auch allein schon sehr häufig und ebenso häufig Flechtenpartner.

Da viele Flechtenalgen weit verbreitet sind, könnte man annehmen, daß die Spore eines Flechtenpilzes nach ihrer

Keimung und dem Heranwachsen des Pilzes von einer geeigneten Alge infiziert wird und auf diese Weise eine neue Flechte entsteht. In Wirklichkeit ist äußerst zweifelhaft, ob das jemals geschieht. Bisher gelang es niemandem, eine Flechte dadurch herzustellen, daß er einen Pilz in Reinkultur heranzog und eine Algenkultur hinzufügte. Doch wenn das nicht im Labor gelang, gibt es noch keinen Grund zu behaupten, daß es in der Natur nicht eintreten könnte. Aber auch dort hat es bis jetzt noch niemand beobachtet. Einige führende Wissenschaftler gehen so weit in ihrer Annahme, zu meinen, daß die Fähigkeiten des Flechtenpilzes, Sporen zu bilden, verkümmert ist; der Pilz »wisse« lediglich noch, daß er dazu fähig war, ehe er sich zu einer Flechte entwickelte. Das könnte stimmen.

Wir wissen nicht, was in der Flechtengemeinschaft jeder Partner vom anderen erhält. Da die Alge Photosynthese durchführt, liegt es nahe, anzunehmen, daß Zucker oder irgendein anderes Kohlenhydrat der Beitrag des Algenpartners ist, doch sicher ist das nicht. Es könnten auch Stickstoffverbindungen sein, die der Pilz lieber aus zweiter Hand erhalten möchte, oder ein von der Alge synthetisiertes Vitamin, das er zum Wachstum braucht.

Viele Pilze können alle für ihr Wachstum notwendigen Stoffe aus organischen und anorganischen Verbindungen aufbauen, andere aber vermögen das nicht. Manche Pilze müssen z. B. mit einer geringen Menge Thiamin (Vitamin B_1) versorgt werden, damit sie gut wachsen, und es sind noch weitere Vitamine dafür bekannt, daß sie von gewissen Pilzen benötigt werden. Diese Vitamine werden von den grünen Pflanzen aufgebaut, und so könnte es sein, daß es mehr die von der Alge produzierten Vitamine als die Zucker sind, die für den Flechtenpilz so wichtige Bedeutung haben.

Aufgrund dieser Überlegung haben viele Forscher die Vitaminbedürfnisse der aus Flechten isolierten Pilze untersucht. Die Ergebnisse waren nicht überzeugend. Einige Pilze benötigten für ausreichendes Wachstum Thiamin im Nährboden, andere dagegen waren von der Vitaminzufuhr überhaupt nicht abhängig.

Noch ungeklärter ist die Frage, welchen Vorteil die Algen aus der Flechtengemeinschaft ziehen. Sicherlich können sie vom Pilz beschützt an Standorten leben, an denen sie alleinlebend zugrunde gingen. Wir wissen nicht, ob das alles ist. Man hat vermutet, daß die vom Pilz produzierte Ascorbinsäure von den Algen bei der Atmung gebraucht wird; doch bis heute gibt es dafür keinen Beweis.

Ein Merkmal sämtlicher Flechten ist ihr extrem langsames Wachstum. Soweit man weiß, gibt es keine Flechte, die mehr als 3,5 bis 4 Zentimeter im Jahr wächst, ja, die meisten schaffen nicht einmal das. Das Leben einer Flechte ist wahrscheinlich sehr lang, wenn wir auch nicht genau wissen, wie lang es sein kann. Von manchen glaubt man, daß sie 400 Jahre leben; die arktische Spezies *Rhizocarpon geographicum* soll ein Alter von 4 500 Jahren erreichen – ungefähr dieselbe Lebensdauer wie die eines der gigantischen kalifornischen Mammutbäume.

Eine höchst interessante Eigenschaft vieler Flechten ist die Bildung gewisser, für die Flechten spezifischer Substanzen. Diese sind unterschiedliche organische Verbindungen, die in Ausnahmefällen bis zu 20 Prozent des Trockengewichtes der Flechten ausmachen können; die meisten produzieren aber davon durchschnittlich 2 bis 5 Prozent ihres Trockengewichtes. Diese Substanzen befinden sich in der Regel außerhalb der Zellen, und man weiß nicht, aus welchem Grund sie eigentlich gebildet werden.

Die meisten dieser von den Flechten produzierten Stoffe sind farblos, einige jedoch von leuchtender Farbe. Früher wurden diese oft als Farbstoffe verwendet. So verdankten die alten Schottenmuster ihre Leuchtkraft Flechtenfarbstoffen; heutzutage zieht man freilich die Anilinfarben vor. Die meisten Plaid-Farbstoffe waren Orcin-Derivate, die durch Hinzugabe von Ammoniak aus Harn schöne Farben ergaben. Die Verwendung der Flechtenfarbstoffe hat sich in geringem Ausmaß in der Handweberei noch erhalten.

Ein Produkt der Flechtenfarbstoffindustrie ist der vielen Menschen bekannte Lackmus, der in chemischen Labors als Säureindikator verwendet wird. Dieser Industriezweig blühte vor allem in Holland.

Die von Flechten gebildeten Stoffe finden noch andere, mitunter sehr wichtige Anwendungen. Unsere Vorfahren gebrauchten sie, wenngleich mit zweifelhaftem Erfolg, in Heilmitteln; die heutigen aus Flechten extrahierten Antibiotika haben indes erfolgversprechende Ergebnisse gezeigt. Besonders hat die aus der Flechtenspezies *Usnea* gewonnene Flechtensäure in Verbindung mit Streptomycin bei der Behandlung der Tuberkulose Erfolg gebracht.

Eine weitere überlieferte Verwendung der Flechten ist erst kürzlich wieder aufgegriffen worden, und zwar die als Bestandteil in Haarwasser und Körperpuder. Hier spielen häufig die Spezies *Evernia* und *Ramalina* eine Rolle. Sie werden auch zur Bindung von Duftstoffen in Parfüms und Toilettenseifen benutzt.

Heutzutage dienen in nördlichen Regionen Flechten vor allem den Rentieren als Futter. Das Rentiermoos (*Cladonia rangiferina)* und das Islandmoos *(Cetraria islandica)* wachsen in Lappland und ähnlichen Gebieten in riesigen Mengen. Diese beiden Flechten werden von den Rentieren abgeweidet, wobei immer noch genügend davon für die Eskimos zur Winterfutterernte übrigbleibt.

Flechten werden gelegentlich nicht nur von den Tieren, sondern auch von Menschen verzehrt. Allgemein wird angenommen, daß es sich bei der biblischen Manna um *Lecanora esculentia* gehandelt hat, eine auf Hochflächen wachsende Flechte, die häufig vom Wind durch die Wüste geweht wird.

Wir sind nun am Ende unserer Betrachtung über die Entwicklungspläne der Pflanzen oder – um es wissenschaftlicher auszudrücken – über die Anpassungsformen der Pflanzen an ihre Lebensbedingungen angelangt. Es gibt keinen Aspekt ihrer Morphologie, Physiologie oder Ökologie, auf dem die natürliche Selektion nicht ihre Spuren hinterlassen hat. Im langen Verlauf ihrer Entwicklungsgeschichte ist das Fehlerhafte ausgemerzt und das Erfolgversprechende immer weiter verbessert worden, so daß heute die meisten Pflanzen gut an die jetzigen Lebensbedingungen angepaßt sind. Dieser Anpassungsprozeß schreitet fort, weil Evolution nie zum Stillstand kommt.

Solange es Pflanzen gibt, wird auch ihre Entwicklung weitergehen. Im Verlauf von Jahrmillionen werden ihre alten Baupläne durch neue ersetzt werden, die besser geeignet sind, den nie endenden Existenzkampf zu überleben.

Glossar

Andrözeum: der männliche Teil einer Blüte, der die →Staubgefäße umfaßt.
Angiospermen: Blütenpflanzen, bei denen die Samenanlagen in einem Fruchtblatt eingeschlossen sind.
Annulus: Ring aus dickwandigen Zellen rund um das → Sporangium eines Farns.
Anthere: Beutel, in dem der Blütenstaub gebildet wird.

Braktee: ein Hochblatt, das in seiner Achsel eine →Infloreszenz oder eine Blüte trägt.
Bulbille: zwiebelähnliche, vom oberirdischen Teil einer Pflanze gebildete Brutknospe.

Caspary-Streifen: Band aus wachsartiger Wandsubstanz, das eine → Endodermiszelle umgibt.
Chamäphyt: Lebensform einer Pflanze, bei der die oberirdischen Teile mit dem Herannahen des Winters absterben und ausdauernde Knospen an oder nahe der Bodenoberfläche hinterlassen.
Cheiropterophilie: Bestäubung durch Fledermäuse.
Chlorophyll (Blattgrün): der grüne Farbstoff der Pflanzen, der an der → Photosynthese beteiligt ist.
Chloroplast: Zellbestandteil, der das → Chlorophyll enthält.
Chromoplast: Träger des Karotins und Xanthophylls in Pflanzenzellen.
Columna: das zu einem Säulchen verwachsene → Andrözeum und → Gynäzeum einer Orchideenblüte.

Dichogamie: Eigenart der Blüte, bei der das → Andrözeum und das → Gynäzeum zu verschiedenen Zeiten reifen, wodurch die Möglichkeit der Selbstbefruchtung verringert oder gar ausgeschlossen wird.
Dikotylen: Blütenpflanzen die einen Embryo mit zwei Keimblättern (Kotyledonen) besitzen. (→ Monokotylen)
Diözie: das Vorliegen von männlichen und weiblichen Geschlechtsorganen auf verschiedenen Pflanzen. (→ Monözie)
Dominanz: Zustand, bei dem eine Pflanze aufgrund ihrer Größe, überwiegenden Zahl oder beidem in einer Pflanzengemeinschaft vorherrschend ist.

Embryosack: weibliche → Gametophytengeneration einer → Angiospermen.
Endodermis: Zellschicht, die eine Scheide rund um das → Gefäßbündel einer Wurzel bildet.
Endosperm: das im → Embryosack der Samenpflanzen gebildete Nährgewebe.
Entomophilie: Bestäubung durch Insekten.
Enzym: Katalysator organischer Stoffwechselvorgänge.
Epiphyt: Pflanze, die auf einer anderen wächst, ohne Parasit zu sein.

Faser: langgestreckte Verstärkungszelle mit dicker, meist lignifizierter Wand.
Filament: der Stiel, auf dem die Pollensäcke eines Staubgefäßes sitzen.

Gamet: eine der beiden Geschlechtszellen, die bei der sexuellen Vermehrung verschmelzen.
Gametophyt: Pflanzengeneration, die sich geschlechtlich fortpflanzt. (→ Generationswechsel, → Sporophyt).
Gefäß: röhrenartige Kette von → Gefäßelementen, die an ihren Enden zusammengefügt sind.
Gefäßbündel: strangförmiger Teil des Leitungssystem einer Pflanze, der das → Xylem und das → Phloëm enthält.
Gefäßelement: eine gewöhnlich lignifizierte Zelle des Holzes, deren Endwände aufgelöst sind.
Generationswechsel: der regelmäßige Wechsel zwischen einer sporentragenden Generation, dem → Sporophyten, und einer geschlechtlichen Generation, dem → Gametophyten.
Geophyt: Lebensform einer Pflanze, bei der die oberirdischen Teile mit dem Herannahen des Winters absterben und überdauernde Knospen im Boden hinterlassen. (→ Chamäphyten)
Granum: Träger des Chlorophylls in einem → Chloroplasten.
Gynäzeum: weiblicher Teil einer Blüte, der die Fruchtblätter umfaßt.

Halophyt: Pflanze der Salzsümpfe.
Helophyt: Sumpfpflanze.
Hemikryptophyten: Pflanzen, die mit Beginn der wachstumsfeindlichen Jahreszeit bis zur Bodenoberfläche absterben.
Hermaphrodit: Pflanze mit männlichen und weiblichen Geschlechtsorganen in ein und derselben Blüte.
Heterostylie: Zustand in einer Pflanze, deren Blüten Griffel

(→ Stylum) mit verschiedener Länge zur Förderung der Fremdbestäubung besitzen.
Hydrophilie: Bestäubung mit Hilfe von Wasser.
Hydrophyt: Wasserpflanze.

Infloreszenz: Blütenstand.
Integument: Hülle um den → Nucellus der Samenanlage.

Kalkflieher: Pflanze, die auf saurem Boden gedeiht.
Kalkpflanze: Pflanze, die kalkhaltige Böden bevorzugt.
Kallusgewebe: durch Verwundung gebildetes Gewebe, das den zerstörten Teil einer Pflanze verschließt.
Kambium: Gewebeschicht, gewöhnlich zwischen → Xylem und → Phloëm des Stengels oder der Wurzel, die die Fähigkeit zu Zellteilung und Wachstum beibehält.
Karotin: rötliches Pigment in → Chloroplasten und bestimmten → Chromoplasten.
Karpell: Fruchtblatt, das Bestandteil des → Gynäzeums einer Pflanze ist und eine oder mehrere Samenanlagen enthält.
Kelch: Gesamtheit der → Sepalen.
Kladodie: blattförmiger Sproß.
Kleistogamie: Befruchtungsverhalten, bei dem sich die Blüte niemals öffnet und sich daher selbstbestäubt.
Knolle: verdickter Teil einer Wurzel oder eines Sprosses unter der Erde, in dem Speicherstoffe eingelagert sind.
Kollenchym: Festigungsgewebe mit ungleich dicken, nicht lignifizierten Zellwänden.
Korolle: die Blütenkrone, bestehend aus den → Petalen.

Lentizelle: Atemöffnung im → Periderm des Stammes oder der Wurzel.

Malakophilie: Bestäubung durch Schnecken.
Mangrove: Pflanzentyp, der in der Gezeitenzone oder in den Sümpfen der Tropen wächst.
Megaspore: Spore, aus der die Generation des weiblichen → Gametophyten entsteht.
Mikropyle: Öffnung der → Samenanlage, durch die der Pollenschlauch eintritt.
Mikrospore: Spore, aus der die Generation des männlichen → Gametophyten entsteht.
Monokotylen: Blütenpflanzen mit gewöhnlich einem Keimblatt (→ Dikotylen)
Monözie: Zustand, bei dem die männlichen und weiblichen

Reproduktionsorgane in verschiedenen Blüten ein und derselben Pflanze vorliegen. (→ Diözie)

Mykorrhiza: Vergesellschaftung eines Pilzes mit den Wurzeln einer höheren Pflanze.

Nektar: Zuckersekret, das der Anlockung von bestäubenden Insekten dient.

Nucellus: jener Teil der → Samenanlage, der von den → Integumenten eingehüllt ist und den weiblichen → Gametophyten enthält.

Nutation: Drehbewegung des Vegetationspunktes einer Pflanze, besonders bei Kletterpflanzen.

Ornithophilie: Bestäubung durch Vögel.

Ovarium: der Fruchtknoten, der den unteren Teil des → Gynäzeums einer Blüte umfaßt.

Parenchymzelle: Zelle der Schwammschicht des Blattes.

Periderm: sekundäres Abschlußgewebe, das rundum die Oberfläche von Stämmen und Wurzeln schützt.

Petalen: Kronblätter einer Blüte.

Phanerophyt: holzige Pflanze, die die perennierenden Knospen ein gutes Stück über der Bodenoberfläche trägt.

Phellem: Korkzellen an der Außenseite des → Periderm.

Phelloderm: innerer Teil des → Periderm.

Phellogen: das Korkkambium, eine Zellschicht nahe der Oberfläche des Stamms oder der Wurzel, die durch Zellteilungswachstum → Periderm produziert.

Phloëm: Siebteil des Leitbündels in der Pflanze.

Photoperiodismus: Reaktion der Pflanzen auf die Tageslänge.

Photosynthese: Produktion von Kohlenhydraten durch grüne Pflanzen aus Kohlendioxid und Wasser mit Hilfe des → Chlorophylls, wobei Licht als Energiequelle benutzt wird.

Phyllodium: flächig verbreiteter, blattähnlicher Blattstiel.

Plumula: der junge Sproß, wenn er aus dem Samen hervorwächst.

Pneumatophore: aufrecht stehende Wurzel, die mit luftgefülltem Gewebe ausgestattet ist. Typisch für → Mangroven, aber auch für einige andere Pflanzen.

Protandrie: Zustand, bei dem die →Staubgefäße vor den Narben reif sind. (→ Protogynie)

Prothallium: → Gametophytengeneration einer Gefäßkryptogamen.

Protogynie: Zustand, bei dem die Narbe vor den → Staubgefäßen reift. (→ Protandrie)
Protokorm: Keimungsstadium der Orchideen vor der Bildung der Sämlingspflanze.

Radikula: die junge Wurzel, wenn sie aus dem Samen hervorbricht.
Rezeptakulum: Spitze eines Blütenstieles, an den die Blütenteile angesetzt sind.
Rhizom: unterirdischer Sproß, der Reservestoffe enthält und als Überdauerungsorgan dient.

Saftmale: Muster auf den Blütenblättern, die ein Insekt zu den Nektarien führen.
Sepale: Glied des äußeren Blattwirtels der Blüte. In ihrer Gesamtheit bilden die Sepalen den Kelch.
Siebröhre: Serie von Siebelementen im → Phloëm, die an ihren Enden durch Siebplatten voneinander getrennt sind.
Sporangium: Behälter, in dem die Sporen einer Pflanze gebildet werden.
Sporophyt: sporenbildende Generation der Pflanze. (→ Gametophyt, → Generationswechsel)
Staubgefäß: eines der männlichen Reproduktionsorgane in der Blüte, in dessen oberem Abschnitt (→ Anthere) der Pollen gebildet wird.
Stigma: die als Empfangsfläche entwickelte Narbe des → Gynäzeums einer Blüte, auf der der Pollen bei der Bestäubung haften bleibt.
Stoma: Spaltöffnung. Eine Pore in der Blattoberfläche, umgeben von einem Schließzellenpaar, durch die das Kohlendioxid bei der → Photosynthese in das Blatt eintritt.
Stomium: Stelle in der Wand des Farn(→)sporangiums, die bei der Öffnung des Sporenbehälters zuerst aufreißt.
Stylum: auch Griffel genannter Teil des → Gynäzeums einer Blüte, der die Samenanlage und die Narbe (→ Stigma) miteinander verbindet.

Testa: äußere, harte Schale des Samens.
Therophyt: einjährige Pflanze, die sich zum Überdauern allein auf ihren Samen verläßt.
Thylle: Auswuchs einer → Parenchymzelle in das Innere einer → Tracheide oder eines → Gefäßelementes, wobei diese ganz oder teilweise verstopft werden.

Tracheide: leitendes Zellelement des Holzes, das keine Löcher an seinen Enden besitzt.
Transpiration: Verdunstung des Wassers aus den Blättern einer Pflanze.
Turgor: der hydrostatische Druck innerhalb einer Zelle, der sich aus der Wirkung der osmotischen Kräfte ergibt.

Xanthophyll: gelbes Pigment, den in den → Chloroplasten und einigen → Chromoplasten gefunden wird.
Xeromorph: Pflanzengestalt, die strukturelle Anpassungen zum Schutz des Wasserhaushaltes besitzt.
Xerophyt: trockene Standorte bewohnende Pflanze.
Xylem: das wichtigste wasserleitende Gewebe der höheren Pflanzen.

Zwiebel: unterirdisches Organ, bei dem ein gestauchter Sproß eine Anzahl Schuppenblätter oder Blattbasen trägt und in dem eine Knospe für den Austrieb im folgenden Jahr enthalten ist.

Bildquellenverzeichnis

Tafel 1, 5–16, 18–21, 23–28, 30–32
von Prof. Dr. W. Rauh, Heidelberg.

Tafel 2–4, 17, 22, 29
von G. W. Hales, Fose Photos Ltd.

Zeittafel

C. L. Duddington

1906 am 7. Juli in Braunton, Devon, England geboren.
1928 B. A. Cambridge University.
1928–29 Assistant Chemist am New G. & S. Processes Syndicate, Ltd.
1929–30 Assistant master am St. Lawrence College, Ramsgate.
1931–34 Assistant master am Haileybury College, Herts.
1934–37 Leiter der Abteilung Mikrobiologie bei W. Edmonds & Co., Ltd.
1936 M. A., Cambridge University.
1937–46 Assistant master an der Solihull Grammar School.
1946–70 Dozent für Botanik an The Polytechnic, Regent Street, London.
1950 Ph. D., London University.
1956 *The Predacious Fungi: Zoopagales and Moniliales.* Biological Reviews, Cambridge Philosophical Society.
1957 *The Friendly Fungi*
1960 *Practical Microscopy*
1961 *Instructions to Young Zoologists*
1961 *Micro-organism as Allies*
1963 *Instructions to Biologists*
1964 *Microscopy*
1966 *Seaweeds and other Algae*
1966 *The Living World*
1968 *Exploiting the Oceans*
1969 *Evolution in Plant Design*
1969 *Useful Animals*
1969 *Useful Plants*
1969 *Man and his Ancestors*
1969 *Life at the Poles*
1969 *Cave Life*
1970 *Beginner's Guide to Botany*
1971 *Beginner's Guide to the Seaweeds*
1972 *Beginner's Guide to the Fungi*
1971 Associate Lecturer in Botanik, The Polytechnic of Central London.
1928–72 Mehr als 500 Veröffentlichungen, die oben aufgezählten Werke eingeschlossen; zahlreiche Beiträge in wissenschaftlichen Fachzeitschriften, populärwissenschaftliche, landwirtschaftliche, pädagogische Artikel in verschiedenen Zeitschriften.

suhrkamp taschenbücher

st 10 Alexander Mitscherlich,
Thesen zur Stadt der Zukunft
176 Seiten
Der Band faßt Mitscherlichs Publikationen zum Thema Städtebau zusammen, soweit sie nach der »Unwirtlichkeit unserer Städte« entstanden sind. Wer ernsthaft an die Lösung der Probleme denken will, die der Zustand der Großstädte und ihrer Bewohner heute aufgibt, wird an Mitscherlichs Thesen nicht vorbeigehen können.

st 11 Theodor W. Adorno,
Erziehung zur Mündigkeit
Vorträge und Gespräche mit Hellmut Becker.
Herausgegeben von Gerd Kadelbach
160 Seiten
Diese Vorträge und Gespräche, die von 1959 bis 1969 vom Hessischen Rundfunk gesendet wurden, zeigen einen »anderen« Adorno als die meisten seiner Bücher: er wirkt unmittelbarer, kommunikativer, verständlicher; er leitet den Leser – wie einst den Hörer – zum Mitdenken und zum Selbstdenken an.

st 12 Ernst Bloch,
Subjekt – Objekt.
Erläuterungen zu Hegel
544 Seiten
»Diese Schrift erhebt nicht den Anspruch, ein Buch über Hegel zu sein, sie ist eher eines zu ihm, mit ihm und durch ihn hindurch. Sie intendiert die durch Hegel und die Folgen bezeichnete Erhellung unseres geschichtlichen Woher, Wohin, auch Wozu. Hegel leugnete die Zukunft, keine Zukunft wird Hegel verleugnen.«
Ernst Bloch im Vorwort zu »Subjekt – Objekt«

st 13 Siegfried Kracauer,
Die Angestellten. Aus dem neuesten Deutschland
Mit einer Rezension von Walter Benjamin:
Die Politisierung der Intelligenz
144 Seiten
Kracauers Angestellten-Buch ist ein Klassiker der analytisch-dokumentarischen Literatur, der seit seinem Erscheinen (1930) kaum etwas an Aktualität eingebüßt hat. »Der Wirklichkeit wird hier so sehr zugesetzt, daß sie Farbe bekennen muß«, schrieb damals Walter Benjamin.

st 14 Ludwig Wittgenstein,
Philosophische Untersuchungen
272 Seiten
Außer seinem berühmten Frühwerk, dem »Tractatus logico-philosophicus« (1918), hat Wittgenstein nur noch ein Manuskript für den Druck vorbereitet, die »Philosophischen Untersuchungen«, die 1945–49 geschrieben und 1953 posthum veröffentlicht wurden. Sie sind das Hauptwerk Wittgensteins, das die Philosophie unseres Jahrhunderts entscheidend beeinflußt hat.

st 15 Claude Lévi-Strauss,
Strukturale Anthropologie
464 Seiten
Aus dem Französischen von Hans Naumann.
Die Sammlung von Aufsätzen enthält die Quintessenz der Forschungen von Lévi-Strauss. Sie stellen eine vergleichende Strukturanalyse aller Äußerungen des sozialen Lebens dar, von den Verwandtschaftsbeziehungen und Siedlungsformen bis zur Sprache, Religion, Kunst und Kochgewohnheiten. All das sind Manifestationen der unbewußten Tätigkeit des menschlichen Geistes, die als eine Gesamtheit symbolischer Systeme oder als eine Syntax betrachtet werden können.

st 16 Bertolt Brecht,
Geschichten vom Herrn Keuner
128 Seiten
Brecht hat von 1930 bis in die fünfziger Jahre hinein »Geschichten vom Herrn Keuner« geschrieben; sie werden hier zum ersten Mal in einer separaten Ausgabe vollständig veröffentlicht. Diese Geschichten zeigen Brecht als Meister der kurzen Prosa: als Meister klarer, sachlicher Formen und der aggressiven sozialen Kritik.

st 17 Ödön von Horváth,
Jugend ohne Gott
176 Seiten
Ödön von Horváth ist nicht mehr ein Geheimtip für Kenner. So gut wie unentdeckt sind aber immer noch seine Kurzprosa und die Romane. »Jugend ohne Gott« ist Horváths zweiter Roman. Noch 1938, unmittelbar nach Erscheinen, wurde er in 8 verschiedene Sprachen übersetzt.

st 18 Bernard Shaw,
Die Aussichten des Christentums
Deutsche Übersetzung von Siegfried Trebitsch
144 Seiten
In fünf, der Reihenfolge des »Neuen Testaments« entsprechenden Kapiteln analysiert Shaw die vier Evangelien und die Briefe des Apostels Paulus. Mit der ihm eigenen Originalität und Schärfe weist Shaw die klassenorientierte Entstellung der ursprünglichen Lehre Jesu unter der Orthodoxie der Kirchensysteme nach.

st 19 Allerleirauh
Viele schöne Kinderreime
versammelt von Hans Magnus Enzensberger
400 Seiten
»Neben und seit ›Des Knaben Wunderhorn‹ ist uns kein Buch bekannt, das in solcher Gründlichkeit und Fülle Kinderverse und Sprüchlein aus vielen Jahrhunderten enthält. Es ist dazu mit 380 kleinen, unbekannten Holzschnitten aus dem 18. und 19. Jahrhundert geschmückt, die es zu einem hochwertigen Bilderbuch machen.«
Aargauer Tagblatt

st 20 Jürgen Becker,
Eine Zeit ohne Wörter
270 Seiten
Eine Zeit ohne Wörter: unter diesem Titel veröffentlicht Jürgen Becker eine Serie von Fotos, die er in einer »Zeit ohne Wörter« aufgenommen hat. Er demonstriert mit seinen Fotos nicht nur die bloße Anwesenheit der Dinge, sondern er versucht vor allem darzustellen, wie sie unter veränderten Umständen, zu verschiedenen Zeiten, in wechselnden Stimmungen wahrnehmbar werden.

st 21 Walter Benjamin,
Über Haschisch. Erzählungen, Materialien, Protokolle
Walter Benjamins Texte über Haschisch dokumentieren nicht nur die individuellen Rauscherfahrungen des Autors, sondern stehen in engem Zusammenhang mit der Tradition der Drogenliteratur. Der Band enthält außer dem bekannten Stück »Haschisch in Marseille« eine an entlegener Stelle veröffentlichte Haschischgeschichte sowie zahlreiche Protokolle und Berichte von Drogenexperimenten.

st 22 Bertrand Russel,
Autobiographie I 1872–1914
400 Seiten
Als letzes Buch Russels vor seinem Tod 1970 erregte seine Autobiographie weltweites Aufsehen. In dem hier vorliegenden 1. Band schildert er in einer brillanten Prosa den bizarren Puritanismus seiner Erziehung, seinen Weg zur mathematischen Logik und seine Freundschaft mit bedeutenden Zeitgenossen.

st 23 Studs Terkel,
Der große Krach
Aus dem Amerikanischen von Dieter Hildebrandt
240 Seiten
Dieses Buch beschreibt in einer Fülle von Interviews den tiefen Schock, den die Amerikaner in den Tagen und Jahren der Weltwirtschaftskrise erlitten haben; dabei wird deutlich, daß das Trauma bis heute nachwirkt. Ein Buch, das nicht nur Auskunft gibt über den »großen Krach«, sondern auch über die Gefahr »schweigender Mehrheiten«.

st 24 Hans Henle,
Der neue Nahe Osten
528 Seiten
Hans Henle erweist sich mit seinem Buch »Der neue Nahe Osten« als der bedeutendste deutsche Nahostspezialist. Zum ersten Mal wird hier die gesamte arabische Unabhängigkeitsbewegung im Wechselspiel mit den ehemaligen Kolonialmächten und den neuen Weltmächten zusammenhängend dargestellt. Die verschiedenen Wege zur Unabhängigkeit, vom neo-kolonialistischen Kompromiß bis zum sozialistischen Experiment werden miteinander verglichen und auf ihre Erfolgschancen hin geprüft.

st 25 Katharina II. in ihren Memoiren
480 Seiten
Die hier gebotene Auswahl aus den Memoiren der Zarin Katharina II. von Rußland gibt ein abgerundetes Bild von ihrem Leben, von ihren frühesten Kindheitstagen bis zum Beginn des verwickelten und intrigenreichen Aufstiegs zu ungeahnter Macht, wie es sich ihr selbst in späteren Jahren spiegelte. Die Sitten- und Hofgeschichte des europäischen 18. Jahrhunderts.

st 26 H. C. Artmannsens Märchen
ca. 120 Seiten
Es hat sich mittlerweile herumgesprochen, daß H. C. Artmann alles kann: Man kennt seine Gedichte, seine Theaterstücke, seine böse und kauzige Prosa. Daß er auch Märchen schreibt, wußten bislang nur »Eingeweihte«. Anläßlich des Readers »The Best of H. C. Artmann« fanden sich fünf. Später entdeckte Artmann noch eine Mappe, schrieb weitere hinzu.

st 27 Peter Handke,
Die Angst des Tormanns beim Elfmeter
128 Seiten
Karl Heinz Bohrer schrieb über »Die Angst des Tormanns beim Elfmeter«, das erfolgreichste Buch eines jungen Autors der letzten Zeit: »Diese Erzählung mit dem eingängig parabolischen Titel gehört zu dem Bestechendsten, was in den letzten zehn Jahren deutsch geschrieben worden ist.«

st 28 Martin Sperr,
Bayrische Trilogie
Jagdszenen aus Niederbayern; Landshuter Erzählungen; Münchner Freiheit.
176 Seiten
Zwei Jahrzehnte bundesdeutscher Wirklichkeit umfaßt Martin Sperrs Bayrische Trilogie; denn was der 1944 in Niederbayern geborene Stückeschreiber in den Anmerkungen zu ›Jagdszenen aus Niederbayern‹ schreibt, gilt auch für ›Landshuter Erzählungen‹ und ›Münchner Freiheit‹: »Die Fabel des Stückes ist von Bayern unabhängig.«

st 29 Cthulhu
Geistergeschichten von H. P. Lovecraft
256 Seiten
Lovecraft, in der Tradition Edgar Allan Poes stehend, ist der Erfinder eines völlig neuartigen Grauens, einer, der die Verdrängungen und Archetypen der Seele zu einer riesenhaften Science Fiction aufbauscht, ein Bücherträumer wie J. L. Borges.

st 30 Algernon Blackwood,
Das leere Haus
Phantastische Geschichten
256 Seiten
In diesem Band der »Bibliothek des Hauses Usher« wird ein Meister der phantastischen Literatur aus England zum erstenmal dem deutschen Leser vorgestellt. In den Geschichten unseres Bandes geraten Menschen in den Bann unheimlicher Plätze und Behausungen, in denen die bösen Gedanken früherer Bewohner Macht über sie gewinnen.

st 32 Noam Chomsky,
Im Krieg mit Asien. Essays
Aus dem Amerikanischen von Jürgen Behrens
ca. 200 Seiten.
Noam Chomsky ist nicht nur ein Linguist, durch seine Theorie der generativen Grammatik international bekannt geworden, sondern auch durch sein politisches Engagement. Seine Aufsätze, Reden, Diskussionsbeiträge halfen der amerikanischen Widerstandsbewegung, sich zu artikulieren und zu begründen. Auf sein Buch »Amerika und die neuen Mandarine« folgt nun »Im Krieg mit Asien«.

st 33 Robert Minder,
Dichter in der Gesellschaft
ca. 380 Seiten.
Robert Minder, 1902 in Wasselonne im Elsaß geboren, ist Professor für Germanistik am Collège de France in Paris. Er versteht es, seine immensen Kenntnisse der deutschen und französischen Literatur in fesselnd geschriebenen Al-fresco-Essays darzubieten, die das Buch auch für den Laien zu einer anregenden Lektüre machen.

st 35 Wolfgang Werner,
Vom Waisenhaus ins Zuchthaus
Ein Sozialbericht, herausgegeben und mit einem Nachwort von Martin Walser
288 Seiten
Etwa 22 Jahre war der 27jährige Wolfgang Werner in den Händen des Staates: in den ersten 17 Jahren als Waisenkind, dann vom 17. bis 27. Lebensjahr mit kurzen Freiheitsstrafen als Sträfling. Jetzt packt er aus. Was dabei herauskommt und wie es herauskommt, das zeigt wie in unserer Gesellschaft erzogen und Strafe vollzogen wird.

st 36 George Gaylord Simpson,
Biologie und Mensch
240 Seiten.
Dieser Band enthält die wichtigsten biologischen und anthropologischen Aufsatz-Veröffentlichungen George Gaylord Simpsons seit 1964. Simpson, einer der heute bedeutendsten Evolutionsforscher, ebenso brillanter wie streitbarer wie humorvoll-ironischer Essayist, versteht nicht nur Biologen zu fesseln – seine Aufsätze wenden sich an alle, denen Gegenwart und Zukunft des Menschen prominentes Gesprächsthema ist.

st 37 E. Fromm, D. T. Suzuki, R. de Martino,
Zen-Buddhismus und Psychoanalyse
240 Seiten
Der amerikanische Psychoanalytiker Erich Fromm, Richard de Martino, Professor für Philosophie und Religionswissenschaft an der japanischen Universität von Kyoto, und D. T. Suzuki, einer der bedeutendsten Vertreter des Zen-Buddhismus im Westen, unternehmen in diesem Buch den Versuch, die wesentlichen Züge des Zen-Buddhismus zu zeichnen und eine Brücke zwischen östlicher Religiosität und westlicher Wissenschaft zu schlagen, indem sie die Frage beantworten, welchen Wert die Begegnung von Zen und Psychoanalyse haben könnte.

st 38 Ulli Olvedi,
LSD-Report
ca. 240 Seiten.
LSD, die halluzinogene Droge mit dem schwierigsten Namen: Lysergsäurediäthylamid, hat längst auch auf der deutschen Drogen-Szene einen zentralen Platz eingenommen. Die Meinungen über die Gefährlichkeit von LSD sind gespalten. Ulli Olvedi kann zum erstenmal einen kompletten Bericht über alle Aspekte dieses Halluzinogens vorlegen.

st 40 Gunnar Myrdal,
Politisches Manifest über die Armut in der Welt
(gekürzte Ausgabe)
288 Seiten
Das Buch ist die Kurzfassung von Gunnar Myrdals grundlegender dreibändiger Studie »Asian Drama«, die die ökonomische Basis der asiatischen Länder untersuchte. Myrdal (Friedenspreisträger des Deutschen Buchhandels 1970) macht reichlich unkonventionelle Vor-

schläge, wie die reichen Nationen ihre Beziehungen zu den armen Ländern gestalten müssen, wenn sie überleben wollen.

st 41 Peter Weiss,
Das Duell
Mit Zeichnungen des Autors.
ca. 128 Seiten
Der Autor beschreibt in einer Folge von inneren Projektionen die gestörte Beziehung Gregors zur Umwelt, zu Lea und zu sich selbst. Die Doppelgängerfigur Robert verstärkt diese Grenzsituation. Aber der ästhetische Protest gegen diese Verhältnisse, gegen diese Kulturtradition läßt ihm die Kunst zu einem Totem, zur illusionären Selbsthilfe werden.

st 42 Der andere Hölderlin,
Materialien zum »Hölderlin«-Stück von Peter Weiss
Herausgegeben von Thomas Beckermann
und Volker Canaris
ca. 200 Seiten
In diesem Band soll die von Peter Weiss mit neuen Thesen vorangetriebene Kontroverse um Hölderlin dokumentiert werden: in Texten, die bei der Entstehung des »Hölderlin« eine wichtige Rolle spielten; in Aufzeichnungen, die Peter Weiss während der Arbeit am Stück niederschrieb; aber auch in Beiträgen, die eigens für diesen Band geschrieben wurden und den »Fall« Hölderlin am Stück von Peter Weiss erörtern.

st 43 Peter Handke,
Stücke I
ca. 220 Seiten
Peter Handke hebt mit seinen Sprechstücken, »Publikumsbeschimpfung«, »Weissagung«, »Selbstbezichtigung« und »Hilferufe« und mit seinem »Kaspar« den Illusionscharakter der Bühne auf. Er entwirft nicht Bilder von Handlungen, die andere Handlungen imitieren, sondern er macht die Sprache selbst zum Inhalt.

st 44 Gustav J. V. Nossal,
Antikörper und Immunität
Aus dem Englischen von P. G. Munder
ca. 300 Seiten, mit vielen Abbildungen
Dieses Buch ist eine Einführung in das menschliche Immunsystem und seine Mechanismen. Es behandelt die

Antikörper und jene Zellen, die sie produzieren, und es beschreibt die Funktionsweise unseres Immunsystems.

st 45 C. L. Duddington,
Baupläne der Pflanzen
Aus dem Englischen von Elke Kranz
ca. 300 Seiten, mit vielen Abbildungen
Duddington hat ein Buch geschrieben, das all jene anspricht, die über ihre Freude an Pflanzen und Bewunderung für Pflanzen hinaus einen tiefen Einblick in die von der Natur vorgegebenen Entwicklungspläne von Pflanzen gewinnen möchten.

st 46 Samuel Beckett,
Watt
Aus dem Französischen von Elmar Tophoven
ca. 280 Seiten
»Watt« ist Becketts komischstes Buch, vielleicht eines der komischsten Bücher schwarzen Humors. Die Figuren dieses Romans, die bereits an »Warten auf Godot« denken lassen, sind eigentlich alle Clowns und ihre Reden Clownsreden.

st 47 Thomas Bernhard,
Frost
Roman
ca. 300 Seiten
»Frost« ist Thomas Bernhards erster Roman; er erschien 1963. Schon in diesem Prosatext kommt er zu seinem Thema: die ausweglose, weil exzentrische Situation; findet er seine Sprache und Form: das unablässig bohrende Ausschreiten einer erstarrten Sprach- und Gedankenwelt.

st 48 Unterbrochene Schulstunde
Eine Anthologie mit Texten von
Bertolt Brecht, Alfred Döblin, Hermann Hesse, Ödön von Horváth, James Joyce, Erich Kästner, Thomas Mann, Robert Musil, Bernard Shaw, Kurt Tucholsky, Robert Walser, Franz Werfel, Paul Nizan, Stefan Zweig
Zusammengestellt von Volker Michels
ca. 250 Seiten
14 Autoren des zwanzigsten Jahrhunderts reproduzieren das Erlebnis der Schulzeit. Das Resultat ist eine engagierte, kritische Auseinandersetzung mit dem, was Schule ist: erste Konfrontation mit Autorität und Gesellschaft.

st 49 Ernst Bloch,
Naturrecht und menschliche Würde
ca. 480 Seiten
»Naturrecht und menschliche Würde« erörtert die abendländische Naturrechtsdiskussion von Epikur und der Stoa über Thomas von Aquin, Althus, Hobbes, Grotius, Rousseau, Kant, Fichte, die Französische Revolution und Marx bis zum Bürgerlichen Gesetzbuch und faschistischen Theorien.

st 50 Hans Erich Nossack,
Spirale
Roman einer schlaflosen Nacht
ca. 320 Seiten
»Ein Mann erzählt, was ihn schlaflos machte. Er müht sich, sein Leben zurück und zu Ende zu denken. Traum und Bewußtsein, Romantik und Psychoanalyse, Parodie und Märchen bestehen hier nebeneinander.« *Willi Fehse*

st 51 Tschingis Aitmatow
Der weiße Dampfer. Roman
Aus dem Russischen von Hans-Joachim Lambrecht
176 Seiten
In der Zeit einer neuen aufgeklärten Gesellschaft hat sich irgendwo in kirgisischer Bergeinsamkeit der Märchenglaube erhalten. Mit poetischer Eindringlichkeit erzählt Aitmatow die Geschichte des Jungen, der zwei Märchen besaß und von denen kein einziges blieb. Aitmatow – 1928 in Kirgisien geboren – ist als ein Meister des Erzählens bekanntgeworden. Aragon nennt »Dshamilja«: Die schönste Liebesgeschichte der Welt. (Bibliothek Suhrkamp)

st 52 Hermann Hesse
Unterm Rad
Erzählung
Kein anderes Buch Hermann Hesses hat unmittelbar nach Erscheinen (1906) eine vergleichbare Welle der Entrüstung ausgelöst. Neben Musils »Die Verwirrungen des Zöglings Törleß« war »Unterm Rad« die nachhaltigste Anklage gegen das Erziehungsritual jener Jahre. Auch heute noch gilt die Empfehlung von Theodor Heuss: »Ein Tendenzwerk? Ja, dort, wo es mit warmen Worten das Recht der Jugend auf eine Jugend verlangt!«

st 53 Materialien zu Hermann Hesses Steppenwolf
Herausgegeben von Volker Michels
Eine Dokumentation der Entstehungs- und Wirkungsgeschichte des Werkes, das Hermann Hesse zum meistgelesenen europäischen Autor in den USA und Japan gemacht hat. Der Band enthält eine Fülle von unveröffentlichtem Material, das erstmals die zeit- und gesellschaftskritischen Motivationen Hermann Hesses in das Bewußtsein rückt.

st 55 Lucien Malson
Die wilden Kinder
Aus dem Französischen von Eva Moldenhauer
286 Seiten
Lucien Malson stellt alle bisher bekanntgewordenen Fälle von Kindern dar, die außerhalb jeder menschlichen Gesellschaft quasi wie Tiere aufgewachsen sind. Der Band enthält außerdem die Beschreibung der Sozialisierungsversuche des »Wolfsjungen von Aveyron«, die sein Erzieher Jean Itard Anfang des 19. Jahrhunderts veröffentlicht hatte. Diese Beschreibung diente dem französischen Regisseur François Truffaut als Vorlage für seinen erfolgreichen Film »Der Wolfsjunge«.

st 57 Marie Luise Kaschnitz
Steht noch dahin
96 Seiten
Prosaskizzen, gewichtiger als manches umfangreiche Buch. Marie Luise Kaschnitz hat darin Einsichten ihrer Weltschau gesammelt. Sie reflektiert die menschliche Vergeßlichkeit, die Unfähigkeit, aus Erfahrungen zu lernen. Zugleich aber klingt die Hoffnung an, der Mensch könne zu der Einsicht gelangen, daß er veränderbar sei.
Hermann Kesten: »Man findet eine poetischen Reichtum auf engstem Raum, eine Fülle von lakonischen Einfällen. Es ist eine Weltkritik in Blitzlichtern.«

st 97/98 Knut Ewald
Innere Medizin
ist das auf dem aktuellsten Stand befindliche, derzeit erhältliche Kompendium der Inneren Medizin. Als übersichtliches – den ganzen Stoff der Inneren Medizin stichwortartig resümierendes – Nachschlagwerk ist es das ideale Handbuch für alle Studierenden, Ärzte und interessierte Laien. Ein umfangreiches Sachwortverzeichnis ermöglicht eine rasche Orientierung.